Krankengymnastik, Band 2

# Krankengymnastik

Taschenlehrbuch in zwölf Bänden

Herausgegeben von
H. Cotta, W. Heipertz, A. Hüter-Becker,
G. Rompe

Georg Thieme Verlag Stuttgart · New York

Band 2

# Psychologie, Gruppenbehandlung, Berufslehre, Massage

Redakteur H. Thom

Bearbeitet von E. Braun, H. Göhring, H.-U. Nepper und G. Grosch, G. Rompe, W. Schell, Th. Schmidt, H. Sennewald

2., neubearbeitete und erweiterte Auflage

83 meist zweifarbige Abbildungen in 161 Einzeldarstellungen, 14 Tabellen

1990
Georg Thieme Verlag Stuttgart · New York

**Wichtiger Hinweis:** Medizin als Wissenschaft ist ständig im Fluß. Forschung und klinische Erfahrung erweitern unsere Kenntnisse, insbesondere was Behandlung und medikamentöse Therapie anbelangt. Soweit in diesem Werk eine Dosierung oder eine Applikation erwähnt wird, darf der Leser zwar darauf vertrauen, daß Autoren, Herausgeber und Verlag größte Mühe darauf verwandt haben, daß diese Angabe genau dem **Wissensstand bei Fertigstellung des Werkes** entspricht. **Dennoch ist jeder Benutzer aufgefordert**, die Beipackzettel der verwendeten Präparate zu prüfen, um in eigener Verantwortung festzustellen, ob die dort gegebene Empfehlung für Dosierungen oder die Beachtung von Kontraindikationen gegenüber der Angabe in diesem Buch abweicht. Das gilt besonders bei selten verwendeten oder neu auf dem Markt gebrachten Präparaten und bei denjenigen, die vom Bundesgesundheitsamt (BGA) in ihrer Anwendbarkeit eingeschränkt worden sind. Benutzer außerhalb der Bundesrepublik Deutschland müssen sich nach den Vorschriften der für sie zuständigen Behörde richten.

Zeichnungen: Horst Busse, Heidelberg
Günter Bosch, Stuttgart
Adrian Cornford, Reinheim-Zeilhard
Bernhard Salzer, Waiblingen

Fortsetzung des Standardwerkes „Lehrbuch der Krankengymnastik" in 4 Bänden, hrsg. von K. Lindemann, H. Teirich-Leube, W. Heipertz

1. Auflage 1984

*CIP-Titelaufnahme der Deutschen Bibliothek*

**Krankengymnastik** : Taschenlehrbuch in 12 Bänden ; [Fortsetzung des Standardwerkes „Lehrbuch der Krankengymnastik"] / hrsg. von H. Cotta ... - Stuttgart ; New York : Thieme.

NE: Cotta, Horst [Hrsg.]

Bd. 2. Psychologie, Gruppenbehandlung, Berufslehre, Massage / bearb. von E. Braun ... - 2., neubearb. u. erw. Aufl. - 1990

NE: Braun, Elvira [Mitverf.]


Printed in Germany
Satz: Buchdruckerei Loibl, D-8858 Neuburg, gesetzt auf Compugraphic
Druck: Gutmann, D-7100 Heilbronn

ISBN 3-13-600202-4 2 3 4 5 6

# Übersicht über die weiteren Bände

| | |
|---|---|
| Band 1 | Grundlagen, Techniken |
| Band 3 | Praxis der Physiotherapie |
| Band 4 | Funktionelle Anatomie des Bewegungsapparates, Physiologie, allgemeine Krankheitslehre |
| Band 5 | Orthopädie |
| Band 6 | Traumatologie |
| Band 7 | Chirurgie, Frauenheilkunde |
| Band 8 | Innere Medizin |
| Band 9 | Neurologie |
| Band 10 | Psychiatrie, Querschnittlähmungen |
| Band 11 | Kinderheilkunde und infantile Zerebralparese |
| Band 12 | Sportmedizin, Arbeitsmedizin, Geriatrie |

# Anschriften


Braun, Elvira, Krankengymnastin, Dr.-Hermann-Brunn-Str. 17, 6905 Schriesheim

Cotta, H., Prof. Dr., Direktor der Orthopädischen Klinik und Poliklinik der Universität Heidelberg, Schlierbacher Landstr. 200a, 6900 Heidelberg

Göhring, Hanne, Krankengymnastikschule der Orthopädischen Universitätsklinik, Schlierbacher Landstr. 200a, 6900 Heidelberg

Grosch, G. †, Dr., Königstein

Heipertz, W., Prof. Dr., Direktor der Orthopädischen Universitätsklinik Friedrichsheim, Marienburgstr. 2, 6000 Frankfurt

Hüter-Becker, Antje, Leiterin der Krankengymnastikschule der Orthopädischen Universitätsklinik, Schlierbacher Landstr. 200a, 6900 Heidelberg

Nepper, H.-U., Haller Str. 40, 7112 Waldenburg

Rompe, G., Prof. Dr., Orthopädische Klinik und Poliklinik der Universität Heidelberg, Schlierbacher Landstr. 200a, 6900 Heidelberg

Schell, W., Oberamtsrat, Harffer Str. 59, 4040 Neuss 21

Schmidt, Th., Dr. Dr., Leiter der Abteilung für Medizinische Physik, Radiologisches Zentrum, Flurstr. 17, 8500 Nürnberg 15

Sennewald, H., Prof. Dr., Am Heiligenberg 3, 6352 Ober-Mörlen 2

Thom, H., Prof. Dr., ehem. Chefarzt der Orthopädischen Klinik II, Krankenhaus Rummelsberg, Postfach 60, 8501 Schwarzenbruck b. Nürnberg

# Vorwort der Herausgeber zum Gesamtwerk

Das 1959 von K. LINDEMANN, H. TEIRICH-LEUBE und W. HEIPERTZ herausgegebene Lehrbuch der Krankengymnastik wurde als Zusammenfassung des Wissensstoffes der Freiburger und Heidelberger Krankengymnastikschulen konzipiert. In fünf Auflagen waren wiederholt Neubearbeitungen erforderlich, um vor allem erweiterten Indikationen und neuen Techniken in operativen Fächern Rechnung zu tragen.

In den vergangenen 20 Jahren hat sich das Buch zum Standardwerk der Krankengymnastik entwickelt und den Anstoß gegeben zu einer Vereinheitlichung des Lehrstoffangebotes der Krankengymnastikschulen und zur Einrichtung einer Weiterbildungsstätte für Lehrkräfte der Krankengymnastik an der Orthopädischen Klinik und Poliklinik der Universität Heidelberg.

Der rasche Fortschritt in der Medizin einerseits und die Entwicklung kostengünstiger Druckverfahren andererseits gaben nun die Veranlassung zu einer völlig neuen Konzeption. Durch die Gliederung in zwölf Bände wird es schneller als bisher möglich sein, die einzelnen Beiträge zu aktualisieren. Dies ist von besonderem Vorteil, da die Diskussion um Lehrinhalte und Lehrziele in der Krankengymnastik durch die zunehmende Zahl von Schulneugründungen stark belebt wurde. Die zu erwartenden Ergebnisse dieser Diskussionen können bei der neuen Konzeption des Lehrbuches schneller berücksichtigt werden als bisher. Der Gedankenaustausch zwischen Herausgebern, Autoren und unterrichtenden Krankengymnastinnen ist dazu unerläßlich und sei hiermit ausdrücklich angeregt.

Unser gemeinsames Anliegen ist es, eine Gesamtdarstellung der Krankengymnastik vorzulegen, die internationalen Ansprüchen genügt. Die Herausgeber hoffen, daß dieses Werk den auf dem Gebiet der Krankengymnastik Tätigen und allen an der Physiotherapie Interessierten, insbesondere den Schülern der Lehranstalten, solide Informationen bietet, die dieser wertvollen Behandlungsmethode zu immer größerem Nutzen verhelfen möge.

Frankfurt a. Main und Heidelberg
im Winter 1981/82

H. COTTA
W. HEIPERTZ
A. HÜTER-BECKER
G. ROMPE

# Vorwort zur 2. Auflage

Der vorliegende Band 2 dieser Reihe, zunächst als „Grundlagen der Krankengymnastik 2“ bezeichnet, wurde entsprechend der seit der 1. Auflage erfolgten Fortentwicklung auf allen Gebieten insgesamt gründlich überarbeitet und auf den neuesten Stand gebracht.

Band 2 enthält ein relativ breit gefächertes Spektrum von sieben für die Ausbildung der Krankengymnasten ganz wesentlichen Beiträgen. Im einzelnen gehören hierzu die verschiedenen Formen von Massage und Bindegewebsmassage, eine ausführliche Darstellung der wichtigen Gruppenbehandlung, die in ihrer Bedeutung für die tägliche Praxis nicht zu unterschätzende Psychologie sowie einen lehrreichen Beitrag zur Geschichte der gesamten physikalischen Therapie und der Krankengymnastik im besonderen. Sodann folgen zwei Kapitel zu Fragen der auch berufspolitisch bedeutsamen Berufslehre sowie der Verbandtechnik und ein kurzer Beitrag über die Anwendung von ionisierenden Strahlen, soweit sie für die Krankengymnastin von Bedeutung sind.

Das umfangreichste Kapitel über die Massage wurde von Herrn H.-U. Nepper gänzlich neu geschrieben. Frau Hüter-Becker hat den vom allzu früh verstorbenen Dr. G. Grosch verfaßten Abschnitt über die Geschichte der Physiotherapie an vielen Stellen aktualisiert und vornehmlich aus krankengymnastischer Sicht ergänzt. Der Beitrag von Herrn W. Schell über wesentliche Aspekte der Berufslehre wurde ebenfalls völlig neu gestaltet. Hierbei ergab sich das Problem, daß die erst für Anfang 1990 vorgesehenen Änderungen des Gesetzestextes unbedingt noch in diese Auflage aufgenommen werden sollten. Hierdurch war eine gewisse Verzögerung der endgültigen Fertigstellung dieses Bandes unvermeidlich. Der kurze Beitrag von Herrn Prof. Dr. Th. Schmidt, ursprünglich unter dem Titel „Strahlenheilkunde“ erschienen, wurde gleichfalls umgestaltet und auf den heutigen Stand der Technik gebracht. Hierbei hat er dem Strahlenschutz einen entsprechend breiten Raum eingeräumt. Schließlich wurden auch die übrigen Kapitel dieses Buches sorgfältig überarbeitet. Dabei ist es gleichzeitig gelungen, den vorgesehenen Gesamtumfang nicht zu erweitern.

Bandredakteur und Herausgeber sind allen Autoren dieses Bandes auch dieses Mal für alle ihre Mühe bei der Neugestaltung ihrer Beiträge sowie ihre gute Kooperation zu großem Dank verpflichtet.

Schließlich gilt unser aller Dank dem Georg Thieme Verlag, insbesondere Herrn Dr. h. c. G. Hauff und seinen zahlreichen Mitarbeitern, für ihr so bedeutsames Wirken im Hintergrund, ihre Hilfe und nicht zuletzt auch für ihre gelegentlich erforderliche Geduld mit sämtlichen Autoren.

Nürnberg, Dezember 1989 Harald Thom

# Vorwort zur 1. Auflage

Der Band 2 des nunmehr 11bändigen Taschenlehrbuchs der Krankengymnastik befaßt sich mit den allgemeinen Grundlagen dieses Fachgebietes. Er stellt damit eine Ergänzung zu dem bereits 1982 erschienenen Band 1 dar. In dem noch ausstehenden Band 3 sollen die Grundlagen und Techniken der physikalischen Therapie abgehandelt werden.

Das von Frau TEIRICH-LEUBE verfaßte Kapitel über die verschiedenen Formen der Massage bedurfte wegen seiner weiterhin bestehenden Gültigkeit nur geringgradiger Veränderungen. Die früheren fotografischen Abbildungen wurden durch Strichzeichnungen ersetzt, die das jeweils Wesentliche besser herauszustellen vermögen.

Eine ausführliche Würdigung haben in diesem Band die wichtigen Fragen der Gruppenbehandlung und der bereits in Band 1 kurz angesprochenen Psychologie in der Krankengymnastik erfahren.

Hinzu kam ein eigenes Kapitel über die Geschichte der Krankengymnastik.

Die Strahlenheilkunde wurde in stark komprimierter Form abgehandelt und nur insoweit, als sie für Krankengymnasten von Bedeutung ist.

Der praktisch tätige Krankengymnasiast sollte auch mit dem Anlegen einfacher Verbände sowie den therapeutischen Grundprinzipien und Anwendungstechniken von Schienen-, Gips- und Streckverbänden vertraut sein. Diese Behandlungsmethoden werden nicht nur häufig zur Unterstützung der Bewegungstherapie benötigt; kurzfristig abgenommene Verbände müssen jeweils nach Beendigung der einzelnen Behandlung auch wieder sachgerecht angelegt werden können.

Verhältnismäßig ausführlich wurde das zumeist als „trocken" empfundene Kapitel der Berufslehre abgehandelt. Mit den hier angeschnittenen zahlreichen Fragen sollte sich indes jeder Schüler der Krankengymnastik eingehend befassen, wenn er nicht unnötig mit Verordnungen und Gesetzen in Konflikt geraten will.

Herausgeber und Bandredakteur sind allen Autoren dieses Buches für ihren großen Einsatz und die aufgewendete Mühe sehr zu Dank verpflichtet.

Nicht zuletzt gilt unser Dank dem Georg Thieme Verlag und seinen vielen spezialisierten Mitarbeitern für die gewährte Hilfe und Unterstützung sowie die ansprechende Ausstattung dieses ebenso handlichen wie preiswerten Taschenbuches.

Rummelsberg bei Nürnberg, im Januar 1984 — Harald Thom

# Inhaltsverzeichnis


**1. Psychologie in der Krankengymnastik** .............. 1
H. Sennewald

**Einleitung** .............. 1
Verbindungen zwischen Krankengymnastik und Psychologie ..... 1
Verhalten und Erleben als Gegenstand der Psychologie .......... 2
Erwartungen des Krankengymnasten an die Psychologie ......... 4
Vielgestaltigkeit der Psychologie .............. 5

**Motivation und Motivieren** .............. 6
Begriffserklärung .............. 6
Ein Modell menschlicher Bedürfnisse .............. 7
Motivationspsychologische Gesichtspunkte .............. 8
Grundregeln für die Motivierung .............. 9

**Lernen und Lernhilfen** .............. 11
Begriffserklärung .............. 11
Kriterien von Lernprozessen .............. 12
Reiz-Reaktions-Lernen .............. 14
Lernen durch Beobachtung .............. 16
Lernen durch Einsicht .............. 18

**Interaktion und Konflikte** .............. 19
Begriffserklärung .............. 19
Kriterien des Konfliktgeschehens .............. 21
Frustration und Überforderung .............. 23
Aggressives und ängstliches Verhalten .............. 25
Helfende Gespräche .............. 30
Literatur .............. 33

**2. Gruppenbehandlung in der Krankengymnastik** .... 34
E. Braun

**Einführung** .............. 34
Kennzeichen der Einzelbehandlung .............. 34
Kennzeichen der Gruppenbehandlung .............. 35

**Bewegungstherapie in der Gruppe** .............. 36
Was ist eine Gruppe? .............. 36

Faktoren im Gruppenprozeß ... 36
Die krankengymnastische (bewegungstherapeutische) Gruppe ... 37
Kommunikation — Interaktion ... 38
Rollenbildung in Gruppen ... 38
Sozialer Effekt der Gruppe ... 39
Gruppenatmosphäre ... 39
Wir-Gefühl ... 40
Gruppendruck ... 40
Faktoren im Gruppenprozeß, an einem Beispiel erläutert ... 41
Ebenen im Gruppenprozeß ... 41
Funktionale Ebene ... 42
Sozioemotionale Ebene ... 42
Ziele der Gruppenbewegungstherapie ... 42
Funktionale Ziele ... 43
Sozioemotionale Ziele ... 43

**Formen der Gruppenarbeit in der Krankengymnastik** ... 44
Gruppenformen, charakterisiert durch inhaltliche Aspekte ... 45
Gruppentherapie als Ergänzung der einzeltherapeutischen Maßnahmen ... 45
Gruppentherapie bei Teilnehmern mit gleichem oder ähnlichem somatopsychischem Zustandsbild ... 46
Gruppe mit koronaren Risikopatienten, Rehabilitationsgruppen nach Herzinfarkt ... 47
Gruppe von Patienten mit Asthma bronchiale ... 48
Geburtsvorbereitung in Gruppen ... 48
Bewegungsgruppen ohne medizinisches/krankengymnastisches Behandlungsziel ... 49
Gruppenformen, charakterisiert nach organisatorischen Gesichtspunkten ... 50
Teilnehmerkreis ... 50
Teilnahmemodus ... 51
Zeit ... 52
Rahmenbedingungen der Gruppenbewegungstherapie ... 52

**Zusammenstellen und Zusammensetzung einer Gruppe** ... 54

**Methodik der Gruppenarbeit in der Krankengymnastik** ... 55
Vorüberlegungen — Überlegungen vor Beginn der Stunde ... 55
Beginn der Gruppenstunde ... 56
Gestaltung des Hauptthemas der Stunde ... 58
Gestaltung des Endes ... 58
Verhalten des Gruppenleiters ... 59
Führungsstil des Gruppenleiters ... 59
Aufgaben des Gruppenleiters ... 60
Voraussetzungen, die ein Gruppenleiter mitbringen muß ... 61

Gespräch in der Gruppe ... 61
Schwierigkeiten bei der Leitung einer Gruppe ... 62
Bewegungsvermittlung und Bewegungskorrektur in der Gruppe ... 63
Übungsangabe/Bewegungsvermittlung in der Gruppe ... 63
Korrektur in der Gruppe ... 64

**Schlußbetrachtung** ... 64
Literatur ... 65

## 3. Kurze Geschichte der Krankengymnastik ... 66
G. Grosch

Vorbemerkungen ... 66
Altertum ... 66
Zeit bis zur Aufklärung ... 67
Zeit der Aufklärung ... 67
19. Jahrhundert ... 69
20. Jahrhundert ... 75
Die Zeit nach 1945 ... 78
Meilensteine der Bewegungstherapie ... 81
Meilensteine der physikalischen Therapie ... 85
Literatur ... 87

## 4. Berufslehre ... 89
W. Schell

**Einführung** ... 89

**Gesetzliche Grundlage** ... 89
Gesetz über die Ausübung der Berufe des Masseurs, des Masseurs und medizinischen Bademeisters und des Krankengymnasten ... 89
Ausbildungs- und Prüfungsordnung für Krankengymnasten ... 93
Lehrplan für den Lehrgang in der Krankengymnastik ... 100

**Berufsverband und Berufsordnung** ... 105

**Arbeits- und Arbeitsschutzrecht** ... 107
Allgemeines Arbeitsrecht ... 107
Tarifvertragsrecht ... 107
Betriebsverfassungs- und Personalvertretungsrecht ... 108
Allgemeiner Betriebs- und Gefahrenschutz ... 109
Mutterschutz ... 111
Betriebsärzte ... 112

**Die krankengymnastische Praxis** ... 112

**Fort- und Weiterbildung** ... 115

**Bürgerliches Recht** 115
Haftungsrecht 117
Erbrecht 119

**Strafrecht** 120
Sittlichkeitsdelikte 120
Schweigepflicht 121
Zeugnisverweigerungsrecht 122
Abbruch der Schwangerschaft 122
Aussetzung 124
Fahrlässige Tötung 124
Körperverletzung 124
Unterlassene Hilfeleistung 125
Sonstige Delikte 125
Ordnungswidrigkeiten 125

**Sozialrecht** 125
SGB — Allgemeiner Teil (SGB-AT) 126
Ausbildungsförderung 126
Arbeitsförderung 126
Gemeinsame Vorschriften der Sozialversicherung 127
Krankenversicherung 127
Unfallversicherung 129
Rentenversicherung 130
Soziales Entschädigungsrecht 131
Rehabilitation 132
Sozialhilfe 132

**Öffentlicher Gesundheitsdienst** 133
Literatur 138

**5. Massage** 139
H.-U. Nepper

**Historische Entwicklung der Massage** 139

**Behandlungsgrundsätze** 143

**Grifftechniken der klassischen Massage** 145
Effleuragen 145
Friktionen 147
Petrissagen 148
Vibrationen 151
Tapotements 152

**Wirkung der klassischen Massage** 154
Mechanische Wirkung 154
Hyperämisierende Wirkung 157

Schmerzlindernde Wirkung ... 158
Einfluß der Massage auf den Muskeltonus ... 160
Einfluß der Massage auf den Stoffwechsel ... 161
Segmentale Wirkung ... 163
Psychologische und pädagogische Aspekte zur Massage ... 166

**Dosierungs- und Behandlungsgrundsätze** ... 171

**Indikation der medizinischen Massage** ... 173

**Kontraindikationen** ... 174

**Spezialmassagen** ... 174
Manuelle Techniken ... 174
Segmentmassage nach Gläser und Dalicho ... 174
Lymphdrainage nach Vodder ... 175
Kolonmassage nach Vogler ... 176
Periostmassage nach Vogler und Krauss ... 178
Fernöstliche Massagetechniken ... 179
Tiefenmassage korrespondierender Zonen nach Marnitz ... 180
Narbenmassage nach Thomsen ... 180
Die atmungsaktive Massage, Atemmassage ... 181
Reflexzonenmassage am Fuß nach Ingham und Fitzgerald ... 184
Apparative Massagen ... 185
Bürstenmassage ... 185
Unterwasserdruckstrahlmassage (UWM) ... 186
Saugglockenvakuummassage ... 187
Stäbchenmassage nach Deuser ... 188
Literatur ... 190

**Bindegewebsmassage** ... 191
H. Göhring

Untersuchung der Bindegewebszonen ... 191
Die nervös-reflektorische Beziehung der Bindegewebszonen untereinander ... 197
Wirkung der Bindegewebsmassage ... 201
Reaktionen bei der Bindegewebsmassage ... 202
Ausführung der Bindegewebsmassage ... 204
Literatur ... 217

**6. Verbandtechnik** ... 218
G. Rompe

**Wundverband** ... 218
Aseptischer Verband ... 218
Verband bei infizierten Wunden ... 218
Verbandwechsel ... 219

**Bindenverband** . . . 219
Grundformen des Bindenverbandes . . . 220
Besondere Verbände . . . 222
Schanz-Watteverband . . . 222
Rucksackverband . . . 223
Desault-Verband . . . 223

**Schlauchbindenverband** . . . 223

**Stütz- und Kompressionsverbände** . . . 226
Pflasterverbände mit nichtelastischem Material . . . 227
Dachziegelverband . . . 227
Heftpflasterzügelverband bei Hammerzehe . . . 227
Tape-Verbände . . . 227
Elastische Pflasterverbände . . . 227
Dachziegelverband . . . 229
Stützverband für den Fuß . . . 230
Zinkleimverbände . . . 230
Elastische Binden . . . 230

**Schienenverbände** . . . 231

**Starre Verbände (Gipsverbände)** . . . 232

**Streckverbände** . . . 240
Pölchen-Behandlung . . . 240
Hängegips . . . 241
Quengelverbände . . . 241
Literatur . . . 243

**7. Anwendung ionisierender Strahlung in der Medizin** 244
Th. Schmidt

**Wechselwirkung ionisierender Strahlung mit Materie** . . . 245
Strahlenarten . . . 245
Wechselwirkung geladener Korpuskularstrahlung mit Materie . . . 245
Wechselwirkung von Wellenstrahlung mit Materie . . . 246
Dosis . . . 246
Chemische Phase . . . 247
Biologische Phase . . . 248

**Strahlentherapie** . . . 248
Ziel und Methoden der Strahlentherapie . . . 248
Tumortherapie . . . 248
Schmerz- und Entzündungsbestrahlung . . . 249
Geräte für die Strahlentherapie . . . 250
Röntgengeräte . . . 250

Gammabestrahlungseinrichtungen . . . . . . 250
Beschleuniger . . . . . . 250
Einrichtungen zur ferngesteuerten Applikation (After-loading) . 251
Therapie mit offenen radioaktiven Stoffen . . . . . . 252
Durchführung der Strahlentherapie . . . . . . 252
Kreuzfeuerbestrahlung . . . . . . 252
Bewegungsbestrahlung . . . . . . 253
Fraktionierung . . . . . . 253
Protrahierung . . . . . . 253

**Röntgendiagnostik** . . . . . . 253
Nuklearmedizin . . . . . . 254
Strahlenschutz . . . . . . 254
Gesetzliche Regelungen . . . . . . 257
Maximal zulässige Dosis für das Personal . . . . . . 257
Strahlenschutzverordnung . . . . . . 257
Durchführung des Strahlenschutzes . . . . . . 258
Abschirmung . . . . . . 258
Abstand von der Strahlenquelle . . . . . . 258
Aufenthaltsdauer im Strahlungsfeld . . . . . . 258
Literatur . . . . . . 259

**Sachverzeichnis** . . . . . . 260

# 1. Psychologie in der Krankengymnastik

H. Sennewald

## Einleitung

### Verbindungen zwischen Krankengymnastik und Psychologie

Krankengymnastik ist mit einer *helfenden Beziehung* verbunden: Der Krankengymnast setzt sein fachliches Wissen und Können ein, um kranken, verletzten, behinderten oder genesenden Menschen zu helfen. Er fördert die Lebensfunktionen und -aktivitäten von Menschen, die durch Krankheit, Verletzung, Behinderung oder Genesung nicht alleine imstande sind, ihre Teilnahme am Leben zu verwirklichen. Er unterstützt mit seinen Möglichkeiten den Menschen, der ein „Handicap" hat.

Die helfende Beziehung steht im Zeichen krankengymnastischer Behandlungsmaßnahmen und -techniken. Der Krankengymnast stellt dabei fest, daß der Erfolg seiner Arbeit nicht nur von perfekten Anwendungen krankengymnastischer Programme (Behandlungspläne) abhängig ist, sondern auch von der zwischenmenschlichen Begegnung in der Behandlungssituation. Der Patient muß „psychologisch" behandelt werden, das bedeutet: individuelles Eingehen auf Verhaltensmerkmale, Eigenschaften, Vorstellungs- und Denkwelt des Patienten sowie Aufmerksamkeit für die Wechselwirkungen in der Beziehung von Krankengymnast und Patient.

Oft wird das krankengymnastische Behandlungsziel nur erreichbar, wenn der Krankengymnast „Psychologisches" berücksichtigt. Diese Tatsache hat z. B. dazu geführt, bei der krankengymnastischen Befundaufnahme auch sog. subjektive Befunde zu erheben. In dieser Rubrik werden Angaben über die Psyche des Patienten gemacht: seelisch-geistige Befindlichkeit, Einstellung zur Erkrankung bzw. zum Gesundwerden, psychische Ansprechbarkeit und Belastbarkeit, Reaktionen auf Zustandsverbesserungen bzw. -verschlechterungen, Meinungen zu den Behandlungsmaßnahmen u. a. m. Auf diese Weise bezieht der Krankengymnast psychologische Gesichtspunkte in seine Arbeit ein.

► Krankengymnastik vollzieht sich in einer helfenden Beziehung zwischen Behandler (Therapeut) und behandelter Person (Patient). Der damit verbundene Prozeß mitmenschlicher Kontaktherstellung, des

Miteinander-Umgehens und der Verständigung ist von psychischen Bedingungen und Wirkungen abhängig. Durch Erhebung sog. subjektiver Befunde wird versucht, die krankengymnastische Behandlung mit psychologischen Erkenntnissen zu verbinden und zu verbessern.

Psychologie in der Krankengymnastik beschränkt sich nicht auf das Stadium krankengymnastischer Befundaufnahme. Sie ist in allen *Abschnitten krankengymnastischer Behandlung* bedeutsam:
- bei der Erstbegegnung mit dem Patienten (als persönliche Ansprache und Zuwendung);
- bei der gezielten Erhebung von Befunden (als Wahrnehmung und Feststellung psychischer Gegebenheiten);
- bei der Wahl und Planung von Behandlungsmaßnahmen (als Beachtung der seelisch-geistigen Verfassung und Lage);
- bei der eigentlichen Durchführung der Vor-, Begleit- oder Nachbehandlung (als Verständigung und Vermittlung von Erfolgserlebnissen);
- bei der Kontrolle und Auswertung der Behandlungsergebnisse (als psychologische Gesprächsführung und Patientenzufriedenheit).

## Verhalten und Erleben als Gegenstand der Psychologie

Mit dieser Skizzierung der psychologischen Seite krankengymnastischer Behandlung sind wichtige Inhalte der Psychologie angesprochen worden: zugewandtes oder abgewandtes Verhalten, Miteinander-Reden oder Schweigen, Beobachten und Bewerten von Reaktionen, Äußerungen von Freude und Trauer, von Hoffnungen und Ängsten, gedankliche Auseinandersetzung mit bestimmten Situationen, Meinungs- und Urteilsbildungen, Erfolgs- und Mißerfolgserleben, Annäherungs- und Vermeidungsreaktionen. Die Inhalte der Psychologie sind sehr mannigfaltig. Es geht um Erscheinungen und Vorgänge, die unter der Sammelbezeichnung *Verhalten und Erleben* zusammengefaßt werden. Mit dem Begriff Verhalten werden wahrnehmbare Aktionen und Reaktionen gemeint (Handlungen, Tätigkeiten, Äußerungen, Bewegungen), mit dem Begriff Erleben das erschließbare Geschehen der Aufnahme und Verarbeitung von Eindrücken bzw. Reizen (Wahrnehmen, Fühlen, Denken, Wollen).

► Psychologie befaßt sich mit dem menschlichen Verhalten und Erleben. Sie gibt Aufschlüsse über Reaktionen und Handlungen und die damit zusammenhängenden Wahrnehmungs-, Gefühls-, Denk- und Willensvorgänge. Verhalten und Erleben vollziehen sich in Beziehungen zur Umwelt: zu anderen Personen, zu Gegenständen sowie in Stellungnahmen zu sich selbst.

Für die Mehrzahl der Krankengymnasten ist es selbstverständlich, daß sie das Verhalten und Erleben der Patienten beachten und ihr eigenes Verhalten und Erleben als Bestandteil ihrer krankengymnastischen Arbeit begreifen. Sie bemerken, wie Patienten auf bestimmte Einflüsse bzw. Reize reagieren, wie sie sich Personen und Dingen gegenüber verhalten, sich selbst und andere einschätzen, und sie beobachten, welche Rolle dabei ihr eigenes Verhalten und Erleben spielt, wie sich Patientenverhalten z. B. verändert, wenn man selbst ruhig und geduldig bleibt oder unfreundlich, schroff abweisend mit dem Patienten umgeht.

Solche Erscheinungen und Vorgänge werden nicht nur beobachtet, sondern meist auch einer *Erklärung* unterzogen: Es werden Zusammenhänge zwischen den Einflüssen bzw. Reizen und Reaktionen angenommen, Verhaltensänderungen bzw. -unterschiede auf bestimmte Bedingungen zurückgeführt. Die Ansätze zur Erklärung von Verhalten und Erleben können in verschiedenen Bereichen liegen. Es können in der Person liegende Bedingungen herangezogen werden (z. B. körperliches Wohl- oder Schlechtbefinden, psychische Stabilität oder Labilität, konstruktive oder destruktive Einstellungen), äußere Bedingungen (z. B. Umgebungseinflüsse, soziale, kulturelle, wirtschaftliche, ökologische Faktoren), interaktive Prozesse (z. B. Lernen durch Nachahmung, wechselseitige Vorgänge und Wirkungen, Konfliktgeschehen). Die Reihe der Erklärungsmöglichkeiten ist sehr groß und ihre Vielgestaltigkeit auch unter Krankengymnasten anzutreffen. Die aktive Mitarbeit eines Patienten wird z. B. erklärt mit seiner guten körperlichen Verfassung, seiner positiven Einstellung, seinem Optimismus; mit günstigen situativen Verhältnissen wie intakter Familie, anregungsreicher Mitwelt, stimulierenden Umgebungsreizen; mit interaktiven Prozessen wie gegenseitigem Verstehen, Vertrauensgewinn, entspanntem Behandlungsklima. Die psychologischen Erklärungen der Krankengymnasten beruhen meist auf direkter Eigenerfahrung sowie auf mitgeteilten Erfahrungen bzw. Kenntnissen von Bezugspersonen aus dem persönlichen Umkreis: Eltern, Lehrer, Ausbilder, Kollegen. Als sog. Menschenkenntnis dient sie dem Verständnis von Verhalten und Erleben.

► Krankengymnasten bemerken und beobachten nicht nur das Verhalten und Erleben von Patienten, sondern sie geben auch Erklärungen. Diese Erklärungen setzen an Bedingungen und Zusammenhängen an, die in verschiedenen Bereichen liegen: in der Person (intrapersonal), in der Umwelt (extrapersonal) und in den Wechselwirkungen der Person-Umwelt-Beziehung (kommunikativ, interaktiv). Seine psychologischen Kenntnisse gewinnt der Krankengymnast aus direkten Umgangserfahrungen mit Menschen bzw. aus mitgeteilten Erfahrungen und Erklärungsweisen.

Aus der Alltagserfahrung gewordene Psychologie hat ihre Grenzen. Sie ist gelegenheitsabhängig, unsystematisch, subjektiv und meist stark ergänzungsbedürftig. Zur Überwindung dieser Grenzen kann *wissenschaftliche Psychologie* herangezogen werden. Sie stützt sich auf geplante, systematische, möglichst objektive und gedanklich geordnete Erfahrungssammlung und -auswertung mittels qualifizierter Methoden. Ihre Untersuchungen richten sich darauf, Verhalten und Erleben genau und sorgfältig zu erfassen und zu beschreiben, Bedingungen zu analysieren, Auswirkungen festzustellen und gesetzmäßige Zusammenhänge nachzuweisen. Es werden Denkmodelle (Theorien) entwickelt, die in sich widerspruchsfrei und faktisch überprüfbar sein müssen. Sie dienen der Erklärung, der Vorhersage und dem Verständnis von Verhalten und Erleben. Für den Krankengymnasten kann die wissenschaftliche Psychologie eine zusätzliche Quelle für Erkenntnisgewinn und -erweiterung sein, insoweit sie ihm bewußtere, unvoreingenommenere Einsichtnahmen in menschliches Handeln, Tun und Lassen eröffnet und seine Fähigkeit zur Steuerung eigenen und fremden Verhaltens fördert.

## Erwartungen des Krankengymnasten an die Psychologie

Entsprechend lauten auch die Erwartungen von Krankengymnasten an die Adresse der Psychologie als Erfahrungswissenschaft. Psychologie soll
- die *Orientierung* im Umgang mit Menschen — vor allem mit Patienten — und im Umgang mit sich selbst erleichtern,
- die *Entscheidungen* in der krankengymnastischen Behandlung unterstützen.

Krankengymnasten erwarten also in erster Linie eine anwendbare Psychologie, die auf ihre berufliche Tätigkeit bezogen ist, Orientierungs- und Entscheidungshilfen bietet. Rezeptartige Anweisungen sind nicht gefragt, vielmehr eine Vermittlung erfahrungswissenschaftlicher Ergebnisse in einer Weise, die der eigenständigen Handlungsfähigkeit zugute kommt. Der psychologische Beitrag soll verstanden und sinnvoll in eigenes Wissen und Können eingefügt werden können. Die Bereitschaft, sich Psychologie in dieser Weise anzueignen, ist groß, zumal wenn die Inhalte eng mit der Zielsetzung korrespondieren, die den Angehörigen der Gesundheitsberufe gemeinsam sind:
- die Würde und den Wert des Menschen achten;
- eine Umwelt schaffen, die in körperlicher, seelisch-geistiger und sozialer Hinsicht das Gesundbleiben bzw. Gesundwerden begünstigt, Leiden lindert und Lebenswillen stärkt;
- mitmenschliche Beziehungen gestalten, die konstruktive Änderungen im Verhalten und Erleben der beteiligten Personen herbeiführen.

Die Erwartungen an die Psychologie erfüllen sich nicht ohne eigenes Bemühen und Zutun. Dies gilt um so mehr, weil in der *Ausbildung zum Krankengymnasten* relativ wenig Stunden für das Fach Psychologie vorgesehen, die nebenberuflichen Psychologiedozenten mit dem Berufsbild der Krankengymnastik kaum vertraut und die Unterrichtsstoffe oft theorielastig angelegt sind. In den Fachbüchern für das Selbststudium sind die Texte selten auf Lernvoraussetzungen abgestimmt, und die Umsetzung in praktische Arbeit bleibt dem Leser überlassen. Im Rahmen von *Fortbildungsveranstaltungen* kommen berufsrelevante Themen aus der Psychologie inzwischen vermehrt vor, jedoch fehlt es hier an fortgesetzter, kritisch überprüfender und vertiefter Vermittlung. Es ist noch viel zu tun, wenn der Mehrheit der Krankengymnasten Psychologie als Erfahrungswissenschaft nähergebracht und dem Anspruch auf praktische Verwertbarkeit Rechnung getragen werden soll. Das trifft ebenso auf diesen knappen Lehrbuchbeitrag zu.

► Zur Verbesserung bzw. Ergänzung von Menschenkenntnis empfiehlt sich die Verwendung von Erkenntnissen aus der Psychologie. Sie haben einen höheren Objektivitätsgrad, werden durch geeignete Untersuchungen abgesichert und gehen über individuell geprägte Erfahrungskreise hinaus. Dem Krankengymnasten kann die empirische (auf Erfahrung beruhende) Psychologie Orientierungs- und Entscheidungshilfen bieten, mit denen Behandlungsziele patientenbezogen erreichbar werden.

## Vielgestaltigkeit der Psychologie

Psychologie gibt es nicht als eine einheitliche, uniforme Wissenschaft. Sie ist in *vielfältiger Gestalt* vertreten. So können unterschieden werden hinsichtlich der

- *theoretischen Standorte:* Assoziations-, Tiefen-, Ganzheits-, Verhaltenspsychologie u. a.;
- *inhaltlichen Schwerpunkte:* Wahrnehmungs-, Gefühls-, Willens-, Denk-, Ausdruckspsychologie u. a.;
- *praktischen Anwendungsgebiete:* pädagogische, medizinische bzw. klinische Psychologie, Arbeits- und Betriebspsychologie, Werbepsychologie, Psychotherapie u. a.;
- *verschiedenen Betrachtungsweisen:* Entwicklungs-, Persönlichkeits-, Sozialpsychologie.

Zur Zeit wird eine „Enzyklopädie der Psychologie" veröffentlicht. Für diese Gesamtdarstellung sind 88 Buchbände als Nachschlagewerke geplant. Allein die Bezeichnungen der Serien dieser Enzyklopädie zeigen die imposante Spannbreite, aber auch den Anforderungsgrad neuzeitlicher Psychologie: Psychologie innerhalb der Wissenschaften, Forschungsmethoden, psychologische Diagnostik und Interventionsmethoden, physiologische Psychologie, Kognition, Sprache, Motivation und Emotion, Sozialpsychologie, pädagogische und klinische Psychologie, Psychologie im Rechtswesen, Sportpsychologie usw.

Die Übertragung dieser umfassenden Wissenssammlung auf den Bereich der Krankengymnastik wird eine Zukunftsaufgabe bleiben.

Dem Autor dieses Beitrags sind innerhalb psychologischer Lehrgänge, Seminare und Fortbildungsveranstaltungen zumeist Fragen vorgetragen worden, die sich folgenden *Themenkreisen* der Psychologie zuordnen lassen:
- Motivation und Motivieren,
- Lernen und Lernhilfen,
- Interaktion und Konflikte.

Die folgende Darstellung ist deshalb auf diese Themen begrenzt. Es sei angemerkt, daß der Rahmen für eine umfassendere „Psychologie in der Krankengymnastik" in einem Curriculum (lernzielbezogenen Stoff- und Lehrplan) enthalten ist, welches für die Weiterbildungsstätte für Lehrkräfte der Krankengymnastik erstellt wurde.

► Psychologie ist eine vielgestaltige Wissenschaft durch Verschiedenartigkeit der Auffassungen (Theorien), der inhaltlichen Schwerpunkte und praktischen Anwendungsbereiche. Es gibt eine große, sich ständig ausweitende Informationsmenge, die vorläufig nur teilweise und in Auswahl für Krankengymnasten zugänglich ist. Von seiten der Krankengymnasten besteht vorwiegend Interesse an Motivations-, Lern-, Sozial- und Konfliktpsychologie.

# Motivation und Motivieren

## Begriffsklärung

Zu den häufigen Fragen, die Krankengymnasten an den Psychologen stellen, gehören die folgenden:
- Warum verhalten sich Patienten in der krankengymnastischen Behandlung von Fall zu Fall verschieden?
- Welche Beweggründe haben sie für ihre Mitarbeit bzw. Nichtmitarbeit an der Behandlung?
- Wie erklärt sich, daß Patienten für die Behandlung ausreichende Voraussetzungen (Fähigkeiten) mitbringen, aber dennoch nur schwer zur Mitarbeit zu bewegen sind?
- Was kann der Krankengymnast tun, damit Patienten initiativer und ausdauernder am Behandlungsprogramm teilnehmen?

Es geht bei diesen Fragen offensichtlich um Motivationsprobleme. Mit *Motivation* wird meist ein personaler Zustand gemeint, der das Verhalten und Erleben bestimmt, auf Ziele bzw. Objekte hin aktiviert und ausrichtet. Motivation kann stark oder schwach sein (Motivationsstärke), zur

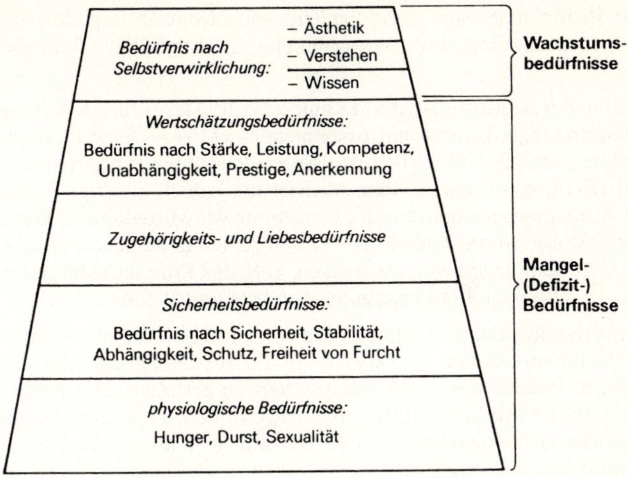


Abb. **1** Bedürfnispyramide nach Maslow.

Annäherung oder Vermeidung führen (Motivationsrichtung). Die *Motive* werden als einzelne Beweggründe verstanden, die das Tun oder Lassen in Gang setzen und lenken. Mit *Motivieren* wird das Beeinflussen bzw. Verändern einer Motivationslage gemeint: Aufbauen und Verstärken von Motivationslagen. Im Fall motivationsabbauender und -schwächender Einwirkung wird von „Demotivieren" gesprochen.

## Ein Modell menschlicher Bedürfnisse

Die Psychologie bietet zu diesem Kapitel eine Fülle von Materialien und Denkmodellen an. Vorgestellt wird die *„Bedürfnispyramide nach A. H. Maslow"*, in der die Vielheit menschlicher Bedürfnisse geordnet und in eine hierarchische Beziehung gesetzt ist.

Nach dem Bedürfnismodell in Abb. **1** wird menschliches Verhalten und Erleben von mehreren, aufeinander aufgebauten und inhaltlich unterschiedenen Antriebskräften bestimmt. Es werden lebenserhaltende (Mangel-, Defizit-) Bedürfnisse und lebenserweiternde (Wachstums-) Bedürfnisse differenziert. Die physiologischen Bedüfnisse werden als grundlegend angesehen: Der Mensch braucht primär Nahrung, Licht und Luft, Wärme und Bewegung, den Biorhythmus von Anspannung und Entspannung. Im Laufe der menschlichen Entwicklung werden weitere, höhere Bedürfnisse aufgebaut, die mehr seelischer, sozialer und geistiger Art sind: Bedürfnisse nach Geborgenheit, nach Kontakt und Zuwendung, nach Anerkennung und Wertschätzung, nach geistiger Teilhabe am Leben.

Je höher ein Bedürfnis ist, desto weniger wichtig ist es für das Überleben, und desto länger kann — mit zunehmendem Alter — seine Befriedigung verzögert werden. Höhere Bedürfnisse werden subjektiv als weniger drängend erlebt, erfordern zu ihrer Aktivierung jedoch günstige Bedingungen: Anregungsangebote aus der Umgebung wie Mitteilungen, Denkprobleme, Alternativen, Modelle usw. Die einzelnen Bedürfnisse können sich durch die Kanäle anderer ausdrücken, z. B. das Kontaktbedürfnis durch lange Erzählungen über Erkanntes, Schönes und Wahres.

Die Motivationstheorie von A. H. Maslow gibt Hinweise zum Verständnis von Patientenverhalten. Sie verweist auf die Notwendigkeit, krankengymnastische Behandlung *bedürfnisorientiert* zu gestalten. Das heißt z. B.: Die Chance, Mitarbeit von Patienten zu gewinnen, ist größer, wenn akute und vorherrschende Bedürfnisse (Erwartungen, Wünsche, Bestrebungen) ermittelt und befriedigt werden.

Krankengymnastische Behandlung sollte nicht mit unpersönlichen Anweisungen zu einem starren Musterprogramm beginnen, sondern mit einem Anhören des Patienten: Welche Bedürfnisse hat der einzelne Patient? Auf diesem Weg kann mit größerer Behandlungsbereitschaft gerechnet werden als auf dem Schnellweg fremdbestimmter Verordnung und Kommandierung: „Laut Rezept werden jetzt fünf Übungen mit Ihnen durchgeführt!“

## Motivationspsychologische Gesichtspunkte

In der helfenden Beziehung von Krankengymnast und Patient ist unter motivationspsychologischen Gesichtspunkten folgendes zu bedenken:

- Welche Bedürfnisse (Vorstellungen, Wünsche, Interessen u. ä.) bringt der Patient mit?
- Welche Erwartungen setzt er in die Behandlung?
- Welche Bedürfnisse sind gegenwärtig dominant?
- Welche Wirkung hat die Behandlung in ihren verschiedenen Phasen auf die Beweggründe zur Mitarbeit?

In der Krankengymnastik wird die Bedeutung solcher Gesichtspunkte zunehmend mitgesehen, etwa wenn es heißt: „Mit dem Einsatz dieser Funktionsbandagentechnik geben wir dem Patienten in der Rehabilitationsphase zusätzliche Sicherheit und die Möglichkeit, eine frühe Selbständigkeit zu erreichen.“ Die *Orientierung an der Bedürfnislage* des Patienten wird mitunter als Vorzug bestimmter krankengymnastischer Behandlungsmethoden ausgewiesen, etwa mit der Feststellung: „Intensiver als mit anderen Methoden kann mit dieser Methode (KK) das Ziel verfolgt werden, Erfolgserlebnisse auf motorischem Gebiet zu vermitteln, die CP-Kinder in der Konkurrenz mit nichtbehinderten Kindern nur selten haben. Die Behandlung kommt auch dem Bewegungsbedürfnis entgegen."

In der Übungsbehandlung körperbehinderter Kinder werden Bedürfnisse, wie sie in der abgebildeten Pyramide angeführt sind, eher wahrgenommen und zum Zweck günstiger Motivierung beachtet, etwa wenn der Krankengymnastin empfohlen wird, „dem Bedürfnis nach Zustimmung, Geltung und Anerkennung nachzugeben, um demotivierte Kinder zu einer aktiven Mitarbeit an ihrer Rehabilitation gewinnen zu können."

Anläßlich einer Tagung zur Zusammenarbeit von Krankengymnasten und Behinderten wurde gefordert, in die therapeutische Arbeit auch „Bedürfnisaspekte" einzubauen, z. B. das Bedürfnis, als ein Mensch mit eigenem Namen, als ein Individuum und nicht als ein „Jetzt-dran-Seiender" angesprochen zu werden. Das Gespräch zwischen Behandler und Patient sollte nicht „so seicht und oberflächlich sein, wie beim Friseur oder im Kaufmannsladen um die Ecke". Für das Aufstellen von Behandlungsplänen wurde z. B. das Prinzip formuliert: „Gangschule muß nicht unbedingt nur aus Gehen bestehen". Denn: „Jede motorische Störung beeinflußt den ganzen Menschen . . . Die Angaben des Patienten über subjektives Befinden sind aufzunehmen, seinem Bedürfnis, über die Behandlungsziele informiert zu werden, ist Rechnung zu tragen."

► Motivationspsychologie gibt Aufschlüsse darüber, welche Beweggründe den Menschen dazu bringen, sich in einer bestimmten Weise zu verhalten. Sie beantwortet Fragen nach der Intensität und Zielrichtung des Handelns, nach Determinanten des Verhaltens und Erlebens (z. B. Bedürfnispyramide). Um Patienten zur Mitarbeit zu gewinnen, ihr Bemühen um Erreichung des Behandlungsziels zu aktivieren bzw. zu stärken, ist es angezeigt, die von Person zu Person (interindividuell) verschiedene sowie die bei der einzelnen Person (intraindividuell) sich ändernde Struktur und Dynamik motivierten Handelns zu beachten. Die Hilfe für den Patienten sollte sich nicht ausschließlich vom Krankheitsbild und zugeordneten Behandlungsmaßnahmen leiten lassen, sondern auch menschliche Bedürfnisse wahrnehmen und berücksichtigen, die für das ganze persönliche Wohlbefinden bedeutsam sind.

## Grundregeln für die Motivierung

Aus den vielzähligen Forschungsergebnissen der Motivationspsychologie können einige Grundregeln abgeleitet werden, die auch für die Motivierung im Rahmen krankengymnastischer Behandlung gültig sind:
- an schon vorhandene, sachbezogene Erfahrungen und Interessen anknüpfen;

- die Ziele der gemeinsamen Tätigkeit erkennbar machen;
- positive Rückmeldung schon bei Teilerfolgen geben;
- die Anforderungen bzw. Aufgaben auf die Fähigkeiten abstimmen (erreichbare Schwierigkeitsgrade);
- attraktives Material bzw. Medien verwenden;
- zur Selbstbeurteilung von Fortschritten befähigen;
- Selbstvertrauen durch Einbeziehen von Vorschlägen und Ideen zur Behandlung stärken.

Diesen Grundregeln ist zu entnehmen, welche Einflüsse *demotivierende Wirkungen* haben: Ignorieren von Erfahrungen und Interessen, Mangel an Informationen und Aufklärung, häufiges personenbezogenes Kritisieren und Tadeln, Überforderungen mit Mißerfolgsketten, anregungsarme, unterfordernde Übungsformen bzw. -mittel, Abhängigkeit von Fremdbeurteilung, Unterdrückung von Selbständigkeit: mehr Behandelter als Selbstbehandelnder sein.

Da Erfolge in der Motivierung von Patienten regelmäßig auch rückmotivierende Funktion für den Krankengymnasten haben, ist mit der Entstehung eines zusätzlichen Einflußfaktors zu rechnen: einer beidseitig anregenden Therapeut-Patient-Beziehung, die eine emotional entspannte Behandlungsatmosphäre mit vermehrtem Wohlbefinden bzw. Arbeitszufriedenheit schafft.

Diese motivationspsychologischen Erkenntnisse sind bereits in die krankengymnastische Ausbildung eingebunden worden. In einem Modellentwurf für die „Beurteilung der Leistungen von Krankengymnastikschülern während des klinischen Praktikums" ist z. B. die *Verhaltenskategorie: Zuwendung zum Patienten* enthalten. Sie wird nachstehend zitiert.

Aufmerksame Zuwendung zum Patienten bedeutet, daß der Schüler
- in Sprache und Verhalten zum Ausdruck bringt, daß er den Patienten als Person respektiert und
- Wünsche und Bedürfnisse des Patienten zu verstehen bereit ist;
- durch seine Ansprache den Patienten zur konstruktiven Mitarbeit gewinnt;
- Vorschläge und Anregungen von seiten des Patienten zuläßt und nach Möglichkeit berücksichtigt;
- die Selbständigkeit des Patienten fördert;
- eine partnerschaftliche Arbeitsatmosphäre (Behandlungsatmosphäre) schafft, die Distanzlosigkeiten unmißverständlich ausschließt.

Die Wahrscheinlichkeit ist hoch, daß Patienten, mit denen in der charakterisierten Weise umgegangen wird, stärker und besser motiviert werden: aktiver und eigenständiger an der krankengymnastischen Behandlung teilnehmen, mehr Initiative und Interesse entwickeln und von sich aus bestrebt sind, die Behandlungsziele zu erreichen. Eine derartige Motivation wird auch als autonom (selbstbestimmt, unabhängig) oder intrinsisch (von innen her, aus eigenem Antrieb und um der Sache willen) bezeichnet. Ist die Motivation dagegen vorwiegend von Fremdbeeinflussung abhängig bzw. von außen her angeregt, nicht aus eigenem inneren Anlaß erfolgend, spricht man von heteronomer bzw. extrinsischer Motivation.

► Motivieren heißt Herstellen, Erhalten und Erneuern von Motivation, also Einflußnahme auf das Verhalten und Erleben, so daß Änderungen hinsichtlich der Intensität oder/und Zielrichtung stattfinden. Ansätze zur besseren Motivierung von Patienten liegen in der Behandlungssituation selbst (klare Ziele, verständliche Anleitung, anregende Gestaltung von Ablauf und Mittelgebrauch), in der Person des Patienten (Berücksichtigung seiner Bedürfnislage, seiner Erfahrungen und Interessen, Eingehen auf seine Individualität, Dosieren der Anforderungen gemäß seiner Fähigkeiten), in der Person des Krankengymnasten (aufmerksame Zuwendung, akzeptierende und respektierende Einstellung, fachliche Kompetenz) sowie in der helfenden Beziehung von Krankengymnast und Patient (humane Formen des Miteinander-Umgehens, Information und Verständigung im Dialog). Erstrebenswert ist die Förderung bzw. Verstärkung intrinsischer Anteile der Motivation: Eigentätigkeit, mit- und selbstbestimmendes Teilnehmen an der Behandlung, Wandlung des Selbstverständnisses vom Patienten zum Aktienten.

# Lernen und Lernhilfen

## Begriffsklärung

Im engen Zusammenhang mit motivationspsychologischen Erkenntnissen stehen Fragen der Krankengymnasten, die lernpsychologische Kapitel betreffen:

- Wie lernen Patienten krankengymnastisch erwünschte Verhaltensweisen (Bewegungen, Tätigkeiten, Leistungen)?
- Wie erklären sich Lernschwierigkeiten, z. B. verlangsamtes oder verzögertes Lernen, geringe Effektivität?
- Wovon sind Behalten und Vergessen abhängig?
- In welcher Weise können Lernprozesse pädagogisch unterstützt werden (z. B. Anleitung für Übungen, Vermittlung von Informationen)?

Es geht um Lernprozesse, um ihre Bedingungen und Wirkungen sowie um Lernförderung durch geeignete Einflußnahme. Auch hierzu gibt es psychologische Forschungsergebnisse, die auf Krankengymnastik übertragbar und als Orientierungs- und Entscheidungshilfen verwendbar sind. Sie sind sehr reichhaltig und können hier nur auszugsweise vorgestellt werden.

Da der Mensch als Mängelwesen zur Welt kommt, nur über wenige instinktgebundene Verhaltensmuster verfügt, ist er gezwungen, seine Fähigkeiten zur Umweltanpassung ständig zu erweitern und zu vervollkommnen. Er muß lernen, hinzu- und umlernen, um überleben und in einer sich ändernden Umwelt bestehen zu können. Dieses Grundmerkmal menschlichen Daseins wird insbesondere in Lebenslagen offenkundig, die ungewöhnlich und neuartig sind. Zu den *lernintensiven Situationen* gehört der Erkrankungsfall, die Verletzung, Einschränkung oder Behinderung des Organismus. Der betroffene Mensch sieht sich in Bedrängnis und Not gebracht, er wehrt sich dagegen, setzt seine verbliebenen Kräfte und Möglichkeiten zur Selbsterhaltung und Selbstverwirklichung ein, erwirbt dabei neue oder andere Verhaltensweisen, wandelt sein Verhalten ab, bezieht bewußt oder unbewußt Erfahrungen ein. In dieses Lerngeschehen sieht sich der Krankengymnast versetzt, wenn er Lebensfunktionen und -aktivitäten von Patienten fördert und unterstützt.

So gesehen ist Lernen mehr als Aneignung von Wissen und Fertigkeiten. Es ist ein Prozeß, durch den Verhalten von Lebewesen aufgrund von Erfahrung entsteht oder verändert wird. Der Patient sieht sich vor die Notwendigkeit gestellt, nicht nur Kenntnisse und bestimmte Reaktionsformen bzw. Techniken neu zu erwerben, sondern auch bisher Gelerntes zu verändern, zu ergänzen, umzustellen, z. B. Lebensgewohnheiten, Einstellungen zu sich selbst, zu seinem Körper, zu den Mitmenschen. Um sich in andersartigen, weil nicht „normalen“ Gegebenheiten zurechtfinden und sie bewältigen zu können, muß der Patient sein Verhaltensrepertoire verändern, aus gemachten Erfahrungen profitieren, gegenwärtige Erfahrungen auswerten und auf künftiges Verhalten umsetzen.

► Lernen bedeutet für den Menschen Überlebenkönnen und Entwicklung. Es ermöglicht nicht nur den Erwerb von Kenntnissen und Fertigkeiten, sondern auch den Aufbau und die Veränderung eines umfassenden Verhaltensrepertoires, zu dem emotionale und soziale Verhaltens- und Erlebensweisen, Einstellungen und Werthaltungen gehören. Lernen findet aufgrund von Erfahrungen statt. Die Situation von Patienten kann als lernintensiv bezeichnet werden, insofern sie die betroffene Person in ihrem Lebensvollzug vor geänderte Anforderungen stellt, Anpassungen und Umstellungen verlangt, Vervollkommnung, Förderung, Ausgleich von Lebensfunktionen erfordert.

## Kriterien von Lernprozessen

Es gibt eine Vielzahl von Definitionen für Lernen. Ihre Unterschiede im Wortlaut erklären sich aus den verschiedenartigen Auffassungen und Erklärungsansätzen der Verfasser. Die meisten Definitionen enthalten jedoch folgende Bestandteile:

**Entstehung bzw. Änderung von Verhalten.** Ein noch nicht vorhandenes Verhalten tritt auf oder ein vorhandenes Verhalten ändert sich. Ein ursprünglicher Zustand unterscheidet sich von einem nachfolgenden Zustand, z. B. Nichtwissen — Wissen, Nichtkönnen — Können; falsche Reaktion — richtige Reaktion, ungeschickte Bewegungen — geschickte Bewegungen usw. Den Zustand, den ein Lernender bei Lernbeginn aufweist, bezeichnet man als „Anfangsverhalten", den Zustand, den er bei Abschluß des Lernvorganges erreicht, als „Endverhalten".

**Wirkung von Person-Umwelt-Beziehung.** Der verhaltensändernde Prozeß wird durch Erfahrungen bewirkt, die der Lernende in der Begegnung und Auseinandersetzung mit der Umwelt und mit sich selbst macht. Im Umgang mit Personen und Sachen und im Umgang mit sich selbst empfängt der Lernende Reize bzw. Informationen, die ihn beeindrucken und sein Verhalten und Erleben bestimmen bzw. regeln. Am Lernprozeß beteiligt ist vor allem die Funktionsbetätigung selbst in Form von Wiederholen und Üben.

**Relative Dauerhaftigkeit.** Das entstandene oder geänderte Verhalten und Erleben erweist sich als gelernt, wenn es nicht nur einmalig oder flüchtig vorkommt, sondern mehr oder weniger dauerhaft ist.

Es wird konstant und damit zur Verhaltens- oder Handlungsdisposition, liegt zur Wieder- bzw. Weiterverwendung bereit.

Der Begriff „Lernen" ist auf erfahrungsabhängige Verhaltensentstehungen bzw. -änderungen einzuschränken. Es können auch erfahrungsunabhängige Verhaltensentstehungen bzw. -änderungen beobachtet werden, die — zumindest anfänglich — *andere Verursacher haben:* biologische Prozesse (z. B. Reifung, Wachstum, Altern), hormonal-vegetative Regulationen (z. B. Geschlechtsreife), physiologische Faktoren (z. B. Ermüdung, Drogen), körperliche Erkrankungen und Folgeschäden (z. B. Organschwächen bzw. -ausfall, Hirntumor). Nicht jede Verhaltensmodifikation geht also aus Erfahrungen hervor. Es muß aber damit gerechnet werden, daß die nicht durch Lernvorgänge erzeugten Verhaltens- und Erlebensweisen in ein Lerngeschehen einmünden. So kann u. U. eine körperlich bedingte Bewegungsänderung (z. B. Schonhaltung) mit Erfahrungen einhergehen, die ihrerseits als angenehm (z. B. schmerzfrei) oder unangenehm (z. B. lästig) wahrgenommen werden. Diese Erfahrungen geben dann die Grundlage für einen verhaltensaufbauenden oder verhaltensabbauenden Prozeß ab, an dem Lernvorgänge im Sinne von Gewöhnung bzw. Entwöhnung, Aneignen bzw. Ablegen beteiligt sind. Nicht selten muß sich der Krankengymnast deshalb die Frage stellen: Handelt es sich bei den Symptomen um direkt mit Organbefunden zusammenhängende Erscheinungen oder um Folgeerscheinungen von falsch gekoppelten Lernvorgängen?

► Zur Krankengymnastik gehören Lern-Lehr-Prozesse: Im Verlauf einer krankengymnastischen Behandlung entstehen bzw. verändern sich Verhaltensweisen (Bewegungen, Tätigkeiten, Leistungen) aufgrund von Erfahrung, Beobachtung und Übung. Dieser Prozeß wird wahrnehmbar am Unterschied von bestehendem Anfangsverhalten — dem derzeitigen Status — und erreichtem Endverhalten — den nach Abschluß feststellbaren Lernresultaten, die relativen Bestand haben. Er wird zielbestimmt beeinflußt durch krankengymnastische Maßnahmen und Techniken und ist damit zugleich ein Lehrprozeß: Es werden Vermittlungsverfahren in verschiedenen Sozialformen (einzeln, zu Paaren, in Gruppen) eingesetzt, Lernhilfen möglichst zur richtigen Zeit und in angemessener Dosierung gegeben.

Spezielle lernpsychologische Aspekte der krankengymnastischen Behandlung sind bereits in den Band 1 dieses Taschenlehrbuches aufgenommen worden. Hier soll in Kurzfassung über weitere lernpsychologische Erkenntisse informiert werden, die für die Krankengymnastik belangvoll sind.

Lernprozesse kommen in der krankengymnastischen Behandlung vor allem in drei Situationen vor:
- Der Patient führt auf gesetzte Reize hin bestimmte Reaktionen aus → Reiz-Reaktions-Lernen.
- Der Patient vollzieht gezeigte bzw. vorgemachte Bewegungen oder Tätigkeiten nach → Lernen durch Beobachtung und Nachahmung.
- Dem Patienten wird ein Sachverhalt erklärt, so daß er ihn begreift und sich entsprechend verhalten kann → Lernen durch Einsicht.

## Reiz-Reaktions-Lernen

Diese Lernform ist von der Reflexlehre und der Sensomotorik her bekannt und unter der Bezeichnung „Konditionierung“ (Lernen durch Bedingen) eingeführt. Danach kommt Lernen dadurch zustande, daß ursprünglich vorhandene, unwillkürliche Reiz-Reaktions-Zusammenhänge (Reflexe) durch andere Reize hervorgerufen werden. Ein bislang für die Reaktion indifferenter Reiz wird zum zusätzlichen Auslöser einer Reaktion. Als klassischer Fall für diese Einsetzung eines Zusatzreizes in eine Organreaktion gilt das „Speichelhund-Experiment“ von I. P. Pawlow.

Eine derartige reaktive Konditionierung liegt z. B. in der Atemtherapie bei „Hustenprovokation zur Sekretabhustung“ vor, wenn die Ausatemverlängerung durch exspiratorische Thoraxkompression, gekoppelt mit Vibration und Summton, erfolgt. Der Hustenreflex wird durch hinzugefügte Reize (Stimuli) provoziert. Der Patient lernt auf diese Weise die Sekretabhustung willkürlich auszuführen: Durch Verbindung (Assoziation) mit Zusatzreizen wird die basale Reaktion ausgelöst.

Eine wichtige Variante des Reiz-Reaktions-Lernens ist die sog. operante Konditionierung. Sie ist von B. F. Skinner untersucht und als Lernmodell entwickelt worden. Lernen resultiert danach nicht allein aus der Reizzuschaltung in Verbindung mit reflexartigen Reaktionen, sondern auch — und beim Menschen vorwiegend — aus der Wirkung von Verhaltenskonsequenzen: Folgt einer Reaktion eine Verstärkung, so erhöht sich die Wahrscheinlichkeit, daß sie sich später unter ähnlichen Umständen wiederholt. Das trifft nicht nur auf respondentes Verhalten zu (Reaktionen, Antwortverhalten), sondern besonders auf operantes Verhalten (Aktionen, Handlungen). Durch die Erfahrung, daß sein emittiertes (geäußertes) Verhalten positive oder negative Konsequenzen hat, ändert der Mensch sein Verhalten. Er lernt, sich bestimmten Zielen bzw. Objekten anzunähern, andere Ziele bzw. Objekte zu vermeiden.

Kernstück des Lernmodells ist das *Prinzip der Verstärkung.* Man kann aus den verschiedenen Behandlungskonzepten der Krankengymnastik viele Beispiele entnehmen, die zeigen, wie Lernen und Leisten von Patienten von Verstärkungen determiniert werden:

- Der Krankengymnast bekräftigt — meist sofort — die vom Patienten gewünschte Bewegung (z. B. bei Herstellen einer Ausgangsstellung), wenn sie korrekt ist. Er gibt sprachliche Rückmeldungen an den Patienten wie „richtig“, „gut“, „o. k.“ oder nichtsprachliche Zeichen wie bestätigendes Kopfnicken, zustimmende Mimik *(positive Verstärkung).*
- Bei fehlerhafter Übungsausführung (z. B. keine aufrechte Schrittstellung bei der Gangschulung mit Handstöcken) hält der Krankengymnast dagegen mit Lob zurück. Er unterläßt die vom Patienten erwartete Bestätigung, um somit die Auftretenswahrscheinlichkeit der angemessenen Bewegungsform zu erhöhen *(negative Verstärkung).*
- Wohl seltener kommt es vor, daß Krankengymnasten versuchen, durch aversive (abweisende) Reize das nach ihrer Vorstellung angemessene Patientenverhalten zu verstärken, also z. B. durch Androhen eines Behandlungsabbruchs Wohlverhalten herbeizuführen *(Bestrafung).*
- Durch anfängliches Nichtbekräftigen bzw. Ignorieren von Reaktionen, die dem Behandlungsziel zuwiderlaufen (z. B. leichte Ablenkbarkeit, starke Unruhe beim Lagern zur Dekubitusprophylaxe), versucht der Krankengymnast, ihre Auftretenswahrscheinlichkeit zu verringern, die unangemessenen Reaktionen abzuschwächen oder auszulöschen *(Extinktion).*
- Durch Bekräftigung erfolgreicher Teilleistungen und vorläufiges Nichtbeachten ungenügender Teilleistungen (z. B. bei der Hemmung pathologischer Haltungs- und Bewegungsmuster und Anbahnung normaler Bewegungsreaktionen) wird der Patient auf bestimmte Körperfunktionen konzentriert, werden Anstrengung und Ausdauer aufrechterhalten *(selektive Verstärkung).*
- Ist die zu erlernende Übung sehr komplex (z. B. vollständige, regelrechte Hebetechnik bei Rollstuhlfahrern), gliedert der Krankengymnast sie in sinnvolle Teileinheiten auf und gibt im schrittweisen Vorge-

hen verhaltensstärkende Rückmeldungen bzw. verhaltenskorrigierende Anregungen, Hinweise, Denkimpulse *(graduelle Annäherung).*

Die Beispielreihe zum Lernen durch Verstärkung in der Krankengymnastik läßt sich ergänzen. Sie läuft auf eine Alltagsweisheit hinaus: Hat der Patient während der krankengymnastischen Behandlung Erfolgserlebnisse, werden ihm Lernfortschritte signalisiert, kann er selbst Besserung feststellen, so wird der Weg zum Behandlungsziel sowohl für ihn selbst wie auch für den Therapeuten leichter und schneller: „Nichts ist erfolgreicher als der Erfolg".

► In der Psychologie gibt es mehrere Lerntheorien, mit denen versucht wird, Kenntnisse über das Lernen zu systematisieren und Lernvorgänge zu erklären. So befaßt sich eine Lerntheorie mit Reiz-Reaktions-Zusammenhängen und der Möglichkeit, durch Zusatzreize bestimmte Reaktionen auszulösen (reaktives Konditionieren). Mit ihr kann einfaches Lernen, z. B. Reagieren auf Signale, Gewohnheitsbildungen plausibel gemacht werden. Eine neuere Stimulus-Reaktions-Theorie betont, daß der Mensch nicht nur reagiert, sondern oft Verhaltensweisen zeigt, mit denen er auf seine Umwelt aktiv einwirkt. Verhalten wird durch seine Folgen bestimmt, verändert und geformt (operantes Konditionieren). Diese Lerntheorie kann besonders die Wirkungen (Bekräftigungen) durchsichtig und verständlich machen. Sie verweist auf die Bedeutung von Erfolg und Mißerfolg, Lob und Tadel, Belohnung und Bestrafung als verhaltensändernde Einwirkungen.

## Lernen durch Beobachtung

Der Begriff „Beobachtung" ist Krankengymnasten von der Befundaufnahme her geläufig. Beobachtung bedeutet hier, aufmerksames Wahrnehmen von Fakten (physiologischen Erscheinungen, Bewegungsmerkmalen, körperlichen Symptomen usw.) mit dem Ziel, krankengymnastisch relevante Erkenntnisse zu gewinnen. In Verbindung mit dem Lernbegriff besagt er folgendes: Eine Person nimmt das Verhalten einer oder mehrerer anderer bewußt oder unbewußt wahr und vollzieht die bemerkten Verhaltensweisen in gleicher oder annähernd gleicher Weise nach. Deshalb wird das Lernen durch Beobachtung auch als Wahrnehmungs-, Nachahmungs- oder Imitationslernen bezeichnet. Richtet sich der Wahrnehmungsprozeß auf Vorbilder, Musterfälle, Prototypen, Exempel (beispielhafte Darstellungen), wird vom Lernen am Modell gesprochen.

In der Krankengymnastik stellt z. B. der Krankengymnast selbst oder durch ein Gruppenmitglied die erwünschte therapeutische Körperstellung vor und fordert zum Nachvollzug auf (Fersen-Ellenbogen-Sitz, Kutschersitz o. ä.). Diese „Abguckmethode“ wird nicht selten benutzt, hat sie doch folgende *Vorteile:*

- Der Patient sieht sofort das Lernziel (was er können soll) vor sich.
- Er braucht keine langen Anleitungen und Erklärungen für das, was er zu tun hat.
- Es entfallen Umwege über eigenes Probieren, also aufwendiges Hin und Her wie beim Versuch-Irrtum-Lernen.

Das Lernen am Modell funktioniert jedoch nur unter *günstigen Bedingungen,* die bei der Vermittlungsarbeit (Lehren) zu beachten sind:

- die Modellperson wird akzeptiert;
- zwischen Modell und Beobachter besteht eine freundliche Beziehung;
- das am Modell beobachtete Verhalten hat positive Konsequenzen;
- die Situation zum Nachahmen kommt mehrmals vor.

Aus weiteren Untersuchungsergebnissen zum Lernen durch Beobachtung bzw. am Modell läßt sich für die krankengymnastische Behandlung folgendes ableiten: Durch Beobachtungslernen werden sowohl Bewegungsmuster wie auch soziale Verhaltensformen übernommen (z. B. das Einhalten von Spielregeln im mitmenschlichen Umgang, aber auch aggressives Auftreten und Angstreaktionen). Personen, die häufig an Bezugspersonen prosoziales Verhalten wahrnehmen können (z. B. Rücksichtnahme, Hilfsbereitschaft, Toleranz, Verständigung) praktizieren ebenfalls und zunehmend prosoziale Verhaltensweisen. Krankengymnasten mit dem Arbeitsgebiet „behinderte Kinder“ berichten hierzu eindrucksvoll Beispiele: Kinder, die von der Angst anderer angesteckt werden; die ihr feindseliges Antworten unterlassen, wenn sie konstantfreundliche Behandlung erfahren; die unsicher und unkonzentriert werden, wenn der Behandler sich ebenso unsicher und nicht bei der Sache zeigt; die in ihrer Motorik deutlich von Eltern abgespiegelte Gewohnheiten aufweisen u. a. m.

Verallgemeinert man diese Berufserfahrungen und die erwähnten Forschungsresultate, so lassen sich folgende *Schlußfolgerungen* ziehen:

- Der Krankengymnast hat mehr Aussicht auf therapeutischen Arbeitserfolg, wenn er selbst ein Vorbild für das erwünschte Patientenverhalten darstellt.
- Er sollte bei der Konfrontation mit schwierigen bzw. unwillkommenen Verhaltensweisen von Patienten vermeiden, mit gleicher Münze heimzuzahlen und stattdessen — im Interesse von Vorbildwirkung — seinen prosozialen Verhaltensstil beibehalten, andere Reaktionsmöglichkeiten des Patienten ansprechen und zum Ausprobieren anregen.
- Die Aneignung und Äußerung bestimmter Bewegungs- und sozialer Verhaltensformen kann der Krankengymnast nicht zuletzt dadurch begünstigen, daß er Patienten Zugang zu Modellen ermöglicht, die das Lern- bzw. Behandlungsziel repräsentieren, für den Beobachter sympathisch sind, mit ihm Gemeinsamkeiten und Ähnlichkeiten haben,

z. B. Mitpatienten in gleicher Lage, mit ähnlichen Schwierigkeiten, aber auch mit ermutigenden Fortschritten auf dem Behandlungsweg.

- Durch Beobachtung und Imitation werden vor allem motorische und soziale Verhaltensweisen erworben bzw. verändert. Modelle liefern Entwürfe und Muster für Bewegungs- und Umgangsformen, die übernommen werden. Es werden Verhaltensweisen kopiert, die das Verhaltensrepertoire des Beobachters erweitern. Es können aber auch schon früher aufgetretene Verhaltensweisen durch Modellwirkung aktualisiert und wieder ausgeführt werden. Für die Krankengymnastik ergibt sich daraus die Bedeutung der direkten Darbietung eines angemessenen bzw. akzeptablen Modells durch den Krankengymnasten selbst und/oder der vermittelnden, indirekten Vorstellung von Modellen durch Verhaltensbeschreibungen, Informationsmaterialien, repräsentative Beispiele. Das Prinzip der Verstärkung kommt auch beim Nachahmungslernen zum Tragen: Wird das Lerngeschehen von Erfolgserlebnissen begleitet, wächst die Wahrscheinlichkeit der Verhaltensaneignung und -ausführung.

## Lernen durch Einsicht

Mit „Einsicht" ist hier gemeint: Der Lernende gewinnt Einsicht in Bedingungen und Zusammenhänge, indem er Situationen denkend erfaßt und verarbeitet. Der Fachausdruck „kognitives Lernen" (kognitiv = auf Erkennen bezogen) verweist auf den hohen Anteil von Denkprozessen, von gedanklicher Durchdringung und Erkenntnis. Zu beobachten ist das kognitive Lernen, wenn Probleme zu lösen, Bedingungen zu erkunden, vorstellungsmäßig Beziehungen herzustellen und zu prüfen, Lösungsverfahren zu entwerfen sind, mit einem Satz: Mit Hilfe geistiger Aktivitäten und Fähigkeiten entdeckt bzw. vollbringt die Person Problemlösungen.

Lernen durch Einsicht ist also mehr als mechanisches Aufnehmen, Einprägen und Befolgen von Handlungsweisen. Es ist ein Lernen mit „Kopfarbeit". Dazu gehören *Denkleistungen* vielfältiger Art: Reproduzieren (Erinnern von Fakten, Begriffen, Regeln), Analysieren und Synthetisieren (Zerlegen von Ganzheiten und Zusammensetzen von Bestandteilen zu Ganzheiten), Verstehen (Erkennen von Sinn- und Bedeutungsgehalt, Aha-Erlebnisse), Anwenden im Sinne inneren Probehandelns, Bewerten von Mitteln und Wegen hinsichtlich ihrer Eignung bzw. Nichteignung. Vergleichsweise zum einfachen Nachahmen oder zum Auswendiglernen ist diese komplexe Lernform zwar aufwendiger, aber auch vorteilhafter: Verstandenes behält sich besser und langzeitiger, läßt sich leichter auf gleiche oder ähnliche Situationen übertragen und begünstigt intrinsische Motivation.

Aus diesem Grund wird vom Krankengymnasten erwartet, daß er bei der Patientenaufklärung und -anleitung über direkte Anweisungen zum „Was ist zu tun" hinausgeht und Erklärungen bzw. Erläuterungen zum „Warum ist das zu tun" gibt. Eine derartige — auf Einsicht in Bedingungen und Zusammenhänge ausgerichtete — Informationsübermittlung gelingt besser, wenn *Verständnis durch Verständlichkeit* herbeigeführt wird. Neuere empirische Untersuchungen zu diesem Prinzip der Verständlichkeit belegen eindeutig folgende Feststellungen:

Verständlich werden Informationen (z. B. Anleitungen, Erläuterungen, Begründungen), wenn
- die Inhalte in unkomplizierte, einfache Sprachformen gefaßt sind,
- der gedankliche Aufbau geordnet und gegliedert ist,
- die Aussagen kurz und prägnant sind.

Selbstverständlich gilt für die praktische Umsetzung des Prinzips nicht nur, daß der Informant im Klartext redet, sondern auch ein Vokabular benutzt, das dem zu Informierenden vertraut ist. Das bedeutet Verzicht auf eine fachliche Begriffsstaffage, die den Zugang zu einem sinnerfassenden Lernen und einsichtigen Handeln versperrt.

► Lernen durch Einsicht liegt vor, wenn Verhaltens- und Erlebensänderungen durch Denkoperationen zustandekommen und in starkem Maße Erkenntnisprozesse beteiligt sind (Kognition). Diese komplexe Lernform ist bei der selbständigen Auseinandersetzung mit schwierigen Situationen anzutreffen (sog. entdeckendes Problemlösen) sowie bei sprachlicher Informationsübermittlung (sinnerfassendes Aufnehmen und Verstehen von Mitteilungen). Der letztere Fall ist vor allem bei der Patientenaufklärung und -instruktion relevant. Eine wichtige Lernhilfe für den Gewinn von Einblick und Durchblick ist die verständliche Information. Sie zeichnet sich durch die Kriterien der Klarheit, Übersichtlichkeit (Ordnung, Gliederung) und Prägnanz aus.

# Interaktion und Konflikte

## Begriffsklärung

Krankengymnasten wenden sich mit Fragen an den Psychologen, die sich auf Interaktion und Konflikte beziehen:
- Wie kann man besser miteinander umgehen und arbeiten?
- Wodurch kommt es zu psychischen Spannungen und Konflikten?
- Wie erklären sich ängstliche und aggressive Reaktionen?
- Gibt es erfolgversprechende Wege zu Konfliktlösungen?

Der verbreitete Begriff „Interaktion" bezeichnet das Miteinander-Umgehen und Miteinander-Handeln: die Wechselbeziehung zwischen zwei oder mehr Personen (lat. inter = zwischen, actio = Handlung). Oft wird er gleichbedeutend mit dem Begriff „Kommunikation“ verwandt: verschieden gestaltete, mehr oder minder ausgeprägte Formen von Beziehungsaufnahme und wechselwirkender Beeinflussung (kommunizieren = in Verbindung stehen, mitteilen). Das Miteinander kann aus gelegentlichen oder häufigen Kontakten, aus flüchtigen oder beständigen Kontakten bestehen; es kann sich auf den Austausch wenig verbindlicher Begrüßungen und Höflichkeitsfloskeln beschränken oder sich im intensiven, mit Pflichten und Verantwortung verbundenen Zusammenleben verwirklichen; auf einseitige Erteilung von Informationen, Anweisungen (Sender) an andere Personen (Empfänger) geschaltet sein oder als wechselseitige Verständigung zur gemeinsamen Zielerreichung ablaufen. Die Interaktion kann ferner sprachlich (verbal) oder nichtsprachlich (nonverbal) sein, also über das gesprochene bzw. geschriebene Wort erfolgen oder über körperliche Verständigungsmittel (Mimik, Gestik, Körperhaltung). Eine weitere Einteilung des Kommunizierens unterscheidet zwischen Annäherungsverhalten (Appetenz) und Vermeidungsverhalten (Aversion).

Im Rahmen des Unterrichtsthemas „allgemeine Gesichtspunkte krankengymnastischer Behandlung“ führte eine Schülergruppe Rollenspiele (Krankengymnast — Patient) durch und beobachtete dabei die Wirkungen von Interaktionen. Als Ergebnis entstand eine aufschlußreiche *„Liste unangemessener Verhaltensweisen des Therapeuten“*. Folgendes Auftreten des Krankengymnasten im Umgang mit Patienten wurde als kommunikantionsfeindlich angesehen:

- sich nicht dem Patienten vorstellen;
- gar nicht oder schlecht vorbereitet sein;
- lahme, monotone Anleitung;
- konfuse Ansage;
- kein Lob, nur Korrektur;
- vor Klinik, Behandlung, Heilungsprozeß Angst machen;
- Patienten nie anschauen;
- neben der Behandlung mit Kollegen reden;
- keine Pausen lassen;
- Wünsche des Patienten abblocken;
- nicht auf Fragen eingehen;
- Hände in den Taschen;
- Behandlung vom Blatt ablesen;
- an der Wand lehnen und gleichgültig zuschauen;
- barsche Aufforderung zum Weitermachen;
- von anderen Patienten erzählen (z. B. von jemanden, der während der Behandlung gestorben ist).

Auf der Suche nach einem gemeinsamen Nenner dieser Liste stößt man auf Sachverhalte, die mit dem Begriff *„Konflikt“* angesprochen werden: Die genannten konkreten Verhaltensweisen von Therapeuten können zu

Zusammenstößen führen (lat. conflictus = Zusammenstoß, Zusammenprall). Der Patient wird — wenn er sich betroffen fühlt — in Widerstand bzw. Widerstreit geraten. Er fühlt sich nicht richtig behandelt, ist unzufrieden, ärgerlich oder ängstlich, antwortet mit stillem oder lautem Protest, geht auf Distanz oder in Frontstellung usw. Als *interpersonal* wird der aufkommende Konflikt bezeichnet, wenn sein Schauplatz auf der Ebene der Konfrontation und Auseinandersetzung zwischen mehreren Personen liegt, als *intrapersonal* wird er bezeichnet, wenn sich das widerspruchvolle, zwiespältige Geschehen vorwiegend in der Person selbst ereignet. Eine scharfe Trennungslinie läßt sich nicht ziehen, verlagern sich doch interpersonale Konflikte nicht selten in die betroffene Person selbst, werden also intrapersonale, innere Konflikte, und umgekehrt: In der einzelnen Person schon angelegte Konflikte erzeugen ihrerseits interpersonale Schwierigkeiten und Zusammenstöße.

## Kriterien des Konfliktgeschehens

Aus psychologischer Sicht wird das Konfliktgeschehen als gleichzeitiges Bestehen von zwei oder mehreren Verhaltenstendenzen definiert, die nicht miteinander vereinbar sind. Die im Konflikt befindliche Person sieht sich vor mehrere alternative Möglichkeiten des Reagierens gestellt, ist dadurch irritiert, in einen affektiven Spannungszustand versetzt und gerät unter Lösungs- und Entscheidungsdruck. Die Regulation der inneren Zwiespältigkeit und Gespanntheit kann mit verschiedenen Reaktionsweisen einhergehen: aktiver, zweckentsprechender Einsatz von Kräften und Fähigkeiten, vernünftiges Abwägen der Alternativen, sach- und situationsgerechte Entscheidung, aggressive Durchsetzung, Verzicht auf eigene Ansprüche, Rückzug auf sich selbst, Abkapselung, Verlassen des Konfliktfeldes u. v. m. Analysiert man diese vielfältigen Reaktionsweisen im Hinblick auf den „Kampf der Motive", auf den dynamischen Ablauf (z. B. Hineinsteigern), auf unbewußte Abwehrmechanismen (z. B. Verdrängung, Projektionen) und die Beteiligung kognitiver Steuerungs- und Kontrollvorgänge, so wird rasch deutlich, wie komplex und variabel Konfliktgeschehen tatsächlich ist. Erwähnt sei nur die funktionale Abhängigkeit zwischen dem Grad der affektiven Belastung und dem Ausmaß der Aufgeschlossenheit gegenüber dem eigentlichen Aussage- oder Anforderungsgehalt der Situation: Mit zunehmender Emotionalisierung fällt es immer schwerer, sich für vernünftige Regelungen des Konflikts offenzuhalten.

Konflikte haben ein doppelseitiges Potential: *Chancen* zu wirklichkeitsbezogenen Bemühungen, zu Umstellungen, verantwortlichen Entscheidungen sowie *Risiken* zu wirklichkeitsunangemessenen Handlungen, zu Verkennungen, Starrheiten, unverantwortlichen Entscheidungen. Erweisen sich die Aktivitäten zur Konfliktbewältigung als unproduktiv, mißlingen die Konfliktlösungsversuche, so erhöht sich die Gefährdung der zunehmend verunsicherten, an sich selbst zweifelnden Person. Folgenschwere Fehlhandlungen, Abgleiten in Realitätsferne, Aufbau einer Scheinwelt, psychosomatische Störungen, Flucht in die Krankheit — das sind nur einige *Resultate unaufgelöster Konflikte.* Die konfliktbelastete Person verstrickt sich in einem Circulus vitiosus vergeblicher Anstrengungen um die Wiedergewinnung seelischen Gleichgewichts, erwartet noch mehr Widerwärtigkeiten, registriert Mißgeschicke und Mißerfolge doppelt empfindlich, prophezeit sich selbst Unannehmlichkeiten und Schlimmes und „zieht so das Unglück an" (self-fulfilling prophecy). Es kommt zum Steckenbleiben im Konflikt. Verbindet sich dieser Teufelskreis mit Leidensdruck und Erschütterung des Selbstvertrauens, sind neurotische Entwicklungen nicht ausgeschlossen.

► Mit den Begriffen „Interaktion" und „Kommunikation" werden vielgestaltige Vorgänge und Formen angesprochen, die im zwischenmenschlichen Bereich vorkommen: Austausch von Informationen, Miteinander-Umgehen, Zusammenarbeit, soziales Verhalten, Verständigung u. ä. Die Interaktion zwischen Krankengymnast und Patient wird in inter- und intrapersonalen Konfliktfällen gestört. Im ersteren Fall stoßen Unterschiede in den persönlichen Auffassungen, Interessen, Forderungen, Eigenarten aufeinander, im zweiten Fall sind innere Zwiespältigkeiten Schwerpunkt des Konfliktgeschehens. Das Konfliktgeschehen ist sehr komplex. Unter psychologischen Gesichtspunkten ist u. a. folgendes zu beachten: das Schwanken zwischen mehreren Möglichkeiten, der Widerstreit von Beweggründen, die Belastung durch emotionale Unausgeglichenheit, die Selbstunsicherheit beim Abwägen der Alternativen (Handlungstendenzen) und beim Treffen von Entscheidungen. Mißlingt die Konfliktlösung, so bleiben Restspannungen bzw. Affektstaus zurück, die eine Bereitschaft zu Fehlhandlungen zeitigen. Unaufgelöste Konflikte, die das Verhältnis des Menschen zu seiner Umwelt und zu sich selbst wiederkehrend problematisieren und mit seelischem Leidensdruck verbunden sind, bilden die Grundlage von Neurosen.

## Frustration und Überforderung

Die *Entstehung von Konflikten* hängt im krankengymnastischen Beruf vorwiegend mit zwei Grundsituationen zusammen:

– *Frustration,* d. h., zielgerichtete Aktivitäten des Therapeuten bzw. Patienten werden durch äußere oder innere Barrieren gestört (verhindert, unterbrochen, blockiert). Es treten negative Gefühle wie Enttäuschung, Verstimmung, Ärger, Wut auf — „Lustverlust".
  *Beispiele:* Ein Patient verweigert ganz oder nur teilweise seine Mitarbeit. Der Krankengymnast ist enttäuscht, weil sein Bemühen am

Widerstand des Patienten scheitert. — Ein Patient ist durch Gipsverbände in der Bewegungsführung gehandicapt. Er wird bei alltäglichen Verrichtungen (z. B. persönliche Hygiene) durch gegenständliche und physikalische Hindernisse eingeschränkt und reagiert übellaunig. — Ein Patient erhofft schnelle Behandlungserfolge. Entgegen seiner Erwartung sind die Besserungen nicht sofort bemerkbar. Er wird „sauer". — Ein Krankengymnast äußert einem Problempatienten gegenüber persönliche Anteilnahme und will ihn aufmuntern. Sein Entgegenkommen wird jedoch abgeblockt durch Anschuldigungen und Vorwürfe von seiten des Patienten oder auch durch eigene Hemmungen des Krankengymnasten, durch innere Vorbehalte oder unbewußte Aversionen. Der Krankengymnast ärgert sich über den Patienten oder über sich selbst.

Diese Beispielreihe von Frustrationsfällen läßt sich leicht fortsetzen, gehören doch Hindernisse und Ärgernisse auf dem Weg zu einem Ziel bzw. die Vereitelung eines glatten Ablaufs von Handlungen zum alltäglichen Leben.

– *Überforderung,* d. h. einer Person wird mehr abverlangt, als sie herzugeben vermag (Überbeanspruchung, Streß). Die individuellen Grenzen der Leistungs- und Belastungsfähigkeit werden überschritten. Es treten Abweichungen von üblichen, regelhaften Verhaltens- und Tätigkeitsformen auf.

  *Beispiele:* Ein Krankengymnast muß über die gewohnte Anzahl von Behandlungen hinausgehend Leistungen erbringen und/oder hat besonders schwierige, aufwendige Behandlungsmaßnahmen durchzuführen. Er greift „bis zum Geht-nicht-mehr" auf seine Kraftreserven zurück. — Ein Patient mit verminderter Leistungsfähigkeit führt während einer krankengymnastischen Behandlung in der Gruppe Bewegungsformen zur Ausdauerbelastung im Übermaß aus, verausgabt sich bis zur Erschöpfung. — Ein Krankengymnast wird zusätzlich zum normalen Arbeitspensum mit Sonderaufträgen eingedeckt, deren Erfüllung nicht nur verlängerte Arbeitszeit bzw. verkürzte Freizeit mit sich bringt, sondern auch vermehrte Vorbereitung und Konzentration auf nicht gewohnte, ungeübte Tätigkeiten. Er schafft „bis zum Umfallen".

  Auch diese Beispielreihe läßt sich mühelos ergänzen, bleibt doch in der modernen Leistungsgesellschaft die Konfrontation mit überhöhten Anforderungen und mit mehr Anstrengung kaum jemandem erspart.

Die psychologischen Forschungen zu Frustration und Überforderung zeigen, daß beide Situationen konfliktträchtig sind und unter bestimmten Voraussetzungen krankmachende Wirkungen haben. Zu diesen Voraussetzungen zählt vor allem die Dauer frustrierender bzw. überfordernder Einflüsse. Gelegentliche Frustrationen sind unvermeidlich, sie ergeben sich aus den Unzulänglichkeiten in der Lebensausstattung des Menschen und der Notwendigkeit, bei der Verwirklichung persönlicher Bestrebungen auf Mitmenschen Rücksicht zu nehmen und soziale Spielregeln einzuhalten. Sie vermitteln Erfahrungen und damit zusammenhängend die Fähigkeit, Frustrationen in einem gewissen Maß zu ertragen (*Frustrationstoleranz*). Zeitweilige Überforderungen sind ebenfalls nicht ausschaltbar. Sie rufen die sog. ungeahnten Kräfte und noch unerschlossene Fähigkeiten hervor. Derjenige, der sich über das gewohnte Maß hinaus einsetzt und anstrengt, hat die Möglichkeit, sich selbst auf die Grenzen seiner Leistungs- und Belastungsfähigkeit hin zu prüfen und kennenzulernen (*realistische Selbsteinschätzung*).

In Anbetracht der immer wieder zu hörenden Aussage: „Frustrationen und Überforderungen müssen vermieden werden!“ soll nochmals betont werden, daß sie wichtige und positive Funktionen haben, solange sie nicht fortwährend das innere Gleichgewicht stören und andauernde Konfliktherde schaffen:

– Sie aktivieren den Menschen zur Auseinandersetzung mit der Umwelt und mit sich selbst;
– leiten aufgrund von Erfahrungen Verhaltensänderungen und -umstellungen — d. h. Lernvorgänge — ein;
– verlangen intensivere psychische Verarbeitungs- und Anpassungsprozesse zu Problemlösungen;
– befähigen den Menschen, mit enttäuschenden bzw. belastenden Erlebnissen besser fertig werden zu können.

► Konflikte entstehen im Zusammenhang mit Frustration (Störung zielgerichteter Aktivität verbunden mit negativen Gefühlen, insbesondere Erlebnis der Enttäuschung) und mit Überforderung (Überbeanspruchung der Leistungs- und Belastungsfähigkeit durch überhöhte Anforderungen). In beiden Situationen werden das innere Gleichgewicht gestört und Tendenzen zu seiner Wiederherstellung ausgelöst (sog. Homöostase). Die Stabilisierungsversuche zeigen sich in bestimmten Verhaltensänderungen, die aktivierende (alamierende) und kompensatorische (ausgleichende) Funktion haben. Es können lebenserleichternde Fähigkeiten aufgebaut werden: Frustrationstoleranz, realistische Selbsteinschätzung.

Anders liegen die Verhältnisse bei permanenter Frustration und Überforderung. „Dauerfrust“ und „Dauerstreß“ stecken voller Risiken. Das innere Gleichgewicht kann nicht ausreichend wiederhergestellt werden, weil die Erlebnisketten von Enttäuschungen und Mißerfolgen nicht abreißen und die Phasen für Erholung, Umstellung und Harmonisierung verkürzt werden oder ausfallen. Es drohen Kurzschluß- und Überreaktionen und die Fixierung auf bestimmte Abwehrtechniken (Verhaltensschematisierung). Am Beispiel des aggressiven Verhaltens kann dies verdeutlicht werden.

## Aggressives und ängstliches Verhalten

Lebensnahe Experimente zur Reaktionserfassung bei frustrierten bzw. überforderten Personen haben eindeutig ergeben, daß in beiden Fällen *aggressive Tendenzen* erregt werden. Die sog. Frustrations-Aggressions-Hypothese besagt in ihrer ursprünglichen Fassung sogar, daß die Existenz von Frustration *immer* zu irgendeiner Form von Aggression führe. Ebenso stark verallgemeinernd wurde in bezug auf Überforderungsreaktionen behauptet, daß gesetzmäßig eine aggressive Phase auftrete. Tatsächlich sind aggressive Erscheinungen oft im Zusammenhang mit Frust und Streß festzustellen, jedoch kommen auch Verhaltensweisen vor, die an sich nichtaggressiver Art sein können:

- *Regression,* d. h. es werden Verhaltensweisen aus vorangegangenen Entwicklungsstadien reaktiviert (z. B. kindliches, geborgenheitssuchendes Gebaren).
- *Evasion,* d. h. es wird aus dem Spannungsfeld hinausgegangen: „Aus-dem-Felde-Gehen" (z. B. realiter als Ortswechsel oder vorstellungsmäßig als Wunschtraum).

Allerdings können auch diese Verhaltensweisen aggressive Bedeutsamkeit haben, z. B. mit schädigenden Absichten praktiziert werden, oder dem Überspielen und Abfangen aufkommender Angriffsimpulse dienen, z. B. durch Rückgriffe auf infantile Albernheiten (Regression) bzw. durch einen „Gang an die frische Luft" (Evasion).

Aggressives Verhalten ist jedenfalls sehr nuancenreich, äußert sich in sprachlich vorgetragenen Angriffen (z. B. Droh- und Schimpfworte, Beleidigungen) und in Gewalttätigkeiten (z. B. Verprügeln, Zerstören, Vernichten). Es kann direkt oder indirekt auf den Angegriffenen ausgerichtet sein, sich als Sündenbock-Aggression oder in symbolischen Handlungen ventilieren, auf die eigene Person invertiert (umgelenkt) werden. Da aggressives Verhalten außer durch Frustration und Überforderung noch durch Imitation und Erfolgslernen sowie durch physiologische Dysfunktionen bedingt sein kann, weitet sich jede Abhandlung des Themas rasch aus.

Es gibt deshalb auch keine *Definition der Aggression,* die allerseits Zustimmung findet und voll zu überzeugen vermag. Die uneinheitlichen Antworten auf die Frage: Was ist Aggression? erklären sich nicht zuletzt aus dem Faktum, daß ein und dieselben lebhaften Aktivitäten je nach soziokulturellem Bewertungssystem als noch akzeptabel oder nicht mehr akzeptabel gelten und entsprechend gebilligt oder mißbilligt werden. Als Ausweg bleiben die Rückbesinnung auf den Wortursprung (lat. aggredi = herangehen, voranschreiten, angreifen) sowie die Beschreibung der konkreten Verhaltensweisen, die mit der Bezeichnung „Aggression" jeweils gemeint werden.

Für die krankengymnastische Arbeit ist folgendes bedeutsam:

- Aggressives Verhalten hat viele Entstehungsgründe. Im Umgang mit heftig reagierenden, sich feindselig äußernden Patienten sollte nicht einseitig und vereinfachend an einen „bösartigen Charakter" gedacht werden, sondern an die Möglichkeit frustrierender und überfordernder Lebenslagen. Die eigenen aggressiven Anwandlungen und Ausbrüche werden ja meist auch nicht einer charakterlichen Abnormität zugeschrieben.
- Der Krankengymnast sollte bei der Verwendung des Wortes „aggressiv" angeben, welche konkreten Verhaltensweisen damit gemeint sind, die Ereignisse und Situationen näher beschreiben. Er kann sich auf diese Weise vor übereilten, einseitigen Erklärungen bewahren und die mehrfachen Determinanten des Geschehens wahrnehmen, z. B. auch die Interaktionseffekte und damit den eigenen Anteil an der Aggressionsentstehung.
- Es sollte vor allem differenziert werden zwischen vereinzelten Aggressionen aus situationsbedingten Abwehr- und Entlastungsversuchen und häufigen, leicht auslösbaren Aggressionen aus fixierter, habituell gewordener Reaktionsbereitschaft (Aggressivität, aggressive Haltung). Von dieser Unterscheidung her wird der Krankengymnast auch eher imstande sein, Möglichkeiten und Erfolgsaussichten für eine Einflußnahme zu erkennen und einzuschätzen.

Auf den ersten Blick scheint kein Zusammenhang zwischen *Aggression und Angst* zu bestehen. Bei Aggression denken wir an „Herangehen" (Annäherungsverhalten), bei Angst an „Nichtherangehen" oder „Hinweggehen" (Vermeidungsverhalten). Wie eng die Nachbarschaft beider Verhaltensformen ist, wird aber sichtbar, wenn verängstigte Menschen plötzlich die „Flucht nach vorn" antreten, wütend und enthemmt losstürmen. Im Verlauf einer Angststeigerung schlägt das Verhalten aus Inaktivität, Zurückhaltung, Vermeidung um in Aktivität, Voranschreiten, Annäherung. Angst wird so zum Auslöser aggressiven Verhaltens. Andererseits kann Aggression Auslöser ängstlicher Reaktionen sein: Wer aggressive Handlungen ausführt, wird mitunter schon vor dem eigentlichen Handlungsabschluß von Schuld- und Bestrafungsängsten befallen. Er erwartet unangenehme, unheilvolle Konsequenzen und bekommt Angst.

*Ängstliches Verhalten* ist also ebenfalls nicht auf eine einfache Formel zu bringen. Die meisten Definitionen des Angstbegriffes heben hervor, daß es sich um eine emotionale Erregung handelt, die in bedrohlichen, gefährlichen, ungewissen Situationen auftritt oder von der eine Person von innen her, ohne unmittelbaren Anreiz („freisteigend") erfaßt wird. Die Angst hat viele Gesichter: Sie kann sich auffällig und unverhüllt zeigen (z. B. in den physiologischen Anzeichen des Erbleichens, der Atembeklemmung, des Zitterns) oder sich hinter einer Fassade von Nicht-Angst verstecken (z. B. forsches, betont unbekümmertes Auftreten, lautes und kerniges Reden). Die maskierte Angst wird daran erkennbar, daß zu dick aufgetragen (überkompensiert) wird und willentlich nicht unterdrückbare Angstsymptome beigemischt sind.

Mit der Angsterregung setzen zugleich psychische *Abwehrmechanismen* ein:

*Verdrängung:* Bestimmte unbewußte Triebe (z. B. Sexualität, Aggression) drohen in das Bewußtsein vorzustoßen, innere Widerstände zu durchbrechen: Es wird Angst hervorgerufen. Das Ich setzt Gegenkräfte ein, drängt die Triebwünsche ins Unterbewußtsein zurück — „Vergiß-es-Mechanismus".

*Rationalisierung:* Aus Angst stammende Handlungen (z. B. zwanghaftes Nachkontrollieren, pedantische Vorkehrungen, verzögerndes Vorsichherschieben) werden rational begründet und dadurch annehmbar gemacht, also mit akzeptablen Motiven erklärt und damit gerechtfertigt — „Guter-Grund-Mechanismus".

*Projektion:* Die unlustbereitende Angst wird nicht als eigene Erregung wahrgenommen, sondern unbewußt in die Außenwelt (Personen, Objekte) projiziert, also in andere hineinverlegt und übertragen — „Selbstbildwerfermechanismus".

*Verleugnung:* Es wird so getan, als ob Gefahren, Risiken, Bedrohungen für einen selbst nicht existieren. Andere mögen Unfälle, Krankheiten erleiden, man selbst ist immun — „Unempfindlichkeitsmechanismus".

*Somatisierung:* Angstbesetzte Spannungen und Konflikte werden in den körperlichen Bereich abgeschoben und dort in somatische Symptome umgewandelt. Sie werden zwar nicht mehr bewußt als innerpsychische Erlebnisbelastungen empfunden, beeinträchtigen aber als psychosomatische Beschwerden (z. B. Kopf- oder Muskelschmerzen, Schlaflosigkeit, Nervosität) die Handlungsfähigkeit und Selbstverwirklichung — „Verkörperungsmechanismus".

Eine detaillierte Darstellung der psychischen Abwehrmechanismen, wie sie von der Psychoanalyse angeboten wird, würde den Rahmen dieses Beitrags sprengen. Im Hinblick auf die krankengymnastische Praxis müssen noch einige natürliche *Ablenkungsmechanismen* genannt werden, die im Alltag zur behelfsmäßigen Ableitung ängstlicher Spannungen benutzt werden:
- Wahrnehmen bzw. Ausführen beruhigender Berührungen, Rhythmik, Töne;
- Essen, Trinken und andere orale Tätigkeiten wie Rauchen und Kaugummikauen;
- expressive Reaktionen wie Lachen, Sich-Ausweinen, Schreien und Schimpfen;

- schutzsuchendes Kontaktaufnehmen, z. B. Sich-Hinzugesellen, Sich-an-die-Hände-Nehmen, Sich-Aussprechen;
- erleichternde Betätigungen, wie Sein-Hobby-Pflegen (z. B. Stricken, Lesen), Sich-körperlich-Austoben;
- Mutmachen durch Betonen von Chancen u. a. m.

Diese „Angstablenker“ sind kleine Stabilisatoren, die der Krankengymnast vor allem bei akuten und situationsbedingten Angstreaktionen von Patienten bemerken sollte und die er u. U. auch absichtlich zur Angstminderung einsetzen bzw. empfehlen kann. Viele krankengymnastische Übungen haben im übrigen an sich entkrampfende, entspannende und damit angstlösende Wirkungen. Aufgrund des engen Funktionszusammenhanges zwischen Psyche und Motorik (Psychomotorik) gehen Lockerungen im Bewegungssystem mit Lockerungen in der Psychodynamik einher. Musterbeispiel für dieses synchrone Geschehen ist die Atemtherapie bei schwangeren Frauen in der Geburtsvorbereitung, mit der ein psychophysisch gelöster Zustand erzielt wird.

Die *Entstehung ängstlichen Verhaltens* hat gleiche Hintergründe wie die Aggressionsgenese:

- Frustrierende Einwirkungen können die Angst hervorrufen, Ziele nicht erreichen zu können und auf Bedürfnisbefriedigungen verzichten zu müssen — *Verlust- und Trennungsängste.*
- Überforderungen erzeugen vor allem die Befürchtung, den fremd- oder selbstgestellten Aufgaben (z. B. im Beruf) nicht mehr gerecht werden zu können — *Mißerfolgsfurcht und Versagungsängste.*
- Lernvorgänge führen zu ängstlichem Verhalten über die Reiz-Reaktions-Koppelung (Assoziation von Angstreizen mit bestimmten Reaktionen) — *konditionierte Schmerz- und Strafängste;*
- über Beobachtung und Imitation („Ansteckung“ durch Angstmodelle) — *induzierte und suggerierte Ängste;*
- über kognitive Prozesse, insbesondere über fehlerhafte oder ungenügende Informationen zu bevorstehenden Ereignissen, unrealistische Einschätzungen von Gefahren (Ungewißheit bzw. starkes Risikobewußtsein) — *Erwartungsängste.*

In der krankengymnastischen Behandlung zeigen sich die Wirkungen solcher Ängste in mannigfaltigen Erscheinungen: Flüchten und Schreien der Kinder beim Anblick des weißen Kittels, Proteste oder Abkapselung bei Entfernung von sicherheitgebenden Bezugspersonen (deshalb das Rooming-in-Prinzip), Umsichgreifen scheuen Verhaltens in einer Patientengruppe, besorgtes Sich-Erkundigen usw. Auch an charakteristischen *Leistungsbeeinträchtigungen* während krankengymnastischer Übungen werden akute Ängste offenkundig:

- erschwerte Auffassung von Instruktionen und Anleitungen;
- fehlende Konzentration bei Übungsfolgen bzw. -wechsel;

- Unfähigkeit, sich bei Abwandlung von Bewegungsformen umzustellen (Inflexibilität);
- zögerndes und stockendes Ausführen von Übungsaufgaben;
- Unfähigkeit, sich an schon verfügbar gewesene Informationen zu erinnern (Reproduktionsschwäche);
- rasches Aufgeben von Bemühungen bei Vornahme von Korrekturen.

Mittels ganzheitlicher, syndromatischer Erfassung dieser Wirkungen (Syndrom = mehrere zusammen auftretende Symptome, die eine gleiche Herkunft haben) und Befragung des Problempatienten kann geklärt werden, ob an diesen Auffälligkeiten tatsächlich vorwiegend Angstkomponenten beteiligt sind. Differentialdiagnostisch sind andere Verursachungsgründe (z. B. Pharmaka) auszuschließen.

Versucht man die Psychologie der Angst, die nur in wenigen Auszügen vorgestellt werden konnte, auf krankengymnastische Arbeit zu beziehen, so werden drei *Verwertungsansätze* sichtbar:
- Verringerung von angstmachenden Einflüssen in der Behandlung von Patienten (z. B. Unterlassen bedrohlich anmutender, unheimlich klingender Krankheitsdiagnosen).
- Gewährung von Hilfen für ängstliche Problempatienten, also Patienten mit einer starken Angstdisposition (z. B. intensive psychosoziale Betreuung in Verbindung mit anderen).
- Bewältigung eigener Ängste durch ihre Bewußtmachung und ursachenbezogene Maßnahmen (z. B. Aufdecken konstanter Vermeidung von Kooperation und Teamarbeit, Beheben verunsichernder Informationsdefizite).

Als illusorisch erweist sich die Zielsetzung, krankengymnastische Behandlung angstfrei gestalten zu können. Angstfreiheit ist nicht möglich, weil Angstgefühle dem menschlichen Dasein immanent sind, sie ist auch nicht erstrebenswert, weil sonst wichtige lebenssichernde Funktionen ausfallen würden. Gemäßigte Angstreaktionen können zum Handeln stimulieren. Bedenklich sind hochgradige Ängste, die dauerhaft den Realitätsbezug und die Kommunikation stören, psychotische Zustände (z. B. nicht kontrollierbare Zwänge, Depression) nach sich ziehen und wiederholt schwere Konflikte produzieren (neurotische Ängste).

► In Konfliktsituationen (Frustration, Überforderung) treten charakterisitische Verhaltensänderungen auf, die der Wiederherstellung des inneren Gleichgewichts, der Lebensanpassung und Selbstverwirklichung dienen: aktives und verstärktes Bemühen um Problemlösung, aggressive und nichtaggresive Handlungen. Aggressives Verhalten kann psychische Entlastung bringen, als Aggressivität bzw. aggressive Haltung erschwert es jedoch dauerhaft die Interaktion und die Einigkeit mit sich selbst. Ängstliches Verhalten geht mit affektiven Erregungs- und Spannungszuständen und mit psychischen Abwehrmechanismen einher: Verdrängung, Rationalisierung, Projektion, Verleugnung, Somatisierung u. a. Akute Ängste können über Ablenkungen und psychomotorische Entspannungen verringert werden. Extrem ausgeprägte Ängste und permanente Angstbereitschaft erfordern intensive psychosoziale Hilfen.

## Helfende Gespräche

Ein wichtiges Instrument zur Konfliktbewältigung ist das helfende Gespräch. In den letzten Jahrzehnten hat sich in den Gesundheitsberufen die Erkenntnis durchgesetzt, daß Gespräche nicht nur diagnostischen Wert besitzen (Ermittlung von Daten zum Krankheitsbild, z. B. Anamnese), sondern in starkem Maße auch therapeutischen Wert. Der Werdegang der Gesprächstherapie, d. h. psychologische Einflußnahme auf eine oder mehrere behandlungsbedürftige Personen mittels sprachlicher und sozialer Interaktion, ihr Platz im Fort- und Weiterbildungsangebot spiegeln diesen Fortschritt wider. Mittlerweile gibt es Lehrgänge und Trainingskurse zur Gesprächsführung in Therapie, Beratung und Behandlung in großer Zahl. Es liegen so viele Publikationen vor, daß eine Kurzdarstellung unmöglich ist, zumal mehrere theoretische Modelle existieren (psychoanalytisch, klientzentrierte, verhaltenspsychologische Konzepte). Hier können nur einige Aspekte herausgegriffen und bezogen auf krankengymnastische Praxis mitgeteilt werden.

Die Gespräche mit Patienten und deren Angehörigen haben in der Krankengymnastik hauptsächlich *informatorische Funktion:* Einholen von Angaben im Rahmen der Befunderhebung, maßnahmenbezogene Auskünfte und Ratschläge, Austausch von Nachrichten über Behandlungswirkungen. Spontan oder auf Befragen äußert sich der Patient auch über sein psychisches Allgemeinbefinden, über Gefühlszustände und Stimmungen, Lust und Unlustempfindungen, Ängste und Entäuschungen, Kummer und Sorgen. Interpersonale Spannungen und Konflikte kommen zur Sprache: Meinungsverschiedenheiten, Zank und Streit, Kontaktschwierigkeiten. Das Gespräch zwischen Krankengymnast und Patient nimmt in solchen Fällen nicht selten *helfende Funktionen* an. Es geht nicht mehr allein um eng umschriebene Sachfragen und Sachinformationen zu krankengymnastischen Maßnahmen und Techniken, sondern um übergreifende psychosoziale Schwierigkeiten und Probleme, die zur Ganzheit der Person des Patienten gehören. Der Patient erhofft einen Zuhörer, der seine persönliche Gesamtsituation wahrnimmt, Resonanz zeigt oder auch an der Behebung der Schwierigkeiten mitwirkt.

Selbstverständlich verbietet es sich in diesem Moment, die Rolle eines Psychotherapeuten zu übernehmen. Gesprächstherapie gehört in die Kompetenz des ausgebildeten Sachverständigen. Der Krankengymnast kann aber sein Gesprächsverhalten im Sinne jener übergeordneten Richtziele gestalten, die in der Einleitung genannt wurden: Achtung der Würde und des Wertes des Menschen, eine der Gesundung zuträgliche, Leiden lindernde und Lebenswillen stärkende Einflußnahme sowie Herstellen einer konstruktiven mitmenschlichen Beziehung.

Unter dieser Zielsetzung gestaltete Gespräche verlangen vom helfenden Krankengymnasten entsprechendes Gesprächsverhalten: Bestimmte Verhaltensweisen sind als zielangemessen zu bevorzugen, andere Verhaltensweisen als zielunangemessen zu unterlassen. Die erste Verhaltenskategorie soll als „konstruktiv", die zweite als „destruktiv" bezeichnet werden. Da destruktives Gesprächsverhalten leichter als solches einsehbar ist, wird mit seiner Beschreibung begonnen. Die Parallele zu der am Beginn des Interaktionsabschnitts vorgestellten „Liste unangemessener Verhaltensweisen des Therapeuten" ist unverkennbar.

In die *destruktive Verhaltenskategorie* sind folgende Gesprächsunarten aufzunehmen:
- nicht zuhören bzw. innerlich oder äußerlich „auswandern";
- geäußerte Schwierigkeiten und Probleme herunterspielen bzw. bagatellisieren;
- schulmeisterlich belehren;
- eigenwillig und subjektiv die Aussagen des anderen interpretieren;
- negative, moralisierende Bewertungen aussprechen;
- den anderen ausfragen und verhören;
- selbst viel und langatmig reden;
- dem Gespräch eine vom Partner ungewollte Richtung geben;
- peinlich wirkendes Anschweigen;
- nötige Distanz und Kontrolle verlieren.

Mit derartigem Gesprächsverhalten verstößt der Helfer gegen Grundsätze humaner Beziehungsgewährung. Der Hilfesuchende wird nicht in seiner Individualität und Subjektivität akzeptiert, erfährt keine Wertschätzung, wird nicht vom Leidensdruck entlastet und nicht in einer Weise beeinflußt, die ihm ein besseres Situations- und Selbstverständnis ermöglicht, aus dem heraus er sich selbst helfen kann.

Die *konstruktive Verhaltenskategorie* ergibt sich zu einem großen Teil aus der logischen Umkehrung der aufgezählten Verhaltensweisen:
- aufmerksames, aktives Zuhören;
- geäußerte Schwierigkeiten und Probleme ernst nehmen;
- keine fertigen Ratschläge servieren, Lösungsmöglichkeiten gemeinsam entwickeln;
- eigene „Theorien" bzw. Auslegungen zur Erklärung zurückstellen, Chancen zur Selbstexploration geben;
- die Bewertung von Vorfällen bzw. Zuständen primär dem Partner überlassen, eigene Urteile sachbezogen begründen;

- sprachliche Zurückhaltung üben, den anderen aussprechen lassen;
- an die Äußerungen des Partners inhaltlich anknüpfen;
- Pausen zum Nachdenken geben;
- freundliche Zuwendung ohne aufdringliche Anteilnahme oder Identifizierung.

Die Bevorzugung derartiger Verhaltensweisen in der helfenden Gesprächsführung erhöht die Wahrscheinlichkeit, daß der andere sich als echter Partner angenommen fühlt, also sich nicht als unwillkommener, die eigentliche Behandlung unnötig aufhaltender Patient oder gar als unwissender, unterlegener Störenfried vorkommt. Er kann vielmehr folgende Erfahrungen machen: Mir wird zugehört, er läßt mich reden, ist an mir interessiert, spielt nicht den Besserwisser, kränkt mich nicht, erträgt meine Schwächen, geht auf mich ein, spürt, was in mir vorgeht, zwingt mir nicht seine Meinung auf. Verhalten und Erleben werden zunehmend weniger von Verteidigungs- und Abwehrmechanismen, von Mißtrauen und Ängsten geregelt, sondern mehr von vorbehaltloser, toleranter Einstellung, größerer Selbstsicherheit und emotionaler Stabilität, von dem gemeinsamen Bemühen um Problemlösung. Der Patient wird mehr Vertrauen zum Helfer und zu sich selbst gewinnen, zuversichtlicher werden und damit eine größere Bereitschaft entwickeln, von sich aus und initiativ an Problemlösungen zu arbeiten, also Wege zur Selbsthilfe und zum selbständigen Handeln zu suchen und zu geben. Die Erklärung für diese positiven Interaktionseffekte läßt sich lernpsychologisch vornehmen: Lernen am Modell, Lernen durch Verstärkung, Lernen durch Einsicht und Selbsterkenntnis.

Ob die *Ziele helfender Gespräche* erreicht werden, ist nicht nur vom Gesprächsverhalten des Helfers und dem Gelingen konstruktiver Interaktion abhängig. Verlauf und Ergebnisse von Therapeut-Patient-Gesprächen werden wesentlich mitbestimmt von sozialen Grundhaltungen der beteiligten Personen (z. B. Überzeugungen von menschlichen Reifungsfähigkeiten und Werten der Gemeinsamkeit), von Motivation und Motivierung (z. B. Grad der Hilfsbedürftigkeit und Aktivität) und nicht zuletzt von institutionellen Bindungen und Auflagen (z. B. Handlungsspielraum für ein Miteinander-Reden) und von äußeren Rahmenbedingungen (z. B. Arbeitsplatzverhältnisse, Arbeitsorganisation).

Die Erwartungen von Krankengymnasten an die Psychologie wurden eingangs formuliert: Orientierungs- und Entscheidungshilfen zur Unterstützung und Erleichterung beruflicher Arbeit. Zur Erfüllung dieser Erwartungen kann mit einem kurzen Lehrbuchbeitrag über Psychologie in der Krankengymnastik nur wenig getan werden. Wer Erweiterungen und Vertiefungen anstrebt, wird deshalb zu den Fachbüchern greifen, auf die das folgende Literaturverzeichnis hinweist, und zusätzliche Lernwege im Bildungsbereich gehen.

## Literatur


*Nachschlagewerke*

Asanger, R., G. Wenninger: Handwörterbuch der Psychologie, 4. Aufl. Psychologie Verlags Union, München 1988

Dorsch, F., u. a.: Psychologisches Wörterbuch, 11. Aufl. Huber, Bern 1987

Meyers kleines Lexikon: Psychologie. Bibliographisches Institut, Mannheim 1986

Michel, C., F. Novak: Kleines psychologisches Wörterbuch, 9. Aufl. Herder, Freiburg 1985

*Einführungen*

Bornewasser, M., u. a.: Einführung in die Sozialpsychologie, 3. Aufl. Quelle & Meyer, Heidelberg 1986

Brandstätter, H., u. a.: Psychologie der Person, 2. Aufl. Kohlhammer, Stuttgart 1978

Kriz, J.: Grundkonzepte der Psychotherapie. Eine Einführung. Urban & Schwarzenberg, München 1985

Mietzel, G.: Wege in die Psychologie, 2. Aufl. Klett, Stuttgart 1983

Schönpflug, W., U. Schönpflug: Psychologie. Urban & Schwarzenberg, München 1983

Silbereisen, R. K., L. Montada: Entwicklungspsychologie. Ein Handbuch in Schlüsselbegriffen. Psychologie Verlags Union, München 1983

Zimbardo, P. G.: Lehrbuch der Psychologie. Eine Einführung für Studenten der Psychologie, Medizin und Pädagogik, 4. Aufl. Springer, Berlin 1983

*Medizinische Psychologie*

Davison, G. C., J. M. Neale: Klinische Psychologie, 3. Aufl. Psychologie Verlags Union, München 1988

Delay, J., P. Pichot: Medizinische Psychologie, 6. Aufl. Thieme, Stuttgart 1981

Remschmidt, H.: Psychologie für das Krankenpflegepersonal, 5. Aufl. Thieme, Stuttgart 1988

Rosemeier, H. P.: Medizinische Psychologie, 3. Aufl. Enke, Stuttgart 1987

*Motivation und Motivieren*

Heiland, H.: Motivieren und Interessieren. Klinkhardt, Bad Heilbrunn 1979

Schmalt, H. D.: Motivationspsychologie. Kohlhammer, Stuttgart 1986

Todt, E.: Motivation. Quelle & Meyer, Heidelberg 1977

Weiner, B.: Motivationspsychologie, 2. Aufl. Psychologie Verlags Union, München 1988

*Lernen und Lehren*

Edelmann, W.: Lernpsychologie, 2. Aufl. Psychologie Verlags Union, München 1986

Lefrancois, G. R.: Psychologie des Lernens, 2. Aufl. Springer, Berlin 1986

Weinert, F., u. a.: Funkkolleg Pädagogische Psychologie, 2 Bde. Fischer Taschenbuch Verlag, Frankfurt 1986

*Interaktion und Konflikt*

Brüderl, L.: Belastende Lebenssituationen. Juventa, Weinheim 1988

Dahmer, H., J. Dahmer: Gesprächsführung. Thieme, Stuttgart 1982

Langmaack, B., M. Braune-Krickau: Wie die Gruppe laufen lernt, 2. Aufl. Psychologie Verlags Union, München 1987

Levitt, E.: Die Psychologie der Angst, 5. Aufl. Kohlhammer, Stuttgart 1987

Nitsch, J. R.: Streß. Theorien, Untersuchungen, Maßnahmen. Huber, Bern 1981

Schulz von Thun, F.: Miteinander reden: Störungen und Klärungen. Rowohlt, Hamburg 1984

Selg, H.: Zur Aggression verdammt? Ein Überblick über die Psychologie der Aggression, 3. Aufl. Kohlhammer, Stuttgart 1973

Watzlawick, P., u. a.: Menschliche Kommunikation, 7. Aufl. Huber, Bern 1985

# 2. Gruppenbehandlung in der Krankengymnastik

E. BRAUN*

## Einführung

In der täglichen Praxis der krankengymnastischen Arbeit spielt die Gruppenbehandlung eine wichtige Rolle.

Es ist jedoch schwierig, allgemeine Richtlinien der Gruppenbehandlung zu vermitteln. Während nämlich das Ziel der meisten anderen krankengymnastischen Fachgebiete in erster Linie die körperliche (funktionale) Wiederherstellung des Patienten ist, die durch spezifische Behandlungsmethoden und Techniken erreicht wird, hat die Gruppenbehandlung zusätzlich das Ziel, den Patienten in seinem emotionalen und sozialen Erleben anzusprechen und zu fördern. Dazu bedarf es entsprechender psychologischer und soziologischer Kenntnisse und Erfahrungen des Krankengymnasten, die er stark situationsgebunden anwenden muß. Es kann deshalb nicht wie für andere Bereiche in Kürze eine allgemein verbindliche Technik der Gruppenbehandlung beschrieben werden, sondern es wird versucht, ein Konzept der Gruppenbehandlung in der Krankengymnastik zu entwerfen. Dabei werden zunächst Unterschiede und Gemeinsamkeiten von Einzel- und Gruppenbehandlungen aufgezeigt und gegenübergestellt.

## Kennzeichen der Einzelbehandlung

Die Verordnung einer „Einzeltherapie“ bedeutet im Idealfall, daß ein Patient über längere Zeit von *einem* Krankengymnasten betreut wird. Dieser nimmt den Befund auf, legt den Behandlungsplan fest, behandelt den Patienten, überprüft zwischenzeitlich den Befund am Behandlungsergebnis und schließt zu gegebener Zeit die Behandlung ab. Hierdurch entsteht eine zeitlich begrenzte Zweierbeziehung mit der Ausbildung eines festen Kommunikationssystems. Gegenseitige Erwartungen und Forderungen bilden sich aus.

Die Kommunikation untereinander kann differenziert aufeinander abgestimmt und der Kontakt individuell gestaltet werden. Der Patient hat die Möglichkeit, zum Krankengymnasten eine tragende therapeutische Bezie-

---

* Ich danke Frau Dr. H. Schewe für die sorgfältige Durchsicht meines Manuskriptes.

hung aufzubauen. Dies ist in einer Krankheitsphase, in der Einzelbehandlung indiziert ist, oft sehr wichtig.

In dieser Situation wird die Übernahme von typischem Rollenverhalten begünstigt. Dies kann z. B. so aussehen, daß sich der Patient unselbständiger und hilfloser verhält, als er in Wirklichkeit ist, oder auch der Krankengymnast kann sich führender und dominanter verhalten, als es notwendig wäre.

Ein gewisses Maß an Abhängigkeit und Ausgeliefertsein — vom Krankengymnasten und Patienten gleichermaßen — kann im Laufe der Behandlungszeit entstehen.

Der Krankengymnast kennt den Patienten sehr genau, ist informiert über dessen soziales Umfeld, vor allem über seine Krankheit und alles, was damit zusammenhängt. Entsprechende Informationen über den Krankengymnasten hat der Patient nicht, sind ihm auch nicht zugänglich. Der Krankengymnast wird in der Regel wenig Persönliches von sich mitteilen, z. B. über seine Krankheiten, seine häuslichen Verhältnisse, sein Arbeitsverhältnis usw. Der Therapeut weiß also mehr über den Patienten als dieser von ihm.

Die Einzeltherapie strebt eine individuelle Abstimmung der krankengymnastischen Maßnahmen zwischen Befund und Befinden des Patienten und dem jeweiligen speziellen Behandlungsziel an.

In der Regel wird der Patient täglich bzw. mehrmals in der Woche behandelt.

## Kennzeichen der Gruppenbehandlung

Gruppenbewegungstherapie in der Krankengymnastik bedeutet krankengymnastische, bewegungstherapeutische Arbeit mit mehreren Patienten zur gleichen Zeit, geleitet von einem oder zwei Krankengymnasten als Gruppenleiter.

Voraussetzung für eine Gruppenbehandlung ist, daß Diagnose und Befund des Patienten eine Teilnahme an der Gruppenbewegungstherapie zulassen oder sie sogar erforderlich machen. Notwendig ist aber auch die Bereitschaft des Patienten zur Gruppenarbeit.

Durch das Gruppengeschehen entsteht ein Beziehungsgeflecht. Die Interaktion ist gruppenbezogen. Es kommt zum Austausch von Meinungen, Ansichten und Erkenntnissen zwischen mehr als zwei Personen.

Die Abhängigkeit des Patienten von „seinem“ Therapeuten kann abgebaut oder vermindert werden. Der Informantionsvorsprung des Krankengymnasten gegenüber den Patienten tritt nicht so sehr in Erscheinung wie in der Einzelbehandlung. Während der Gruppenarbeit erlebt der Krankengymnast den Patienten in der Interaktion mit anderen Gruppenmitgliedern.

Das Übungsangebot in der Gruppe ist gruppenorientiert; das bedeutet, daß es nicht individuell auf den einzelnen Patienten abgestimmt ist. Der Gruppenleiter nimmt wahr, wie der Patient mit einem nicht auf ihn persönlich abgestimmten Programm zurechtkommt.

Die Gruppenbewegungstherapie findet in der Regel ein- bis dreimal wöchentlich statt.

Die Wertigkeit und Effektivität der jeweiligen Therapieform wird nicht durch das quantitative Verhältnis (Ausmaß an individueller Zuwendung) von Therapeut zu Patient bestimmt, sondern durch die verschiedenen Möglichkeiten, die die eine bzw. die andere Form der Behandlung bieten.

# Bewegungstherapie in der Gruppe

## Was ist eine Gruppe?

Im allgemeinen spricht man dann von einer Gruppe, wenn mindestens zwei Personen miteinander in Interaktion treten. Es muß sich dabei um eine zielgerichtete Aktivität handeln. Zwischen den beteiligten Personen muß ein Mindestmaß an „Sympathie" vorhanden sein. Die einzelnen Mitglieder der Gruppe erwerben unterschiedliche Rollen und Aufgaben.

Damit aus mehreren Menschen, die sich an einem Ort befinden, eine Gruppe wird, muß sich ein bestimmter Prozeß abspielen.

Die zukünftigen Gruppenmitglieder müssen, wenn auch nur in geringem Ausmaß, eine gewisse gemeinsame Motivation, ein gemeinsames Merkmal, ein gemeinsames Interesse o. ä. aufbringen. Dies setzt, sofern überhaupt ein Interesse zur „Gruppenbildung" vorhanden ist, allmählich Wechselbeziehungen in Gang.

Durch dieses Interaktionsgeschehen entwickelt sich ein Gruppenleben, in dessen Verlauf bestimmte gruppendynamische Gesetzmäßigkeiten zu beobachten sind.

## Faktoren im Gruppenprozeß

Im Verlauf des Gruppenlebens kristallisiert sich ein gemeinsames Ziel der Gruppenmitglieder heraus. Dieses Ziel kann deutlich erkennbar oder diffus sein. Die einzelnen Aktivitäten der Gruppe steuern auf das Ziel hin oder von ihm weg.

Mit der Zeit entsteht bei den Mitgliedern ein Gefühl der Zugehörigkeit zur Gruppe. Alle diese Faktoren führen zum sog. Wir-Gefühl, einem Netz gegenseitiger Anziehung. Durch diese Vorgänge werden mannigfaltige

Beziehungen hergestellt; es werden persönliche und „Gruppenerfahrungen“ gesammelt. Persönliche Grenzen können erlebt, eingehalten oder verändert werden. Auch die Grenzen, die einer Gruppe gesetzt sind, werden erfahren. In der Gruppe entstehen für ihre Mitglieder gültige Regeln, Normen und Werte.

Ein weiterer Faktor im Gruppenprozeß betrifft die Organisation der Gruppe. Diese Organisation ist durch die Übernahme von bestimmten Aufgaben oder Rollen durch die einzelnen Gruppenmitglieder gekennzeichnet. Man muß hier zwischen formellen und informellen Gruppen unterscheiden. In einer formellen Gruppe (Arbeitsgruppe, Stationsgruppe o. ä.) ist die Struktur dadurch in gewisser Weise vorgegeben, daß bestimmte Personen formal bestimmte Funktionen (etwa Gruppenleiter, Stations-KG, Leitende KG o. ä.) zu erfüllen haben. In solchen Gruppen ist eine weitere Strukturierung stark von dem „Führungsstil“ des Gruppenleiters abhängig.

*Zusammenfassung* der Faktoren im Gruppenprozeß:
- Herauskristallisieren eines gemeinsamen Ziels,
- Aktivität im Hinblick auf das Ziel,
- Entstehen eines Beziehungsgeflechts,
- Bildung von Normen und Werten,
- Rollenübernahme.

## Die krankengymnastische (bewegungstherapeutische) Gruppe

Da die allgemeine Definition der Gruppe (s. oben) die Einzelbehandlung in der Krankengymnastik charakterisiert, spricht man in diesem Bereich erst dann von einer Gruppe, wenn mehr als zwei Patienten gleichzeitig mit einem Krankengymnasten zusammen arbeiten. Inhalt und Ziel der Gruppenarbeit ist die gemeinsame Bewegungstherapie, über die eine Verbesserung des funktionellen Befundes und ein sozialer Effekt erreicht werden sollen.

Es handelt sich hier um eine formelle Gruppe, da die Aufgabe des Therapeuten vorgegeben ist. Der Therapeut übernimmt die Rolle des „Fachmannes“ auf dem bewegungstherapeutischen Gebiet; er macht Übungsvorschläge und -angebote, gibt Korrekturen, Hinweise und Hilfen. Eine weitere Aufgabe kann darin bestehen, durch therapeutische Zurückhaltung dem Patienten zu mehr Selbständigkeit zu verhelfen, seine sozialen Beziehungen zu stärken und Einsicht in leib-seelisches Geschehen zu entwickeln.

Die Wahl des Führungsstils und die Persönlichkeit des Krankengymnasten prägen das Gruppenleben. Dieses wiederum hat Rückwirkungen auf das Verhalten und die Reaktionen des Therapeuten.

Einige gruppendynamische Faktoren, die für die krankengymnastische Gruppenarbeit von besonderer Bedeutung sind, sollen etwas genauer betrachtet werden.

## Kommunikation — Interaktion

Kommunikation und Interaktion* können verbal und averbal ablaufen. Verbal erfolgen sie durch die menschliche Sprache, averbal durch die Ausdrucksvorgänge des Körpers wie Mimik, Gestik, Stimme, Körperhaltung und vegetative Reaktionen. Die letzteren können kaum bewußt gesteuert werden. Sie haben aber eine starke Wirkung. Sie können wie die Sprache bewußt zur Mitteilung eingesetzt werden. Man spricht deshalb auch von Körpersprache. Durch sie können Informationen gegeben und aufgenommen werden, die nicht verbalisiert werden (können).

Jeder Mensch teilt sich auf diese Art anderen mit. Der Partner nimmt diese Mitteilungen auf und reagiert darauf in seiner Weise. So kommt es zur Interaktion zwischen Menschen wie den Mitgliedern von Gruppen. Das Verhalten eines Gruppenmitgliedes ist auf diese Weise immer in seinem Bezug zur Gesamtgruppe zu sehen.

Durch die Häufigkeit (aktiver) Interaktionen kann die Struktur einer Gruppe stark beeinflußt werden. Hierzu wurde u. a. festgestellt, daß sich Gruppenmitglieder zunächst an die aktivsten Mitglieder wenden, dann erst an andere und/oder die Gesamtgruppe (Maisonneuve 1973). Dieses Phänomen sollte vom krankengymnastischen Gruppenleiter beachtet werden. Die Patienten neigen dazu, vorzugsweise mit dem Leiter zu kommunizieren. Das Ziel der Gruppenarbeit ist aber gerade das Herstellen von Beziehungen zwischen den Patienten.

Sobald die Gruppenmitglieder sich nicht mehr fremd sind, sich aktiv miteinander befassen, wächst das Ausmaß der Sympathie untereinander. Gleichzeitig wird aber auch die Möglichkeit zur Aggression und deren Ausmaß größer.

Kommunikation besteht auch in der Fähigkeit, die Mitteilungen anderer aufzunehmen und auf sie zu achten. Dies und besonders auch das Zuhören erfordern ein gewisses Maß an Bereitschaft und Zeit. Beides sollte vom Gruppenleiter aufgebracht werden. Auch die anderen Gruppenmitglieder sollten mit der Zeit fähig werden, sich dem anderen zuzuwenden und ihm aufmerksam zuzuhören.

## Rollenbildung in Gruppen

Der Begriff „Rolle“ umschreibt das Verhaltensmuster eines Individuums im Zusammenhang mit dem Platz, den es dadurch in einer Gruppe einnimmt.

---

* Kommunikation: Verständigung, Übermittlung von Information, Mitteilung; Interaktion: Wechselbeziehung zwischen aufeinander ansprechenden Partnern.

Es gibt einige typische Rollen, die bewußt verteilt, angestrebt oder schließlich übernommen werden, z. B. die Rolle des Leiters oder des Organisators. Weiter kann es den geben, „der immer alles prima macht", den, der immer zu spät kommt, den, der die anderen mit allem Nötigen versorgt, den, der stets müde oder stets lustig ist, den, „der nicht so gut dran ist", den Gruppenclown und andere Rollen mehr.

Der Gruppenleiter hat durch seinen Führungsstil nicht nur auf die Kommunikationsweise der Gruppen, sondern auch auf die weitere Rollenbildung in der Gruppe Einfluß. Das Wissen um die Bedingungen der Übernahme von Rollen kann zum Verständnis und zur „Vorhersehbarkeit" des Verhaltens eines Gruppenmitgliedes beitragen und dadurch z. B. auch die freiwillige Übernahme negativ besetzter Rollen einzelner Gruppenmitglieder bremsen oder verhindern helfen.

Das einzelne Gruppenmitglied übernimmt eine bestimmte Rolle — oft provoziert durch den Gruppenprozeß — meist unbewußt aus seiner psychischen Verfassung heraus und behält sie in der Regel bei.

Der Krankengymnast sollte (kann) versuchen, den Sinn der Rollenübernahme eines Patienten zu verstehen, und abwägen, ob er ihn darin bestärken oder auf eine Änderung hinwirken soll. Die Gruppenmitglieder können dazu angehalten werden, ihre Rolle in der Gruppe wahrzunehmen und zu verstehen. Vorübergehender Rollentausch (eventuell in Spielszenen oder Neuverteilung von Aufgaben) hilft dem einzelnen, die Rolle eines anderen besser zu verstehen, aber auch, die Wirkung seiner eigenen Rolle objektiver zu sehen.

## Sozialer Effekt der Gruppe

Schon allein das Zusammensein mit anderen genügt, um das Verhalten eines Menschen zu beeinflussen. Dieser Effekt kommt bei Patienten mit psychischen Störungen, die an Gruppentherapie jedweder Art teilnehmen, besonders stark zum Tragen. In der krankengymnastischen Gruppenbehandlung ist gerade in diesem Bereich ein Ziel der Gruppenbewegungstherapie zu sehen. Der soziale Effekt wird besonders deutlich hervortreten, wenn die Gruppenbewegungstherapie auf die Einzelbehandlung folgt bzw. alternierend dazu stattfindet.

## Gruppenatmosphäre

Die Atmosphäre, die Stimmung, die sich in der Gruppe entwickelt, ist ein entscheidender Faktor, der zum Gelingen von Gruppenarbeit beiträgt. Der Patient soll sich angenommen und verstanden fühlen, so wie er ist.

Von der Gruppe als solcher und auch vom Leiter kann ein Gefühl von Geborgenheit und Schutz ausgehen. In der bewegungstherapeutischen Gruppe ist dies wichtig, da die Patienten mit ihren funktionellen, körperlichen Defiziten nur in einer Atmosphäre des gegenseitigen Vertrauens eine sachliche Arbeitsbasis finden können. Die Atmosphäre in der Gruppe wird von jedem einzelnen Mitglied geprägt und mitgestaltet, alle Faktoren des Gruppenlebens spielen mit hinein.

Der Gruppenleiter hat durch die Wahl seines Führungsstils und die Ausstrahlung seiner Persönlichkeit sowie durch die Modellwirkung seines Verhaltens einen großen Einfluß auf die Entwicklung der Atmosphäre in der Gruppe.

### Wir-Gefühl

Die Entstehung dieses kollektiven Erlebens der Gruppe wurde bereits erwähnt. Die Mitglieder fühlen sich im großen und ganzen solidarisch miteinander. Wichtig ist, daß eine Gruppe mit starkem Wir-Gefühl höhere Belastungen aushalten kann. Trotz des Wir-Gefühls soll sich jeder noch als Individuum in der Gruppe fühlen. Das Erleben des Wir-Gefühls kann besonders für einen ansonsten einsam und isoliert lebenden Teilnehmer (Behinderte, alte Menschen) sehr wichtig sein, wenn er erlebt, daß er als Gruppenmitglied und auch die Gruppe als Ganzes wieder an Bedeutung und Wert gewinnt.

### Gruppendruck

Während des Bestehens einer Gruppe entstehen stets gewisse Normen und Werte (Regeln, Abkommen, Übereinkünfte — s. oben). Das Ausmaß ist je nach der Art der Gruppe unterschiedlich und hängt von vielen intra- und interpersonellen Faktoren ab. Diese sich entwickelnden Regeln und Normen oder auch die Moral der Gruppe können einen gewissen Druck auf die Mitglieder erzeugen, die nicht sofort diese Gegebenheiten akzeptieren.

Andererseits kann aber auch Druck von einem sehr starken Gruppenmitglied auf die übrige Gruppe ausgehen, wenn dieses versucht, seine Bedürfnisse durchzusetzen, ohne die Individualität und Bedürfnislage der anderen Gruppenmitglieder zu berücksichtigen. Setzt es sich durch, wird die Gruppe unter seiner Leitung neu strukturiert. Setzt es sich nicht durch und ist es auch nicht bereit, die Regeln der Gruppe zu akzeptieren, wird es zum Außenseiter.

Die Gruppe hat dann die Chance, durch die Integration des Außenseiters eigene Werte und Maßstäbe zu hinterfragen und zu erneuern. Es ist aber auch möglich, den Außenseiter an den Rand oder gar aus der Gruppe heraus zu drängen.

Hier kann nun die Frage nach der Gruppenfähigkeit eines Patienten gestellt werden. Battegay (1974) hat festgestellt, daß „nur diejenigen Menschen kommunikations- und gruppenfähig sind, die zu einem Mindestmaß an Übereinstimmung und Identifikation bereit sind". Die Beurteilung der Gruppenfähigkeit eines Patienten ist eine sehr schwierige Aufgabe. Besonders im Fachgebiet der Psychiatrie wird der Bewegungstherapeut oft vor diese Frage gestellt.

Der Gruppendruck muß nicht zwingend etwas Negatives sein. Er ist es dann, wenn die einzelnen Mitglieder nicht ein Gefühl von Freiheit der eigenen Entscheidung bzw. Respektierung der eigenen Meinung oder Persönlichkeit erleben.

### Faktoren im Gruppenprozeß, an einem Beispiel erläutert

*Gruppenbehandlung für beinamputierte Patienten (Ober- und Unterschenkelamputationen)*

Die Gruppe wird eingerichtet mit folgendem Ziel: Der Patient soll einen funktionellen Gang mit Hilfe der Prothese und weiterer benötigter Hilfsmittel beherrschen.

Das Ziel ist formuliert. Es muß nun mit dem Patienten in der Gruppe besprochen und der Weg zum Ziel erläutert werden. Wenn die Patienten stark interessiert sind und aktiv mitarbeiten, bewegt sich die Gruppe auf dieses Ziel zu (Aktivität). Die Rollenübernahme und -ausgestaltung wird sich im Laufe des Gruppenprozesses entwickeln. Es kommt zur Herausbildung eines neuen Wertsystems: z. B. wieder gehen zu können, stolz darauf zu sein, das Gehen mit der Prothese erlernt zu haben (Bildung von Werten).

Die Patienten werden sich im Laufe der Zeit näherkommen und kennenlernen. Das Zusammensein mit „Leidensgenossen" hilft die eigene Behinderung besser zu verkraften, besonders dann, wenn in der Gruppe eine Atmosphäre der gegenseitigen Akzeptierung und Sympathie entstanden ist (sozialer Effekt, Wir-Gefühl).

## Ebenen im Gruppenprozeß

Das Geschehen in der krankengymnastischen Behandlungsgruppe läuft auf zwei verschiedenen Ebenen ab. Dies sind:
- funktionale Ebene,
- sozioemotionale Ebene.

Die Beachtung dieser beiden Ebenen ist für das Gelingen der Gruppenarbeit von großer Bedeutung.

Die Inhalte und Beziehungen (Interaktionen) innerhalb der Gruppe werden zwangsläufig diese beiden Ebenen berühren, ganz gleich, ob dies vom Gruppenleiter berücksichtigt wird oder nicht. Die isolierte Darstellung beider Ebenen soll die Vorgänge des Gruppenlebens transparenter machen. Dem Gruppenleiter soll damit ermöglicht werden, seine Handlungen, Reaktionen und sein Erleben im Hinblick auch auf diese beiden Ebenen zu hinterfragen.

Der Gruppenleiter muß stets beide Ebenen bedenken, er wird nie die eine Ebene betreten, ohne die andere zu berühren.

### Funktionale Ebene

Bei der funktionalen Ebene geht es um das Anstreben eines krankengymnastischen Behandlungsziels im Sinne einer Funktionsverbesserung, z. B. das Erlernen neuer Bewegungsabläufe, Einüben spezieller Atemformen, Leistungssteigerung (Kraft, Ausdauer, Koordination, Rhythmus, Schnelligkeit).

Dazu gehören: Erheben des funktionellen Befundes der einzelnen Patienten, Überlegungen zur Verbesserung der Funktionen, Auswahl von entsprechenden Übungen und notwendigen Erklärungen und Anweisungen, schließlich die Ausführung und Verbesserung der Übungssequenzen.

### Sozioemotionale Ebene

Bei der sozioemotionalen Ebene geht es um alle Interaktionen und sozialen Kontakte der Gruppenmitglieder untereinander sowie das emotionale Erleben des einzelnen in der Gruppe.

Sie betrifft auch in starkem Maße die Beziehungen der einzelnen zur Krankheit, zu Raum und Material, zu den anderen Teilnehmern und zum Therapeuten.

Die sozioemotionale Ebene „begleitet" alle noch so inhaltsbezogenen (sachlichen) Interaktionen in der Gruppe. Sie ist einfach vorhanden. Für den Therapeuten ist dies wichtig zu wissen, denn er hat die Möglichkeit, bewußt das Geschehen vermehrt auf die eine oder andere Ebene zu lenken.

Auch in einer mehr funktional ausgerichteten Bewegungstherapiegruppe können die Vorgänge auf der sozioemotionalen Ebene zum Hauptinhalt der Gruppenstunde werden, wenn z. B. ein Problem der Gesamtgruppe oder eines einzelnen die Weiterarbeit behindert oder auch wenn persönliche Probleme in bezug auf die Krankheit oder Bewegungsfähigkeit zum Thema gemacht werden und ein allgemeines Interesse der Gruppenteilnehmer an einer Diskussion darüber besteht. Wenn die Stimmung, die Atmosphäre in der Gruppe gemeinsame Arbeit behindert, muß erst wieder eine Atmosphäre hergestellt werden, in der befriedigendes und effektives gemeinsames Arbeiten möglich ist.

## Ziele der Gruppenbewegungstherapie

Die Ziele der Gruppenbewegungstherapie beziehen sich auf die funktionale und sozioemotionale Ebene. Die Bewegungstherapie in Gruppen spricht von ihrem Ansatz her den Menschen als Ganzes in seiner leib-seelischen Einheit an, der in Kontakt zu seiner Umwelt steht. Deshalb ist eine Trennung zwischen den funktionalen und den sozioemotionalen Zielen in der Realität nicht immer zu finden, denn sie bedingen sich gegenseitig.

Das allgemeine Grobziel könnte folgendermaßen lauten: Der Patient soll sich nach einer Zeit der Eingewöhnung in der Gruppe wohlfühlen und an der Gruppenarbeit Freude haben.

Der Weg zu diesen Zielen ist als ein Prozeß zu verstehen, an dem der einzelne Teilnehmer, der Leiter und die Gruppe als Ganzes mitwirken. Alle Ziele müssen erarbeitet werden.

## Funktionale Ziele

Diese betreffen den einzelnen in der Gruppe und richten sich aus an dem jeweiligen Befund, dem Krankheitsbild, der ärztlichen Anweisung und dem krankengymnastischen Behandlungsplan.

Die Ziele sollten mit dem Patienten besprochen werden; der Patient muß wissen zu welchem (Teil-)Ziel er kommen soll, damit er den Weg dorthin auch bewußt gehen kann. Die folgenden möglichen funktionalen Ziele stellen die Grobform dar, sie sind je nach konkreter Situation weiter zu ergänzen bzw. zu verändern.

*Mögliche funktionale Ziele ohne Berücksichtigung spezifischer Diagnosen:*

Der Patient soll:
- ein besseres Bewegungs- und Körpergefühl entwickeln;
- seine Muskulatur kräftiger einsetzen;
- seine Bewegungen kräftiger, ausdauernder, schneller, besser koordiniert ausführen;
- allgemeine und selektive Entspannung erreichen;
- neue Bewegungsabläufe ausführen;
- sie für den Gebrauch im Alltag verfügbar haben;
- angemessenen von unangemessenem Bewegungseinsatz unterscheiden;
- sein Bewegungsverhalten ökonomisch gestalten;
- mit seinen körperlichen Kräften und Möglichkeiten auskommen;
- Hilfsmittel richtig gebrauchen (Rollstuhl, Stock, Stützen, orthopädische Schuhe, Peronäusschiene usw.);
- sein „Hausprogramm“ beherrschen und zu Hause ausführen.

## Sozioemotionale Ziele

Diese betreffen ebenfalls zunächst den einzelnen in der Gruppe. Sie richten sich aus an dessen jeweiliger persönlicher, körperlicher und psychischer Befindlichkeit. Das Verfolgen von Zielen auf der sozioemotionalen Ebene steht jedoch in direktem Zusammenhang mit dem Interaktionsgeschehen, dem Miteinander in der Gruppe.

Die sozioemotionalen Ziele werden z. Z. in vielen Gruppenformen nicht zum Inhalt der Arbeit erklärt. Durch das zwangsläufige Vorhandensein der sozioemotionalen Ebene müssen wir uns aber bei verantwortungsvoller und zufriedenstellender Gruppenarbeit bei allen Gruppenformen auch für diese Ebene und deren Ziele verantwortlich zeigen.

*Mögliche sozioemotionale Ziele:*

Der einzelne Patient soll
- das Gruppenangebot annehmen und auf sich wirken lassen;
- sich in die Gruppe hineinbegeben;
- mit neuem oder verändertem Verhältnis zu seinem Körper zurechtkommen;
- mit seiner Behinderung vertraut werden;
- sich nicht als einzig ausgewähltes Opfer der Krankheit empfinden;
- Lebensfreude im Umgang mit dem eigenen Körper (wieder) entdecken;
- seine Wünsche, Forderungen, Vorstellungen in der Gruppe artikulieren, soweit sie das Gruppengeschehen betreffen;
- Verständnis dafür aufbringen, wenn andere dies tun;
- sich als Partner von anderen erleben;
- Kontakt zu anderen aufnehmen;
- sich nicht in Krankheit flüchten;
- für sich selbst verantwortlich sein;
- selbständig handeln;
- wissen, daß das Gruppengeschehen auf der Inhalts- und Beziehungsebene abläuft;
- neben dem Erreichen des funktionalen Ziels die Interaktion mit den anderen ebenfalls als wichtig erachten;
- sich mit Hinweisen, die Kommunikationsprobleme betreffen, auseinandersetzen;
- zu aufkommenden Gefühlen stehen, sie eventuell in die Gruppe bringen;
- anderen zuhören.

Die Gruppe insgesamt soll
- gegenseitiges Verständnis und Vertrauen aufbringen;
- individuelle Eigenheiten eines Mitgliedes annehmen;
- als Ganzes eine solidarische Gemeinschaft bilden;
- unter dem Motto arbeiten: jeder ist gleich viel wert;
- gemeinsame Lösungsstrategien finden;
- Unabhängigkeit vom Leiter zeigen.

## Formen der Gruppenarbeit in der Krankengymnastik

Hier wird der Frage nachgegangen, in welchen Bereichen unseres Tätigkeitsfeldes die Möglichkeit der Bewegungstherapie in Gruppen besteht.

Man kann hierbei verschiedene Formen von Gruppen unterscheiden, je nachdem, ob man eher ihre inhaltlichen oder ihre organisatorischen Merkmale charakterisieren will.

*Einteilung der Gruppenformen:*

- Gruppenformen, charakterisiert durch inhaltliche Aspekte. Die Benennung der Gruppe erfolgt aufgrund des therapeutischen Inhalts und Ziels, das sie verfolgt;
- Gruppenformen, charakterisiert nach organisatorischen Gesichtspunkten.

## Gruppenformen, charakterisiert durch inhaltliche Aspekte

Bei Patienten, die aufgrund ihrer Störung schon sehr lange bzw. in ausreichendem Maße in Einzelbehandlung standen und nun wieder sowohl körperlich als auch seelisch soweit belastbar sind, daß die Einzelbehandlung abgeschlossen werden kann, besteht häufig die Notwendigkeit der Fortsetzung der Behandlung in anderem Rahmen. Hier kann die krankengymnastische Gruppenarbeit einsetzen. Sie kann auch dem Bedürfnis des Patienten entgegenkommen, mit Hilfe der Krankengymnastik/Bewegungstherapie weiter an seiner Bewegungsstörung (Bewegungsdefizit) zu arbeiten.

Durch die Gruppentherapie findet eine Steigerung der Anforderungen, die an den Patienten herangetragen werden, statt:

- Ablösung vom „eigenen" Krankengymnasten;
- Wiedereingliederung in die Gemeinschaft anderer;
- Kontaktaufnahme zu anderen Patienten;
- Konfrontation mit der Krankheit anderer und auch mit der eigenen Behinderung im Zusammensein mit anderen;
- Übernahme von mehr Selbstverantwortlichkeit und Selbständigkeit, nicht zuletzt auch für den eigenen Körper;
- Förderung der Motivation durch Änderung des äußeren Rahmens.

Gleichzeitig findet aber auch ein Abbau der Einschränkungen gewöhnlicher Lebenserfahrungen statt, die während des Krankseins oftmals gemacht werden, durch:

- interpersonale Kommunikation;
- Steigerung der Beweglichkeit, motorisch und psychisch;
- Hebung des Aktivitätsausmaßes im weitesten Sinne.

### Gruppentherapie als Ergänzung der einzeltherapeutischen Maßnahmen

Die Gruppenbewegungstherapie kann auch zusätzlich zu den einzeltherapeutischen Maßnahmen angesetzt werden. Das ist dann möglich, wenn der Patient von Diagnose und funktionellem Befund her noch eine gezielte Einzeltherapie benötigt, sich zur gleichen Zeit aber die Indikation für die Bewegungstherapie in der Gruppe entwickelt. Es kann die Notwendigkeit bestehen, weitere Ziele mit dem Patienten anzustreben, die in der Einzelarbeit nur unter großem Zeit- und ineffektivem Arbeitseinsatz zu leisten wären, sowie Ziele zu verfolgen, die mehr auf Interaktion, Kontaktaufnahme usw. hinauslaufen, die in der Zweiersituation gar nicht erreicht werden können.

*Mögliche Inhalte der ergänzenden Gruppentherapie in der Krankengymnastik:*

- Einüben, Fördern von sozialen Kontakten;
- Teilnahme an speziellen Übungsgruppen (z. B. Wassertherapie, Sporttherapie, Gangschulung, Bogenschießen, Rollstuhltraining);
- Erlernen eines Hausprogramms;
- Üben und Einschleifen von bereits gelerntem Bewegungsverhalten;
- Einschleifen von großen Bewegungsabläufen, Gebrauchsbewegungen, z. B. Rollen, Hochkommen zum Sitzen;
- allgemeines Einwirken auf Kreislauf, Kraft und Ausdauer durch die Gruppenbewegungstherapie, wenn die selektive Einwirkung auf spezielle funktionelle Defizite noch in der Einzelbehandlung vorgenommen wird (z. B. bei einer Hemiparese die Greiffunktion der Hand in Einzeltherapie, im übrigen Gruppentherapie);
- Aufgreifen des Bewegungsdrangs und Spielbedürfnisses bei Kindern durch eine Gruppenstunde, dadurch kann die Motivation zur Einzelbehandlung erhalten werden.

## Gruppentherapie bei Teilnehmern mit gleichem oder ähnlichem somatopsychischem Zustandsbild

Es handelt sich hierbei um Bewegungstherapiegruppen, die ärztlich indiziert, dosiert und kontrolliert sind und regelmäßig durchgeführt werden (Hüllemann 1978).

Die Bewegungstherapie in Gruppen wird hier bewußt als therapeutisches Medium benutzt. Sie ist die Methode aus dem Bereich der Krankengymnastik, die adäquat auf das betreffende Zustandsbild einzugehen vermag. Bei der oben genannten Form der Bewegungstherapie in Gruppen werden bewußt die funktionale und sozioemotionale Ebene gleichwertig beschritten und in den Gesamtgruppenprozeß mit einbezogen.

Hierzu muß die Definition der sozioemotionalen Ebene (S. **42**) etwas weiter differenziert werden. Nur wenn der Therapeut diese im folgenden beschriebene psychosomatische Sichtweise der Gruppentherapie bejahen kann, ist es ihm möglich, entsprechend therapeutisch zu arbeiten.

### Erweiterung der Definition der sozioemotionalen Ebene

Vorausgesetzt wird die Erkenntnis, daß emotionale Faktoren organische Krankheiten hervorrufen und beeinflussen können.

Andererseits vermögen organische Störungen auch psychische Leiden auszulösen. Die sozioemotionale Ebene strebt eine psychosomatische Einflußnahme an, um dem Patienten bestimmte Erlebnismöglichkeiten zu eröffnen, z. B. Arbeit an der Möglichkeit von Selbstfindung und Selbstverwirklichung unter veränderten körperlichen Bedingungen. Es kann dem Patienten Raum gegeben werden zum Ausprobieren und Wiedererlernen von sozialem Umgang mit anderen; es kann die Fähigkeit erprobt werden, zwischen den Ansprüchen anderer und den eigenen zu unterscheiden sowie die bisher an den Körper gestellten Ansprüche den veränderten Fähigkeiten anzupassen. Durch den Kontakt mit den anderen Gruppenmitgliedern soll eine weitgehende Modifizierung des Erlebnisses der Einmaligkeit der eigenen Krankheit erreicht werden.

Es folgen nun Beispiele von Patienten- und/oder Diagnosegruppen, die unter der genannten Gruppenform einzuordnen sind.

## Gruppe mit koronaren Risikopatienten, Rehabilitationsgruppen nach Herzinfarkt

Der gruppendynamische bewegungstherapeutische Ansatz dient der Adaptation an die Alltagsbelastung dieser Patienten (Hüllemann 1978). Neben dem körperlichen Training und einer Reihe weiterer Rehabilitationsmaßnahmen soll durch die Bewegungstherapie in Gruppen folgendes erarbeitet werden:

### Funktionale Inhalte

- Verbesserung der Bewegungsökonomie und Bewegungskoordination;
- Erlernen von Entspannungsübungen und ihre selbständige Anwendung;
- körperliche Aktivierung.

### Sozioemotionale Inhalte

- Veränderung des risikoreichen Lebensstils;
- der infarktreaktiven Depression vorbeugen durch das Wecken von Selbstvertrauen;

– Lernen, mit den veränderten körperlichen Gegebenheiten umzugehen;
– Anstreben einer ausgeglichenen seelischen Verfassung.

„Die bewegungstherapeutisch orientierte Gruppentherapie ist eine praktikable Form der ärztlichen Dauerbetreuung. Die gruppendynamischen Effekte lassen sich ausgezeichnet für die Motivation zu einem gesundheitsgrechten Verhalten nutzen“ (Hüllemann 1978).

Hier wird die ärztliche Betreuung erwähnt. Es bietet sich also an, darauf hinzuweisen, daß bei der oben genannten Gruppenform, also auch bei diesen „Koronargruppen“, eine gute Zusammenarbeit zwischen Arzt und Krankengymnast erforderlich ist.

## Gruppe von Patienten mit Asthma bronchiale

Da es sich hier um eine multifaktoriell, d.h. auch psychisch bedingte Krankheit handelt, besteht eine Indikation für die Behandlung in der Gruppe. Einzelbehandlung kann parallel dazu laufen oder vorausgegangen sein.

### Funktionale Inhalte

– Atemtherapie;
– Schulen der Atmung;
– lernen, die Atemform in Partnerarbeit gegenseitig zu kontrollieren (dadurch kann Information über die Atmung und Atemfehlformen erworben werden);
– Aufklärung über die Atmungsvorgänge und Atmungsorgane in patientengerechter Weise;
– Erläutern und Üben des richtigen Verhaltens im Anfall.

### Sozioemotionale Inhalte

– Bewußt den Zusammenhang zwischen Stimmung und Veränderung der Atemform erfassen; diese Patienten neigen dazu, ihre Gefühle abzuwehren, zur emotionalen Überempfindlichkeit sowie teilweise zu aggresiven und dominantem Verhalten (Bräutigam u. Christian 1986).
– Herstellen von Kontakten — Asthmatiker haben oft die Tendenz, sich zurückzuziehen; sie lernen in der Gruppe, Gefühle wahrzunehmen und zum Ausdruck zu bringen.

## Geburtsvorbereitung in Gruppen

### Funktionale Inhalte

– Allgemeine Informationen über Schwangerschaft, Geburt und Stillzeit;
– Vermitteln von konkreten Vorstellungen über anatomisch-physiologische Gegebenheiten bei Schwangerschaft und Geburt sowie Kenntnis-

sen und Übungen zur Thromboseprophylaxe und Entstauung der Beine;
- spezifisches Muskeltraining und Einüben von gezielter Muskelentspannung;
- Erlernen der verschiedenen Atemformen, die während der Geburtsarbeit selbständig anzuwenden sind;
- Erlernen einer Entspannungstechnik, die ebenfalls während der Geburtsarbeit angewendet werden soll.

**Sozioemotionale Inhalte**

- Erarbeiten bewußter innerer Bereitschaft dem Geburtsereignis gegenüber;
- Vermindern der Angst durch hohen Grad an Informiertheit und durch die Sicherheit, sich mit den Atmungs- und Entspannungstechniken aktiv am Geburtsablauf beteiligen zu können (psychosomatische Geburtserleichterung).

Als weitere Beispiele für die hier behandelte Gruppenform seien noch bewegungstherapeutische Gruppen für Patienten mit gleichem oder ähnlichem somatopsychischen Zustandsbild aufgezählt in den Fachbereichen:
- Neurologie: Gruppen für Patienten mit Parkinson, multipler Sklerose, Hemiplegie oder Querschnittlähmung.
- Orthopädie: Gruppen für Patienten mit Haltungsschwächen, Haltungsfehlern, Wirbelsäulenabweichungen und -erkrankungen, rheumatoider Arthritis; Gehschule und Versehrtengruppen.
- Pädiatrie: Gruppen für Kinder mit minimaler zerebraler Dysfunktion, juveniler chronischer Polyarthritis, Haltungsfehlern.
- Chirurgie: Gruppen für Extremitätenverletzte und -amputierte; Frauen nach Mammaamputation.
- Psychiatrie: In diesem Fachgebiet liegt der bewegungstherapeutische Schwerpunkt auf der Gruppenbehandlung. Siehe hierzu ausführlich Band 10.

## Bewegungsgruppen ohne medizinisches/krankengymnastisches Behandlungsziel

Diese Gruppenform steht für all jene Gruppen, die in erster Linie auf freiwilliger Basis der Teilnahme beruhen. Sie können als zusätzliches Angebot zum therapeutischen Gruppenprogramm gelten, z. B. an Krankenhäusern, Rehabilitationskliniken, Kurkliniken, freier Praxis. Auch als Personalgymnastik — angeboten von der Krankengymnastikabteilung — sind sie denkbar. Ihre Kennzeichen sind:
- Teilnehmer kommen freiwillig.
- Inhalt der Gruppenarbeit liegt — jedenfalls dem Thema nach — fest.

- Der Leiter hat die Funktion des Lehrenden, Vermittlers, Organisators.
- Sozioemotionale Aspekte kommen zum Tragen.
- Hauptziel der Gruppe: Vermittlung von Bewegungsfreude und körperliche Betätigung.

Beispiele für Inhalte dieser Gruppenarbeit: Jazzgymnastik, Volkstanz, Skigymnastik, allgemeine Gymnastik, Sportgruppen.

In der Regel werden diese Gruppen gerne von solchen Kollegen geleitet, die Spaß an der Gruppenarbeit haben und das Angebot, das sie machen, von anderen Ausbildungsgängen her beherrschen.

## Gruppenformen, charakterisiert nach organisatorischen Gesichtspunkten

### Teilnehmerkreis

Je nach der Zusammensetzung des Teilnehmerkreises an der Gruppenstunde ist eine Unterscheidung der Gruppenformen möglich.

#### Offene Gruppe

Es besteht keine „Verpflichtung", an der Gruppenarbeit teilzunehmen. Der Teilnehmerkreis kann deshalb jedesmal anders zusammengesetzt sein. Der Leiter weiß nie genau, wer kommt und wer nicht. Auch die Gruppengröße variiert. Es kann eine Grenze der Teilnehmerzahl nach oben und unten festgesetzt werden (z. B. ab 8 Personen kann die Gruppenarbeit stattfinden; mehr als 20 Personen sollten es nicht sein).

#### Geschlossene Gruppe

Der Teilnehmerkreis bleibt über einen bestimmten Zeitraum unverändert. Leiter und Gruppenmitglieder sind bei jeder Gruppenstunde die gleichen, es findet kein Wechsel in der Zusammensetzung statt.

#### Halboffene Gruppe

Die halboffene Gruppe ist eine Mischung zwischen der geschlossenen Gruppe und der offenen Gruppe. Sie wird sicher am häufigsten praktiziert, da die Arbeit in der offenen Gruppe unbefriedigend sein kann und die Organisation einer geschlossenen Gruppe sicher nicht immer einfach ist. Die halboffene Gruppe sollte einen „Kern" von festen Mitgliedern haben, die über einen längeren Zeitraum an der Gruppenarbeit teilnehmen; die Fluktuation in der Gruppe sollte nicht zu groß sein. Durch die Konstanz des Gruppenleiters kann die Arbeit in der halboffenen Gruppe wesentlich erleichtert werden, d. h. die Gruppe arbeitsfähig bleiben.

Die Konsequenzen, die eine offene oder geschlossene Gruppe mit sich bringen, sind wesentlich und sollten beachtet werden. In Tab. **1** sind einige

Punkte gegenübergestellt, die dies verdeutlichen sollen. Die halboffene Gruppe ist zwischen den beiden Polen „offene" und „geschlossene" Gruppe einzuordnen, je nach dem Ausprägungsgrad der beschriebenen Merkmale in der konkreten Gruppensituation.

Tabelle 1 Vor- und Nachteile der offenen und der geschlossenen Gruppe

| Geschlossene Gruppe | Offene Gruppe |
|---|---|
| — gleichbleibende Teilnehmer, geringe Fluktuation | — wechselnde Teilnehmer, große Fluktuation |
| — meist höherer Informationsstand, Information kann gezielter eingeholt werden | — Informationsstand (kann) niedriger (sein) |
| — Teilnahme verbindlich | — Teilnahme weniger verbindlich |
| — Teilnehmer lernen sich untereinander und den Leiter kennen (Ruhe) | — es müssen stets neue Mitglieder kennengelernt und alte verabschiedet werden (Unruhe) |
| — Vertrauensbasis ist leichter/ schneller gefunden | — Vertrauensbasis ist schwerer zu bilden |
| — Aufbauarbeit ist möglich | — Aufbauarbeit ist erschwert, Gruppe muß sich vielleicht jede Stunde erneut nach dem Schwächsten/Langsamsten/Ungeübtesten richten |
| — verbale Reflexion kann durch größere Vertrauensbasis leichter fallen | — verbale Reflexion fällt schwerer, weil Vertrautheit fehlt, oder leichter, da Anonymität vorherrschen kann |
| — mehr Einschränkung für alle Teilnehmer durch die Organisation | — mehr Freiraum für alle Teilnehmer, da der äußere Rahmen lockerer ist |
| — innerhalb des Gruppenprozesses mehr persönlicher Freiraum durch Vertrautheitsgrad in der Gruppe | — persönlicher Freiraum kann beengter erlebt werden durch Unruhe und weniger Vertrautheit |

## Teilnahmemodus

Bei der Planung und Leitung einer Gruppe ist es wesentlich zu beachten, unter welchen Bedingungen der Patient an der Gruppe teilnimmt. Es ist ratsam, den Teilnahmemodus mit Arzt und Patient zu besprechen. Falls dies nicht möglich ist, sollte sich der Leiter der Gruppe über den Teilnahmemodus der Patienten im klaren sein. Es ist für den Leiter und die Gesamtgruppe nicht unwesentlich, ob die Mitglieder motiviert sind, auf freiwilliger Basis teilnehmen oder nicht motivierten Patienten die Gruppentherapie verordnet wird.

Teilnahmemodi können sein:
- Mitglieder kommen auf freiwilliger Basis mit der Erklärung, eine bestimmte Zeit lang an der Gruppenarbeit teilzunehmen.
- Mitglieder werden von dem Krankengymnasten/Arzt aufgefordert, an der Gruppe teilzunehmen, sie sind motiviert.
- Mitglieder werden „geschickt", es entspricht nicht ihrer augenblicklichen motivationalen Lage, an der Gruppenarbeit teilzunehmen.

Es gilt für den gruppenleitenden (-planenden) Krankengymnasten sorgfältig abzuwägen zwischen den Bedingungen, die von außen (Institution, Arzt) an ihn herangetragen werde, und den Bedingungen, unter denen gruppentherapeutische Arbeit in der Bewegungstherapie von ihm für sinnvoll erachtet wird.

### Zeit

Bei der Planung und Leitung der Gruppe sind folgende zeitliche Überlegungen anzustellen:
- die Häufigkeit der Gruppenstunden — wieviele Treffen pro Woche finden statt?
- Über welchen Zeitraum soll die Gruppe bestehen bleiben?
  - Laufzeit der Gruppe wird festgelegt,
  - Laufzeit der Gruppe bleibt offen.

## Rahmenbedingungen der Gruppenbewegungstherapie

Die Rahmenbedingungen setzen sich aus äußeren Faktoren zusammen, die unmittelbar mit der Planung und Durchführung der Gruppenarbeit zu tun haben.

#### Institution

Welchen Stellenwert hat die Bewegungstherapie in Gruppen dort? Wird die Organisation der Gruppenarbeit unterstützt oder erschwert?

#### Zeitpunkt

Wann findet die Gruppenstunde statt? Handelt es sich für Patienten und Leiter um einen günstigen oder ungünstigen Zeitpunkt?

#### Gruppengröße

Ideal ist eine Gruppengröße von 8–12 Mitgliedern. Die ideale Zahl ist aber auch abhängig von Raumgröße, Geräten, Teilnehmern (Alter, Diagnose) und dem Inhalt der Gruppenarbeit.

#### Raum

Der Raum ist ein wichtiger Faktor der Gruppenbehandlung. Es kann nicht gesagt werden: „Schöner Raum — schöne Gruppe, schlechter Raum — schlechte Gruppe“. Der Raum muß im Laufe der Gruppenarbeit oft erst richtig entdeckt werden. Es gibt einige Faktoren, die aus rein technischen Gründen beachtet werden müssen, die wir mit sogenannten Minimalforderungen bezeichnen können:
- Lüftung muß vorhanden sein, d. h. Fenster zum Öffnen.

- Der Fußboden muß geeignet sein für die Bewegungstherapie.
- Die Sicherheit des Raumes und der Geräte muß gewährleistet sein.
- Die Beleuchtung sollte verstellt werden können, damit eine gute Ausleuchtung möglich ist, grelles Licht gedämpft werden kann. Die Lampen sollten ausreichend vor fliegenden Bällen gesichert sein.
- Die Lage des Raumes; dieser Punkt findet in der Regel nur bei Neukonzeptionen von Krankengymnastikabteilungen Interesse und soll deshalb hier nicht beachtet werden.

Der Zusammenhang zwischen Raumgröße und Gruppengröße darf nicht unterschätzt werden; es wurde festgestellt, daß die Konfliktbereitschaft mit der Zunahme von Quadratmetern abnimmt (Sjølund 1976).

### Geräte und Zubehör

Es sollten in ausreichendem Maße Geräte und Zubehör vorhanden sein. Diese sollten sich in gebrauchsfähigem Zustand befinden.

Auch an die Anzahl der Geräte lassen sich „Minimalforderungen" anlegen: pro Mitglied und Leiter je ein Ball, Stab, Reifen, Seil, Hocker; drei kleine Bälle, zwei Keulen; dazu noch ein Tau, drei verschieden schwere Medizinbälle, ein Sportball.

### Informationsbeschaffung

Vor und während der Gruppenlaufzeit ist es wichtig zu klären, wo der Leiter die Informationen über Patienten erhält bzw. weitergeben kann.

Ein hoher Informationsstand der Therapeuten ist ein wesentlicher Faktor für das Gelingen der Gruppenarbeit. Es empfiehlt sich für diesen Zweck eine Vereinbarung zu treffen (z. B. Treffen im Krankengymnastikraum, Stationsgespräche, Teilnahme des Arztes an der Bewegungstherapie mit nachfolgender Besprechung o. ä.).

### Vorgespräch — Befundaufnahme

Es muß überlegt werden, wie der Patient in die Gruppenbewegungstherapie eingeführt wird. Kommt er zum Vorgespräch, in dem er die Arbeitsweise der Bewegungstherapie in der Gruppe erklärt bekommt, oder erscheint er einfach in der ersten Stunde und lernt den Ablauf auf diesem Weg kennen? Ist eine besondere Befundaufnahme notwendig?

### Dokumentation

Die Dokumentation muß zwei Forderungen gerecht werden:
- Ökonomie — das Dokumentieren darf nicht zu viel Zeit in Anspruch nehmen;
- Übersichtlichkeit — die wesentlichen Punkte müssen kurz, prägnant und übersichtlich festgehalten werden.

Die Dokumentation kann sich entweder auf den einzelnen Patienten beziehen, oder sie kann inhaltsbezogen sein (den Gruppenablauf betreffend). Es muß infolgedessen genau geklärt werden (mit der Abteilung, dem Team, der Station oder dem behandelnden Arzt), welchem Zweck die Dokumentation dienen soll.

## Zusammenstellen und Zusammensetzung einer Gruppe

Hier wird der Frage nachgegangen, mit welchen Überlegungen die Zusammenstellung einer Gruppe einhergehen kann; auch eine bereits bestehende Gruppe kann aufgrund dieser Überlegungen noch einmal betrachtet und dadurch vielleicht der Gruppenprozeß besser verstanden werden.

- *Inhalt der Gruppenarbeit.* Hierzu s. Ausführungen zu den einzelnen Gruppenformen, die funktionalen und sozioemotionalen Inhalte betreffend (S. 44ff.).
- *Alter der Teilnehmer.* Es ist von Vorteil, auf einen homogenen Altersdurchschnitt zu achten; in vielen Fällen ist es dann einfacher, das Übungsangebot adäquat auszuwählen. Besonders bei Kindergruppen ist eine Einteilung der Gruppen gemäß dem Entwicklungsstand der Kinder notwendig.
- *Persönlichkeitsmerkmale.* Die Mitglieder kommen auf unterschiedlichsten Wegen und mit den verschiedensten Bedürfnissen und Vorstellungen zur Teilnahme. Es wurden jedoch drei Möglichkeiten der Unterscheidungen von Gruppenmitgliedern herausgefunden (Sjølund 1976):
  - Ich-Orientierte,
  - Aufgabenorientierte,
  - Interaktionsorientierte.

  Es kann für den Gruppenleiter eine Hilfe sein, im Laufe des Gruppenprozesses das Geschehen unter Berücksichtigung dieser Beschreibung der Grundhaltung von Patienten zu betrachten.

Das *Ich-orientierte* Mitglied stellt sich selbst vor die Aufgabe in der Gruppe und die Interaktion mit den anderen, d. h., es muß sich alles um dieses Mitglied drehen, das meint, der/die Kränkste, Wichtigste, Beste o. ä. zu sein.

Beim *aufgabenorientierten* Mitglied steht die Aufgabe, der Inhalt im Vordergrund. Bei ihm kommt das Miteinander zu kurz; es will keine kostbare Zeit verlieren.

Beim *interaktionsorientierten* Mitglied steht die Aufgabe im Hintergrund, es schafft ein gutes Gemeinschaftsklima. Diesem Teilnehmer ist der Kontakt zu den anderen wesentlich wichtiger als die Bearbeitung der Gruppenaufgabe.

Ideal ist, wenn die einzelnen Mitglieder eine „gute Mischung" aus aufgaben- und interaktionsorientierter Haltung aufweisen oder wenn eine gleiche Anzahl von Aufgaben- sowie Interaktionsorientierten versammelt ist. Ich-orientierte Patienten sollten nicht so viele in der Gruppe sein, da die Arbeit mit ihnen sich oft schwierig gestaltet.

Bei der Gruppenplanung ist zu überlegen, wie der einzelne Patient von seiner Orientierung her eingeschätzt werden kann. Wie wird er sich verhalten? Besteht die Möglichkeit, mit ihm eine andere Einstellung zu erarbeiten, wenn die derzeitige für ihn und seine Teilnahme an der Gruppenbewegungstherapie ungünstig war?

## Methodik der Gruppenarbeit in der Krankengymnastik

Einige methodische Hinweise für die Gruppenbehandlung in der Krankengymnastik sollen dem gruppenleitenden Krankengymnasten Anhaltspunkte zur Durchführung der Gruppenbewegungstherapie geben.

Dies beinhaltet die Aufzählung und Erläuterung der Faktoren, die bei der Durchführung zum Tragen kommen. Es werden keine unterschiedlichen Wege zum Erarbeiten bestimmter Ziele dargestellt. Es soll deutlich werden, daß die Art und Weise des Vorgehens in der Gruppe zwar von bestimmten Prinzipien abhängig ist, aber ständig am aktuellen Zustand der Gruppe und der einzelnen überprüft und neu eingerichtet werden muß.

Die Methodik der Gruppenbehandlung setzt sich aus folgenden Punkten zusammen:
- Vorüberlegungen,
- Beginn der Stunde — Einstimmung,
- Gestaltung des Hauptthemas,
- Gestaltung des Endes,
- Verhalten des Gruppenleiters,
- Übungsangabe, Bewegungsvermittlung, Korrektur.

### Vorüberlegungen — Überlegungen vor Beginn der Stunde

Die Überlegungen vor Beginn der Stunde dienen der Einstimmung des Leiters/Therapeuten auf die zu erwartende Gruppe und den konkreten

Vorbereitungen auf die Gruppenarbeit. Gruppenleiter, die gerade mit der Arbeit in Gruppen beginnen, sollten sich diesem Punkt gründlich zuwenden.

- Es ist z. B. von Vorteil, sich zunächst auf sich selbst zu besinnen, sich über das eigene momentane Befinden klar zu werden. Aus welcher Situation heraus muß der Gruppenleiter vor die Gruppe treten (Hektik, Ärger, Ruhe, Mittagszeit)?
- Aus welcher Situation kommen die Teilnehmer zur Behandlung (von der Arbeit — bei ambulanten Gruppen; von einer anderen Therapie, nach der Besuchszeit)? Kann das Befinden einzelner oder der Gesamtgruppe eingeschätzt werden?
- Welches Konzept wird mit der Gruppe verfolgt?
- Um welche Gruppenform handelt es sich; wie ist die Altersverteilung in der Gruppe?
- Festlegen der Ziele für die heutige Stunde, entsprechende Übungsangebote auswählen.
- Konkrete Vorbereitungen treffen (Raum, Geräte, Musik usw.).

## Beginn der Gruppenstunde

Der allererste Kontakt mit den Teilnehmern der Stunde sollte gekennzeichnet sein durch das Wahrnehmen der Gesamtsituation und der Atmosphäre, die in der Gruppe herrscht. Der Leiter sollte die verbale und nonverbale Kommunikation der Teilnehmer beobachten.

Es ist möglich, die Stunde „offiziell“ gemeinsam zu beginnen; alle Beteiligten kommen zusammen und beginnen den Gruppenablauf zu gestalten. Dies kann geschehen, indem etwa kurz über das Befinden der einzelnen Gruppenmitglieder gesprochen wird. Es muß darauf geachtet werden, daß ein solcher Beginn nicht zum leeren Ritual wird, sondern eine Möglichkeit für Patienten und Therapeut darstellt, sich besser kennenzulernen und aufeinander einzustellen.Auf diese Weise wird es möglich sein, Konflikte, Schwierigkeiten und Störungen, die der einzelne mitbringt, anzusprechen. Je nach Art der „Störung“ muß der Leiter entscheiden, ob die Gruppe der richtige Ort zur Lösung ist oder ob dem Patienten ein Hinweis auf eine kompetente Stelle oder Person gegeben werden kann.

Es ist auch möglich, Aktivitäten, die einzelne Patienten oder die Gesamtgruppe zeigen, aufzugreifen und diese zum Beginn zu „erklären“. Das bedeutet, daß der Gruppenleiter an der konkreten Situation der Gruppe und deren emotionaler Ansprechbarkeit anknüpft. Es wird langsam die Verbindung hergestellt von der Anfangsbefindlichkeit der Gruppe zur funktionalen Ebene. Diese Steuerung, die der Gruppenleiter hier vornimmt, geschieht unter der Voraussetzung, daß die Anfangsaktivität nicht im völligen Widerspruch steht zu dem, was mit der betreffenden Gruppe erarbeitet werden soll (Kontraindikation).

**Beispiel vom Beginn einer Gruppenstunde**

Die Gruppe fängt an, mit bereitliegenden Bällen zu spielen: Der Gruppenleiter hatte im Hauptteil Ballgymnastik zur allgemeinen Lockerung und Dehnung der Muskulatur geplant, wollte zu Anfang jedoch kein Ballspiel machen. Die Gruppe entwickelt immer mehr Freude am Spiel, schließlich machen alle mit.

Der Leiter hat nun folgende Möglichkeiten:

- Er wartet ab, bis die Gruppe keine Lust mehr zum Ballspielen hat (das kann lange dauern und ist deshalb nicht zu empfehlen).
- Er unterbricht kurz und schlägt vor:
  - noch 5 Minuten weiterzuspielen, dann etwas anders zu machen;
  - bis zu einer bestimmten Punktzahl weiterzuspielen;
  - das Ballspiel jetzt zu beenden und am Ende der Stunde noch ein Ballspiel anzuschließen.
- Er kann das Spiel auch verändern, wenn dadurch ein Trainingseffekt erzielt werden kann und er das Gefühl hat, die Gruppe geht auf diesen Vorschlag ein, ohne sich „überfahren" zu fühlen, z. B.:
  - der Gymnastikball wird durch einen Medizinball oder Tennisball ersetzt;
  - jeder bekommt einen Ball — wie geht es jetzt weiter?
  - Neuregelung der Mannschaftsaufteilung;
  - statt im Gehen und Laufen im Sitzen weiterspielen usw.

Der Gruppenleiter kann sein Einstimmungsangebot auch so auswählen, daß es als konkrete Vorbereitung auf den Hauptteil der Stunde dient. Bezogen auf das oben genannte Beispiel könnte das Einstimmungsangebot z. B. dazu genützt werden, Ballgeschicklichkeit und Ballgefühl zu erwerben.

Der Therapeut muß am Stundenbeginn herausfinden, wie die Gruppe emotional erreichbar ist. Von dieser Basis aus können dann die konkreten funktionalen Ziele erarbeitet werden.

Meist muß auch am Anfang einer Stunde Motivierungsarbeit geleistet werden; auch bei grundsätzlich motivierten Teilnehmern ist die Einstimmung auf die gesamte Stunde ein wesentlicher Faktor, der den übrigen Gruppenablauf mitbestimmt.

Es gilt also, genau die Zielsetzung des Einstimmungsangebotes zu durchdenken:

- Soll aktiviert,
- beruhigt,
- auf den Hauptteil vorbereitet werden?
- Ist etwas aus der Vorstunde aufzugreifen,
- oder muß auf der sozioemotionalen Ebene erst die Basis zur Weiterarbeit geschaffen werden?

## Gestaltung des Hauptthemas der Stunde

Im Hauptteil der Stunde werden die funktionalen Ziele bewußt erarbeitet. Der Leiter rückt dabei mehr in den Vordergrund, als dies zu Beginn und am Ende der Stunde der Fall ist.

Die Dominanz des Leiters durch die absolute Führung drückt sich folgendermaßen aus:
- alleinige Übungsangabe,
- Anbringen von Korrekturen,
- starker Aufforderungscharakter von Wortwahl und Stimme.

Trotzdem können stets auch Anregungen zur Steigerung der Selbständigkeit und Erlebnisfähigkeit der Patienten gegeben werden.

In der Regel legt der Leiter die Arbeitsziele schon vor der Stunde fest. Sie sollten dann nicht als Forderungen an die Gruppe herangetragen, sondern als Vorschlag mit der Erläuterung von Sinn und Ziel in die Gruppe gebracht werden (gruppenorientiert). Der Inhalt dieser Sequenz kann dann noch einmal unter Zuhilfenahme einer anderen Vorgehensweise wiederholt werden.

Dies kann geschehen, indem die Patienten aufgefordert werden, weitere Übungen anzugeben oder sich auszudenken. Es können Übungen wiederholt oder es kann das im einzelnen geübt werden, was noch Schwierigkeiten bereitet.

Der Hauptteil der Stunde kann ein in sich abgeschlossenes Gebilde sein, abgegrenzt von den Angeboten und Ereignissen des Beginns und des Endes. Es kann aber auch den Beginn und das Ende regelrecht einbeziehen, wodurch die gesamte Stunde ein einheitliches Ganzes bildet.

## Gestaltung des Endes

Auch für das Ende der Stunde ist eine spezifische Zielsetzung zu wählen. Ganz allgemein kann gesagt werden, daß der Gruppenverlauf einen harmonischen Ausklang finden und der Teilnehmer mit einem „guten Gefühl“ aus der Stunde gehen sollte.

Zielsetzungen für den Ausklang einer Stunde könnten sein:
- Erfolgserlebnisse vermitteln,
- Wir-Gefühl fördern,
- Austoben ermöglichen,
- aktivieren,
- beruhigen,
- Spannungen auflösen,
- das Miteinanderreden ermöglichen.

Der Leiter kann das Angebot von sich aus der Gruppe vorschlagen oder mit der Gruppe gemeinsam auswählen. Dieser Prozeß der Entscheidungsfindung setzt voraus, daß sich die Gruppenmitglieder miteinander effektiv unterhalten können.

Hierbei muß der Leiter auf folgendes achten:
- Mit dem Gespräch so rechtzeitig beginnen, daß für die ausgewählte Aktivität noch genügend Zeit bleibt.
- Kommt die Gruppe zu intensivem Austausch von Meinungen und Gedanken, kann es wichtiger sein, das Gespräch weiterzuführen, als die Schlußaktivität unbedingt durchzuführen. Ein kleiner Hinweis an die Gruppe ist dennoch notwendig, damit sich alle der Veränderung der Situation bewußt werden.
- Der Leiter darf die Struktur und den Verlauf des Gesprächs nicht aus den Augen verlieren, auch wenn er sich verbal zurückhält. Er muß darauf achten, daß auch stille Patienten Gelegenheit erhalten, sich zu äußern.
- Beim Gespräch sollten sowohl sozioemotionale wie auch körperliche Anliegen besprochen werden können.

## Verhalten des Gruppenleiters

In diesem Abschnitt soll in kurzer Form erläutert werden, welch vielfältige Verhaltensweisen vom Gruppenleiter gefordert werden. Die hier näher betrachteten Faktoren des Gruppenleiterverhaltens sind: der Führungsstil (die Art, die Gruppe zu lenken), die Aufgaben des Gruppenleiters, die Voraussetzungen, die ein Krankengymnast zur bewegungstherapeutischen Gruppenarbeit mitbringen sollte. Das Gespräch in der Gruppe und einige Anmerkungen über Schwierigkeiten bei der Gruppenleitung bilden den Abschluß.

### Führungsstil des Gruppenleiters

Bei der Gruppenbehandlung in der Krankengymnastik ist der Krankengymnast der Gruppenleiter.

Der für die Gruppenbewegungstherapie empfohlene Führungsstil ist der demokratische oder partnerschaftliche; dieser ist gruppenorientiert. (Der autoritäre und der Laissez-faire-Führungsstil werden an dieser Stelle nicht erläutert.)

Kennzeichen der gruppenorientierten Lenkung sind:
- Die Eingriffe des Leiters sind an der Gruppe orientiert.
- Die Eingriffe sind dem Stand der Gruppe angepaßt.
- Es entsteht kein Druck.
- Es herrscht ein Gefühl von Freiheit.
- Es entsteht ein Gefühl von Sicherheit.

- Es kommt zu einem Zustand von Gleichberechtigung.
- Es ist eine hohe Toleranzschwelle vorhanden.
- „Jeder ist gleich viel wert."

## Aufgaben des Gruppenleiters

Der krankengymnastische Gruppenleiter, der den Interessen der Gruppe zu dienen sucht, muß anregen, aktivieren, organisieren. Er muß versuchen, die Gruppe zusammenzuhalten, mit ihr auf ein gemeinsames Ziel hinarbeiten (Battegay 1974). Der Gruppenleiter lenkt die Gruppe, er bestimmt im wesentlichen die Struktur und die Atmosphäre, die in der Gruppe herrschen (im Zusammenhang mit all den anderen Faktoren des Gruppenprozesses).

Fördernd auf die gute Atmosphäre wirkt sich aus, wenn der Leiter ein Klima des gegenseitigen Sicheinfühlens und Akzeptierens schaffen kann.

Als Beispiel seien einige Aufgaben des Gruppenleiters zuammengefaßt:

Der Leiter
- wählt die Methode und den Führungsstil aus und wendet diese in der Gruppe an;
- wählt Übungsprogramme aus, demonstriert und erklärt sie;
- gibt Hilfen, wo es nötig ist;
- gibt taktile Unterstützung und korrigiert;
- regt zur freien Gestaltung von Übungsphasen an;
- läßt Freiraum, wo es geht;
- strukturiert klar, wenn es notwendig erscheint;
- versucht Spaß und Freude am Körper und der Bewegung zu vermitteln;
- gibt adäquate Informationen über anatomisch-physiologische Gegebenheiten weiter;
- motiviert;
- kennt und beachtet individuelle Unterschiede der Patienten.

Der Leiter ist Teilnehmer und Beobachter, er soll
- die eigene Position und das eigene Handeln kritisch im Auge haben;
- freundliches und annehmendes Verhalten zeigen;
- schwache Patienten stützen und schützen, wenn es nötig ist;
- gruppendynamische Gesetzmäßigkeiten beachten.

*Zusammenfassung der Aufgaben des Gruppenleiters:*

1. Die Berücksichtigung der Gruppe.
   Er nimmt Kontakt zu den Mitgliedern auf, erklärt die Gruppenregeln (z. B. Pünktlichkeit, Zahl der Treffen, Eigenverantwortlichkeit, das Anmelden von Störungen).
2. Die Organisation der Gruppe.
   Er gestaltet die Beziehungen zwischen sich und der Gruppe sowie zwischen den Gruppenmitgliedern untereinander (Gruppenatmosphäre).

3. Die Betonung der verschiedenen Therapieziele.
   Er motiviert, indem er die Bedeutung der „Arbeit" (funktionale Ziele, Inhaltsebenen) und deren Sinn und Ziel erklärt und hervorhebt.
4. Der soziale Takt.
   Er tadelt nicht, er schafft keine Sündenböcke; er merkt, was in der Gruppe vor sich geht, er glättet Konflikte. Wenn die Gruppenregeln zu starr oder zu ungünstig für alle oder einzelne Mitglieder sind, ist er zur Änderung bereit (Halpin 1945 in Sjølund 1976).

## Voraussetzungen, die ein Gruppenleiter mitbringen sollte

Der Leiter einer Gruppe sollte eine gute Wahrnehmungsfähigkeit für soziale und zwischenmenschliche Vorgänge haben. Er sollte in der Lage sein, Veränderungen in der Gruppenatmosphäre zu bemerken, und versuchen herauszufinden, auf welchen Faktor oder Vorgang sie zurückzuführen sind. Der krankengymnastische Gruppenleiter sollte über ein gewisses Maß an Selbstwahrnehmungs- und Reflexionsfähigkeit sowie Sensibilität verfügen, um die Situation der Gruppe für sich selbst auszuloten und das eigene Erleben zu registrieren. Dies dient der adäquateren Erfassung des emotionalen Geschehens in der Gruppe und wird der Forderung gerecht, daß der Leiter sowohl Teilnehmer als auch Beobachter der Gruppe sein sollte.

Eine weitere Voraussetzung ist die Freude an der Gruppenarbeit und das Interesse am gruppendynamischen Geschehen. Auch die Fähigkeit, allein durch die Vermittlung von Bewegungsabläufen eine motivierende Wirkung auszulösen, ist wertvoll.

Eine Gefahr für das Gruppenleben und die Effektivität der Arbeit stellen Leiter dar, die die Gelegenheit zur Selbstdemonstration und narzistischen „Zurschaustellung" nutzen und somit die Patienten als Zuschauer mißbrauchen.

## Gespräch in der Gruppe

Der Gruppenleiter ist in der Gruppe ständig mit dem Patienten im Gespräch. Bei der Übungsangabe z. B. verhält er sich eher dominant, zu anderer Gelegenheit ist die Fähigkeit, zuhören zu können, von größerer Wichtigkeit. Dies schließt ein Mindestmaß an Gesprächsführung mit ein, die dazu verhelfen kann, das Gespräch in der Gruppe und mit dem einzelnen besser zu strukturieren.

Jeder hat sicher schon einmal erlebt, daß er das Gefühl hatte, sein Gesprächspartner möchte eigentlich etwas anderes zum Ausdruck bringen als das, was er mit seinen Worten sagt, oder einer kommt beim Sprechen vom „Hölzchen aufs Stöckchen" und es wird nicht klar, um was es ihm eigentlich geht. Hier muß der Leiter lenkend und klärend helfen (Minsel 1974, Rogers 1976).

Der Leiter sollte versuche, drei Verhaltensmerkmale zu verwirklichen, die es dem Patienten ermöglichen, letztendlich sich selbst besser zu verstehen.

Nach Rogers (1976) sind dies:

- Das uneingeschränkte Akzeptieren und Wertschätzen des Patienten.
- Empathie, das bedeutet das einfühlende Verstehen des Patienten. Der Therapeut soll in der Lage sein, sich in die Situation des Patienten (hier: motorisch, psychisch, sozial, verbal und averbal) zu versetzen und dessen Befindlichkeit emotional nachzuvollziehen. Hierbei muß er sich gleichzeitig der Trennung zwischen seinen eigenen Empfindungen und denjenigen des Patienten bewußt sein. Beispiel: Der Therapeut kann sich emotional vorstellen, welche Ängste der Patient beim ersten Gehversuch mit der Unterschenkelprothese empfinden wird. Er teilt dies dem Patienten mit: „Vielleicht sind Sie jetzt etwa ängstlich, wenn wir mit der Gangschulung anfangen." Der Patient kann sich so verstanden und in seinen Ängsten akzeptiert fühlen. Äußerungen, die nicht im Sinne des empathischen Verstehens sind, wären etwa: „Nun stellen wir uns mal hin und sind ganz stolz", oder „Nur keine Angst, das geht bestimmt ganz prima, das haben schon viele vor Ihnen gelernt."
- Echtheit/Kongruenz; diese Fähigkeit steht in engem Zusammenhang mit der Empathie, und sie ist im Alltag wie in der Therapie sicher schwierig völlig zu verwirklichen. Anzustreben ist, daß es zu einer Einheitlichkeit kommt zwischen Emotionalität, Bewußtsein und Kommunikation.

  Das Erleben (z. B.: ich erlebe die Gruppe in mehrere Lager gespalten), soll bewußt werden (ich stelle fest, daß hier eine Anzahl Teilnehmer ganz ins Gespräch vertieft ist, dort sitzt eine Anzahl Teilnehmer eher mißmutig und zurückgezogen). Diese bewußte Wahrnehmung des vorher gefühlsmäßig Erfaßten soll nun zum Ausdruck gebracht werden („ich erlebe die Gruppe heute so zweigeteilt, ich frage mich woher das kommt"). Wenn der Therapeut in diesem Beispiel einfach zur „Tagesordnung" übergegangen wäre, seine Wahrnehmungen ignoriert hätte, dann hätte es sich um ein unechtes Verhalten gehandelt, da Gefühl, Bewußtsein und Kommunikation nicht einheitlich gewesen wären.

## Schwierigkeiten bei der Leitung einer Gruppe

Alle Faktoren, die bisher aufgezählt wurden, können auch Schwierigkeiten verursachen. Eine allererste Hürde kann die Unerfahrenheit des Gruppenleiters sein. Es kann sich zu Anfang der Gruppenarbeit leicht das Gefühl einstellen, all diesen Anforderungen niemals gerecht werden zu können. Darum sei zu Anfang empfohlen:

- Gruppen klein halten;
- mit Kollegen zusammenarbeiten;
- jede Gruppenstunde nachbesprechen (auch bei versierten Leitern notwendig);

– inhaltlich gut vorbereiten;
– eigene Erfahrungen als Gruppenteilnehmer sammeln;
– lernen, daß aus Fehlern gelernt werden kann.

Es wird kaum jemals eine Gruppenstunde so verlaufen, daß nichts hätte anders oder besser gemacht werden können.

Eine weitere Schwierigkeit kann in der Unerfahrenheit der Patienten mit der gruppenorientierten Lenkung einer Gruppe zu finden sein. Die Gruppe muß dann erst langsam lernen, sich nicht als passive Konsumenten zu verstehen, sondern sich aktiv am Gruppengeschehen zu beteiligen.

## Bewegungsvermittlung und Bewegungskorrektur in der Gruppe

Die Bewegungsvermittlung und -korrektur muß bei der Gruppenarbeit deutlich anders gehandhabt werden als bei der Arbeit mit einem einzelnen Patienten.

Die Angaben des Leiters sind zum großen Teil an die Gesamtgruppe gerichtet. Er muß meistens die Bewegungsabläufe mehrerer Patienten gleichzeitig beobachten.

Die Gruppenteilnehmer nehmen ihre eigenen Bewegungen und nebenbei oder — nach Anregung durch den Leiter — auch gezielt die der anderen Teilnehmer wahr. Dies kann genutzt werden, indem z. B. die Aufforderung ergeht: „Schauen Sie, wie Ihr Nachbar den Ball auffängt, versuchen Sie es genauso (auf eine andere Art) zu machen."

Es kann notwendig sein, daß sich der Leiter (kurzzeitig) an einen einzelnen Patienten wendet, um diesem einen Bewegungsablauf zu vermitteln oder ihn zu korrigieren. Hierbei darf jedoch der Kontakt zu den anderen Teilnehmern nicht abbrechen.

Es besteht die Möglichkeit, die Gruppe darauf hinzuweisen, daß der Leiter jetzt bei Patient X verweilt und die Gruppe alleine weiterüben, sich ausruhen oder zuschauen soll. Bei diesen Vorschlägen muß der Leiter bedenken, wie diese sowohl auf den einzelnen Patienten wie auch auf die Restgruppe wirken.

Es ist auch möglich, daß der Leiter weiter in verbalem Kontakt zur Gruppe bleibt, weiter seine Instruktionen erteilt, aber trotzdem durch räumliche Nähe zum „Einzelpatienten in der Gruppe" diesem z. B. taktile Unterstützung gibt oder Hilfestellung leistet.

### Übungsangabe/Bewegungsvermittlung in der Gruppe

In der Gruppe ist besonders darauf zu achten, daß der Leiter von allen Teilnehmern gehört und verstanden wird. Die Dosierung der Übungen soll allen Patienten gerecht werden. Starke Über- und Unterforderung sollte vermieden werden. Das kann u. a. geschehen, indem ein Teil der Patienten aufgefordert wird, sich z. B. auszuruhen, während die anderen noch weiterüben. Es ist auch denkbar, daß verschiedene Untergruppen von unterschiedlich leistungsstarken Patienten (bzw. mit unterschiedlichen motorischen Defiziten) ein bestimmtes Übungsangebot selbständig ausführen. Der Leiter besucht hierbei die einzelnen Gruppen, um helfend, korrigierend oder bestätigend tätig zu werden.

### Korrektur in der Gruppe

Bei der verbalen Korrektur ist zu überlegen, ob die Gruppe insgesamt oder der einzelne Teilnehmer korrigiert werden soll. Auch wenn die Korrektur einen oder wenige Teilnehmer betrifft, ist es manchmal ratsam, die Korrektur doch an die Gesamtgruppe zu geben, um den einzelnen nicht herauszuheben (bloßzustellen), oder auch, um die Korrekturhinweise allen zugänglich zu machen.

Die Korrektur, wie das Bewegen überhaupt, erfolgt über das sensorische System. Also sollten zur Bewegungsvermittlung und -korrektur die Sinne des Patienten genutzt und geschult werden (Schewe 1979, Meinhof-Pirson u. Mitarb. 1979).

Die Berichtigung eines falschen oder unvollständigen Bewegungsablaufes sollte wenn möglich nicht nur eine von außen aufgesetzte Veränderung mit sich bringen, sondern dem Patienten die Möglichkeit der selbständigen Veränderung geben.

Der Leiter sollte
– als Partner, nicht als Besserwisser korrigieren;
– feststellen, was der Patient gut macht;
– den Patienten nicht mit anderen vergleichen;
– die Sache (d. h. Übung) korrigieren, nicht den Menschen.

## Schlußbetrachtung

Gruppendynamische Gesetzmäßigkeiten und die Persönlichkeit des Leiters prägen die krankengymnastische Gruppenarbeit. Die Arbeit des Krankengymnasten mit mehreren bewegungsgestörten Menschen in einer Gruppe erfordert Sensibilität, Einfühlungsvermögen und nicht zuletzt Fachkompetenz in dem jeweiligen medizinischen Spezialgebiet.

Die Integration der Gruppenbehandlung in den klinischen Alltag ist noch keine Selbstverständlichkeit, zumal in der krankengymnastischen Ausbildung und in der Praktika die Gruppenarbeit häufig zu kurz kommt. Es ist daher nicht verwunderlich, daß Schüler und Berufsanfänger oftmals ängstlich und hilflos vor Patientengruppen stehen. Sie versuchen, mit den Techniken der Einzelbehandlung dieser Aufgabe gerecht zu werden. Der Behandlungserfolg ist dementsprechend gering. Beim Schüler (Berufsanfänger) wie beim Patienten bleibt ein Gefühl der Unzufriedenheit zurück.

Schon bei Ausbildungsbeginn sollten daher Gruppenstunden beobachtet, geplant und durchgeführt werden, damit Selbstsicherheit, Selbstvertrauen sowie ein Repertoire an gruppenspezifischen Angeboten erworben werden können. Es erscheint daher erstrebenswert, das Phänomen „Gruppe“ in seinen vielfältigen Erscheinungen im Rahmen der krankengymnastischen Ausbildung stärker als bisher zu berücksichtigen.

## Literatur

Battegay, R., Der Mensch in der Gruppe. Huber, Bern 1974

Bräutigam, W., P. Christian: Psychosomatische Medizin, 4. Aufl. Thieme, Stuttgart 1986

Hüllemann, K.-D.: Rehabilitation bei koronarer Herzkrankheit. Kurse ärztl. Fortbild. 28 (1978) 347

Maisonneuve, J.: Gruppendynamik, 4. Aufl. Deutsche Verlagsanstalt, Stuttgart 1973

Meinhof-Pirson, U., H. Schlüter, T. Schmetzer: Grundlagen sensomotorischer Lernprozesse und Methoden zu ihrer Förderung. Ausbildungsseminar für Lehrer der Krankengymnastik, 1. Kurs 1979, unveröffentlichte Arbeit

Minsel, W.-R.: Praxis der Gesprächspsychotherapie. Böhlau, Köln 1974

Rogers, C. R.: Entwicklung der Persönlichkeit. Klett, Stuttgart 1976

Schewe, H.: Das „Human-performance-Modell“. Ein Erklärungsansatz für das Bewegungslernen. Krankengymnastik 31 (1979)

Sjølund, A.: Gruppenpsychologie für Erzieher, Lehrer und Gruppenleiter, 2. Aufl. Quelle & Meyer, Heidelberg 1976

# 3. Kurze Geschichte der Krankengymnastik

G. Grosch *

## Vorbemerkungen

Die bisher umfangreichste Darstellung zu dem Thema, nämlich „A short history of mechano-therapeutics in Europe until the time of Ling" beginnt *Richard Julius Cyriax* (1914) mit dem Satz: „Medizinische Gymnastik in dieser oder jener Art wurde seit frühesten Zeiten als Therapiemittel angewandt, und sie ist ohne Zweifel so alt wie das Menschengeschlecht selber."

Aber für den Sklaven, Leibeigenen und Bauern kam Gymnastik für die Wiedergewinnung oder Erhaltung der Gesundheit nicht in Frage. Die Behandlung einer Krankheit durch den Arzt war nur für Fürsten, Adelige, höhere Geistliche, Akademiker und gelegentlich für selbständige Handwerker möglich. Erst in der Zeit der Aufklärung, ganz deutlich aber am Ende des 19. Jahrhunderts mit Ansätzen zu Sozialgesetzen und Krankenversicherung kam die Heilkunde auch dem Bürger, Bauern und Arbeiter näher. Krankengymnastik im Sinne des Wortes mit ihrer sozialen und medizinischen Bedeutung ist erst in unserem Jahrhundert angesiedelt. Was vorher Kunst der Leibesübungen, Turnkunst, militärische Gymnastik, diätetische Gymnastik oder athletische Gymnastik genannt wurde, sind nur Wurzeln der heutigen Krankengymnastik.

## Altertum (bis ca. 375 n. Chr.)

Die griechischen Männer, vor allem die jungen, turnten täglich, mit System und unter der Aufsicht eines Berufstrainers, der im alten Griechenland für die Gesundheit der jungen Leute mehr tat als der Arzt. Er stand in direktem Kontakt zu allen, die seine Palästra oder das Gymnasium, zu dem er gehörte, besuchten. Er beriet sie nicht nur in turnerischen Fragen, sondern auch hinsichtlich der Diät, wobei das griechische Wort für Diät in einem viel weiteren Sinn verwendet wurde, als wir es heute tun. Unter Diät verstanden die Griechen die ganze Lebensweise des Menschen, das Verhältnis zwischen Schlaf und Wachen, zwischen Bewegung und Ruhe und natürlich auch Art und Menge der Nahrung, die er zu sich nahm, den Stuhlgang und alle anderen Faktoren, aus denen das Leben des

---

* Durchgesehen und ergänzt von Antje Hüter-Becker.

Menschen besteht und die überwacht werden müssen, wenn der Betreffende nicht nur gesund, sondern auch stark und schön sein soll. Mit den olympischen Athleten wollte man vielseitige, starke, gewandte, gelenkige, anmutige und schöne Menschen heranbilden (*Sigerist*). Die hippokratischen Schriften, besonders jene über Diät, erwähnen die Gymnastik häufig. So haben Essen und Turnen entgegengesetzte Wirkungen. Zusammen aber tragen sie zur Aufrechterhaltung der Gesundheit bei. Gymnastik bedeutete ausgangs der Antike bei dem Arzt *Galen* (129 bis ca 199) die Wissenschaft von den Wirkungen aller Leibesübungen, so die Abhärtung der Organe, Erhöhung der Körpertemperatur, Anregung der Atmung und Förderung der Verdauung. So teilte *Galen* die Heilkunst in Therapeutik und Hygiene ein, wobei die Hygiene sich wieder in Diätetik und Gymnastik gliedert.

## **Zeit bis zur Aufklärung** (bis ca. 1740)

Die pauschale Abhandlung dieser großen Zeitspanne ist sowohl historisch als auch sachlich gerechtfertigt. Eintönig über Jahrhunderte stand der Begriff der Leibesübungen oder der Exerzitien im Vordergrund. Diese waren: Spazierengehen, Reiten, Laufen, Steinwerfen, Ballspiel, Fechten, Ringkampf und Tanzen; auch Diskuswerfen und Ackerbaubetreiben, Bogenschießen.

## **Zeit der Aufklärung** (ca. 1740 bis ca. 1830)

„Aufklärung ist der Ausgang des Menschen aus seiner selbstverschuldeten Unmündigkeit. Unmündigkeit ist das Unvermögen, sich seines Verstandes ohne Leitung eines anderen zu bedienen. Selbstverschuldet ist diese Unmündigkeit, wenn die Ursache derselben nicht am Mangel des Verstandes, sondern der Entschließung und des Muthes liegt, sich seiner ohne Leitung eines anderen zu bedienen . . ." (Kant 1784). Der Mensch entdeckt sich neu. „Das Jahrhundert der Frau beginnt, Frauenheilkunde erhält neue Akzente. Das Kind wird entdeckt. Kinderheilkunde wird geboren. Der Verkrüppelte, der Verkrümmte werden Gegenstand der Betrachtung. Orthopädie tritt hervor . . . Allenthalben werden die Geschöpfe diffferenziert, näher betrachtet, näher gesehen in ihrer Eigenart, auch in ihren Leiden" (Mann 1966). 1741 erschien das zweibändige Werk des französischen Arztes *Nicolas Andry* (1658—1742): „L'orthopédie ou l'art de prévenir et de corriger dans les enfants les difformités du corps. Le tout par des moyens à la portée des pères et des mères et de toutes personnes qui ont des enfants à élever." Nicht nur, daß so das Wort *Orthopädie* geschaffen wurde und damit der Anstoß für ein neues Fach der Heilkunde erfolgte, sondern auch die Sammlung der in der Literatur verstreuten Angaben über Skelettdeformitäten und deren Behandlung ist

Abb. **1** Stabübung für die Schlüsselbeine und die Brust bei Kindern (aus Nicolas Andry: Orthopaedia. Nachdruck der Londoner Ausgabe von 1743).

Inhalt dieses Werkes. *Andry* wurde so ein begeisterter Befürworter körperlicher Übungen und guter Haltung als eines Mittels, um Deformitäten vorzubeugen, wie auch als eines aktiven Agens für ihre Korrektur, wenn sie bereits vorhanden waren (Abb. **1**).

Der Schweizer Arzt *Jean André Venel* (1740—1791), der das Gedankengut *Andrys* übernahm, eröffnete bereits 1780 die erste orthopädische Heilanstalt der Welt in Orbe/Kanton Waadt. Von Orbe aus findet die klassische, die konservative Orthopädie Eingang in alle Kulturländer. Das Bedürfnis nach Bewegung zu wecken und es auch medizinisch zu begründen, war einigen Ärzten ein großes Anliegen. Diejenige „Leibesübung" aber, die die Ärzte der Aufklärung am häufigsten propagierten und zu allgemeiner Einführung zu bringen versuchten, war (wieder!) das Spazierengehen, angesichts der Perücken, Schnürbrüste und Reifröcke ein bedeutender Fortschritt. *Jean Jacques Rousseau* (1712—1778) hat das Leben der nachfolgenden Generationen durch seine aufklärerischen Äußerungen zu Fragen der Philosophie und Pädagogik nachhaltig beeinflußt. Seine 1762 erschienenen zwei Bücher, der „Contrat social" und das Erziehungsbuch „Emile" wurden besonders bekannt. *Rousseaus* Gedanken schlugen zuerst in Deutschland Wurzel, wo gegen Ende des 18. Jahrhunderts eine Reihe von Erziehungsanstalten entstand, „Philanthropine" genannt, die sich eine umfassende Erziehung der Jugend zum Ziel setzten. Die Ausbildung berücksichtigte in gleicher Weise die Entwicklung körperlicher und geistiger Fähigkeiten. Diese Anstalten trugen zur Erneuerung der klassischen Leibesübungen bei. *Johann Christoph Friedrich Gutsmuths* (1759—1839) wurde als Lehrer an der berühmten Salzmannschen Anstalt in Schnepfenthal bei Gotha zum Begründer der pädagogischen Gymnastik. *Franz Nachtegall* (1777—1847), auf den Erkenntnissen von *Gutsmuths* fußend, gründete 1798 in Kopenhagen eine „Gymnastische Gesellschaft", die man als den ersten Turnverein der Neuzeit bezeichnen darf. *Gutsmuths* und *Nachtegall* waren Wegbereiter für den Schweden *Pehr Henrik Ling* (1776—1839).

## 19. Jahrhundert

*Gutsmuths* darf von seiten der Sportgeschichte ebenfalls als Katalysator betrachtet werden. Dieser Weg geht aber von der Verfolgung der direkten Entwicklung einer Krankengymnastik ab. Von *Gutsmuths* ging über *Jahn* und *Eiselen* in Deutschland, *Clias* in der Schweiz und *Amoros* in Frankreich bis in die Mitte des 19. Jahrhunderts eine Phase von Neuentwicklungen von Geräten und Bewegungen, die an diesen zu vollziehen waren. Nun ging es nicht mehr um den Voltigierschwung allein, sondern außerdem um Klettern, Hangeln, Balancieren, Schwingen und Schaukeln. Barren und Reck, Strickleiter, Taue und Kletterstangen, Trapez und Rundlauf wurden eingeführt (Eichberg 1975). „Die Gymnastik als Freiübung ohne Geräte oder aber mit Bällen, Keulen, Fahnen, Seilen oder Eisenstangen entsprach diesem Konzept ganz und gar. Auch ging es um die Steigerung einer ganzheitlichen Leistung durch vielseitige, zugleich abstrakt deduzierte und empirisch selektierte Bewegungen" (Klinge 1926). Auch *Ling* hat an dieser Entwicklung mitgearbeitet. Während eines Aufenthaltes in Kopenhagen 1799—1804 lernte er bei *Nachtegall* die Gymnastik und Schriften *Gutsmuths'* kennen, außerdem bei französischen Emigranten das Fechten. So finden sich in *Lings* System Übungen, wie sie *Gutsmuths* und *Nachtegall* lehrten: Bewegungsvorgänge, welche den üblichen Gebrauchshandlungen des täglichen Lebens entlehnt waren bzw. sie imitierten, wie sie, abgewandelt, auch zu unserer Zeit noch unter dem Namen Gebrauchsschule Teile des krankengymnastischen Behandlungsgutes darstellen. Jedoch entwickelte *Ling* eine Reihe von Übungen, die nicht mehr

Abb. **2** Pehr Henrik Ling (aus Kungl. Gymnastika Centralinstitutes Historia 1813—1913. Stockholm 1913).

nur die üblichen Bewegungen im Ablauf der Verrichtungen des täglichen Lebens nachahmten, sondern die zum Zwecke der Krankenbehandlung ersonnen waren und eine Zergliederung des koordinierten flüssigen Bewegungsablaufes einer Gliederkette oder des Rumpfes in langsame, nur Gliedmaßen oder Rumpfteile übende Bewegungsmomente darstellten. Hierin liegt *Lings* Bedeutung (Abb. **2**). Er ging dabei von der Haltung aus und wollte eine „ideale Haltung" in einem normalen Spannungszustand der Muskulatur erreichen. Fehlhaltungen sollte man durch eine verstärkte Anspannung der Muskeln, zeitweiliges Verharren darin und danach erfolgende Übung isolierter Körperbezirke ausgleichen. Hierbei überwiegen langsame, eigentätig geführte, häufig eng umgrenzte Einzelbewegungen, hurtige und schwunghafte treten zurück. Es gibt eine Reihe sogenannter Grundübungen, die sämtlich ähnliche Wirkungen am Organismus erzielen sollen. Eine Gruppe solcher Grundübungen wurde „spannbeugende Übungen" benannt. Eine typische Übung davon ist die bekannte „Spannbeuge", bei der Halswirbelsäule mit Kopf und Brustwirbelsäule ab der Grenze Lendenwirbelsäule/Brustwirbelsäule nach hinten geführt überstreckt werden sollen. Die Lendenwirbelsäule darf an dem Bewegungsvorgang nicht teilnehmen, besonders aber auch nicht stärker lordosiert werden. Ebenso ist jede Beckenbewegung dabei zu vermeiden, desgleichen ein „Vorschieben" des Beckens. Der Übung wurden Rippenhebung, Hebung des Brustbeines und somit Erweiterung des Brustkorbes, Kräftigung der Rückenstreckermuskulatur und Aufrichtung der Brustwirbelsäule zugeschrieben. Auf *Ling* gehen die auch heute noch verwendeten Halte- und ein Teil der Widerstandsübungen zurück. Sämtliche Übungen wurden entsprechend den Bedürfnissen aufgrund von Überlegungen, *nicht* nach dem Gefühl, zusammengestellt. Jede Übung sollte *peinlich formgenau* ausgeführt werden. *Ling* ließ *zwischen* den Übungen Massagen verabfolgen und sie sinnvoll mit den Übungen abwechseln. Die Bedeutung *Lings* liegt nicht nur darin, daß er sich bemühte, eine medizinische Gymnastik zu schaffen, „wodurch der Mensch entweder mittels seiner selbst, in passender Lage oder mittels anderer Hilfe und einwirkender Bewegungen die Leiden zu lindern oder zu überwinden sucht", sondern auch darin, daß er forderte, sich auch „die notwendige Rechenschaft von ihrer" — der Übungen — „Wirkung" zu geben, wobei es ihm besonders auf die Rechenschaft über die Muskelwirkung ankam (Harff 1978). 1813 wird *Ling* zum Leiter des auf sein Betreiben eingerichteten „Königlichen Gymnastischen Zentralinstitutes" in Stockholm ernannt (Abb. **3**). Für die Heilkunde und vor allem für die Orthopädie bedeutete die schwedische Heilgymnastik einen gewaltigen Umschwung. „Es war die Zeit des Kampfes der bis dahin fast ausschließlich geübten mechanischen Behandlungsmethoden der Verkrümmungen gegen die dynamische, die Gymnastik . . .". Der mechanische Grundgedanke in der Orthopädie war in der ersten Hälfte des 19. Jahrhunderts oft bei erstaunlichen Manipulationen angelangt. So wollte der Orthopäde *Otto Langgaard* (1815—1894) die skoliotische Wirbelsäule von der Last der Muskeln befreien und damit jene äußere Einwirkung fernhalten, die auf die vermeintlich resistenzgeminderte Wirbelsäule deformierend einwirken könnte. Dazu ließ er Mädchen nur zur Vorbereitung — 1—2 Jahre — auf einer Matratze bewegungslos liegen, bis durch die absolute Ruhe die Muskeln so schwanden, daß sie nicht mehr den Körper aufrecht zu erhalten vermochten. Dann würde nach der Meinung *Langgaards* kein „Widerstand" mehr gegen die eigentliche Kur bestehen, die nun erst durch „Tragmaschinen mit Armstützen und Druckplatten" begann. Wurden die Muskeln bei *Langgaard* zur Atrophie gebracht, so ging der französische Arzt *Jules René Guérin* (1801—1886) daran, die Muskulatur zu durchtrennen. In Verfolgung seiner Auffassung, die „rétraction musculaire convulsive" erkannt zu haben, durchschnitt er bei Skoliosen subkutan die Rückenmuskulatur. Zahlreiche Ärzte besuchten nun Stockholm und *Lars Gabriel Branting* (1799—1881), der als Nachfolger *Lings* tätig war; so auch Dr. *Albert C. Neumann* (1803—1876), der später in Berlin einen „Kursaal für schwedische Heilgymnastik" einrichtete. Um immer selbst eine genügende Anzahl von Hilfskräften zu haben, verband er mit seinem Institut gleich-

Abb. **3** Der Stockholmer Gymnastiksaal (aus Kungl. Gymnastika Centralinstitutes Historia 1813—1913. Stockholm 1913).

zeitig eine Gymnastenschule und seit 1853 auch eine Gymnastikschule für Damen. *Neumann* vermittelte seine bei ihm ausgebildeten Gymnastinnen vor allem durch Annoncen. Wir verdanken *Neumann* auch die erste berufliche Definition des Gymnasten: „Der Gymnast steht zum heilgymnastischen Arzt oder Kinesitherapeuten wie der Apotheker zum medicamentösen Arzte. Der Gymnast soll die Bewegungen (die Arznei) . . . für den Patienten bereiten." *Neumann* trieb mit seiner Schule für Gymnastinnen die berufliche Emanzipation der Frau in der Medizin voran. Vergleichsweise waren Ärztinnen bis zum Beginn des 20. Jahrhunderts eine ausgesprochene Rarität. Auch der Name der ersten Gymnastin wurde überliefert. Es war ein Fräulein *von Merz-Quirnheim*, die ihre Ausbildung bei *Neumann* erhielt. Sie war 1858 als „gymnastische Assistentin" zunächst bei Dr. *Max Knorr* und seit 1861 bei Dr. *Schlosser* in München tätig. Sie wurde als „die Seele der neuen Unternehmung", nämlich der schwedisch-heilgymnastischen Anstalt von Dr. *Schlosser* bezeichnet. *Neumann* strebte nach der Einrichtung einer heilgymnastischen Abteilung an der Berliner Charité und nach einem staatlichen Lehrauftrag für Heilgymnastik. Aber daraus wurde nichts.

*Daniel Gottlob Moritz Schreber* (1808—1861), durch seine „Ärztliche Zimmergymnastik" bekannt geworden, stellte sich gegen die schwedische Heilgymnastik: „. . . die nach ihrem Ursprunge die deutsche heißt, zum Unterschiede von der schwedischen, halbactiven, meist auch zwecklos

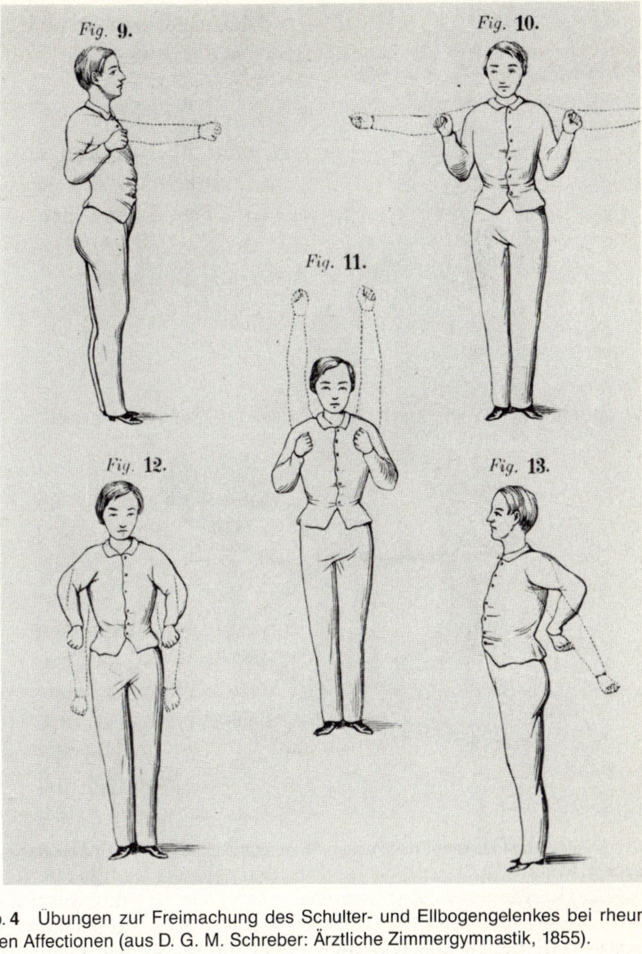


Abb. **4** Übungen zur Freimachung des Schulter- und Ellbogengelenkes bei rheumatischen Affectionen (aus D. G. M. Schreber: Ärztliche Zimmergymnastik, 1855).

gekünstelten, nur durch Gehilfen ausführbaren Widerstandsbewegungen bestehenden Gymnastik" (Abb. **4**). Der Schwede *Gustaf Zander* (1835—1920) kritisierte ebenfalls den „Heilgymnasten". Er meinte: „Wenn man weiß, wie anstrengend der Beruf des Gymnasten ist, so muß man trotz aller Anerkennung seines guten Willens doch fragen, ob es möglich ist, daß er wirklich Tag aus Tag ein immer gleich gewissenhaft die erlernte Kunstfertigkeit ausüben kann." Die Apparate, die *Zander* entwickelte, waren gleichsam mit Hebeldruck einstellbare „Gymnasten", die später durch Dampf-, Gas- und Elektromotoren angetrieben wurden

Abb. **5** Zander-Apparat: Hüft-Kniestrecken (Widerstandsübung) (aus Enzyklopädie der Praktischen Medizin, 1906).

(Abb. **5**). Man sprach nun von einer medikomechanischen Gymnastik. Auch die Zander-Apparate fanden durch die Krukenbergschen Pendelapparate und die von *Herz* inaugurierten Gymnastikapparate gleichermaßen Konkurrenz wie auch Ergänzung.

Ein weiteres Mittel neben Gymnastik und Apparatebehandlung war die Massage. Durch *Johann Georg Mezger* (1838—1909) und vor allem *Carl von Mosengeil* (1840—1900) wurde die Bedeutung der Massage in der Medizin herausgestellt. Ende des 19. Jahrhunderts sammelte *Albert Hoffa* (1859—1907), der als der Vater der modernen Orthopädie gilt, alle bisherigen orthopädischen Behandlungsmethoden und integrierte die schwedische Heilgymnastik nach Ling in die Orthopädie. Obgleich es schon vorher heilgymnastische Indikationen außerhalb der Orthopädie gab, so ist doch das nun vollzogene Zuhause in einem medizinischen Fachgebiet wesentlich für die zukünftige Entwicklung der medizinischen Gymnastik. *Hoffa* benannte seine 1891 begründete Fachzeitschrift „Zeitschrift für Orthopädische Chirurgie einschließlich der Heilgymnastik und Massage".

## 20. Jahrhundert

Der Kieler Arzt *Johann Hermann Lubinus* (1865—1937) war eine dynamische Persönlichkeit. Er beschloß 1894 nach Stockholm zu gehen, um sich mit der schwedischen Heilgymnastik vertraut zu machen. Zurückgekehrt gründete er 1895 ein medikomechanisches Institut, das er mit Zander-Apparaten ausrüstete. 1900 erhielt er vom preußischen Kultusministerium die Erlaubnis, eine Lehranstalt für Heilgymnastik zu eröffnen. „Bestimmend für mich waren besonders folgende Gesichtspunkte: Erstens hielt ich die Sache selbst für gut, ferner stellte ich fest, daß Jahr für Jahr ein großer Prozentsatz der am Zentralinstitut in Schweden ausgebildeten Heilgymnastinnen und Heilgymnasten auswanderten und besonders in Deutschland ein lohnendes Feld für ihre Tätigkeit fanden, schließlich mußte ich die Erfahrung machen, daß deutsche junge Damen und Herren, welche in Schweden sich ausbilden wollten, vom Zentralinstitut zurückgewiesen wurden." *Lubinus* schloß daraus, daß ein wirklicher Bedarf an Heilgymnasten in Deutschland besteht. „Das erste Halbjahr dient der Ausbildung als Turnlehrerin, die folgenden 1½ Jahre der theoretischen und praktischen Durchbildung in orthopädischer und medicinischer Gymnastik sowie Massage. Die Kurse entsprechen ihrer Einrichtung nach ganz denjenigen des gymnastischen Zentralinstituts in Stockholm." *Lubinus* wollte nicht, daß seine bei ihm ausgebildeten Heilgymnastinnen mit den Ärzten Schwierigkeiten bekommen könnten. „. . . daß dieselben mit den ärztlichen Interessen kollidieren könnten, war immerhin möglich." Im Unterricht, wobei er selbst bis 1926 alle theoretischen Fächer lehrte, zeigte er immer wieder die Grenzen des heilgymnastischen Arbeitsgebietes auf. Nur nach ärztlicher Vorschrift waren Heilgymnastik und Massage ausübbar. Acht Jahre ging es gut. „Dann gründeten sehr gegen meinen Willen zwei junge Damen in Leipzig ein gymnastisches Institut und etwas später zwei andere in Halle und erregten damit Anstoß bei dortigen Spezialärzten für Orthopädie." Es waren dies die ersten freien Niederlassungen. Allerdings weist *Lubinus* darauf hin, daß die Heilgymnastinnen in Leipzig und Halle nicht als Kurpfuscherinnen anzusehen seien, da sie die Patienten auf Überweisung von Ärzten behandeln. Andererseits zweifelt er ernstlich, ob seine ärztlichen Kollegen in der Lage sind, spezielle Übungsanweisungen zu geben. Und dann hört er von den in eigener

Praxis tätigen Damen auch durchaus Positives. Eine Anzahl angesehener Leipziger Ärzte spricht mit großer Anerkennung von den niedergelassenen Heilgymnastinnen. *Lubinus* wird von vielen Seiten nach den bei ihm ausgebildeten Heilgymnastinnen angeschrieben. Nervenkliniken, Sanatorien, Orthopäden und Badeärzte fragen nach. Der Erfolg der Lubinusschule („Lubinen") ist bemerkenswert, wenn man bedenkt, daß der erste Versuch von *Neumann*, bereits fast 50 Jahre früher, wegen der Interesselosigkeit der Behörden scheiterte.

Mit den durch den 1. Weltkrieg bedingten Verletzungen und den Unfallopfern, bedingt durch die zunehmende Industrialisierung, stieg die Zahl der Patienten, die einer gymnastischen Behandlung bedurften, in ungeheuerem Maße an. Die zur Verfügung stehenden Kräfte, die in Heilgymnastik geschult waren, reichten nicht aus. Notgedrungen wurden nun auch Behandlungen in die Hände von Turn- und Sportlehrern gelegt.

Gegen diese Entwicklung versuchten die orthopädischen Ärzte anzugehen und nahmen schon 1912 anläßlich ihres wissenschaftlichen Kongresses eine Resolution an: „In Hinsicht auf die bedenklich um sich greifende selbständige Laientätigkeit auf dem Gebiet der Massage und Heilgymnastik gibt die Gesellschaft für orthopädische Chirurgie ihrer Ansicht darin Ausdruck, daß in der Massage gegen die Ausbildung von Laien als Hilfskräfte der Ärzte seitens ärztlich geleiteter Institute nichts einzuwenden ist, weil derartige Hilfskräfte nicht zu entbehren sind. Dagegen hält die Gesellschaft für orthopädische Chirurgie die schematische Ausbildung von Laien in der allgemeinen orthopädischen Heilgymnastik durch ärztliche Institute für sehr bedenklich, weil dieses Gebiet nach dem heutigen Stande der Wissenschaft immer mehr Gegenstand spezialärztlicher Tätigkeit geworden ist. Besonders unangebracht aber erscheint die Ausbildung solcher Laienelemente durch ärztliche Institute mit der besonderen Inaussichtnahme späterer selbständiger Tätigkeit der Betreffenden, die gerade auf diesem Gebiet als durchaus unzulässig bezeichnet werden muß der schweren Schädigungen wegen, die daraus für den Patienten entstehen können" (Bade 1939). Das Problem, ausgebildete Kräfte für heilgymnastische Behandlung zur Verfügung zu haben, war deshalb so groß, weil außer an der Schule in Kiel nur eine Ausbildung in Stockholm in Frage kam, ungeachtet der erwähnten privaten Einrichtungen für Massage und Heilgymnastik.

Im Juni 1919 konnte die „Sächsische Staatsanstalt für Krankengymnastik und Massage" in Dresden gegründet werden, die dann 1941 unter dem Orthopäden *Franz Schede* (1882—1976) nach Leipzig verlegt wurde. *Johanna Kolbe* (geb. 1893) weist mit Recht darauf hin, daß das Wort „Krankengymnastik" hier erstmals in den allgemeinen Sprachgebrauch überging. Der Chirurg *August Bier* (1861—1949) hatte eine besondere Vorliebe für natürliche Heilmittel wie Licht, Luft und allgemeine Körperertüchtigung. Er verlangte den Einbau „der seelisch entspannenden

Gymnastik". Hierzu rechnete *Bier* auch den Sport und das Spiel. *Bier* ist einer der frühen Chirurgen, der die Rolle der Psychologie in der Medizin deutlich erkannte. „Ich behaupte, daß sie (die Psychologie — Anm. d. Verf.) mindestens dieselbe Rolle in den biologischen Naturwissenschaften und in einer technischen Wissenschaft, der Medizin, spielt wie in den Geisteswissenschaften. Da meiner Meinung nach sämtliche physiologische und sehr viele pathologische Vorgänge in erster Linie psychisch zu betrachten und zu begreifen sind." *Wolfgang Kohlrausch* (geb. 1888) hat diese Ideen seit 1920 als Mitarbeiter von *Bier* ausgearbeitet und fortentwickelt. In der „Hockergymnastik" erkannten *Kohlrausch* und *Hede Leube* gezielte Einwirkungsmöglichkeiten auf Becken und Rumpf (1933). Er und seine Mitarbeiter beschäftigten sich besonders mit der Reflexzonenmassage, die dann in der Bindegewebsmassage von *Dicke* ihren technischen Ausbau fand.

Unter *Bier* hatte ein anderer Assistent, *Rudolf Klapp* (1873—1949), die ersten Gedanken „für eine funktionelle Behandlung der Wirbelsäulenverkrümmungen" entwickelt. Schon 1906 beim 5. Deutschen Orthopädenkongreß demonstrierte *Klapp* seine Methode, das Kriechverfahren. „Er hat beobachtet, daß bei Vierfüßlern die Wirbelsäule eine erstaunliche Beweglichkeit habe. Diese Beweglichkeit sucht er bei den Skoliotikern zu erzielen, indem er sie gewissermaßen vorübergehend zu Vierfüßlern macht, während des Behandlungsaktes" (Bade 1939). Nach seiner Berufung auf den chirurgischen Lehrstuhl in Marburg 1928 eröffnete *Klapp* eine weitere Krankengymnastikschule.

In der Zeit nach dem 1. Weltkrieg entstand eine „deutsche Gymnastik". Viele Einflüsse sind dafür erkennbar. Jedenfalls werden die Grundpfeiler der schwedischen Heilgymnastik — im strengen Sinn von *Ling*, nämlich Widerstandsübungen und Haltespannungsübungen — verlassen, vernachlässigt oder ersetzt. „Entspannende Gymnastik" nach *Bier* und gymnastische Bewegungen des ganzen Körpers, Gruppenübungen mit sportlicher und spielerischer Note, mit einfachen Geräten werden mehr und mehr eingesetzt. Die Massage hatte trotz häufig vorgebrachter gegenteiliger Ansicht ihre Bedeutung weiter behalten. In diese Zeit fällt die Gründung der Münchener Krankengymnastikschule im Jahre 1926. Der Internist *Gottfried Böhm* (1879—1952), der Leiter der Abteilung für physikalische Therapie und Röntgenologie an der Universität war, fügte die Herzübungsbehandlung, die Atemgymnastik und Balneologie in den Ausbildungsplan ein. Aber auch Rheumatologie und die Kneippsche Lehre fanden Anerkennung. Wochenbettgymnastik wurde eingeführt. Überhaupt wurde der physikalischen Therapie, in deren Bereich die Elektrotherapie eine große Rolle spielt, eine besondere Beachtung geschenkt. Die innere Medizin war damit endgültig in die Krankengymnastik eingezogen.

Pest, Pocken und Cholera waren in früheren Jahrhunderten die Epidemien, die die Menschheit in Angst und Schrecken versetzten. 1905 wurden die skandinavischen Länder völlig überraschend durch einen explosionsartigen Ausbruch der spinalen Kinderlähmung von bisher ungeahnter Stärke und Ausbreitung heimgesucht. Die Poliomyelitis wurde in den folgenden Jahren in der ganzen Welt zu einer Volkskrankheit. Im Lähmungsstadium war die Lagerung zur Verhütung von Kontrakturen wichtig. Den wenigen tätigen Krankengymnastinnen fiel die Beseitigung der doch eingetretenen Gelenksteife ebenso zu wie die Behandlung nach Sehnenverpflanzungen und Arthrodesen. Köperaufrichtung und Gangschule, Bäderbehandlung, Elektrotherapie standen je nach der ärztlichen Richtung im Vordergrund. Kinder im Vierfüßlerstand oder Handgang und sogenannte Knierutscher bedurften besonderer Betreuung. Erst unserer Generation sind dank der Schluckimpfung die Folgen der Poliomyelitis nicht mehr zum Pessimismus führende Alltagsarbeit. Zunehmende Industrialisierung und aufkommender Verkehr brachten Berufsunfälle und Unfallverletzte. Die ersten berufsgenossenschaftlichen Sonderstationen führten zur Auseinandersetzung mit der Prothese in jeglicher Form.

## Die Zeit nach 1945

Wer geglaubt hatte, daß der Beruf der Krankengymnastin in der nun fast einhundertjährigen Entwicklung anerkannt sei, wurde arg enttäuscht. Der 2. Weltkrieg brachte wiederum einen großen Bedarf an Therapeuten. Soldaten, Rotkreuzschwestern, Turn- und Sportlehrerinnen und andere Hilfskräfte waren in Kurzlehrgängen umgeschult worden und sollten die Lücken füllen. Nach dem Kriege versuchten viele von ihnen, sich als Krankengymnasten eine neue Existenz zu gründen. Die Kranken waren aber durch diese mangelhaft ausgebildeten Hilfskräfte gefährdet, und der Berufsstand mußte darunter leiden. Die deutsche Krankengymnastik brauchte deshalb einen unermüdlichen Kämpfer und feinsinnigen Diplomaten, um die notwendige Anerkennung und Förderung zu finden. Es war der Orthopäde *Franz Schede*, der 1947 Leipzig verließ und als Chefarzt an die neugegründete Orthopädische Klinik in Sandersbuch/Oldenburg ging. Er brachte auch die Krankengymnastin *Irmgard Kolde* (1887—1965) mit, die ihm von München nach Leipzig gefolgt war. *Schede* nahm nun die Regierung von Niedersachsen zum Ziel seiner Eingaben, Ausarbeitungen und Vorschläge für das Berufsbild „Krankengymnast(in)“. Bereits auf ihrem 1949 abgehaltenen Kongreß in München hatte die Deutsche Orthopädische Gesellschaft unter dem Vorsitz von *Hohmann, Schede* und *Lange* das Thema „Ausbildung und Organisation der orthopädischen Hilfskräfte im Dienste der Wiederherstellung der Beschädigten“ diskutiert. Vor allem eine Denkschrift des Vorstandes der Orthopädengesellschaft war Gegenstand eines Vortrages von *Franz Schede*. Die Übungsbehandlung wurde als der wichtigste Teil der krankengymnastischen Arbeit bezeichnet und hat nach den Ausführungen von *Schede* eine tiefgreifende Wandlung in der Heilkunde herbeigeführt. „Was bedeutet denn Gymnastik? Es heißt Schulung der Bewegungen des Körpers, und zwar nicht zu dem Zweck, daß einer möglichst hoch und weit springt, schnell laufen und die ‚Brücke' und die ‚Kerze' machen kann, sondern daß er lernen soll, sich im täglichen Leben richtig zu bewegen, richtig zu stehen, zu gehen, sich zu setzen, sich zu bücken, etwas hochzuheben." Der Ruf nach einem Zentralinstitut für Krankengymnastik und die Ausbildung zum Spezialarzt für physikalische Therapie wurden so schon 1949 laut. Während im Kongreßsaal hohe und hehre Ziele anvisiert wurden, sah es außerhalb nicht so günstig aus. Manche Krankenkassen lehnten die Bezahlung für krankengymnastische Leistungen ab. Nach der Währungsreform 1948 wurden von den Krankenkassen viele Stellen für Krankengymnastik gestrichen, um zu sparen. Streitfragen mit berufsnahen Verbänden der Masseure und Gymnastiklehrerinnen mußten ausgetragen werden. Die Trennung der Begriffe „Krankengymnastik", „Heilgymnastik" und „pflegerische Gymnastik" wurde vorangetrieben. *Schede* erschien die Bezeichnung „Heilgymnastik" doppelsinnig. „Vertreter der Heilgymnastik benützen auch heute noch diese Bezeichnung als Tarnung für Krankengymnastik, obgleich diese gesetzlich nur von entsprechend ausgebildeten und geprüften Kräften ausgeübt werden darf" (Pitzen 1963). *Schede* verstand es auch, unterstützt von der Deutschen Orthopädischen Gesellschaft, weitere wissenschaftliche Gesellschaften wie die der inneren Medizin und der Chirurgie in dem Bestreben zu einigen, eine bundesgesetzliche Regelung für die Krankengymnastik durchzusetzen. Mit dem Erscheinen des 1. Heftes der Zeitschrift „Krankengymnastik" im März 1949 wurden auch fachlich neue Wege möglich. Zu der Begründerin *Asta von Mülman* trat der Orthopäde *Joachim Harff* (1910—1969) als ärztlicher Schriftleiter. *Harff* hat besonders verdienstvoll für die Entwicklung der Krankengymnastik gewirkt.

Zur Durchsetzung wichtiger standespolitischer Ziele (Schutz der Tätigkeit, Verträge mit den Krankenkassen, Vereinheitlichen der Ausbildung u. a. m.) wurden in den frühen Nachkriegsjahren die krankengymnastischen Landesverbände gegründet.

Impulse von *Irmgard Kolde* führten dann am 20. Oktober 1950 in Bad Soden/Taunus zu der Gründungsversammlung des „Zentralverbandes der krankengymnastischen Landesverbände im Westdeutschen Bundesgebiet e. V." Die Umbenennung in „Zentralverband Krankengymnastik e. V." erfolgte 1954. (Seit 1979 heißt der Berufsverband „Deutscher Verband für Physiotherapie — Zentralverband der Krankengymnasten [ZVK] e. V. Mehr als 90 % der Krankengymnasten sind in seinen zehn Landesverbänden organisiert.) Am 1. Juli 1959 trat endlich das Gesetz über die Abgrenzung des Berufes „Krankengymnast(in)" in Kraft. Dieses Gesetz war im September 1958 durch den deutschen Bundestag verabschiedet und im November des gleichen Jahres durch den deutschen Bundesrat wegen einiger Formalitäten abgelehnt worden. Erst im Dezember 1958 kam das Gesetz nach Einschaltung des Vermittlungsausschusses zur Verabschiedung. „Mit ihm wurde die umfangreiche Arbeit eines Jahrzehnts in der angestrebten Höhe den vielen bezahlt, die sich für die gesetzliche Regelung eingesetzt hatten . . . Den größten Dank hat sich *Franz Schede*, der führende Kopf des ganzen Unternehmens, verdient“ (Pitzen 1963). Ungeachtet des Ringens um die Stabilisierung des Berufsstandes war die ganz persönliche Einstellung *Schedes* zur Krankengymnastik von maßgebender Bedeutung und übertrug sich auf andere Ärzte. So zeigte auch der ehemalige Oberarzt der Frankfurter Orthopädischen Klinik, *Wilhelm Thomsen* (1901—1974), deutlich, daß die Krankengymnastin eine ärztliche Mitarbeiterin ist, der man wichtige Aufgaben delegieren kann. Seinen Kollegen aber rief er zu: „Versuchen Sie ja nicht, meine jungen Kollegen, sich in die Brust zu werfen und auf Ihre ärztliche Befehlsgewalt und Autorität zu pochen, sondern lernen Sie erst die Dinge von der Pike auf und sichern Sie sich durch sachliche Überlegenheit und Leistung die einzig wahre Autorität.“

Die schnelle Weiterentwicklung der gesamten Medizin beeinflußte naturgemäß auch die Krankengymnastik in vielfacher Hinsicht. Im Jahre 1945 bestanden auf dem Gebiet der Bundesrepublik lediglich 9 Krankengymnastikschulen, vorzugsweise an Universitätskliniken. Seitdem wurden, insbesondere in den letzten Jahren, zahllose weitere Schulen gegründet.

Aber auch die Lehrpläne der Schulen mußten sich anpassen. Während im Ausland teilweise die Lehr- und Prüfungsfächer schon länger bis in die Details geordnet waren, bedurfte es in der Bundesrepublik vieler Schritte. Die Individualität jeder Schule war augenfällig, meistens durch den ärztlichen Leiter der Schule geprägt und an die Erfordernisse der jeweils federführenden Klinik angepaßt. Aber auch die Bildungsideen und die Interessen der krankengymnastischen Leiterinnen gaben den Schulen ihr Gepräge. Die Träger der Krankengymnastikschulen brachten eine umfangreiche Problematik in die Tagesarbeit ein. Das Freistellen der unterrichtenden Krankengymnastinnen stieß sehr häufig auf Unverständnis. Die unterrichtende Krankengymnastin war einerseits in den Klinikbetrieb eingespannt und hatte andererseits ihre Vorbereitung des Unterrichts als Freizeitbeschäftigung zu erledigen. So ist das seit 1977 unter der Trägerschaft des Deutschen Verbandes für Physiotherapie — Zentralverband der Krankengymnasten (ZVK) e. V. bestehende Ausbildungsseminar für Lehrer der Krankengymnastik in Heidelberg ein zukunftsträchtiger Schritt für die Hebung des Ausbildungsniveaus in der Krankengymnastik geworden.

In der deutschsprachigen Literatur treten nun auch Krankengymnastinnen als Autoren von Monographien hervor. Die „Orthopädische Krankengymnastik“ von *Martha Scharll* findet die Aufmerksamkeit weiter Kreise. Ebenso erleben ihre „Fußgymnastik mit Kindern“ und „So lernt das Kind sich gut zu halten" mehrere Auflagen und Übersetzungen in die finnische und japanische Sprache. *Asta von Mülmann* und *Joachim Harff* gründeten beim Pflaum-Verlag die Reihe „Theorie und Praxis der Krankengymnastik", die nach dem Tode von *Harff* von *Harald Thom* weitergeführt wurde. Erster Autor dieser Fachbuchreihe war *Otto Gillert* mit seinen beiden Monographien über Reizstromtherapie sowie Hydro- und Balneotherapie. In der gleichen Reihe sind inzwischen auch auf anderen Spezialgebieten der Krankengymnastik gemeinsame Beiträge von Ärzten und Krankengymnasten erschienen. Seit 1988 ist *Anneliese tum Suden-Weickmann* Herausgeberin der medizinischen Fachbuchreihe im Pflaum-Verlag. Die Zeitschrift „Krankengymnastik" ist ebenfalls zu einem umfassenden Spiegel des gesamten Berufsfeldes geworden, das sich ständig weiterentwickelt.

## Meilensteine der Bewegungstherapie

Als anfangs der fünfziger Jahre die ersten Publikationen des Arztes *Herman Kabat* und der Physiotherapeutin *Margarete Knott* (1918—1978) bekannt wurden, war dies ein Aufbruch zu neuen Ufern. Mit der „PNF" (proprioceptive neuromuscular facilitation) war plötzlich der Einstieg in die Neurophysiologie vorhanden. *Elisabeth Wriedt* hat nach einer Ausbildung bei ihrer amerikanischen Kollegin *Knott* ab 1959 die Prinzipien der Bewegungsanbahnung und Bewegungssteuerung an der Göttinger Krankengymnastikschule eingeführt. Auf einer Tagung der Leiterinnen von Krankengymnastikschulen in München im Mai 1959 referierte *Wriedt* ausführlich über die Komplexbewegungen und zeigte die für alle Fachgebiete der Krankengymnastik nutzbare Bewegungsbehandlung.

Wer sich dann anschickte nachzusehen, woher die theoretischen Grundlagen kamen, wurde mehr als überrascht. Der russische Arzt *Iwan Michailowitsch Setschenow* (1829—1905) verfaßte 1863 das Buch „Reflexe des Gehirns". Hierin verband er die wichtige Entdeckung der zentralen Hemmung mit der Feststellung, daß alle bewußten Handlungen vom Zentralnervensystem gesteuert werden. In der Folge konnte *Iwan Petrowitsch Pawlow* (1849—1936) *Setschenows* Hypothese von der Einheitlichkeit des Empfindungsapparates bestätigen. Dem Muskelsystem schrieb *Setschenow* gewisse analysatorische Qualitäten zu, und er war insofern ein Vorläufer, als er die Rolle der Propriozeptoren schon erahnte. Waren die russisch geschriebenen Arbeiten nicht gut zugänglich, so doch die Aufsätze von Sir *Charles Scott Sherrington* (1857—1952). 1896 äußerte er sich über die reziproke Innervation antagonistischer Muskeln. 1898 schrieb er über die Dezerebrierungsstarre des Gehirns und die reflektorische Koordination der Bewegungen. Das neurophysiologische Hauptwerk von *Sherrington* erschien 1906: „The integrative action of the nervous system". Dieses Buch wird als das Fundament neurophysiologischer Bestrebungen unseres Jahrhunderts angesehen. Es ist die Einteilung in Reflexe, die durch Reize der Außenwelt ausgelöst werden, und Reflexe, die auf den Körperzustand reagieren. Das Buch bringt den Überblick über die Einzelheiten der Reflextätigkeit von Rückenmark und Gehirn. Interessant dabei ist, daß es sich auf Studien stützt, die *Sherrington* zur Geschichte der Reflexlehre unternahm. Die große Synthese, die *Sherrington* in seinem Werk zustande brachte, beruht somit zu einem bedeutenden Teil auf seinen umfassenden Kenntnissen der Geschichte der Neurophysiologie und Neurohistologie. Später war es erneut eine historische Abhandlung, die eigentlich Aufsehen erregt haben müßte: „Note on the history of the word tonus as a physiological term" (1919). In dieser Abhandlung verfolgt *Sherrington* die Sinnverschiebung des vagen physiologischen Begriffes Tonus von *Galen* über die Vitalisten bis ins 20. Jahrhundert und zeigt, daß wir heute unter Tonus wieder dasselbe verstehen wie *Galen*, wenn er im Buch 1 (Kapitel 7 und 8) der Schrift „Über die Bewegungen der Muskeln" schreibt, es gäbe eine Bewegung, die sich nicht als Fortbewegung, sondern als tonische Aktivität äußere, was also, wie wir heute sagen, Halteleistung ist oder — wie *Sherrington* sich ausdrückt — „active posture" (Steiner 1974).

1926 ging der Utrechter *Rudolf Magnus* (1873—1927) in der weltberühmten Ärztezeitung Lancet auf *Sherrington* ein und meinte, daß man *Sherrington* an erster Stelle nennen müsse, wenn es um die Physiologie der Haltung gehe. 1924 endlich beschrieb *Sherrington* zusammen mit seinem Schüler *E. G. T. Lidell* (geb. 1895) den Stretch-Reflex, der für die Erkenntnis des Muskeltonus und der Körperhaltung von großer Bedeutung wurde. Der frühere Würzburger Neurologe *Georg Schaltenbrand* (geb. 1897) beschäftigte sich 1925 mit den normalen Bewegungs- und Lagereaktionen bei Kindern. In der Einleitung seines Aufsatzes stellte er dic Leistungen von *Magnus* und seinen Mitarbeitern heraus. Besonders auf das Werk „Körperstellung" (1924) wird hingewiesen. *Schaltenbrand* meinte weiter: „Nun ist zweifellos der ganze Komplex der in Frage stehenden Reaktionen von größtem Interesse für die Klinik." Es war dies der erste Hinweis, daß der Zusammenhang zwischen der infantilen Zerebralparese und den Reaktionen nach Magnus erkannt worden ist. Und trotzdem vergingen noch etwa 3 Jahrzehnte, bis zwei spezifische krankengymnastische Methoden zur Behandlung der infantilen Zerebralparese vorlagen. Der Arzt *Karel Bobath* und die Physiotherapeutin *Berta Bobath* stützten sich zunächst auf die experimentellen Erkenntnisse von *Magnus* und seiner Schule. Sie bezogen gleichzeitig die normale Entwicklung des Kindes in den Behandlungsaufbau ein. Die Frühbehandlung nach *Václav Vojta* hat von Anfang an propriozeptiven Charakter im Sinne von *Sherrington.*

Die archaischen Bewegungsbahnungen sind bemerkenswerte Aspekte in der Erforschung der menschlichen Phylogenese. In Anlehnung und Verfolgung Freudscher Prinzipien beschrieb der Wiener Arzt *Paul Schilder*

(1886—1940) „Das Körperschema. Ein Beitrag vom Bewußtsein des eigenen Körpers“ (1923). *Schilder* stellte sich das Ich als eine unverminderte Ganzheit vor, in der das Gewahrwerden des Körpers und seiner Funktionen eine wichtige Komponente ist, d. h., ein Individuum begreift, daß die Bewegungen seines Körpers seinem Willen untergeordnet sind. *Schilder* behauptete, daß für ein Geschöpf, das sich nicht bewegen kann, Körper und Welt völlig identisch wären. Der Rückgriff auf das Werk von *Schilder* zeigt, daß alle Bausteine zum Verständnis hirnorganischer Krankheiten schon länger vorlagen. So bleibt die Tragik, daß für die Praxis Jahre vergehen mußten, bis auch noch der Einbau psychologischer und pädagogischer Elemente für die Therapie möglich wurde.

*Albert Landerer* (1854—1905) schrieb noch 1894 in seinem Handbuch „Mechanotherapie“, daß der Wirkungskreis der *Atmungsgymnastik* nicht so groß sei, wie man allgemein annimmt. Jedoch war in der Geschichte der Heilkunde den Atemübungen, wie sie z. B. in den Yogapraktiken vorkommen, immer schon eine Beachtung geschenkt worden. Durch die Atemregulierung sollte ein Bewußtseinsstand geschaffen werden, der die geistige Konzentration und die Loslösung von allen äußeren Bedingungen fördert. Die metaphysischen Komponenten sind darin unverkennbar. Die Erkenntnis des engen Zusammenhangs zwischen Atmung und Psyche wuchs unvermindert. Aber erst die Forschung unserer Zeit brachte immer präzisere Ergebnisse der Atmungsphysiologie und Lungenpathologie, auf denen sich dann eine neue Basis der Atemtherapie begründen konnte. Bekanntes wie Schüttelungen, Bindegewebsmassage oder Anleihen bei bekannten gymnastischen Systemen wurden eingebaut. Wie auf vielen anderen Spezialgebieten der Medizin fand auch hier die Komplexbewegungstherapie nach Kabat und Knott ihren Einzug. Die Krankengymnastinnen *Hilla Ehrenberg, Irmgard Engeling* sowie *Alice Schaarschuch* haben seit vielen Jahren am Ausbau der krankengymnastischen Atemtherapie gewirkt. In der Medizinischen Universitätsklinik von *Hugo Wilhelm Knipping* (geb. 1895) in Köln standen Herz- und Kreislaufforschungen ebenso im Mittelpunkt wie Lungendiagnostik im Hinblick auf die immer mehr an Bedeutung gewinnende Thoraxchirurgie. Das Kapitel „Sport, körperliches Training und Atemgymnastik“ verfaßte *H. Ehrenberg* zusammen mit *W. Hollmann* für das Buch „Klinik der Lungenkrankheiten“ (Knipping u. Rink 1964). Der Arzt *Hollmann* hatte erst 1963 den Hufeland-Preis für seine Arbeit über die Prävention von Herz- und Kreislaufkrankheiten erhalten. Bereits im Februar 1965 fand in München die 1. Tagung der „Arbeitsgemeinschaft Atemtherapie“ statt. Und 1967 stellt die Zeitschrift „Krankengymnastik“ durch die Herausgabe eines Sonderheftes über Atemtherapie die Bedeutung dieser krankengymnastischen Spezialisierung heraus. Anläßlich des 25jährigen Jubiläums des Zentralverbandes Krankengymnastik im November 1975 erhielt *Hilla Ehrenberg* den erstmals verliehenen „Franz-Schede-Preis“.

Selbstverständlich erscheint es heute, daß der Krankengymnast an das Bett des Patienten mit *Herzinfarkt* tritt und krankengymnastische Frühmobilisation durchführt. Früher stand beim akuten Herzinfarkt die meist sechswöchige Bettruhe im Vordergrund. Der Patient lag mit seinen Ängsten und der Furcht vor erneuten Herzschmerzen untätig im Bett. Die heutigen Frühmobilisierungen erfolgen ohne Anstieg von Frühletalität, Reinfarktgefahr, Aneurysmabildung oder Herzruptur. Sportmedizinische Erkenntnisse über die Wirkung von Übung und Training sind die Grundlage krankengymnastischer Arbeit mit Gruppen von Patienten nach Herzinfarkt.

Das Geburtsjahr der modernen operativen Knochenbruchbehandlung ist 1940. Damals legte der Kieler Chirurg *Gerhard Küntscher* seine Gedanken der stabilen *Marknagelung* vor. In der Folgezeit trat die operative Methodik immer mehr an die Stelle der Redression. Der Gipsverband verlor zunehmend seine dominierende Bedeutung als Fixationsmaterial. Er weicht der internen Drucksicherung des Bruches durch Metallschienen und Schrauben. Natürlich entsprach dieser Weg auch funktionellen Überlegungen, daß nämlich die Vorteile früher Bewegungsmöglichkeit gegenüber der langen Ruhigstellung der Gelenke im Gips eine dringende Notwendigkeit sind. Diese Entwicklung der Knochenbruchbehandlung brachte natürlich auch ernste Probleme: Schädigung der Regenerationsfähigkeit und Devitalisierung des Knochens.

Die ersten *Hüftgelenkplastiken* nach Judet, die in Deutschland Anfang der fünfziger Jahre durchgeführt wurden, brachten auch eine krankengymnastische Indikation. Etwa 12—21 Tage nach dem Eingriff wurde mit Unterwassermassage, Unterwasserbewegung und passivem Bewegen begonnen; heute beginnt die krankengymnastische aktive Behandlung am ersten Tag nach der Operation. Tausende von Menschen verdanken ihre Aktivität und Lebensfreude den künstlichen Gelenken. Bei Schenkelhalsbrüchen alter Menschen wurde die Endoprothese ebenso wie die Schenkelhalsnagelung zur lebensrettenden Operation. Das „Herausturnen aus dem Bett" wird hier am Bildhaftesten und entspricht ganz dem Leitbild der Krankengymnastik (*Kolbe*). Ebenso sicher ist die Endoprothetik auch in den großen Formenkreis des Rheumatismus eingedrungen.

Früher starben *Querschnittgelähmte* an den Folgen ihrer Dekubitus und dem Versagen ihrer steingefüllten und entzündeten Nieren. Dank moderner Medikation, systematischer Lagerung, krankengymnastischer Frühbehandlung und Blasentraining lassen sich die Komplikationen nun weitaus häufiger beherrschen. Die klinische Behandlung der Querschnittgelähmten geht in unseren Tagen in die Rehabilitation über, und die Krankengymnastin kann durch Kraft- und Ausdauertraining nach sportmedizinischen Prinzipien sowie klinischem Sport die Leistungsfähigkeit des Querschnittgelähmten im Rahmen seiner beruflichen Umschulung steigern.

Die Technik der manuellen Therapie zur Behandlung von Gelenken und Weichteilen fand 1979 Eingang in die krankengymnastische Ausbildung und Berufstätigkeit. Die Lehrinhalte sind durch Vertrag zwischen der Deutschen Gesellschaft für Manuelle Medizin und dem Berufsverband der Krankengymnasten geregelt.

Aus der Betreuung von Hochleistungssportlern entwickelte sich ein neues Tätigkeitsfeld für Krankengymnasten: Prophylaxe von Sportschäden und Sportverletzungen sowie Therapie und Rehabilitation verletzter Sportler werden seit 1972 systematisch weiterentwickelt und haben zu einer engen Verzahnung von Sportmedizin, Trainingslehre und Krankengymnastik geführt.

## Meilensteine der physikalischen Therapie

Die Technik und die exakten Naturwissenschaften nahmen am Anfang des 19. Jahrhunderts durch die experimentelle Erforschung von Licht, Wärme, Magnetismus und Elektrizität unmittelbaren Einfluß auf die Heilkunde. Schon 1816 hatte *Johann Wolfgang Döbereiner* (1780—1849) die Wirkung des Sonnenlichtes wissenschaftlich erfaßt. Der dänische Nobelpreisträger *Niels Ryberg Finsen* (1860—1904) demonstrierte endgültig den Wert des „unsichtbaren" Lichtes für therapeutische Belange. Man erfand künstliche Strahler — Glühlampen, Bogenlampen, Quecksilberdampflampen — je weiter die Kenntnis der spektralen Emissionen fortschritt. Zur absoluten Indikation der UV-Licht-Behandlung wurde die Rachitis. Die Verknüpfung von Sonnen- und Klimatotherapie gewann zunehmende Bedeutung. Die großartige Darstellung aus dem Jahre 1907 (Climatotherapy and balneotherapy, London) durch *Sir Hermann David Weber* (1823—1918), der damals Arzt am deutschen Hospital in London war, gibt Einblick in die Erforschung der Atmosphäre, ihrer Temperatur- und Lichtverhältnisse, Bodengestaltung und der Klimate des ganzen Erdballs. Am bedeutungsvollsten wurde für die Praxis der günstige Einfluß des Klimas für die Lungentuberkulose. Heilanstalten wurden seit der Mitte des 19. Jahrhunderts in der Schweiz und in Deutschland gegründet.

Der italienische Arzt *Luigi Galvani* (1737—1798) und der Physiker *Alessandro Volta* (1745-1827) stehen am Anfang der Elektrotherapie. Die Elektrizität als geheimnisvolles Agens verführte *Alexander von Humboldt* (1769—1859) zu schmerzvollen Selbstversuchen, indem er die Wirkung des galvanischen Stroms auf künstlich gesetzte Geschwüre am eigenen Körper probierte.

Lawinenartig breitete sich die intensive Verwendung von Elektrizität aus und führte zu einem Indikationskatalog von kaum glaublicher Ausdehnung praktisch ohne Gegenanzeigen. *Robert Remak* (1815—1865) führte aber in seiner „Galvanotherapie der Nerven- und Muskelkrankheiten"

(1858) bereits Gründe für die Zurückhaltung an. Die bessere Kenntnis der Pathologie vieler Erkrankungen ließ die Aussichtslosigkeit ihrer elektrotherapeutischen Behandlung klar werden. Um die Jahrhundertwende publizierte *Stephane Armad Nicolas Leduc* (1853—1939) „Introduction electrolyte des ions dans l'organisme vivant" (Iontophorese). Letzten Endes geht die Exponentialstromtherapie (1929) von *Josef Kowarschik* (geb. 1876) auf die von *Jean-Alban Bergonié* (1857—1925) inaugurierte Elektrokinesitherapie (Schwellstrom) zurück. Besonders von *Harald Thom* (geb. 1922) wurde 1963 auf die quasi-selektive Reizung völlig denervierter Muskeln durch lange Dreieckimpulse hingewiesen.

Hochfrequente Wechselströme hoher Spannung sind erstmals durch den Jugoslawen *Nicola Tesla* (geb. 1857) im Jahre 1891 erzeugt und bereits 1892 durch *Jacques Arsène d'Arsonval* (1851—1940) in die Therapie eingeführt worden. Die physiologischen Wirkungen der Arsonvalisation waren aber nicht so bedeutend. Erst als 1898 *Richard Ritter von Zeynek* (1869—1946) entdeckte, daß die Hochfrequenzströme keine schwingungsfreie Zeit (Dämpfung) haben dürfen, konnte er eine beträchtliche Widerstandswärme im Körper erreichen. So entstand ein Verfahren, das von *Zeynek* als Thermopenetration bezeichnet und von *Karl Franz Nagelschmidt* (1875—1952) in der Münchener medizinischen Wochenschrift (1909) Diathermie genannt wurde.

*Erwin Schliephake* (geb. 1894) führte 1930 die Kurzwellentherapie ein. 1939 wurde erstmals über die Anwendung des Ultraschalls bei der Behandlung von Ischias und Plexusneuralgie berichtet. Seit 1949 kennen wir auch die Mikrowellenbestrahlung.

Ende der 50er Jahre entwickelte *H. Nemec* immer präzisere Interferenzstromgeräte, und zur gleichen Zeit fand die Ultrahochfrequenztherapie — die 69-cm-Wellen-Therapie — Eingang in die physikalische Behandlung.

Erst als funktionelles Denken und ganzheitliche Betrachtungsweisen in der Medizin Einzug gehalten hatten, wurde die Situation der Balneologie besser. Noch bis in die Mitte des letzten Jahrhunderts war das Ansehen von Badeorten und Heilbädern gering. Die schlechten Gewohnheiten der mittelalterlichen Badestuben waren mitgeschleppt worden. „Der Badeort Salzloch" war eine humoristisch-satirische Schrift von Dr. *Heinrich Hoffmann* (1809—1894), dem Dichter und Zeichner des „Struwwelpeter", und erschien 1860. Der Frankfurter Arzt geißelte in ihr die Randerscheinungen des Badewesens. Hinzu kommt noch, daß bedeutende Ärzte in der Therapie nur gelten lassen wollten, was durch physikalische und chemische Vorgänge exakt erklärbar war. Auch die Virchowsche Zellularpathologie war damals schon hinderlich, wie dies ein Altmeister der physikalischen Therapie, nämlich *Julius Grober* (geb. 1875), trefflich bemerkte. Die oft sehr streitbaren Verfechter der Wasseranwendung wie *Johann Sigmund Hahn* (1696—1773), *James Currie* (1756—1805), *Vin-*

*cenz Priessnitz* (1799—1851) sowie der an der Wiener Universität tätige Arzt *Wilhelm Winternitz* (1835—1917) sind hier zu erwähnen, natürlich auch der Pfarrer *Sebastian Kneipp* (1821—1897), der mit seinen Heilweisen eine Weltanschauung hervorgerufen hat.

Akademische Einrichtungen wie das hydrotherapeutische Universitätsinstitut in Berlin waren selten. Zum Direktor wurde 1901 *Ludwig Brieger* (1849—1919) berufen, der zusammen mit seinen Assistenten *August Laqueur* (geb. 1875) und dem Militärarzt *Walter Krebs* (1869—1939) Impulse für die physikalische Therapie gab. *Laqueurs* Publikationen blieben über Jahrzehnte die Grundlage für die Elektrotherapie und Hydrotherapie. *Krebs* richtete 1909 das kaiserliche Offiziersheim „Taunus“ in Falkenstein zu der modernsten physikalisch-therapeutischen Anstalt im Deutschen Reich ein. Schon 1913 übernahm *Krebs* das Landesbad Aachen-Burtscheid, damals der einzigen und auch noch lange Zeit größten Rheumaheilstätte Deutschlands. Hier brachte er die physikalischen Behandlungsmöglichkeiten mit den rheumatischen Leiden in engste Verbindung. Die Gründung des heute noch bestehenden Aachener Rheumaforschungsinstituts im Jahre 1927 war richtungweisend.

## Literatur

Artelt, W.: Arzt und Leibesübungen im Mittelalter und Renaissance. Med.-hist. J. 3 (1968) 222

Bade, P.: Die Geschichte der Deutschen Orthopädischen Gesellschaft, Abhandlungen zur Geschichte der Medizin und Naturwissenschaften, H. 3. Berlin 1939

Bier, A.: Die Seele, 4. Aufl. Berlin 1939

Eichberg, H.: Der Umbruch des Bewegungsverhaltens. Leibesübungen, Spiele und Tänze in der Industriellen Revolution. In: Verhaltenswandel in der Industriellen Revolution, hrsg. von A. Nitschke. Kohlhammer, Stuttgart 1975 (S. 118)

Harff, J.: Zur Geschichte der Krankengymnastik. In: Lehrbuch der Krankengymnastik, 4. Aufl., Bd. I, hrsg. von H. Cotta, W. Heipertz, H. Teirich-Leube, Thieme, Stuttgart 1978 (S. 161)

Hüter-Becker, A.: Der Deutsche Verband für Physiotherapie — Zentralverband der Krankengymnasten (ZVK) e. V. In: Jahrbuch Krankengymnastik 1985/86, hrsg. vom Deutschen Verband für Physiotherapie, Köln 1986

Hüter-Becker, A.: Entwicklung und Bedeutung der krankengymnastischen Ausbildung. In: Jahrbuch Krankengymnastik 1986/87, hrsg. vom Deutschen Verband für Physiotherapie — Zentralverband der Krankengymnasten (ZVK) e. V., Köln 1987

Klinge, E.: Geschichte der Gymnastik. In: Geschichte des Sports aller Völker und Zeiten, Bd. I, hrsg. von G. A. E. Bogeng. Leipzig 1926 (S. 285)

Kohlrausch, W.: Die deutsche Krankengymnastik, Fortschr. Med. 69 (1951) 231

Kowarschik, J.: Deutsche und schwedische Heilgymnastik. Wien klin. Wschr. 60 (1946) H. 14

Lange, M.: Verhandlungen der Deutschen Orthopädischen Gesellschaft, 37. Kongreß, Enke, Stuttgart 1950

Lubinus: Die Heilgymnasten in Schweden und in Deutschland. Münch. med. Wschr. 60 (1913) 1327

Mann, G.: Medizin der Aufklärung: Begriff und Abgrenzung. Med.-hist. J. 1 (1966) 63

Pitzen, P.: Die Geschichte der Deutschen Orthopädischen Gesellschaft von der

Königsberger Tagung 1936 bis zum 50. Kongreß in München 1962. Z. Orthop. 97 (1963)

Schaltenbrand, G.: Normale Bewegungs- und Lagereaktionen bei Kindern. Z. Nervenheilk. 87 (1925) 23

Scharizer, E.: Die Entwicklung der modernen Unfallchirurgie. Springer, Berlin 1964

Steiner, R.: Der Neurophysiologe Sir Charles Sherrington (1857—1952) als Medizinhistoriker. Gesnerus 31 (1974) 76

Wehrli, G. A.: Die ärztliche Verordnung von Leibesübungen bei einigen Schweizer Autoren des 18. Jahrhunderts. In: Festschrift für Jacques Brodbeck-Sandreuter, Basel 1942 (S. 40)

Zahlreiche Hinweise, unveröffentlichte Vortragsmanuskripte usw. verdanke ich Irmgard Engeling (Göttingen), Hannelore Güth (Gießen), Johanna Kolbe (München) und Aloys Weywar (Wien).

# 4. Berufslehre

W. SCHELL

## Einführung

Die Berufslehre soll neben einem Einblick in die gesetzlichen Grundlagen für die Tätigkeit in der Krankengymnastik Informationen über die berufsspezifischen Rechtsvorschriften geben. Inhalt und Umfang der Ausführungen zur Berufslehre wurden insbesondere durch die Tatsache bestimmt, daß in den Ausbildungsvorschriften der Krankengymnasten für das Fach Berufslehre (gesetzliche Vorschriften, Umgang mit Kranken, Berufskrankheiten, Unfallschutz) lediglich rund 35 Unterrichtsstunden vorgesehen sind. Staatsbürgerkundliche Themen werden nicht behandelt. Insoweit wird auf meine „Staatsbürger- und Gesetzeskunde für die Krankenpflegeberufe in Frage und Antwort“ (8. Auflage Thieme, Stuttgart 1989) verwiesen.

## Gesetzliche Grundlage

Einen bundesgesetzlichen Schutz der *Berufsbezeichnung* „Krankengymnast“ oder „Krankengymnastin“ brachte das *Gesetz über die Ausübung der Berufe des Masseurs, des Masseurs und medizinischen Bademeisters und des Krankengymnasten (MBKG)*, das am 1. 7. 1959 in Kraft getreten ist. Die Tätigkeit in der Krankengymnastik selbst ist nicht erlaubnispflichtig.

Die weiteren Einzelheiten ergeben sich aus dem nachfolgenden Gesetzestext, der bis auf einige Übergangs- und Schlußbestimmungen vollständig abgedruckt ist.

## Gesetz über die Ausübung der Berufe des Masseurs, des Masseurs und medizinischen Bademeisters und des Krankengymnasten*

Vom 21. Dezember 1958 (BGBl. I S. 985) i. d. F. vom 9. 5. 1989 (BGBl. I S. 876).

**I. Die Erlaubnis zur Führung der Berufsbezeichnung**

§ 1

Wer eine Tätigkeit unter der Bezeichnung „Masseur“, „Masseur und medizinischer Bademeister“ oder „Krankengymnast“ ausüben will, bedarf der Erlaubnis.

---

* Eine Novellierung des Gesetzes ist in Vorbereitung. Der Zeitpunkt der Verabschiedung ist noch nicht abzusehen.

§ 2

(1) Die Erlaubnis zur Führung der Bezeichnung „Masseur" oder „Krankengymnast" wird Personen erteilt, die nachweisen, daß sie
1. an dem Lehrgang (§ 8) teilgenommen,
2. die Prüfung (§ 9) bestanden und
3. die praktische Tätigkeit (§ 10) abgeleistet

haben.

(2) Die Erlaubnis zur Führung der Bezeichnung „Masseur und medizinischer Bademeister" wird Personen erteilt, die nachweisen, daß sie nach bestandener Prüfung als Masseur (§ 9) die praktische Tätigkeit nach § 11 abgeleistet haben.

(3) Die Erlaubnis kann auch Personen erteilt werden, die eine außerhalb des Geltungsbereichs dieses Gesetzes erworbene gleichwertige Ausbildung nachweisen.

§ 3

(1) Die Erlaubnis ist zu versagen, wenn der Bewerber
1. sich schwerer Verfehlungen schuldig gemacht hat, aus denen sich seine Unzuverlässigkeit zur Ausübung des Berufs ergibt, oder
2. wegen eines körperlichen Gebrechens, wegen Schwäche seiner geistigen oder körperlichen Kräfte oder wegen einer Sucht die für die Ausübung des Berufs erforderliche Eignung nicht besitzt.

(2) Der Bewerber ist vorher zu hören. Ist der Bewerber nicht voll geschäftsfähig, so ist auch der gesetzliche Vertreter zu hören.

§ 4

Die Erlaubnis ist zurückzunehmen, wenn
1. eine Voraussetzung für die Erteilung der Erlaubnis irrtümlich als gegeben angenommen worden ist oder
2. nachträglich Tatsachen eingetreten sind, die die Versagung der Erlaubnis nach § 3 rechtfertigen würden, oder
3. der Inhaber der Erlaubnis den für die Ausübung des Berufs erlassenen Rechtsvorschriften wiederholt zuwidergehandelt oder unbefugt die Heilkunde ausgeübt hat.

§ 5

Eine Erlaubnis, die auf Grund des § 4 Nr. 2 oder 3 zurückgenommen wurde, kann wiedererteilt werden, wenn Tatsachen eingetreten sind, die eine Wiedererteilung unbedenklich erscheinen lassen.

§ 6

Die Bestimmungen dieses Gesetzes gelten auch für Masseurinnen, Masseurinnen und medizinische Bademeisterinnen sowie für Krankengymnastinnen.

**II. Die Lehranstalten**

§ 7

(1) Die nach § 2 Abs. 1 vorgeschriebene Ausbildung erfolgt in Lehranstalten für Massage oder für Krankengymnastik, die als zur Ausbildung geeignet staatlich anerkannt sind, und in Einrichtungen, die zur Ausbildung ermächtigt sind (§ 10).

(2) Die Ermächtigung einer Einrichtung nach Absatz 1 zur Annahme von Praktikanten setzt voraus, daß
1. Patienten in so ausreichender Zahl und Art behandelt werden, daß eine breite Ausbildung im Rahmen des Berufsbildes gewährleistet ist,
2. ausreichendes Personal der jeweiligen Fachrichtung mit staatlicher Erlaubnis sowie die notwendigen Räumlichkeiten und Einrichtungen zur Verfügung stehen und
3. eine apparative Ausstattung vorhanden ist, die der medizinischen Entwicklung entspricht.

**III. Der Lehrgang**

§ 8

(1) Der Lehrgang in der Massage dauert mindestens ein Jahr, der Lehrgang in der Krankengymnastik mindestens zwei Jahre.

(2) Die Dauer des Lehrgangs in der Krankengymnastik wird um sechs Monate verkürzt für
1. Turn- und Sportlehrer mit zweijähriger Ausbildung an einer staatlich anerkannten Lehranstalt,
2. Gymnastiklehrer mit zweijähriger Ausbildung an einer staatlich anerkannten Lehranstalt,
3. Masseure mit einer Erlaubnis nach § 1.

§ 9

Die erfolgreiche Teilnahme an dem Lehrgang ist durch eine Prüfung vor staatlichen Prüfungsausschüssen nachzuweisen.

**IV. Praktische Tätigkeit**

§ 10

Die praktische Tätigkeit in der Massage und in der Krankengymnastik dauert ein Jahr. Sie ist an einer zur Annahme von Praktikanten ermächtigten Krankenanstalt unter Aufsicht eines geprüften Masseurs oder eines Krankengymnasten und unter Verantwortung eines Arztes abzuleisten. Die praktische Tätigkeit in der Massage kann bis zur Dauer von sechs Monaten auch an einer zur Annahme von Praktikanten ermächtigten medizinischen Badeanstalt oder sonstigen Einrichtung zur medizinischen Massage unter Aufsicht eines geprüften Masseurs und medizinischen Bademeisters oder Masseurs abgeleistet werden. Die praktische Tätigkeit in der Krankengymnastik kann bis zur Dauer von vier Monaten auch an einer zur Annahme von Praktikanten ermächtigten Einrichtung, in der Patienten krankengymnastisch behandelt oder rehabilitiert werden, unter Aufsicht eines geprüften Krankengymnasten abgeleistet werden.

§ 11

Personen, die die Bezeichnung „Masseur und medizinischer Bademeister" führen wollen, müssen eine sechsmonatige praktische Tätigkeit in der Massage nach § 10 Satz 1 und 2 und eine zwölfmonatige praktische Tätigkeit an einer medizinischen Badeanstalt nach § 10 Satz 3 ableisten. Die praktische Tätigkeit an einer medizinischen Badeanstalt kann bis zur Dauer von sechs Monaten auch an einer Einrichtung nach § 10 Satz 3 abgeleistet werden.

**V. Ausbildungs- und Prüfungsordnungen**

§ 12

Der Bundesminister *des Innern* wird ermächtigt, durch Rechtsverordnung mit Zustimmung des Bundesrates die Ausbildung, die Prüfung und die praktische Tätigkeit zu regeln.

**VI. Zuständigkeiten**

§ 13

(1) Die Entscheidungen nach § 2 Abs. 1 und 2 und § 15 Abs. 3 und 4 trifft die Verwaltungsbehörde, in deren Bereich die Prüfung abgelegt worden ist.

(2) Die Entscheidungen nach § 7 und § 10 Satz 2 und 3 trifft die Verwaltungsbehörde, in deren Bereich die Anstalt liegt.

(3) Verwaltungsbehörde im Sinne dieses Gesetzes ist die von der Landesregierung bestimmte Verwaltungsbehörde.

**VII. Ordnungswidrigkeiten**

§ 14

(1) Ordnungswidrig handelt, wer ohne die Erlaubnis nach § 1 zu besitzen, eine der in §§ 1 und 6 genannten Berufsbezeichnungen führt.

(2) Die Ordnungswidrigkeit kann mit einer Geldbuße geahndet werden.

**VIII. Übergangs- und Schlußbestimmungen**

§ 15

(1) Eine staatliche Anerkennung als Masseur, als Masseur und medizinischer Bademeister oder als Krankengymnast, die auf Grund der in § 19 bezeichneten Bestimmungen oder auf Grund sonstiger, vor dem 8. Mai 1945 im Gebiet des Deutschen Reiches erlassener Bestimmungen erteilt worden ist, gilt als Erlaubnis nach § 1.

(2) bis (4)

...

(5) Masseure, die nach Absatz 1, 2 oder 3 eine Erlaubnis nach § 1 erlangt haben und am 31. Januar 1969 mindestens acht Jahre als medizinischer Bademeister in medizinischen Badeanstalten tätig waren, erhalten die Erlaubnis zur Führung der Bezeichnung „Masseur und medizinischer Bademeister“, wenn sie dies bis zum 31. Dezember 1969 beantragen.

§ 16

Lehranstalten für Massage oder für Krankengymnastik, die vor Inkrafttreten dieses Gesetzes die staatliche Anerkennung erhalten haben, gelten weiterhin als staatlich anerkannt nach § 7, falls die Anerkennung nicht zurückgenommen wird.

§ 17

...

Tabelle 1

**Für die gesetzlichen Bestimmungen zuständige Behörden**

| | |
|---|---|
| Baden-Württemberg | Regierungspräsidium |
| Bayern | Regierung |
| Berlin | Senator für Gesundheit und Soziales |
| Bremen | Senator für Gesundheit und Sport |
| Hamburg | Gesundheitsbehörde |
| Hessen | Regierungspräsident |
| Niedersachsen | Regierungspräsident |
| Nordrhein-Westfalen | Landkreise und kreisfreie Städte (Anerkennung von Lehranstalten durch Regierungspräsident) |
| Rheinland-Pfalz | Bezirksregierung |
| Saarland | Minister für Arbeit, Gesundheit und Sozialordnung |
| Schleswig-Holstein | Landesprüfungsamt für Heilberufe (Anerkennung von Lehranstalten durch Minister für Soziales, Gesundheit und Energie) |

§ 18

Dieses Gesetz gilt nach Maßgabe des § 13 Abs. 1 des Dritten Überleitungsgesetzes vom 4. Januar 1952 (BGBl. I S. 1) auch im Land Berlin. Verordnungen, die auf Grund dieses Gesetzes erlassen werden, gelten im Land Berlin nach § 14 des Dritten Überleitungsgesetzes.

§ 19

Dieses Gesetz tritt am 1. Juli 1959 in Kraft ...

In den einzelnen Bundesländern sind die in Tabelle **1** aufgeführten Dienststellen als zuständige Behörden nach § 13 MBKG bestimmt worden.

Die Einzelheiten hinsichtlich der Ausbildung, Prüfung und praktischen Tätigkeit der Krankengymnasten sind durch die am 7. Dezember 1960 in Kraft getretene *Ausbildungs- und Prüfungsordnung* geregelt.

## Ausbildungs- und Prüfungsordnung für Krankengymnasten

Vom 7. Dezember 1960 (BGBl. I S. 885) i. d. F. vom 25. Juni 1971 (BGBl. I S. 847)

Auf Grund des § 12 des Gesetzes über die Ausübung der Berufe des Masseurs, des Masseurs und medizinischen Bademeisters und des Krankengymnasten vom 21. Dezember 1958 (BGBl. I S. 985) wird mit Zustimmung des Bundesrates verordnet:

## I. Ausbildungsvorschriften

§ 1

(1) Der Lehrgang in der Krankengymnastik (§ 8 Abs. 1 des Gesetzes) dauert zwei Jahre. Er umfaßt folgende Lehrfächer:

1. Anatomie,
2. Physiologie,
3. Allgemeine Krankheitslehre und Hygiene,
4. Spezielle Krankheitslehre in der Inneren Medizin, Orthopädie, Chirurgie, Frauenheilkunde, Kinderheilkunde, Neurologie und Psychiatrie,
5. Grundlagen der Krankengymnastik und Massage, Krankengymnastik im Rahmen der Prophylaxe und Rehabilitation, Gymnastik bei Schwangeren, Wöchnerinnen und in der Geriatrie, Säuglingsgymnastik und Haltungsschulung Jugendlicher,
6. Grundlagen der Elektro-, Licht-, Wärme-, Kälte- und Hydrotherapie, Grundbegriffe der Strahlenheilkunde,
7. Berufslehre (gesetzliche Vorschriften, Umgang mit Kranken, Berufskrankheiten, Unfallschutz),
8. Technik der Krankengymnastik und ihre methodische Anwendung auf allen Gebieten der Medizin, in denen Bewegungstherapie erforderlich ist,
9. Technik der physikalischen Behandlungsweisen in der Elektro-, Licht-, Wärme-, Kälte- und Hydrotherapie,
10. Technik der Massage und ihre methodische Anwendung am Kranken auf allen Gebieten der Medizin, in denen Massage erforderlich ist,
11. Verbandlehre und Erste Hilfe,
12. Bewegungserziehung.

(2) Der dieser Verordnung als Anlage 1 beigefügte Lehrplan ist als Richtlinie bei der Gestaltung des Unterrichts zu berücksichtigen. Dies gilt entsprechend für den nach § 8 Abs. 2 des Gesetzes verkürzten Lehrgang.

§ 2

Auf die Dauer des Lehrgangs werden angerechnet

1. Ferien bis zu sechs Wochen jährlich,
2. Erkrankungszeiten bis zur Gesamtdauer von zehn Wochen.

§ 3

Die für die Erteilung der Erlaubnis zuständige Verwaltungsbehörde kann eine außerhalb des Geltungsbereichs dieser Verordnung begonnene oder abgeschlossene Ausbildung als Krankengymnast, die nicht den Voraussetzungen des § 2 Abs. 3 des Gesetzes entspricht, wie folgt anrechnen:

1. Die Teilnahme an einem Lehrgang bis zur Dauer von 18 Monaten, in Ausnahmefällen zur Vermeidung von Härten auch bis zur Dauer von 24 Monaten,
2. gleichwertige Prüfungen in einzelnen Fächern, die Bestandteil einer vollständig bestandenen Prüfung waren,
3. eine praktische Tätigkeit ganz oder teilweise.

**II. Prüfungsvorschriften**

§ 4

Für die Ablegung der Prüfung nach § 9 des Gesetzes sind die nachstehenden Vorschriften maßgebend.

§ 5

(1) Bei jeder Lehranstalt für Krankengymnastik ist ein Prüfungsausschuß zu bilden.

(2) Der Prüfungsausschuß besteht aus
1. einem Medizinalbeamten als Vorsitzendem,
2. einem an der Lehranstalt unterrichtenden Arzt,
3. einer an der Lehranstalt ständig tätigen Lehrkraft, die eine Erlaubnis zur Führung der Bezeichnung „Krankengymnast" nach § 1 des Gesetzes besitzt,
4. sonstigen an der Lehranstalt tätigen Lehrkräften.

(3) Die zuständige Verwaltungsbehörde bestellt widerruflich den Vorsitzenden und auf Vorschlag des Leiters der Lehranstalt die übrigen Mitglieder des Prüfungsausschusses. Für den Vorsitzenden und die übrigen Mitglieder des Prüfungsausschusses sind Stellvertreter zu bestellen.

§ 6

Die Prüfung ist vor dem Prüfungsausschuß der Lehranstalt abzulegen, an der der Lehrgang beendet wurde.

§ 7

Der Prüfling hat das Gesuch um Zulassung zur Prüfung an den Vorsitzenden des Prüfungsausschusses zu richten. Er soll das Gesuch acht Wochen vor Beendigung des der Prüfung vorausgehenden Lehrgangs bei dem Leiter der Lehranstalt einreichen. Der Leiter der Lehranstalt fügt dem Gesuch nach Anhörung der ständigen Lehrkräfte eine Beurteilung über die Eignung des Prüflings für den Beruf des Krankengymnasten bei.

§ 8

(1) Dem Gesuch um Zulassung zur Prüfung sind beizufügen
1. eine Geburtsurkunde,
2. der Nachweis
   a) einer abgeschlossenen Mittelschulbildung oder einer mindestens gleichwertigen Schulbildung,
   b) der körperlichen Eignung zur Ausbildung des Berufs durch Vorlage eines ärztlichen Zeugnisses, das nicht älter als drei Monate sein darf,
3. ein selbstverfaßter, eigenhändig geschriebener Lebenslauf,
4. eine Bescheinigung des Leiters der Lehranstalt über die Teilnahme an dem Lehrgang,
5. ein polizeiliches oder entsprechendes amtliches Führungszeugnis.

(2) Dem Gesuch um Zulassung zur Prüfung nach Teilnahme an einem nach § 8 Abs. 2 des Gesetzes verkürzten Lehrgang ist außerdem der Nachweis beizufügen, daß die in dieser Vorschrift bezeichneten Voraussetzungen vorliegen. Von dem Nachweis nach Absatz 1 Nr. 2 Buchst. a ist abzusehen, wenn der Prüfling bei

Beginn des Lehrgangs mindestens fünf Jahre auf Grund einer Erlaubnis zur Führung der Bezeichnung „Masseur" oder „Masseur und medizinischer Bademeister" tätig war.

(3) Liegen die Voraussetzungen des § 3 vor, so ist neben den in Absatz 1 genannten Unterlagen der Nachweis der Anrechnung der früheren Ausbildung beizufügen.

(4) Beantragt der Prüfling die Zulassung zu einer Wiederholungsprüfung, so hat er gegebenenfalls außerdem nachzuweisen, daß er die nach § 18 Abs. 3 festgesetzten Voraussetzungen erfüllt hat.

(5) Die für die Zulassung zur Prüfung geforderten Nachweise sind in Urschrift vorzulegen. Der Vorsitzende des Prüfungsausschusses kann Ausnahmen zulassen.

§ 9

(1) Über die Zulassung zur Prüfung entscheidet der Vorsitzende des Prüfungsausschusses, soweit in Absatz 4 nichts anderes bestimmt ist.

(2) Die Zulassung ist zu versagen, wenn
1. der Prüfling die vorgeschriebenen Unterlagen nicht oder nicht vollständig eingereicht hat,
2. ein Grund für die Versagung der Erlaubnis nach § 3 des Gesetzes vorliegt,
3. der Prüfling die Wiederholungsprüfung endgültig nicht bestanden hat oder
4. im Falle der Wiederholungsprüfung der Prüfling die Zulassung nicht rechtzeitig beantragt hat (§ 18 Abs. 1 und 2).

(3) Die Zulassung ist zu widerrufen, wenn ihre Voraussetzungen zu Unrecht als gegeben angenommen worden oder wenn nachträglich Tatsachen eingetreten sind, die die Versagung der Erlaubnis nach § 3 des Gesetzes rechtfertigen würden.

(4) Die Entscheidungen nach Absatz 2 Nr. 2 und Absatz 3 trifft die zuständige Verwaltungsbehörde.

§ 10

...

§ 11

(1) Der Vorsitzende des Prüfungsausschusses setzt im Benehmen mit dem Leiter der Lehranstalt den Tag des Beginns der Prüfung fest und fordert den Prüfling spätestens zwei Wochen vor ihrem Beginn schriftlich auf, an ihr teilzunehmen.

(2) Der Vorsitzende leitet die Prüfung. Er ist berechtigt, sich in allen Fächern an der Prüfung zu beteiligen.

§ 12

(1) Die Prüfung besteht aus einem praktischen und einem theoretischen Teil.

(2) Prüfungsfächer sind
1. im theoretischen Teil die in § 1 Abs. 1 Satz 2 Nr. 1—7 bezeichneten Lehrfächer,
2. im praktischen Teil die in § 1 Abs. 1 Satz 2 Nr. 8—12 bezeichneten Lehrfächer.

(3) Der theoretische Teil der Prüfung ist nach dem praktischen Teil an mindestens zwei aufeinanderfolgenden Tagen durchzuführen. Dabei sollen an einem Tag nicht mehr als vier Gruppen zu je vier Prüflingen geprüft werden. Zwischen dem prakti-

schen und dem theoretischen Teil der Prüfung muß mindestens ein prüfungsfreier Tag liegen.

(4) Im Rahmen des in § 1 Abs. 1 Satz 2 Nr. 8 bezeichneten Faches hat der Prüfling bei zwei Kranken aus verschiedenen Fachgebieten auf Grund des ärztlichen Befunds in Klausur den krankengymnastischen Behandlungsplan schriftlich aufzustellen. Für die Ausarbeitung stehen ihm jeweils vier Stunden zur Verfügung.

(5) Bei grob ordnungswidrigem Verhalten während der Prüfung, insbesondere Täuschungsversuchen, kann der Vorsitzende des Prüfungsausschusses den Prüfling von der weiteren Prüfung ausschließen. Die Prüfung gilt als in allen Fächern nicht bestanden.

§ 13

Über die Prüfung eines jeden Prüflings ist eine Niederschrift aufzunehmen, in der die Namen der Prüfer, die Prüfungsfächer, die Prüfungstage, die Noten in den einzelnen Fächern und das Gesamtergebnis anzugeben sind. Die Niederschrift ist von den Prüfern zu unterzeichnen.

§ 14

Die Leistung des Prüflings in jedem Prüfungsfach ist von den an der Prüfung in diesem Fach beteiligten Prüfern mit einer der Noten „sehr gut" (1), „gut" (2), „befriedigend" (3), „ausreichend" (4), „mangelhaft" (5), „ungenügend" (6) zu beurteilen.

§ 15

(1) Nimmt ein Prüfling, der vor Beginn der gesamten Prüfung nicht von ihr zurückgetreten ist, an der Prüfung in einem Fach ohne genügende Entschuldigung nicht teil, so gilt die Prüfung in diesem Fach als mit der Note „ungenügend" abgelegt.

(2) Nimmt der Prüfling mit genügender Entschuldigung an der Prüfung in einem Fach nicht teil, so ist die Prüfung in diesem Fach nachzuholen.

(3) Die Entscheidung, ob eine Entschuldigung genügend ist, trifft der Vorsitzende des Prüfungsausschusses.

§ 16

(1) Die Prüfung ist bestanden, wenn der Prüfling in allen Fächern mindestens die Note „ausreichend" erhalten hat.

(2) Das Gesamtergebnis der bestandenen Prüfung ermittelt der Vorsitzende des Prüfungsausschusses durch Zusammenzählen der Noten für die einzelnen Fächer. Dabei zählen die in § 1 Abs. 1 Satz 2 bezeichneten Fächer wie folgt:

1. des theoretischen Teils:

| | | | |
|---|---|---|---|
| Nummer 1 | sechsfach, | Nummer 4 | fünffach, |
| Nummer 2 | sechsfach, | Nummern 5 und 6 | je vierfach, |
| Nummer 3 | dreifach, | Nummer 7 | zweifach, |

2. des praktischen Teils:

| | | | |
|---|---|---|---|
| Nummer 8 | siebenfach, | Nummer 11 | zweifach, |
| Nummern 9 und 10 | je fünffach, | Nummer 12 | dreifach. |

(3) Das Gesamtergebnis lautet bei Summen bis 78 „sehr gut“, von 79 bis 130 „gut“, von 131 bis 182 „befriedigend“, von 183 ab „ausreichend“.

(4) Muß der Prüfling in einem Fach eine Wiederholungsprüfung ablegen, so kann das Gesamtergebnis höchstens „gut“ lauten.

(5) Bei Anrechnung von Prüfungen nach § 3 wird kein Gesamtergebnis ermittelt.

§ 17

(1) Die Prüfung ist in den Fächern, die mit der Note „mangelhaft“ oder „ungenügend“ beurteilt wurden, zu wiederholen.

(2) Die Prüfung ist als Ganzes zu wiederholen, wenn der Prüfling in den in § 1 Abs. 1 Satz 2 Nr. 4, 5 und 8 bezeichneten Fächern die Note „mangelhaft“ oder in zweien dieser Fächer die Note „ungenügend“ erhalten hat. Sobald feststeht, daß die Prüfung als Ganzes zu wiederholen ist, wird sie nicht mehr fortgesetzt.

(3) Die Prüfung kann als Ganzes oder in einzelnen Fächern nur einmal wiederholt werden.

§ 18

(1) Der Antrag auf Zulassung zur Wiederholung der Prüfung
1. in den einzelnen Fächern kann nur innerhalb eines Jahres und frühestens drei Monate nach Beginn der nicht bestandenen Prüfung,
2. als Ganzes nur innerhalb eines Jahres und frühestens sechs Monate nach Beginn der nicht bestandenen Prüfung

gestellt werden.

(2) Die zuständige Verwaltungsbehörde kann die Fristen aus zwingenden Gründen verlängern.

(3) Der Vorsitzende des Prüfungsausschusses kann die Zulassung zu einer Wiederholungsprüfung von einer bestimmten Art der Vorbereitung abhängig machen.

(4) Die Prüfung kann als Ganzes oder in einzelnen Fächern nur vor demselben Prüfungsausschuß wiederholt werden. Ausnahmen können durch die zuständige Verwaltungsbehörde, in deren Bereich die Prüfung wiederholt werden soll, zugelassen werden. Die Vorsitzenden der beteiligten Prüfungsausschüsse sind vorher zu hören.

§ 19

(1) Der Prüfling erhält nach bestandener Prüfung ein von dem Vorsitzenden des Prüfungsausschusses ausgefertigtes Zeugnis, das die Noten in den einzelnen Fächern und das Gesamtergebnis enthält. Bei Anrechnung von Prüfungen nach § 3 enthält das Zeugnis keine Noten für die angerechneten Prüfungen und kein Gesamtergebnis.

(2) Ist die Prüfung nicht bestanden, so hat der Vorsitzende dies dem Prüfling schriftlich mitzuteilen.

(3) Die eingereichten Unterlagen sind dem Prüfling nach bestandener Prüfung und nach endgültig nicht bestandener Wiederholungsprüfung zurückzugeben.

**III. Praktische Tätigkeit**

§ 20

(1) Die praktische Tätigkeit nach § 10 des Gesetzes soll innerhalb eines Jahres nach Ablegung der Prüfung begonnen werden.

(2) Von der praktischen Tätigkeit sind mindestens vier Monate auf einer chirurgischen oder orthopädischen Abteilung und mindestens vier Monate auf einer Abteilung für innere Krankheiten abzuleisten.

(3) Während der praktischen Tätigkeit hat der Praktikant durch Teilnahme an mindestens 100 Unterrichtsstunden seine während des Lehrgangs erworbenen Kenntnisse zu vertiefen.

(4) Der Leiter der Anstalt ist verpflichtet, die in Absatz 3 genannten Unterrichtsstunden während der regelmäßigen Arbeitszeit erteilen zu lassen.

(5) Nach ordnungsmäßiger Ableistung eines jeden Abschnitts der praktischen Tätigkeit erhält der Praktikant eine Bescheinigung nach dem Muster der Anlage 2. Die Bescheinigung ist von dem ärztlichen Leiter der Krankenanstalt oder Abteilung und von dem Krankengymnasten zu unterschreiben, unter dessen Aufsicht die praktische Tätigkeit abgeleistet wurde.

§ 21

(1) Wird eine Bescheinigung nach § 20 Abs. 5 nicht erteilt, weil der betreffende Abschnitt der praktischen Tätigkeit nicht ordnungsgemäß abgeleistet wurde, so muß der Abschnitt wiederholt werden.

(2) Wird die praktische Tätigkeit länger als vier Wochen unterbrochen, so muß die über diese Frist hinausgehende Zeit nachgeholt werden.

**IV. Schlußbestimmungen**

§ 22

(1) Liegen die Voraussetzungen für die Erteilung der Erlaubnis nach § 2 Abs. 1 oder § 8 Abs. 2 des Gesetzes vor, so stellt die zuständige Verwaltungsbehörde die Erlaubnisurkunde nach dem Muster der Anlage 3 aus.

(2) Bei Anrechnung einer früheren Ausbildung nach § 3 stellt die Verwaltungsbehörde die Erlaubnisurkunde nach dem Muster der Anlage 4 aus.

(3) ......

§ 23

Diese Verordnung gilt nach § 14 des Dritten Überleitungsgesetzes vom 4. Januar 1952 (BGBl. I S. 1) in Verbindung mit § 18 des Gesetzes über die Ausübung der Berufe des Masseurs, des Masseurs und medizinischen Bademeisters und des Krankengymnasten vom 21. Dezember 1958 (BGBl. I S. 985) auch im Land Berlin.

§ 24

Diese Verordnung tritt am Tage nach ihrer Verkündung in Kraft.

**Anlage 1**
(zu § 1 Abs. 2)

# Lehrplan für den Lehrgang in der Krankengymnastik

## I. Allgemeines

(1) Der theoretische Unterricht ist auf das für die Ausübung der Krankengymnastik notwendige Wissen zu beschränken. Er ist systematisch so aufzubauen, daß die Schüler an den praktischen Unterricht mit dem notwendigen Verständnis herangehen. In der speziellen Krankheitslehre sind die Aufgaben der Krankengymnastik bei der Behandlung der einzelnen Krankheitsbilder herauszuheben und zu begründen.

(2) Der praktische Unterricht muß im Vordergrund stehen. Die praktische Ausbildung soll umfassend sein und in den verschiedenen Kliniken, wie chirurgische, orthopädische, medizinische, Kinder-, Frauen- und Nervenklinik stattfinden.

## II. Aufteilung des Lehrstoffes auf vier Semester

1. Semester (23 Wochen) Stundenzahl insgesamt: 920

| | Wochenstunden |
|---|---|
| Anatomie I | 4 |
| Physiologie I | 2 |
| Allgemeine Krankheitslehre und Hygiene | 2 |
| Verbandlehre und Erste Hilfe | 1/2 |
| Berufslehre | 1/2 |
| Grundlagen der Licht-, Wärme-, Kälte- und Hydrotherapie | 2 |
| Theoretische Einführung in die Krankengymnastik und Massage | 2 |
| Technik der Massage, insbesondere der Bindegewebsmassage | 9 |
| Technik der Krankengymnastik, insbesondere orthopädisches Turnen, Haltungs- und Atemschulung | 10 |
| Grundlagen der Elektrotherapie | 2 |
| Bewegungserziehung | 6 |
| | 40 |

2. Semester (23 Wochen) Stundenzahl insgesamt: 920

| | |
|---|---|
| Anatomie II | 2 |
| Physiologie II | 1 |
| Spezielle Krankheitslehre in der Orthopädie und Chirurgie einschließlich Unfallheilkunde und Rehabilitationsmaßnahmen | 4 |
| Technik der Licht-, Wärme-, Kälte- und Hydrotherapie | 1 |
| Technik der Massage, insbesondere verschiedener Methoden der Reflexzonenmassage | 4 |

(**Anlage 1** Fortsetzung)

| | Wochen-stunden | |
|---|---|---|
| Technik der Krankengymnastik und spezielle krankengymnastische Übungslehre, insbesondere Extensions- und Schlingenbehandlung, Unterwassergymnastik | 7 | |
| Technik der Elektrotherapie | 2 | |
| Bewegungserziehung | 4 | |
| Klinisches Praktikum in der Orthopädie und Chirurgie einschließlich Unfallheilkunde und Rehabilitationsmaßnahmen | 15 | |
| | 40 | |
| 3. Semester (23 Wochen) Stundenzahl insgesamt: | | 920 |
| Funktionelle Anatomie | 1 | |
| Spezielle Krankheitslehre in der Inneren Medizin und Kinderheilkunde | 4 | |
| Methodische Anwendung der Massage und der Reflexzonenmassage | 2 | |
| Technik der Krankengymnastik und ihre methodische Anwendung in der Inneren Medizin und Kinderheilkunde | 8 | |
| Grundbegriffe der Strahlenheilkunde | 1 | |
| Krankengymnastik in Prophylaxe und Rehabilitation | 2 | |
| Bewegungserziehung | 2 | |
| Klinisches Praktikum in der Inneren Medizin und Kinderheilkunde | 20 | |
| | 40 | |
| 4. Semester (23 Wochen) Stundenzahl insgesamt: | | 920 |
| Funktionelle Anatomie | 1 | |
| Spezielle Krankheitslehre in Neurologie, Psychiatrie und Frauenheilkunde | 4 | |
| Technik der Krankengymnastik und ihre methodische Anwendung in Neurologie, Psychiatrie und Frauenheilkunde | 6 | |
| Schwangerschafts- und Wochenbettgymnastik | 2 | |
| Bewegungserziehung | 2 | |
| Klinisches Praktikum in Neurologie, Psychiatrie und Frauenheilkunde | 19 | |
| Arbeitsgemeinschaften | 5 | |
| Berufslehre | 1 | |
| | 40 | |

**Anlage 2**
(zu § 20 Abs. 5)

*(Muster)*

**Bescheinigung**
**über die Ableistung der praktischen Tätigkeit in der Krankengymnastik**

Herrn
Frau/Fräulein ______________________________

geboren am ____________________ 19 ____ in____________________

wird bescheinigt, daß er/sie nach vollständig bestandener

Prüfung am ______________ vom ______________ bis ______________

als Praktikant(in) ordnungsgemäß tätig gewesen ist und an ______ Unterrichtsstunden teilgenommen hat.

Während dieser Zeit war er/sie auf folgenden Abteilungen tätig:

(Art der Tätigkeit)

Vom______________ bis ___________ 19 ____ ____________________

Vom______________ bis ___________ 19 ____ ____________________

Vom______________ bis ___________ 19 ____ ____________________

Die praktische Tätigkeit wurde vom ______________ bis ______________ unterbrochen.

Ein Anhaltspunkt dafür, daß er/sie wegen eines körperlichen Gebrechens, wegen Schwäche seiner/ihrer geistigen oder körperlichen Kräfte oder wegen einer Sucht die für die Ausübung des Berufs erforderliche Eignung nicht besitzt, hat sich nicht ergeben/hat sich in folgender Hinsicht ergeben:

______________________________________________________________

______________________________________________________________

Die Krankenanstalt ist durch Verfügung des ______________ in ______________

vom ______________ Az. ______________ zur Annahme von Praktikanten gemäß § 10 des Gesetzes über die Ausübung der Berufe des Masseurs, des Masseurs und medizinischen Bademeisters und des Krankengymnasten ermächtigt worden.

______________________, den ______________ 19 ____

______________________________________________
(Bezeichnung und Anschrift der Krankenanstalt oder Abteilung)

______________________________ ______________________________
(Unterschrift des ärztlichen Leiters) (Unterschrift des Krankengymnasten)

**Anlage 3**
(zu § 22 Abs. 1)

*(Muster)*

**Urkunde**
**über die Erlaubnis zur Führung der Berufsbezeichnung**
**Krankengymnast(in)**

Herr
Frau/Fräulein ______________________________

geboren am ______________ 19 ___ in ______________

hat am ______________ 19 ___ die Prüfung vor dem staatlichen Prüfungsausschuß an der Lehranstalt für Krankengymnastik in ______________ bestanden und die vorgeschriebene praktische Tätigkeit abgeleistet.

Er/Sie erhält nach dreijähriger Ausbildung auf Grund des Gesetzes über die Ausübung der Berufe des Masseurs, des Masseurs und medizinischen Bademeisters und des Krankengymnasten mit Wirkung vom heutigen Tage die Erlaubnis, eine Tätigkeit unter der Berufsbezeichnung

Krankengymnast(in)

auszuüben.

______________, den ______________ 19 ___

______________________________
(Unterschrift)

(Siegel)

**Anlage 4**
(zu § 22 Abs. 2)

*(Muster)*

**Urkunde**
**über die Erlaubnis zur Führung der Berufsbezeichnung**
**Krankengymnast(in)**

Herr
Frau/Fräulein ____________________________________________

geboren am ______________________ 19 ____ in ______________________
erhält auf Grund des Gesetzes über die Ausübung der Berufe des Masseurs, des Masseurs und medizinischen Bademeisters und des Krankengymnasten mit Wirkung vom heutigen Tage die Erlaubnis, eine Tätigkeit unter der Berufsbezeichnung

Krankengymnast(in)

anzuüben.

____________________, den ________________ 19 ____

____________________________________

(Siegel) (Unterschrift)

# Berufsverband und Berufsordnung

Die Berufsvertretung der Krankengymnasten ist der *Deutsche Verband für Physiotherapie — Zentralverband der Krankengymnasten (ZVK) e. V.*, Deutzer Freiheit 72—74, 5000 Köln 21. Er ist die freiwillig gewählte Organisation der Krankengymnasten und gleichzeitig Dachverband von 10 Landesverbänden. Der ZVK steht in ständigem Kontakt mit seinen Landesverbänden, denen Krankengymnasten sowie Krankengymnastikpraktikanten und Krankengymnastikschüler als Einzelmitglieder angehören.

Der ZVK ist mit seinen Landesverbänden als einzige Organisation der Bundesrepublik Deutschland Mitglied der World Confederation for Physical Therapy (WCPT). Er ist ferner Mitglied des Kuratoriums Therapeutisches Reiten e. V. und der Deutschen Vereinigung für die Rehabilitation Behinderter. Er ist auch korporativ der Deutschen Angestellten-Gewerkschaft (DAG) und dem Bundesverband der Freien Berufe angeschlossen.

Der ZVK ist Träger der staatlich anerkannten Weiterbildungsstätte an der Stiftung Orthopädische Universitätsklinik Heidelberg.

Die Aufgaben und Ziele des ZVK sind:

- Zeitgemäße Krankengymnastikausbildung, Förderung der Krankengymnastik und des Unterrichtsstandards.
- Pflege und Förderung der fachlichen Fort- und beruflichen Weiterbildung, Anpassung an den neuesten Stand der Medizin.
- Gesetzlich geregelte Weiterbildung, Aufstiegsmöglichkeiten.
- Kontakt mit den medizinisch-wissenschaftlichen Gesellschaften und verwandten Berufsverbänden des In- und Auslandes; internationale Zusammenarbeit.
- Weiterentwicklung des Berufsbildes auf nationaler und internationaler Ebene.
- Förderung der Fachzeitschrift „Krankengymnastik“, dem offiziellen Organ des ZVK. Sie enthält wissenschaftliche Artikel und informiert u. a. über Berufsfragen, Fort- und Weiterbildungsveranstaltungen, Verbandsarbeit und Stellenmarkt.
- Fachkundige Stellungnahme und Initiativen zu Gesetzgebungsmaßnahmen.
- Empfehlung an die Arbeitgeber.
- Beratung und Interessenvertretung der angestellten Mitglieder in Tarif- und Eingruppierungsfragen.
- Beratung und Interessenvertretung der freiberuflichen Mitglieder in Niederlassungs- und Kassenzulassungsfragen.
- Abschluß von Krankenkassenverträgen für die freiberuflich tätigen Mitglieder.
- Beratung auf arbeitsrechtlichem und sozialpolitischem Gebiet.
- Hilfe bei Stellen- und Vertretungsangeboten und -nachfragen im In- und Ausland.

Die Jahresmitgliederversammlung des ZVK hat am 20. 5. 1979 eine *Berufsordnung der Krankengymnasten (BO-K)* beschlossen. Die BO-K bringt zum Ausdruck, wie der Berufsstand der Krankengymnasten sich selbst sieht und im Gesundheitswesen einordnet.

§ 1 BO-K sagt über die Berufsausübung der Krankengymnasten:

„(1) Der Krankengymnast übt seine Tätigkeit auf der Grundlage des geltenden Berufsgesetzes aus. Der Schwerpunkt der krankengymnastischen Aufgaben liegt in der methodischen Durchführung der Bewegungstherapie, die durch physikalisch-therapeutische Maßnahmen wie z. B. Massage, Wärme-, Kälte- und Wasseranwendung sowie Elektrotherapie vorbereitet und ergänzt wird.

(2) Der Krankengymnast dient durch seine Tätigkeit der Gesundheit des Menschen. Das vorrangige Ziel seiner Behandlung ist die Beseitigung oder Verbesserung gestörter Körperfunktionen. Dabei ist nicht nur das krankengymnastische Fachwissen entscheidend, sondern auch die Fähigkeit, den Patienten zur Mitarbeit zu gewinnen und seine Selbsttätigkeit anzuregen.

(3) Der Krankengymnast behandelt aufgrund ärztlicher Diagnose und Verordnung. Er wählt in diesem Rahmen nach krankengymnastischer Befunderhebung die Methoden und Techniken seiner Behandlung aus.

(4) Der Krankengymnast darf bei der Ausübung seines Berufes keinen Unterschied machen hinsichtlich Nationalität, Religion, Geschlecht sowie politischer Einstellung oder sozialer Stellung des Patienten.

(5) Der Krankengymnast muß sich über die für die Berufsausübung geltenden Vorschriften unterrichten und ist verpflichtet, sie einzuhalten. Er darf in der Regel keine Anweisungen befolgen, die sich nicht mit seinen krankengymnastischen Aufgaben vereinbaren lassen.

(6) Der Krankengymnast ist verpflichtet, seinen Beruf gewissenhaft auszuüben und dem Vertrauen zu entsprechen, das ihm im Zusammenhang mit seiner Tätigkeit entgegengebracht wird.

(7) Der Beruf des Krankengymnasten wird seiner Natur nach persönlich ausgeübt; er ist kein Gewerbe. In eigener Praxis ist er ein freier Beruf."

§ 3 BO-K gibt über die Zusammenarbeit mit Ärzten u. a. folgende Hinweise:

„Die an die ärztliche Verordnung gebundene Tätigkeit des Krankengymnasten erfordert Kontakt zum behandelnden Arzt. Bei Unklarheiten der Verordnung oder Besonderheiten des Krankheitsverlaufes soll eine Rücksprache mit dem verordnenden Arzt erfolgen. Der Krankengymnast ist verpflichtet, dem Arzt wesentliche Beobachtungen am Patienten, die mit der Erkrankung zusammenhängen oder zusammenhängen können, mitzuteilen und Auskunft über den Verlauf der Behandlung zu geben."

Weitere Aussagen der BO-K befassen sich insbesondere mit folgenden Themen:

Schweigepflicht, Zusammenarbeit mit Krankengymnasten und mit Angehörigen anderer Berufsgruppen, Fort- und Weiterbildung, Haftpflichtversicherung, Tätigkeit im Angestelltenverhältnis sowie der Tätigkeit in freier Praxis, Honorierung und Werbung.

# Arbeits- und Arbeitsschutzrecht

## Allgemeines Arbeitsrecht

Das Arbeitsrecht ist das Recht der Arbeitnehmer; es hat in vielen Gesetzen seinen Niederschlag gefunden. Der Arbeitsvertrag ist der Vertrag, durch den sich der Arbeitnehmer zur Leistung von Arbeit im Dienste des Arbeitgebers verpflichtet (Dienstvertrag nach §§ 611 ff. BGB).

| Pflichten des Arbeitnehmers | | Pflichten des Arbeitgebers |
|---|---|---|
| Dienstleistung, Weisungsgebundenheit, Treue, Verschwiegenheit, Wettbewerbsverbot | ← → | Beschäftigung, Entlohnung, Sozialabgaben, Fürsorge, Urlaub, Zeugnis |

Das Arbeitsverhältnis endet durch Zeitablauf, Tod des Arbeitnehmers, Aufhebung oder durch Kündigung. Sozial ungerechtfertigte Kündigungen sind nach dem Kündigungsschutzgesetz unwirksam.

## Tarifvertragsrecht

Nach Artikel 9 Grundgesetz können sich Arbeitgeber und Arbeitnehmer zu Verbänden zusammenschließen (Arbeitgeberverbände — Gewerkschaften) und auf der Grundlage des Tarifvertragsgesetzes Arbeitsbedingungen weitgehend in eigener Verantwortlichkeit regeln. Man unterscheidet Mantel-, Lohn- und Gehaltstarifverträge. Kampfmittel zur Durchsetzung von Forderungen sind auf Arbeitnehmerseite der Streik und auf Arbeitgeberseite die Aussperrung.

Auf einzelne für den Krankengymnasten wichtige Tarifverträge soll auszugsweise näher eingegangen werden.

— Bundesangestelltentarifvertrag (BAT) mit Anlagen 2a und b (Sonderregelung für Angestellte in Anstalten und Heimen):

Der BAT regelt u. a. Geltungsbereich, Arbeitsvertrag (Schriftform, Probezeit), allgemeine Arbeitsbedingungen (ärztliche Untersuchung, allgemeine Pflichten, Schweigepflicht, Belohnungen und Geschenke, Personalakten, Haftung), Arbeitszeit (regelmäßige Arbeitszeit, Überstunden, Bereitschaftsdienst und Rufbereitschaft, Arbeitsversäumnis), Beschäftigungs- und Dienstzeit, Eingruppierung, Vergütung, Sozialbezüge, Entschädigungen, Urlaub, Arbeitsbefreiung, Beendigung des Arbeitsverhältnisses.

— Anlage 1a zum BAT (Eingruppierung der Angestellten in medizinischen Hilfsberufen und medizinisch-technischen Berufen):

In dieser Anlage ist festgelegt, welche konkreten Tätigkeitsmerkmale zu einer bestimmten Eingruppierung führen.

Zum Beispiel:
Vergütungsgruppe VII (Nr. 20) „Krankengymnasten während der ersten 6 Monate der Berufsausübung nach erlangter staatlicher Erlaubnis“.

Vergütungsgruppe VIb (Nr. 20) „Krankengymnasten mit entsprechender Tätigkeit nach 6monatiger Berufsausübung nach erlangter staatlicher Erlaubnis.

Bei Vorliegen entsprechender — im BAT, Anlage 1 a festgelegter — Tätigkeitsmerkmale können Krankengymnasten bis zur Vergütungsgruppe IVa BAT aufsteigen.

— Tarif über die Gewährung von Zulagen gemäß § 33 Abs. 1 Buchstabe c BAT:

Hierin ist festgelegt, für welche gefährlichen und gesundheitsschädlichen Arbeiten Zulagen gewährt werden. Zum Beispiel für „Angestellte der Krankengymnastik, die überwiegend mit geisteskranken Patienten Umgang haben“.

— Tarifvertrag über die Regelung der Arbeitsbedingungen der Praktikantinnen (Praktikanten) für medizinische Hilfsberufe:

Hierin sind insbesondere Regelungen über Entgelt, Arbeitszeit, Arbeitsbedingungen und Schweigepflicht getroffen.

— Vergütungstarifvertrag:

Hierin sind die Vergütungsbestandteile (Grundvergütung, Stundenvergütung, Zulagen, Ortszuschlag) unterteilt nach Vergütungsgruppen und Lebensaltersstufen näher bezeichnet.

## Betriebsverfassungs- und Personalvertretungsrecht

Das Betriebsverfassungsgesetz, verbindlich für Betriebe und Unternehmen der privaten Wirtschaft, sowie die für den öffentlichen Dienst geltenden Personalvertretungsgesetze enthalten Vorschriften über Zusammensetzung, Wahl, Amtszeit, Geschäftsführung, Rechte und Pflichten des Betriebs-(Personal-)Rates.

Aufgaben dieser Arbeitnehmervertretung sind u. a.: Überwachung, daß die zugunsten der Arbeitnehmer geltenden Gesetze, Verordnungen, Unfallverhütungsvorschriften, Tarifverträge und Betriebsvereinbarungen durchgeführt werden; Beantragung von Maßnahmen, die dem Betrieb und der Belegschaft dienen, beim Arbeitgeber; Förderung der Eingliederung Schwerbehinderter.

Zum Geltungsbereich des Betriebsverfassungsgesetzes gehören nicht Religionsgemeinschaften und deren Einrichtungen. Insoweit gelten z. T. sog. Mitarbeitervertretungsordnungen.

## Allgemeiner Betriebs- und Gefahrenschutz

Der Arbeitgeber ist verpflichtet, Baulichkeiten, Arbeitsstätten, Betriebseinrichtungen, Maschinen und Gerätschaften so einzurichten und zu erhalten, daß die Beschäftigten gegen Unfälle und Berufskrankheiten geschützt sind, wie es nach dem Stand der Technik und der Wissenschaft möglich ist. Der Arbeitgeber hat zur Unfallverhütung Anordnungen und Maßnahmen zu treffen, die den einschlägigen Schutzvorschriften entsprechen. Schutzvorschriften sind beispielsweise:

BGB (§§ 618, 619), Gewerbeordnung (§ 24, 120a), Mutterschutzgesetz, Jugendarbeitsschutzgesetz, Gerätesicherheitsgesetz, Strahlenschutzverordnung, Röntgenverordnung, Berufskrankheitenverordnung, Unfallverhütungsvorschriften.

Nach dem Unfallversicherungsgesetz (3. Buch der RVO) ist den Unfallversicherungsträgern, z. B. den Berufsgenossenschaften, als wichtigste Aufgabe übertragen worden, Arbeitsunfälle und Berufserkrankungen mit allen geeigneten Mitteln zu verhüten.

Um dieses Ziel zu erreichen, wurden von den Berufsgenossenschaften (öffentliche Körperschaften unter staatlicher Aufsicht) im Rahmen der Selbstverwaltung eine Vielzahl von Regelungen herausgegeben, die man allgemein als Unfallverhütungsvorschriften bezeichnet. Diese Vorschriften bestimmen u. a.,

- welche Vorkehrungen der Arbeitgeber im einzelnen zur Verhütung von Arbeitsunfällen und Berufserkrankungen zu treffen hat,
- welche Verhaltensmaßregeln die Beschäftigten zur Verhütung von Arbeitsunfällen und Berufserkrankungen zu beachten haben,
- in welchem Umfang ärztliche Untersuchungen der Beschäftigten durchzuführen sind.

Die Unfallverhütungsvorschriften, die von den Vertreterversammlungen der Berufsgenossenschaften erlassen werden, sind mit der Genehmigung des Bundesministers für Arbeit und Sozialordnung rechtsverbindlich. Sie verpflichten in gleichem Maße den Arbeitgeber und all seine Beschäftigten zu gefahrenbewußtem Verhalten und zur Beachtung der Sicherheitsbestimmungen.

Vorsätzliche oder grob fahrlässige Verstöße gegen die Unfallverhütungsvorschriften können mit Geldbuße geahndet werden.

Die für die Berufstätigkeit der Krankengymnasten im allgemeinen zuständige Berufsgenossenschaft für Gesundheitsdienst und Wohlfahrtspflege, Pappelallee 35/37, 2000 Hamburg 76, hat insbesondere folgende Vorschriften erlassen:

Allgemeine Vorschriften mit Durchführungsanweisungen, Unfallverhütungsvorschrift „Gesundheitsdienst“, Unfallverhütungsvorschrift „Betriebsärzte“ sowie Merkblätter (z. B. zur Verhütung von Unfällen und Berufskrankheiten durch häufig vorkommende Betriebsgefahren).

Diese und weitere Vorschriften werden auf Anforderung von der Berufsgenossenschaft für Gesundheitsdienst und Wohlfahrtspflege zur Verfügung gestellt.

Die „Allgemeinen Vorschriften", VBG 1, stellen die Basis der Unfallverhütungsvorschriften dar. Darin werden nicht nur die Pflichten des Arbeitgebers ausführlich festgelegt, sondern auch die Pflichten der Beschäftigten dahingehend beschrieben, daß sie alle der Arbeitssicherheit dienenden Maßnahmen zu unterstützen, die Weisungen des Arbeitgebers zum Zwecke der Unfallverhütung zu befolgen und die zur Verfügung gestellten persönlichen Schutzausrüstungen zu benutzen haben. Der Arbeitgeber hat die Beschäftigten über sämtliche Unfallverhütungsvorschriften zu unterrichten, diese an geeigneter Stelle auszulegen und die Versicherten zur Benutzung der Schutzvorrichtungen und Schutzmittel anzuhalten. Zu seiner Unterstützung hat der Arbeitgeber Sicherheitsbeauftragte zu bestellen, die inmitten der verschiedenen Tätigkeitsbereiche stehen und die Aufgaben ebenso wie die Arbeitsplätze aus eigenem Erleben beurteilen können. Die Durchführung der Unfallverhütung wird im übrigen durch technische Aufsichtsbeamte der Berufsgenossenschaft überwacht, die die Mitgliedsbetriebe während der Arbeitszeit besichtigen. Sehr ausführlich befassen sich die „Allgemeinen Vorschriften" mit den an Betriebsanlagen und Betriebsregelungen zu stellenden Anforderungen.

Bei der Beschreibung der arbeitsmedizinischen Vorsorge ist insbesondere festgelegt, daß der Arbeitgeber dafür zu sorgen hat, daß der Gesundheitszustand der Beschäftigten durch arbeitsmedizinische Vorsorgeuntersuchungen überwacht wird. Die Unfallverhütungsvorschrift „Gesundheitsdienst", VBG 103, die insbesondere für Unternehmen gilt, in denen Menschen stationär oder ambulant gesundheitlich untersucht, behandelt oder gepflegt werden, enthalten u. a. folgende Regelungen:

- Der Arbeitgeber darf Tätigkeiten nur Personen übertragen, die eine abgeschlossene Ausbildung in Berufen des Gesundheitswesens haben oder die von einer fachlich geeigneten Person unterwiesen sind und beaufsichtigt werden.
- Der Arbeitgeber darf nur Personen in Arbeitsbereichen, in denen Tätigkeiten mit erhöhtem Infektionsrisiko ausgeführt werden, beschäftigen, deren Gesundheitszustand durch arbeitsmedizinische Vorsorgeuntersuchungen überwacht wird. Die Erstuntersuchung hat vor Aufnahme der Beschäftigung zu erfolgen. Die Nachuntersuchungen haben im allgemeinen in Abständen von 36 Monaten stattzufinden. Bei konkreter Infektionsgefährdung sind vorgezogene Nachuntersuchungen entsprechend der Inkubationszeit durchzuführen. Der Umfang der Untersuchungen richtet sich nach der Gefährdung durch die Arbeit unter besonderer Berücksichtigung der Einwirkung von Krankheitserregern. Arbeitsmedizinische Vorsorgeuntersuchungen sind für bestimmte Tätigkeiten im Gesundheitsdienst auch durch andere Vorschriften gefordert (z. B. Strahlenschutzverordnung, Röntgenverordnung, Jugendarbeitsschutzgesetz).

- Der Arbeitgeber darf mit der Bedienung von medizinischen Geräten, die bei ihrer Anwendung zu einer Gefährdung von Beschäftigten oder Patienten führen können, nur Personen beschäftigen, die in der Bedienung des jeweiligen Gerätes unterwiesen und über die dabei möglichen Gefahren und deren Abwendung ausreichend unterrichtet sind.
- Der Arbeitgeber hat sicherzustellen, daß die Beschäftigten über die für sie in Frage kommenden Maßnahmen zur Immunisierung bei Aufnahme der Tätigkeit und bei gegebener Veranlassung unterrichtet werden. Die im Einzelfall gebotenen Maßnahmen zur Immunisierung sind für die Beschäftigten kostenlos zu ermöglichen.
- Den Beschäftigten sind leicht erreichbare Händewaschplätze mit fließendem warmen und kalten Wasser, Direktspender mit hautschonenden Waschmitteln, Händedesinfektionsmitteln und geeignete Hautpflegemittel sowie Handtücher zum einmaligen Gebrauch zur Verfügung zu stellen.
- Der Arbeitgeber hat den Beschäftigten in dem erforderlichen Umfang geeignete Schutzkleidung und gegebenenfalls Handschuhe, Schürzen, Fußbekleidung und Gesichts- und Kopfschutz in ausreichender Stückzahl zur Verfügung zu stellen und für deren Desinfektion, Reinigung und Instandhaltung zu sorgen.
- Den Beschäftigten müssen gesonderte, für Patienten nicht zugängliche Toiletten zur Verfügung stehen.
- Zum Heben und Umlagern von Patienten sind leicht bedienbare, stand- und fahrsichere Hebevorrichtungen oder sonstige geeignete Hilfsmittel bereitzustellen und zu verwenden.
- Bewegungsbecken und -wannen müssen so beschaffen sein, daß die Behandlung von einem Standort außerhalb des Wassers aus in arbeitsphysiologisch günstiger Körperhaltung durchgeführt werden kann. Ist aus therapeutischen Gründen der Aufenthalt der Beschäftigten im Wasser erforderlich, so darf die Wassertemperatur nicht mehr als 35 Grad Celsius betragen. Die Aufenthaltszeit in Wasser ohne erhöhten Mineralgehalt soll höchstens 2 Stunden täglich und in Wasser mit einem Mineralgehalt über 2 % höchstens 1 Stunde täglich betragen. Das Beckenwasser muß den bakteriologischen Anforderungen an Trinkwasser entsprechen.
- Weitergehende Regelungen befassen sich mit dem richtigen Verhalten in Arbeitsbereichen, von denen in besonderem Maße Infektionsgefahren ausgehen können (z. B. Infektionseinheiten, Operationseinheiten, medizinische Laboratorien).

## Mutterschutz

Das Mutterschutzgesetz (MSchG) enthält Schutzvorschriften für die erwerbstätige Frau während der Schwangerschaft und nach der Entbindung. Insbesondere ist festgelegt:

1. Bei der Einrichtung und Unterhaltung des Arbeitsplatzes sind Vorkehrungen und Maßnahmen zum Schutz von Leben und Gesundheit der Frau zu treffen (z. B. Sitzgelegenheit, Arbeitsunterbrechungen).
2. Beschäftigungsverbot, wenn nach ärztlichem Zeugnis durch den Arbeitsplatz Gefahr besteht.
3. Beschäftigungsverbot 6 Wochen vor dem erwarteten Geburtstermin, für gesundheitsschädigende Arbeiten oder auch in gesundheitsgefährdender Umge-

bung, für Arbeiten, die zu einer Berufserkrankung führen, Beschäftigungsverbot bis 8 Wochen nach der Geburt (Früh- oder Mehrlingsgeburt 12 Wochen).
4. Gewährung von Stillzeiten, mindestens täglich zweimal eine halbe Stunde oder einmal täglich eine Stunde.
5. Keine Mehr-, Nacht- oder Sonntagsarbeit (mit Ausnahmeregelungen).
6. Kündigung des Arbeitgebers während der Schwangerschaft und bis zu 4 Monaten nach der Entbindung ist unzulässig.
   Während der Zeiten bestehender Beschäftigungsverbote erhalten die versicherten Frauen Mutterschaftsgeld. Die Einhaltung des MSchG wird von den Gewerbeaufsichtsämtern überwacht.

Aufgrund des Bundeserziehungsgeldgesetzes können entweder Mutter oder Vater vom Tage der Geburt eines Kindes an für 18 Monate die Zahlung eines Erziehungsgeldes (bis zu 600 DM/Monat) sowie die gleichzeitige Gewährung eines Erziehungsurlaubs (mit Kündigungsschutz) beantragen.

### Betriebsärzte

Nach dem Gesetz über Betriebsärzte, Sicherheitsingenieure und andere Fachkräfte für Arbeitssicherheit sollen die Arbeitgeber im notwendigen Umfange Betriebsärzte bestellen. Diese Ärzte haben die Aufgabe, den Arbeitgeber beim Arbeitsschutz (z. B. Mutter-, Jugend- und Strahlenschutz) und bei der Unfallverhütung in allen Fragen des Gesundheitsschutzes zu unterstützen (z. B. Beratung bei der Organisation der „Ersten Hilfe“ im Betrieb und der Eingliederung Behinderter).

## Die krankengymnastische Praxis

Hinsichtlich der *Niederlassung* des geprüften Krankengymnasten in eigener Praxis bestehen grundsätzlich keine gesetzlichen Einschränkungen. Es wird lediglich zu bedenken sein, ob man über ausreichende praktische Erfahrungen für die verantwortliche Führung einer eigenen Praxis verfügt.

Wer sich in eigener Praxis selbständig macht, sollte besonders bedacht sein, nicht mit den Strafbestimmungen des Heilpraktikergesetzes in Konflikt zu geraten. Nach diesem Gesetz ist die Ausübung der Heilkunde außer Ärzten nur besonders zugelassenen „Heilpraktikern“ erlaubt; Zuwiderhandlungen werden bestraft.

Krankengymnasten, die allerdings eine Einbeziehung in die gesetzliche Krankenversorgung (Krankenversicherung und Berufsgenossenschaften) anstreben, bedürfen einer besonderen Zulassung durch den zuständigen Sozialleistungsträger.

Die ärztliche Behandlung umfaßt die Tätigkeit des Arztes, die zur Verhütung, Früherkennung und Behandlung von Krankheiten nach den Regeln der ärztlichen Kunst ausreichend und zweckmäßig ist. Zur ärztlichen Behandlung gehört auch die Hilfeleistung anderer Personen (z. B. Krankengymnasten), die von dem Arzt angeordnet und von ihm zu verantworten ist (vgl. u. a. §§ 28, 72 und 73 SGB V). Hiernach ist die unmittelbare Inanspruchnahme von medizinischen Hilfspersonen durch einen Versicherten nicht zulässig. Sie begründet demgemäß auch keine Zahlungspflicht des Sozialleistungsträgers. Voraussetzung für die Leistungspflicht eines Sozialleistungsträgers bei der Gewährung von Leistungen durch medizinische Hilfspersonen ist vielmehr das Vorliegen einer ärztlichen Verordnung.

Die Voraussetzungen für die Zulassung in eigener Praxis sind für die gesetzliche Krankenversicherung in § 124 Sozialgesetzbuch (SGB) V (Gesetzliche Krankenversicherung) wie folgt beschrieben:

(1) Heilmittel, die als Dienstleistungen abgegeben werden, insbesondere Leistungen der physikalischen Therapie, der Sprachtherapie oder der Beschäftigungstherapie, dürfen an Versicherte nur von zugelassenen Leistungserbringern abgegeben werden.

(2) Zuzulassen ist, wer
1. die für die Leistungserbringung erforderliche Ausbildung sowie eine entsprechende zur Führung der Berufsbezeichnung berechtigende Erlaubnis besitzt,
2. eine berufspraktische Erfahrungszeit von mindestens zwei Jahren nachweist, die innerhalb von zehn Jahren vor Beantragung der Zulassung in unselbständiger Tätigkeit und in geeigneten Einrichtungen abgeleistet worden sein muß,
3. über eine Praxisausstattung verfügt, die eine zweckmäßige und wirtschaftliche Leistungserbringung gewährleistet, und
4. die für die Versorgung der Versicherten geltenden Vereinbarungen anerkennt.

(3) Krankenhäuser, Rehabilitationseinrichtungen und ihnen vergleichbare Einrichtungen dürfen die in Absatz 1 genannten Heilmittel durch Personen abgeben, die die Voraussetzungen nach Absatz 2 Nr. 1 und 2 erfüllen; Absatz 2 Nr. 3 und 4 gilt entsprechend.

(4) Die Spitzenverbände der Krankenkassen gemeinsam geben Empfehlungen für eine einheitliche Anwendung der Zulassungsbedingungen nach Absatz 2 ab. Die für die Wahrnehmung der wirtschaftlichen Interessen maßgeblichen Spitzenorganisationen der Leistungserbringer auf Bundesebene sollen gehört werden.

(5) Die Zulassung wird von den Landesverbänden der Krankenkassen, den Verbänden der Ersatzkassen sowie der See-Krankenkasse erteilt. Die Zulassung berechtigt zur Versorgung der Versicherten.

(6) Die Zulassung kann widerrufen werden, wenn der Leistungserbringer nach Erteilung der Zulassung die Voraussetzungen nach Absatz 2 Nr. 1, 3 oder 4 nicht mehr erfüllt. Absatz 5 Satz 1 gilt entsprechend.

Zulassungsanträge sollten nach Abstimmung mit dem ZVK oder zuständigen Landesverband an den örtlich zuständigen Ortsausschuß gerichtet werden. Dieser beauftragt dann den zuständigen Landesverband des ZVK, eine Praxisbegehung durchzuführen, um festzustellen, ob die Praxisausstattung den Anforderungen entspricht. Sodann entscheidet der Ortsausschuß über die Zulassung.

Die Behandlung von Unfallverletzten im Auftrage der Berufsgenossenschaft verlangt eine gesonderte Zulassung, die neben den anderen Voraussetzungen eine besondere Erfahrung in der Behandlung Unfallverletzter erfordert.

Die private Krankenversicherung kennt keine Zulassung von Krankengymnasten zur Behandlung von Privatpatienten. Der Privatversicherte wählt frei und selbständig den Krankengymnasten, dem er sich zur Ausführung der ärztlich verordneten Behandlung anvertrauen will.

Die Tätigkeit in einer eigenen krankengymnastischen Praxis begründet nach der RVO eine *Mitgliedschaft in der Berufsgenossenschaft* für Gesundheitsdienst und Wohlfahrtspflege und verpflichtet zur Beachtung aller für den Gesundheits- und Unfallschutz herausgegebenen Vorschriften.

In der BO-K ist in § 10 zur Tätigkeit in freier Praxis u. a. ausgeführt:

„Der Krankengymnast muß seine Praxis persönlich betreiben. Die Beschäftigung von Mitarbeitern setzt die verantwortliche Leitung der Praxis durch den niedergelassenen Krankengymnasten voraus. Der freiberuflich tätige Krankengymnast ist verpflichtet, mit der krankengymnastischen Behandlung von Patienten nur solche Mitarbeiter zu beauftragen, die berechtigt sind, die Berufsbezeichnung ‚Krankengymnast' zu führen. Der Krankengymnast darf nicht zur gleichen Zeit an mehreren Stellen Praxis halten (Filialpraxis)."

In § 11 BO-K ist hinsichtlich der *Honorierung* gesagt:

„Der Krankengymnast hat Anspruch auf seine Honorierung, die im angemessenen Verhältnis zu Art, Schwierigkeit und Umfang seiner Behandlungstätigkeit steht. Soweit die Honorierung nicht durch Gebührenvereinbarungen mit Kostenträgern festgelegt ist, soll der Krankengymnast dem Patienten die voraussichtliche Höhe der Kosten vor der Behandlung mitteilen. Der Krankengymnast soll übliche Sätze nicht in unlauterer Weise überschreiten."

Zur *Werbung* für die krankengymnastische Behandlung ist in § 12 BO-K bestimmt:

„Jegliche Werbung und Anpreisung für seine berufliche Tätigkeit ist dem Krankengymnasten untersagt. Sie verstößt gegen das berufliche Selbstverständnis und schadet dem Ansehen des Berufsstandes der Krankengymnasten in der Öffentlichkeit. Insbesondere ist es mit dem Ansehen des Berufsstandes unvereinbar:

a) öffentliche Danksagungen oder anpreisende Veröffentlichungen zu veranlassen oder zuzulassen,
b) den eigenen Namen für werbende Veröffentlichungen über Produkte/Heilmittel oder Behandlungsmethoden zur Verfügung zu stellen,
   wenn diese dazu bestimmt sind, für die eigene Praxis zu werben."

Weitergehende Hinweise zur Werbung enthält das Gesetz über die Werbung auf dem Gebiete des Heilwesens (Heilmittelwerbegesetz). Zuwiderhandlungen gegen diese Vorschriften können mit Strafe oder Geldbuße geahndet werden.

Nach dem Gesetz über das Meß- und Eichwesen (Eichgesetz) müssen Personenwaagen und andere Meßgeräte (z. B. Thermometer, Blutdruckmeßgeräte) geeicht sein, wenn sie bei der Ausübung der Heilkunde verwendet werden. Die insoweit gesetzlich geregelte *Eichpflicht* ist von dem in eigener Praxis arbeitenden Krankengymnasten zu beachten.

# Fort- und Weiterbildung

In § 6 BO-K ist wie folgt eine *Fortbildungspflicht festgelegt*:

„Der Krankengymnast, der seinen Beruf ausübt, hat die Pflicht, sich im Rahmen seines Tätigkeitsbereiches fachlich fortzubilden. Der Krankengymnast, der längere Zeit seinen Beruf nicht ausgeübt hat, hat vor Wiederaufnahme seiner Tätigkeit sein fachliches Wissen und Können mit geeigneten Mitteln zu erneuern. Über die Fortbildung ist von ihm ein Nachweis in üblicher Form zu führen. Geeignete Mittel zur Fortbildung sind die Teilnahme an fachbezogenen Kongressen, Lehrgängen, Kursen, Übungsgruppen und Arbeitskreisen, ergänzt durch das Studium von Fachliteratur und anderen Unterrichtsmethoden."

Das Fortbildungsgebot verpflichtet somit den Krankengymnasten, sich über Fortschritte der medizinischen Wissenschaft und Technik zu unterrichten. Denn nur dann kann er mit der Sorgfalt eines durchschnittlich gewissenhaften Krankengymnasten handeln. Dies kann u. U. im Zusammenhang mit Haftungsfragen eine Rolle spielen.

Weiterbildungen werden nur im Rahmen der *Weiterbildungsordnung für Krankengymnasten* anerkannt (§ 7 BO-K).

# Bürgerliches Recht

Das bürgerliche Recht regelt die Beziehungen der Bürger untereinander. Es hat im wesentlichen im *Bürgerlichen Gesetzbuch (BGB)* seinen Niederschlag gefunden.

Das BGB ist wie folgt gegliedert:
1. Allgemeiner Teil,
2. Recht der Schuldverhältnisse,
3. Sachenrecht,
4. Familienrecht,
5. Erbrecht.

In den nachfolgenden Ausführungen wird vornehmlich auf die Bestimmungen näher eingegangen, die von wesentlicher allgemeiner Bedeutung oder von besonderem Interesse für die Berufstätigkeit der Krankengymnasten sind.

**Rechtsfähigkeit**

Rechtsfähigkeit ist die Fähigkeit, Träger von Rechten und Pflichten zu sein. Sie setzt mit der Vollendung der Geburt ein und endet mit dem Tode. Sie schließt die Parteifähigkeit (Fähigkeit zu klagen und verklagt zu werden) ein.

In diesem Zusammenhang bedeutsame Anzeigepflichten von Geburt und Tod ergeben sich aus dem Personenstandsgesetz.

**Handlungsfähigkeit**

Handlungsfähigkeit ist die Fähigkeit, durch eigenes Handeln Rechtswirkungen hervorrufen zu können. Sie gliedert sich in Geschäftsfähigkeit und Deliktsfähigkeit.

**Geschäftsfähigkeit und Deliktsfähigkeit**

Die unbeschränkte Handlungsfähigkeit setzt mit der Volljährigkeit (Vollendung des 18. Lebensjahres) ein. Vor der Volljährigkeit ist die Handlungsfähigkeit entweder ausgeschlossen (vor dem 7. Lebensjahr) oder weitgehenden Beschränkungen unterworfen (z. B. Taschengeldgeschäfte).

Geschäftsfähigkeit ist die Fähigkeit, wirksam Rechtsgeschäfte vorzunehmen und insbesondere durch Verträge Rechte zu erwerben oder Verpflichtungen einzugehen. Sie schließt die Prozeßfähigkeit (im Prozeß aufzutreten und Anträge zu stellen) ein.

Deliktsfähigkeit ist die Fähigkeit, durch eine unerlaubte Handlung schadensersatzpflichtig zu werden.

**Entmündigung**

Es kann derjenige entmündigt werden, der

1. wegen Geisteskrankheit oder Geistesschwäche seine Angelegenheiten nicht selbst zu besorgen vermag oder
2. wegen Verschwendung sich oder seine Familie der Gefahr des Notstandes aussetzt oder
3. wegen Trunksucht oder Rauschgiftsucht seine Angelegenheiten nicht selbst zu besorgen vermag oder sich oder seine Familie der Gefahr des Notstandes aussetzt oder die Sicherheit anderer gefährdet.

Eine entmündigte volljährige Person muß einen Vormund erhalten, der für die Personen- und Vermögenssorge sowie für die gesetzliche Vertretung des Entmündigten Verantwortung trägt.

**Gebrechlichkeitspflegschaft**

Ein nicht unter Vormundschaft stehender Volljähriger kann einen Gebrechlichkeitspfleger erhalten, wenn er infolge körperlicher oder geistiger Gebrechen (z. B. Blindheit, Lähmung) seine Angelegenheiten nicht zu besorgen vermag. Der Gebrechliche muß in der Regel der Pflegerbestellung zustimmen.

**Testierfähigkeit**

Testierfähigkeit ist die Fähigkeit, ein Testament zu errichten, zu ändern oder aufzuheben. Mit der Vollendung des 16. Lebensjahres kann man öffentliche Testamente errichten. Ab dem 18. Lebensjahr ist man uneingeschränkt testierfähig.

## Haftungsrecht

Für die berufliche Tätigkeit der Krankengymnasten (vor allem in eigener Praxis) sind die Vorschriften über die Haftung, d. h. über die Verpflichtung, Schadensersatz zu leisten, von Bedeutung. Rechtsbeziehungen, die Schadensersatzpflichten auslösen können, beruhen insbesondere auf *Vertrag* (§§ 611 ff. BGB) oder *unerlaubter Handlung* (§§ 823 ff. BGB).

Der Vertragspartner des Patienten hat nicht nur die Pflicht zur Erfüllung der vereinbarten Hauptleistung (z. B. Massage, Übungsbehandlung), sondern auch zum Unterlassen jeder Schädigung, die durch Verletzung von Schutzpflichten (einschließlich Verkehrssicherungspflichten) oder unsorgfältiger Leistung entstehen kann.

Handelt er dieser Pflicht zuwider, begeht er eine Vertragsverletzung, für die er bei Verschulden schadensersatzpflichtig ist. Der Krankengymnast übernimmt aufgrund des Behandlungsvertrages mit dem Patienten die Verpflichtung, auf der Grundlage der ärztlichen Verordnung einen Heilerfolg anzustreben. Er schuldet dem Patienten im allgemeinen jedoch keinen Heilerfolg. In § 823 BGB ist hinsichtlich der Ersatzleistungspflicht bei unerlaubter Handlung bestimmt, daß derjenige, der vorsätzlich oder fahrlässig Leben, Körper, Gesundheit, Freiheit, Eigentum oder ein sonstiges Recht eines anderen widerrechtlich verletzt, zum Ersatz des daraus entstehenden Schadens verpflichtet ist. Unerlaubte Handlungen können auch im Rahmen eines Vertrages erfolgen. Ein Patient, der vertragliche Bindungen zu einem Krankenhaus hat (sog. totaler Krankenhausvertrag bzw. sog. gespaltener Arzt-Krankenhaus-Vertrag), kann einmal vertragliche Ansprüche gegen das Krankenhaus geltend machen, zum anderen aber auch den Schädiger (z. B. Arzt, Krankengymnast) nach den Normen über unerlaubte Handlung heranziehen. Schadensersatz kann jedoch immer nur einmal verlangt werden. Da zwischen Patient und angestelltem Krankengymnast im allgemeinen kein Vertragsverhältnis vorliegt, haftet der Krankengymnast nur wegen unerlaubter Handlung. Besteht ein Vertrag zwischen Patient und Krankenhaus, haftet das Krankenhaus auch für das Verschulden seiner Erfüllungsgehilfen (§ 278 BGB). Zu bedenken ist aber, daß ein Arbeitgeber nach Befriedigung der Schadensersatzansprüche eines Patienten Rückgriff gegen seine Arbeitnehmer nehmen und Ersatz des ihm entstandenen Schadens verlangen kann (Regreß). Ob das Krankenhaus für unerlaubte Handlungen seiner Bediensteten (Verrichtungsgehilfen; § 831 BGB) haftet, hängt von den Umständen des Einzelfalles ab. Gegebenenfalls kann sich das Krankenhaus entlasten.

Folgende Voraussetzungen müssen im allgemeinen zur Begründung einer Haftung erfüllt sein: Schaden, Kausalität, Rechtswidrigkeit der Schadenszufügung und Verschulden (Vorsatz oder Fahrlässigkeit).

Als *Schaden* ist im Haftungsrecht jede Schädigung eines Rechtsgutes anzusehen. Im medizinischen Bereich kommen überwiegend Gesundheitsverletzungen (Tod), aber auch Sach- oder Vermögensschäden in Betracht. Eine Schadenszufügung kann auch in der Preisgabe von der Schweigepflicht unterliegenden Geheimnissen an Dritte bestehen. Eine Bedingung wird dann für die Schadensentstehung als *ursächlich* bewertet, wenn sie nach der Erfahrung des Lebens im allgemeinen und nicht nur nach den besonderen Umständen des Falles geeignet gewesen ist, den Eintritt des Schadens herbeizuführen (Adäquanztheorie).

Hinsichtlich der *Rechtswidrigkeit* der Schadenszufügung ist zu sagen, daß jedes Eingreifen in fremde Rechte ohne Befugnis oder Überschreiten der Befugnis eine Verletzung des sich aus Artikel 2 Grundgesetz sich ergebenden Selbstbestimmungsrechtes darstellt. Selbst im Falle einer einwandfreien, erfolgreichen Behandlung, die ohne *Einwilligung* erfolgte, liegt ein widerrechtlicher Eingriff in die dem Patienten garantierten Rechte vor. Soweit ein Patient im Einzelfall nach ausreichender *Aufklärung* ausdrücklich in die Behandlung einwilligt, ist die Rechtswidrigkeit ausgeschlossen. Die Einwilligung deckt aber nur die fachgerechte Therapiemaßnahme; sie erstreckt sich damit nur auf solche Behandlungen, die entsprechend dem jeweiligen Stand der medizinischen Wissenschaft und Technik vorgenommen werden.

Die wirksame Einwilligung eines Patienten setzt voraus, daß dieser das Wesen, die Bedeutung und die Tragweite der Behandlungsmaßnahme erkannt hat. Maß und Umfang der Pflicht, den Patienten vor Beginn der Behandlung über Art, Umfang und Tragweite der vorgesehenen Maßnahmen aufzuklären, richtet sich nach den besonderen Umständen des Einzelfalles. Der Patient muß grundsätzlich darüber informiert werden, was mit ihm, mit welchen Mitteln, mit welchen Risiken und mit welchen Folgen geschieht. Maßgebend sind bei der Aufklärung das Verständnisvermögen und das Krankheitsbild des Patienten sowie die Dringlichkeit und Gefährlichkeit einer Maßnahme (z. B. Elektrobehandlung).

Im Haftungsrecht handelt *fahrlässig*, wer die im Verkehr erforderliche Sorgfalt außer acht läßt (§ 276 BGB). Als Maßstab wird das Verhalten einer gewissenhaften sorgfältigen Medizinalperson (z. B. Arzt, Krankengymnast) zugrunde gelegt (vgl. auch Fortbildungspflicht). Folgende Handlungen können beispielsweise in der Krankengymnastik als fahrlässiges Verhalten angesehen werden:

Durchführung von Behandlungsmaßnahmen ohne ärztliche Anordnung, Nichtbeachtung von ärztlichen Weisungen (z. B. Herzkühlung bei Packungen). Fehlerhafte Anwendung von technischen Geräten. Durch zu heißes Badewasser oder Packungen treten Verbrennungen auf. Der Patient wird überanstrengt. In der Hydrotherapie wird die herabgesetzte Hautempfindlichkeit des Patienten oder Gefühllosigkeit bestimmter Körperregionen (z. B. bei Querschnittlähmung) nicht beachtet. Wenn der Kranke während einer krankengymnastischen Behandlung nicht ständig beobachtet wird, ob er die Maßnahme verträgt. Bei der Behandlung im Anschluß an Frakturen und bei Massagen im schmerzenden Raum wird ungenügend vorsichtig gehandelt. Vernachlässigung der Aufsichtspflicht. Ein Patient bleibt ohne Aufsicht im Bewegungsbad.

Die Verpflichtung zum Schadensersatz sowie der Umfang des zu leistenden Ersatzes hängen von den Umständen des Einzelfalles ab. Gegebenenfalls ist ein Mitverschulden des einen oder des anderen Vertragspartners anzunehmen.

Bei Ansprüchen eines Patienten auf Schadensersatz muß dieser den behaupteten Fehler und das Verschulden des Schädigers beweisen. In bestimmten Fällen findet aber eine Umkehr der *Beweislast* statt (z. B. bei groben Behandlungsfehlern).

Als *Schadensersatzleistungen* kommen in Betracht:

Ersatz von Heilungskosten, Arzneimittel- und Kurkosten sowie Wiedergutmachung aller entstandenen Nachteile, wie ganz oder teilweise vorhandener Verdienstausfall oder Erhöhung von Ausgaben und Bedürfnissen, sowie Renten und Umschulungskosten. Im Falle einer unerlaubten Handlung besteht auch Anspruch auf Schmerzensgeld nach § 847 BGB.

Um einer persönlichen Haftung bzw. Schadensregulierung auszuweichen, kann der Abschluß einer *Berufshaftpflichtversicherung* angeraten werden. Diese Haftpflichtversicherung wird dann im Versicherungsfall im Rahmen des geschlossenen Vertrages die finanziellen Lasten, für die sonst der Versicherte selbst aufkommen müßte, übernehmen. In § 8 BO-K ist hierzu gesagt:

„Der Krankengymnast ist verpflichtet, sich ausreichend gegen Haftpflichtansprüche aus seiner beruflichen Tätigkeit zu versichern oder versichern zu lassen."

Die Einrede der *Verjährung* ist wie folgt möglich:

Bei Ansprüchen aus Vertrag nach 30 Jahren, bei Ansprüchen aus unerlaubter Handlung dagegen schon nach 3 Jahren.

## Erbrecht

Der Nachlaß eines Verstorbenen geht auf die Erben über. Will man die gesetzliche Erbfolge ausschließen, muß man eine andere letztwillige Verfügung treffen, also ein *Testament* machen.

Es werden folgende Testamente unterschieden:

a) Ordentliche Testamente: öffentliche Testamente (vor Notar) und eigenhändige Testamente (handschriftlich und unterzeichnet).
b) Außerordentliche Testamente: Nottestamente vor dem Bürgermeister, Absperrungstestamente und Testamente bei naher Todesgefahr.
c) Erbverträge.

Wenn ein Patient in Todesgefahr schwebt und noch schnell ein Testament machen möchte, kann er ggf. seine entsprechenden Erklärungen in

Gegenwart von 3 Zeugen (z. B. Arzt, Krankenschwester, Krankengymnast) mündlich abgeben. Diese Erklärungen werden neben der Darstellung des Sachverhaltes niedergeschrieben, vorgelesen und vom Erblasser und den 3 Zeugen unterschrieben. Testamente von Verstorbenen sind unverzüglich dem zuständigen Amtsgericht als Nachlaßgericht zuzuleiten.

# Strafrecht

Strafrechtsnormen, die sowohl für den Krankengymnasten als auch für die gesamten Berufe des Gesundheitswesens von Bedeutung sein können, sind hauptsächlich im *Strafgesetzbuch* (StGB), aber auch in anderen Gesetzen enthalten. In diesen Vorschriften sind die Tatbestände beschrieben, die der Staat mit Strafe bedroht. Darüber hinaus ist in den Strafrechtsnormen Art und Maß der anzuwendenden Strafen festgelegt.

Das StGB unterscheidet *Verbrechen und Vergehen.*

Verbrechen sind rechtswidrige Taten, die im Mindestmaß mit Freiheitsstrafe von 1 Jahr oder darüber bedroht sind. Vergehen sind rechtswidrige Taten, die im Mindestmaß mit einer geringeren Freiheitsstrafe oder die mit Geldstrafe bedroht sind.

Die *Strafbarkeit einer Tat* ist an folgende Voraussetzungen geknüpft:

a) Der Täter muß tatbestandsmäßig gehandelt haben. Dies bedeutet Erfüllung der von einer Strafvorschrift erfaßten Handlung oder Unterlassung (z. B. Körperverletzung). Um eine Tat strafrechtlich würdigen zu können, muß sie auch ursächlich für den Eintritt des Erfolges sein (Kausalität).
b) Die tatbestandsmäßige Handlung muß rechtswidrig sein, d. h., es dürfen keine Rechtfertigungsgründe (z. B. Notwehr, Notstand, Ausübung einer Berufs- oder Amtspflicht, Einwilligung) vorliegen.
c) Es ist nur vorsätzliches Handeln strafbar, soweit nicht fahrlässiges Handeln ausdrücklich unter Strafe gestellt ist. Die Schuld des Täters ist Grundlage für die Strafzumessung. Kinder und Personen mit bestimmten krankhaften Störungen sind nach §§ 19 und 20 StGB schuldunfähig bzw. vermindert schuldfähig.

Einige Strafrechtsvorschriften, deren Kenntnis für die Berufstätigkeit in der Krankengymnastik besonders wichtig erscheinen, sollen im folgenden näher dargestellt werden.

## Sittlichkeitsdelikte

§ 174a StGB bedroht u. a. mit Strafe (Freiheitsstrafe bis zu 5 Jahren oder Geldstrafe), wer den Insassen einer Anstalt für Kranke oder Hilfsbedürftige, der ihm zur Beaufsichtigung oder Betreuung anvertraut ist, dadurch mißbraucht, daß er unter Ausnutzung der Krankheit oder Hilfsbedürftigkeit sexuelle Handlungen an ihm vornimmt oder an sich von dem Insassen vornehmen läßt.

## Schweigepflicht

Krankengymnasten müssen, um das uneingeschränkte Vertrauen des Patienten zu besitzen, verschwiegen sein. Der Bruch der Schweigepflicht ist nach § 203 StGB wie folgt mit Strafe bedroht:

„(1) Wer unbefugt ein fremdes Geheimnis, namentlich ein zum persönlichen Lebensbereich gehörendes Geheimnis oder ein Betriebs- oder Geschäftsgeheimnis, offenbart, das ihm als

1. Arzt, Zahnarzt, Apotheker oder Angehöriger eines anderen Heilberufs, der für die Berufsausübung oder die Führung der Berufsbezeichnung eine staatlich geregelte Ausbildung erfordert,

...

anvertraut worden oder sonst bekanntgeworden ist, wird mit Freiheitsstrafe bis zu 1 Jahr oder mit Geldstrafe bestraft.

...

(3) Den in Abs. 1 Genannten stehen ihre berufsmäßig tätigen Gehilfen und die Personen gleich, die bei ihnen zur Vorbereitung auf den Beruf tätig sind. Den in Abs. 1 und den in Satz 1 Genannten steht nach dem Tode des zur Wahrung des Geheimnisses Verpflichteten ferner gleich, wer das Geheimnis von dem Verstorbenen oder aus dessen Nachlaß erlangt hat.

(4) Die Absätze 1 bis 3 sind auch anzuwenden, wenn der Täter das fremde Geheimnis nach dem Tode des Betroffenen unbefugt offenbart.

(5) Handelt der Täter gegen Entgelt oder in der Absicht, sich oder einen anderen zu bereichern oder einen anderen zu schädigen, so ist die Strafe Freiheitsstrafe bis zu 2 Jahren oder Geldstrafe."

Nach § 205 StGB wird eine Verschwiegenheitsverletzung nur auf Antrag verfolgt.

Das Geheimnis im Sinne von § 203 StGB umfaßt alle Tatsachen, deren Kenntnis nicht über einen geschlossenen Kreis von Personen hinausgeht und die im übrigen aufgrund des Willens des Patienten aus verständlichen Gründen geheimzuhalten sind. Die Schweigepflicht muß sich grundsätzlich auf alle Angelegenheiten erstrecken, die bei der Begegnung mit dem Patienten anvertraut oder sonst bekannt werden. Hierzu gehören nicht nur Krankengeschichten einschließlich der Untersuchungsergebnisse, Röntgenaufnahmen, Diagnosen, Operationsergebnisse usw., sondern auch familiäre, berufliche und wirtschaftliche Informationen; selbst solche, die gar nicht den Patienten in eigener Person betreffen.

Mitteilungen über Patienten sind im notwendigen Umfange insbesondere in folgenden Fällen zulässig:

1. Bei rechtswirksamer Entbindung von der Schweigepflicht.
2. Bei Ausführung von gesetzlich vorgeschriebenen Meldungen und Anzeigen (z. B. nach dem Bundes-Seuchengesetz oder Bundessozialhilfegesetz).
3. Bei Mitteilung des Wissens über den Patienten an zum Wissen berufene Personen (z. B. Arzt, Krankenschwester).

In der BO-K heißt es hierzu:
„Bei der Zusammenarbeit mit Ärzten oder Angehörigen anderer Berufe im Gesundheitswesen in der Behandlung des Patienten oder im Falle der Weiterleitung des Patienten an einen anderen Krankengymnasten ist der Krankengymnast diesem Personenkreis gegenüber von seiner Schweigepflicht entbunden, sofern der Patient nicht anderes bestimmt."

4. Bei pflichtgemäßem Ermessen zur Wahrung eines Interesses, das höher ist als das berechtigte Interesse des Patienten an der Wahrung der Schweigepflicht (z. B. Kindesmißhandlung).
5. Bei Wahrung berechtigter Interessen zur Selbstverteidigung vor Gericht und Eintreibung von Honorarforderungen im Zivilprozeß.
6. Bei Anzeige zur Verhinderung geplanter Straftaten nach §§ 138, 139 StGB.
7. Bei Mitteilungen an die Sozialleistungsträger. Hierzu ist u. a. in der BO-K ausgeführt:
„Die Verpflichtung zur Verschwiegenheit zugunsten des Patienten gilt grundsätzlich auch, wenn der Krankengymnast im amtlichen oder privaten Auftrag eines Dritten tätig wird. Bei der Behandlung z. B. von Mitgliedern einer Krankenkasse müssen daher die Mitteilungen an die Krankenkasse auf das erforderliche Maß beschränkt werden, das sich aus der Aufgabe der Krankenkasse ergibt."

Nach § 2 Nr. 5 BO-K ist der freiberuflich tätige Krankengymnast gehalten, alle Mitarbeiter und Hilfskräfte einschließlich der Personen, die zur Vorbereitung auf den Beruf bei der krankengymnastischen Behandlung anwesend sind, über die gesetzliche Pflicht zur Verschwiegenheit zu belehren und dieses schriftlich festzuhalten.

## Zeugnisverweigerungsrecht

Nach § 53 Strafprozeßordnung (StPO) sind zur Verweigerung des Zeugnisses u. a. Ärzte berechtigt, und zwar über das, was ihnen in dieser Eigenschaft anvertraut worden oder bekanntgeworden ist. Diesen Personen stehen nach § 53a StPO ihre Gehilfen und die Personen gleich, die zur Vorbereitung auf den Beruf an der berufsmäßigen Tätigkeit teilnehmen. Über die Ausübung des Rechtes dieser Hilfspersonen, das Zeugnis zu verweigern, entscheidet der Arzt. Das Zeugnisverweigerungsrecht gilt nicht bei Entbindung von der Schweigepflicht.

Die der StPO entsprechenden Vorschriften über das Recht zur Verweigerung des Zeugnisses finden sich auch in den Verfahrensordnungen für alle anderen gerichtlichen Prozesse.

## Abbruch der Schwangerschaft

Nach § 218 StGB wird mit Freiheitsstrafe bis zu 3 Jahren oder mit Geldstrafe bestraft, wer eine Schwangerschaft abbricht. Geschütztes Rechtsgut ist das noch nicht geborene Leben. In besonders schweren Fällen, wenn der Täter gegen den Willen der Schwangeren handelt oder leichtfertig die Gefahr des Todes oder einer schweren Gesundheitsschädigung der Schwangeren verursacht, wird eine Freiheitsstrafe von 6 Monaten bis zu 5 Jahren verhängt.

Rechtfertigungsgründe zum Schwangerschaftsabbruch sind wie folgt in § 218a StGB beschrieben:

„Der Abbruch der Schwangerschaft durch einen Arzt ist nicht nach § 218 strafbar, wenn

1. die Schwangere einwilligt und
2. der Abbruch der Schwangerschaft unter Berücksichtigung der gegenwärtigen und zukünftigen Lebensverhältnisse der Schwangeren nach ärztlicher Erkenntnis angezeigt ist, um eine Gefahr für das Leben oder die Gefahr einer schwerwiegenden Beeinträchtigung des körperlichen oder seelischen Gesundheitszustandes der Schwangeren abzuwenden, und die Gefahr nicht auf eine andere für sie zumutbare Weise abgewendet werden kann.

(2) Die Voraussetzungen des Absatzes 1 Nr. 2 gelten auch als erfüllt, wenn nach ärztlicher Erkenntnis

1. dringende Gründe für die Annahme sprechen, daß das Kind infolge einer Erbanlage oder schädlicher Einflüsse vor der Geburt an einer nicht behebbaren Schädigung seines Gesundheitszustandes leiden würde, die so schwer wiegt, daß von der Schwangeren die Fortsetzung der Schwangerschaft nicht verlangt werden kann,
2. an der Schwangeren eine rechtswidrige Tat nach den §§ 176—179 begangen worden ist und dringende Gründe für die Annahme sprechen, daß die Schwangerschaft auf der Tat beruht, oder
3. der Abbruch der Schwangerschaft sonst angezeigt ist, um von der Schwangerschaft die Gefahr einer Notlage abzuwenden, die
   a) so schwer wiegt, daß von der Schwangeren die Fortsetzung der Schwangerschaft nicht verlangt werden kann, und
   b) nicht auf eine andere für die Schwangere zumutbare Weise abgewendet werden kann.

(3) In den Fällen des Absatzes 2 Nr. 1 dürfen seit der Empfängnis nicht mehr als zweiundzwanzig Wochen, in den Fällen des Absatzes 2 Nr. 2 und 3 nicht mehr als zwölf Wochen verstrichen sein."

Wer einen Schwangerschaftsabbruch aus einer der genannten Indikationen erwägt, muß nach § 218b StGB mindestens 3 Tage vor dem Eingriff umfassend beraten werden. Diese Beratung darf nur bei einer medizinischen Indikation entfallen. Nach § 219 StGB muß vor dem Abbruch ein Arzt, der nicht selbst den Schwangerschaftsabbruch vornimmt, eine schriftliche Feststellung darüber getroffen haben, ob die Voraussetzungen einer Indikation gegeben sind. Gerechtfertigte Schwangerschaftsabbrüche dürfen nur in Krankenhäusern oder hierfür besonders zugelassenen Einrichtungen vorgenommen werden. Niemand ist — außer in Fällen einer medizinischen Indikation — zur Mitwirkung an einem Schwangerschaftsabbruch verpflichtet.

## Aussetzung

Insoweit ist in § 221 StGB ausgeführt:

(1) „Wer eine wegen jugendlichen Alters, Gebrechlichkeit oder Krankheit hilflose Person aussetzt, oder wer eine solche Person, wenn sie unter seiner Obhut steht oder wenn er für ihre Unterbringung, Fortschaffung oder Aufnahme zu sorgen hat, in hilfloser Lage verläßt, wird mit Freiheitsstrafe von 3 Monaten bis zu 5 Jahren bestraft.

(2) Wird die Handlung von Eltern gegen ihr Kind begangen, so tritt Freiheitsstrafe von 6 Monaten bis zu 5 Jahren ein.

(3) Ist durch die Handlung eine schwere Körperverletzung (§ 224) der ausgesetzten oder verlassenen Person verursacht worden, so tritt Freiheitsstrafe von 1 Jahr bis zu 10 Jahren und, wenn durch die Handlung der Tod verursacht worden ist, Freiheitsstrafe nicht unter 3 Jahren ein."

## Fahrlässige Tötung

§ 222 StGB lautet:

„Wer durch Fahrlässigkeit den Tod eines Menschen verursacht, wird mit Freiheitsstrafe bis zu 5 Jahren oder mit Geldstrafe bestraft."

Fahrlässigkeit liegt vor, wenn der Handelnde bei der von ihm zu fordernden Umsicht und Vorsicht mit der Möglichkeit des schädigenden Ereignisses hätte rechnen müssen. So verletzt ein Krankengymnast seine Sorgfaltspflicht und handelt fahrlässig, wenn er gegen allgemein anerkannte Regeln der Krankengymnastik verstößt (z. B. Anwendung falscher Behandlungsmethoden, Mißachtung von Gegenindikationen).

## Körperverletzung

In § 223 StGB ist zur Körperverletzung u. a. ausgeführt:

„Wer einen anderen körperlich mißhandelt oder an der Gesundheit beschädigt, wird mit Freiheitsstrafe bis zu 3 Jahren oder mit Geldstrafe bestraft."

Weitere Vorschriften (§§ 223a—233 StGB) befassen sich mit der gefährlichen, schweren, beabsichtigten schweren und fahrlässigen Körperverletzung, der Mißhandlung von Kindern und Wehrlosen, der Körperverletzung mit tödlichem Ausgang sowie der Beibringung von Gift. Je nach der Schwere der Tat ist die Strafe zu bemessen. Die Verfolgung leichter vorsätzlicher sowie aller durch Fahrlässigkeit verursachter Körperverletzungen tritt nur auf Antrag ein, es sei denn, daß ein öffentliches Interesse an der Strafverfolgung vorliegt (§ 232 StGB).

Ärztliche Eingriffe und andere Behandlungsmaßnahmen erfüllen grundsätzlich den Tatbestand der „Körperverletzung". Liegen jedoch Rechtfertigungsgründe vor, wird der „Körperverletzung" die Strafbarkeit genommen. Der wichtigste Rechtfertigungsgrund ist die Einwilligung des Patienten, der allerdings eine Aufklärung über die wesentlichen Umstände für die Entscheidung vorausgehen muß (vgl. auch „Haftungsrecht"). Insoweit bestimmt § 226a StGB:

„Wer eine Körperverletzung mit Einwilligung des Verletzten vornimmt, handelt nur dann rechtswidrig, wenn die Tat trotz der Einwilligung gegen die guten Sitten verstößt."

## Unterlassene Hilfeleistung

Wer bei Unglücksfällen (plötzlich eintretendes Ereignis im Einzelfall) oder gemeiner Gefahr oder Not (Allgemeinbedrohung durch Feuer, Überschwemmung, Naturkatastrophe u. a.) nicht Hilfe leistet, obwohl dies erforderlich und ihm den Umständen nach zuzumuten, insbesondere ohne erhebliche eigene Gefahr und ohne Verletzung anderer wichtiger Pflichten möglich ist, wird mit Freiheitsstrafe bis zu 1 Jahr oder mit Geldstrafe bestraft (§ 323c StGB).

## Sonstige Delikte

Auf weitere wichtige Strafrechtsnormen wird wie folgt verwiesen:

- Gefangenenbefreiung (§ 120 StGB),
- Nichtanzeige geplanter Straftaten (§§ 138, 139 StGB),
- Verletzung der Fürsorge- und Erziehungspflicht (§ 170d StGB),
- Tötung auf Verlangen (§ 216 StGB),
- Fälschung von Gesundheitszeugnissen (§ 277 StGB).

## Ordnungswidrigkeiten

Es handelt sich hierbei im Gegensatz zu kriminellen Handlungen um sog. Verwaltungsunrecht. Es sind Gesetzesverstöße, die mit einer Verwarnung oder einer Geldbuße geahndet werden (z. B. Führen der geschützten Berufsbezeichnung „Krankengymnast" ohne Erlaubnis, Unterlassen der Meldung einer übertragbaren Krankheit, Mißachtung des Werbeverbots).

# Sozialrecht

Das Sozialrecht garantiert Sozialleistungen zur Verwirklichung sozialer Gerechtigkeit und Sicherheit. Die Regelungen des Sozialrechts sind in verschiedenen Einzelgesetzen (z. B. Reichsversicherungsordnung — RVO — und den bisher vorliegenden Teilen des Sozialgesetzbuches — SGB) enthalten. Um das Sozialrecht für Bürger und Verwaltung überschaubarer zu machen, ist seine gesamte Darstellung in einem *Sozialgesetzbuch (SGB)* mit folgenden Bereichen vorgesehen:

Allgemeiner Teil — Ausbildungsförderung — Arbeitsförderung — Sozialversicherung (gemeinsame Vorschriften) — Krankenversicherung — Unfallversicherung — Rentenversicherung — Soziale Entschädigungen bei Gesundheitsschäden — Kindergeld und Erziehungsgeld — Wohngeld — Jugendhilfe — Sozialhilfe — Verfahren und Beziehungen der Leistungsträger zueinander und zu Dritten.

## SGB — Allgemeiner Teil (SGB-AT)

Im SGB-AT sind neben einer Beschreibung der Aufgaben des SGB und der Benennung von sozialen Grundrechten insbesondere umfassende Aufklärungs-, Beratungs- und Auskunftspflichten aller Sozialleistungsträger festgelegt. Danach hat jeder Bürger Anspruch auf Beratung über seine Rechte nach dem SGB (z. B. über Zuständigkeiten, Hilfen und Maßnahmen zur Rehabilitation).

## Ausbildungsförderung

Das *Bundesausbildungsförderungsgesetz (BAföG)* stellt durch individuelle Förderung in Form von Zuschüssen und Darlehen sicher, daß jeder den Bildungs- und Berufsweg wählen und gehen kann, der seiner Neigung und Eignung entspricht, unabhängig davon, ob er oder seine Eltern die dafür erforderlichen finanziellen Mittel selbst aufbringen können. Eine Verordnung regelt u. a. die Einbeziehung von Lehranstalten für Krankengymnastik in die Ausbildungsförderung.

## Arbeitsförderung

Die Arbeitsförderung und die Arbeitslosenversicherung haben ihre Grundlage im *Arbeitsförderungsgesetz (AFG)*. Träger der Arbeitsförderung ist die Bundesanstalt für Arbeit mit 9 Landesarbeitsämtern und 146 Arbeitsämtern (Arbeitsverwaltung). Pflichtversichert sind in der Arbeitslosenversicherung hauptsächlich Arbeiter und Angestellte. Die Finanzierung der Aufgaben der Arbeitsverwaltung wird durch Beiträge der Arbeitnehmer und Arbeitgeber sowie durch Umlagen und Bundesmittel gewährleistet. Die Aufgaben der Arbeitsverwaltung sind:

- Im Rahmen der Arbeitsförderung: Arbeitsmarkt- und Berufsforschung, Arbeitsvermittlung und Berufsberatung, Förderung der beruflichen Bildung, Förderung der Arbeitsaufnahme und berufliche Rehabilitation.
- Zur Arbeitslosenversicherung gehören: Sicherung von Arbeitsplätzen und finanzielle Leistungen an Arbeitslose (Arbeitslosengeld, Arbeitslosenhilfe, Konkursausfallgeld).

Die Durchführung des *Schwerbehindertengesetzes (SchwbG)* als Sonderförderungsrecht der Schwerbehinderten fällt in die Zuständigkeit der Arbeitsverwaltung und der Hauptfürsorgestellen.

Schwerbehinderte sind Personen, die körperlich, geistig oder seelisch nicht nur vorübergehend behindert und in ihren Funktionen um wenigstens 50% (Grad der Behinderung — GdB) beeinträchtigt sind. Über die Schwerbehinderteneigenschaft entscheiden die Behörden der Versorgungsverwaltung und stellen nach Ausweisrichtlinien des Bundes einen entsprechenden Ausweis aus.

Ziel des SchwbG ist es, die soziale Benachteiligung der Behinderten auszugleichen, eine berufliche Eingliederung sicherzustellen und einen angemessenen Arbeitsplatz zu gewährleisten.

Das SchwbG sichert somit auch den Erfolg medizinischer und beruflicher Rehabilitationsmaßnahmen.

## Gemeinsame Vorschriften der Sozialversicherung

Diese Vorschriften gelten für die gesetzliche Kranken-, Unfall- und Rentenversicherung. Träger der Sozialversicherung sind danach rechtsfähige Körperschaften des öffentlichen Rechts mit dem Recht der Selbstverwaltung. Die Selbstverwaltungsorgane sind: Vertreterversammlung und Vorstand. Die Sozialversicherung umfaßt Personen, die kraft Gesetzes oder Satzung oder aufgrund freiwilligen Beitritts oder freiwilliger Fortsetzung versichert sind.

## Krankenversicherung

Die gesetzliche Krankenversicherung hat seit dem 1. 1. 1989 ihre Grundlage im Sozialgesetzbuch (SGB) V (Gesetzliche Krankenversicherung).

Die Krankenversicherung ist nach verschiedenen Kassenarten gegliedert (Tab. **2**).

Tabelle **2** Kassenarten der Krankenversicherung

| Pflicht- oder gesetzliche Krankenkassen („RVO-Kassen“) | Sonstige berufsständische Krankenkassen: | Ersatzkassen |
|---|---|---|
| Orts-, Betriebs- und Innungskrankenkassen | — Landwirtschaftliche Krankenkasse<br>— Seekrankenkasse<br>— Bundesknappschaft | |

Die Krankenkassen und ihre Verbände arbeiten sowohl innerhalb einer Kassenart als auch kassenartenübergreifend miteinander und mit allen anderen Einrichtungen des Gesundheitswesens eng zusammen.

In der gesetzlichen Krankenversicherung sind einmal die Personen versichert, die der gesetzlichen Versicherungspflicht unterliegen, zum anderen Personen, die der Krankenversicherung freiwillig beigetreten sind, und Familienangehörige (Familienversicherung). Pflichtversicherte sind im wesentlichen Arbeiter, Angestellte und zu ihrer Berufsausbildung Beschäftigte, soweit deren regelmäßiges Jahresarbeitsentgelt 75 % der Jahresarbeitsentgeltgrenze nicht übersteigt. Die Versicherungspflicht umfaßt darüber hinaus weitere Personen. Dazu gehören beispielsweise Leistungsempfänger nach dem Arbeitsförderungsgesetz, Rehabilitanden, Behinderte in Werkstätten für Behinderte, Anstalten, Heimen oder gleichartigen Einrichtungen sowie Studenten und Rentner.

Die Krankenversicherung wird im wesentlichen durch Beiträge der Mitglieder und der Arbeitgeber finanziert. Die Beiträge richten sich nach den beitragspflichtigen Einnahmen der Mitglieder. Die Beiträge sind nach einem Beitragssatz zu erheben, der in Hundertsteln der Einnahmen in der Satzung der Krankenkasse festgesetzt wird. Die versicherungspflichtig Beschäftigten und ihre Arbeitgeber tragen die nach dem Arbeitsentgelt zu bemessenden Beiträge jeweils zur Hälfte. Für versicherte Familienangehörige werden Beiträge nicht erhoben.

Die gesetzliche Krankenversicherung hat als Solidargemeinschaft die Aufgabe, die Gesundheit der Versicherten zu erhalten, wiederherzustellen oder ihren Gesundheitszustand zu bessern.

Die Versicherten sind für ihre Gesundheit allerdings mit verantwortlich. Sie sollen daher durch eine gesundheitsbewußte Lebensführung, durch frühzeitige Beteiligung an gesundheitlichen Vorsorgemaßnahmen sowie durch aktive Mitwirkung an Krankenbehandlung und Rehabilitation dazu beitragen, den Eintritt von Krankheit und Behinderung zu vermeiden oder ihre Folgen zu überwinden. Die Krankenkassen haben den Versicherten dabei durch Aufklärung, Beratung und Leistungen zu helfen und auf gesunde Lebensverhältnisse hinzuwirken.

Die Leistungen der gesetzlichen Krankenversicherung müssen ausreichend, zweckmäßig und wirtschaftlich sein. Sie dürfen das Maß des Notwendigen nicht überschreiten. Leistungen, die nicht notwendig oder unwirtschaftlich sind, können Versicherte nicht beanspruchen, dürfen die Leistungserbringer nicht bewirken und die Krankenkassen nicht bewilligen.

Qualität und Wirksamkeit der Leistungen haben aber dem allgemein anerkannten Stand der medizinischen Erkenntnisse zu entsprechen und den medizinischen Fortschritt zu berücksichtigen (Tab. **3**).

Tabelle **3** Leistungen, die den Versicherten unter Beachtung des Gebots der Mitverantwortung für ihre Gesundheit zustehen

| |
|---|
| Maßnahmen zur<br>Gesundheitsförderung — Krankheitsverhütung — Früherkennung von Krankheiten |
| Krankenbehandlung, und zwar insbesondere:<br>— ärztliche und zahnärztliche Behandlung<br>— Kostenerstattung bei kieferorthopädischer Behandlung und Zahnersatz<br>— Arznei-, Verband-, Heil- und Hilfsmittel<br>— häusliche Krankenpflege und Haushaltshilfe<br>— Krankenhausbehandlung<br>— medizinische und ergänzende Leistungen zur Rehabilitation |
| Krankengeld (und Betriebshilfe für Landwirte) |
| Häusliche Pflegehilfe bei Schwerpflegebedürftigkeit |
| Sterbegeld |
| Fahrkosten |
| Leistungen bei Schwangerschaft und Mutterschaft |
| Sonstige Hilfen |

Ärztliche Behandlung wird von Ärzten erbracht. Sind Hilfeleistungen anderer Personen erforderlich, dürfen sie nur erbracht werden, wenn sie vom Arzt angeordnet und von ihm verantwortet werden.

Versicherte haben Anspruch auf Versorgung mit Heilmitteln (z. B. Bestrahlungen, Bäder, Massagen und sonstige physikalische Behandlungen), soweit sie nicht bei geringfügigen Gesundheitsstörungen Verwendung finden. Versicherte, die das 18. Lebensjahr vollendet haben, müssen zu den Kosten der Heilmittel eine Zuzahlung von 10% an die abgebende Stelle leisten. Dies gilt auch, wenn das Heilmittel in der Praxis des Arztes oder bei ambulanter Behandlung in Krankenhäusern, Rehabilitations- oder anderen Einrichtungen abgegeben wird (z. B. bei einer ambulanten Vorsorgekur).

Die Krankenkassen haben Versicherte nach näheren Regelungen bei unzumutbarer Belastung von Zuzahlungen und Kosten vollständig zu befreien (sog. Sozialklausel) oder, soweit eine Belastungsgrenze überschritten wird, teilweise Befreiung von Zuzahlungen und Kosten zu gewährleisten (sog. Überforderungsklausel).

Näheres s. Abschnitt „Krankenversicherung" in „Staatsbürger- und Gesetzeskunde für die Krankenpflegeberufe in Frage und Antwort", 8. Auflage 1989. Thieme, Stuttgart.

## Unfallversicherung

Die gesetzliche Grundlage ist die RVO (3. Buch). Träger der Unfallversicherung sind die Berufsgenossenschaften nach folgender Gliederung: Allgemeine Unfallversicherung, Landwirtschaftliche Unfallversicherung und See-Unfallversicherung. Man kann der Unfallversicherung angehören als Pflichtversicherter oder als freiwillig Versicherter. Nahezu die gesamte Bevölkerung ist pflichtversichert. Die Finanzierung der Unfallversicherung erfolgt durch die Beiträge der Unternehmer. Die Unfallgefahr des Betriebes beeinflußt die Höhe der Beiträge. Die Unfallversicherung hat im wesentlichen drei große Aufgaben: Unfallverhütung, Leistungen zur Rehabilitation und finanzielle Sicherstellung. Wichtigste Aufgabe der Unfallversicherung ist die Verhütung von Arbeitsunfällen. Drei Ereignisse können einen Leistungsanspruch auslösen: Arbeitsunfall, Wegeunfall und Berufskrankheit.

Die als Berufskrankheiten anerkannten Krankheiten sind die in einer der *Berufskrankheitenverordnung* beigefügten Liste bezeichneten Krankheiten (z. B. Infektionskrankheiten). Voraussetzung für eine Entschädigungspflicht ist jedoch, daß die schädigende Einwirkung mit der Berufstätigkeit zusammenhängt. Es muß z. B. nachgewiesen werden, daß eine Infektion (z. B. durch Berühren, Anhusten, Luftstaub, Wäsche, Badewasser) bei einer Behandlungstätigkeit erfolgt ist. Als Nachweis genügt ein ausreichendes Maß an Wahrscheinlichkeit des ursächlichen Zusammenhangs. Die Anerkennung einer Infektionskrankheit als Berufskrankheit ist dann möglich, wenn der Versicherte im Gesundheitsdienst, in der Wohlfahrtspflege oder in einem Laboratorium tätig oder durch eine andere Tätigkeit der Infektionsgefahr in ähnlichem Maße ausgesetzt war (erhöhte Gefährdung). Daß eine Berufskrankheit vorliegt, muß ggf. durch ein ärztliches Gutachten bestätigt werden. Für einen Krankengymnasten kann es zur Sachverhaltsaufklärung wichtig sein, daß er sich genaue Aufzeichnungen über die Behandlung eines ansteckungsfähigen Patienten gemacht hat.

Der Unternehmer ist verpflichtet, jeden Versicherungsfall innerhalb von 3 Tagen zu melden. Die Leistungen der Unfallversicherung sind insbesondere Heilbehandlung (z. B. ärztliche und zahnärztliche Behandlung, Arznei- und Heilmittel einschließlich Krankengymnastik), Übergangsgeld, Berufshilfe, Versichertenrenten, Sterbegeld, Hinterbliebenenrenten, Abfindungen.

## Rentenversicherung

Man unterscheidet auf verschiedene gesetzliche Grundlagen basierende Rentenversicherungen (Tab. **4**).

Tabelle **4** Gesetzliche Grundlage der Rentenversicherungen

| Versicherungszweig | Gesetzliche Grundlage |
|---|---|
| Rentenversicherung der Arbeiter und Angestellten | Sozialgesetzbuch VI |
| Knappschaftliche Rentenversicherung | Reichsknappschaftsgesetz |
| Altershilfe für Landwirte | Gesetz über die Altershilfe für Landwirte |

Träger der Rentenversicherung sind die Bundesversicherungsanstalt für Angestellte, 18 Landesversicherungsanstalten, die Bundesbahn-Versicherungsanstalt, die Seekasse, die Landwirtschaftliche Alterskasse sowie die Bundesknappschaft mit 7 Bereichsknappschaften. Arbeiter und Angestellte in den verschiedenen Versicherungsbereichen sind im allgemeinen pflichtversichert. Selbständigen ist die Pflichtversicherung u. U. freigestellt. Die freiwillige Mitgliedschaft kann mit gewissen Einschränkungen jedermann beantragen. Die Finanzierung der Rentenversicherung der Arbeiter und Angestellten erfolgt durch Beiträge der Versicherten und der Arbeitgeber. Der Arbeitnehmer trägt den Beitrag zur Hälfte, die andere Hälfte der Arbeitgeber.

Freiwillig Versicherte und Selbständige zahlen den Beitrag in voller Höhe selbst. In der knappschaftlichen Rentenversicherung und der Altershilfe für Landwirte gelten hinsichtlich der Finanzierung einige Besonderheiten.

Die wichtigsten Aufgaben der Rentenversicherung sind die Leistungen zur Rehabilitation und die Zahlung von Renten bei Erwerbsminderung, Alter und Tod. Hierzu ist zu bemerken:

- Rehabilitation soll eine frühzeitige Rentenzahlung verhindern und die Arbeitskraft erhalten. Es gilt: Rehabilitation geht vor Rente. Die Kosten der Rehabilitation zahlt der Versicherungsträger.
- Renten werden gezahlt, wenn der Rentenfall eingetreten und eine bestimmte Wartezeit erfüllt ist. Zu unterscheiden sind Renten an Versicherte und Renten an Hinterbliebene. Die Wartezeit beträgt im allgemeinen 60 Kalendermonate. Die Wartezeit wird erfüllt mit Beitrags- und Ersatzzeiten und Zeiten aus dem Versorgungsausgleich.

## Soziales Entschädigungsrecht

Die gesetzliche Grundlage ist in der Hauptsache das *Bundesversorgungsgesetz (BVG)*. Die Durchführung dieses Gesetzes obliegt überwiegend den Versorgungsämtern bzw. den Hauptfürsorgestellen. Soziale Entschädigung kann in Anspruch genommen werden bei gesundheitlichen Schäden, die verursacht wurden durch:

militärische oder militärähnliche Dienstverrichtung, Kriegseinwirkung, Kriegsgefangenschaft, Internierung, Inhaftierung im Sinne des Häftlingshilfegesetzes, Wehrdienstbeschädigung, Zivildienstbeschädigung, Impfung, einen vorsätzlichen, rechtswidrigen tätlichen Angriff gegen seine oder eine andere Person oder dessen rechtmäßige Abwehr.

Es werden umfassende medizinische und berufsfördernde Leistungen zur Rehabilitation sowie ergänzende Leistungen hierzu erbracht.

## Rehabilitation

Das *Gesetz über die Angleichung der Leistungen zur Rehabilitation* gilt für die Arbeitsförderung, die Sozialversicherung und das soziale Entschädigungsrecht. Zuständige Rehabilitationsträger sind diejenigen Körperschaften, Anstalten und Behörden der Sozialleistungsbereiche, die gesetzlich verpflichtet sind, Leistungen zur Rehabilitation zu erbringen. Es besteht ein gegliedertes System der Rehabilitation.

Die medizinischen, berufsfördernden und ergänzenden Maßnahmen und Leistungen zur Rehabilitation sind darauf auszurichten, körperlich, geistig oder seelisch Behinderte möglichst auf Dauer in Arbeit, Beruf und Gesellschaft einzugliedern. Die Rehabilitationsträger haben auf die frühzeitige Einleitung und die zügige Durchführung der gebotenen Rehabilitationsmaßnahmen — nach Möglichkeit anhand eines Gesamtplanes — hinzuwirken. Die medizinische Rehabilitation soll alle Hilfen umfassen, die erforderlich sind, um einer drohenden Behinderung vorzubeugen, eine Behinderung zu beseitigen, zu bessern oder eine Verschlimmerung zu verhüten (z. B. ärztliche und zahnärztliche Behandlung, Arznei- und Verbandmittel, Heilmittel einschließlich Krankengymnastik, Bewegungstherapie, Sprachtherapie, Beschäftigungstherapie, Körperersatzstücke). Diese Hilfen werden durch vielfältige berufsfördernde Leistungen (z. B. Arbeitserprobung, Fortbildung, Umschulung) und durch finanzielle Zuwendungen (Krankengeld, Übergangsgeld, Kostenübernahme) ergänzt.

Näheres s. Abschnitt „Grundlagen der Rehabilitation“ in „Staatsbürger- und Gesetzeskunde für die Krankenpflegeberufe in Frage und Antwort“, 8. Auflage 1989. Thieme Stuttgart.

## Sozialhilfe

Die Sozialhilfe hat ihre gesetzliche Grundlage im *Bundessozialhilfegesetz (BSHG)*. Träger der Sozialhilfe sind die Kreise und kreisfreien Städte sowie weitere überörtliche Verwaltungsstellen. Sozialhilfe erhält, wer sich selbst nicht helfen kann oder die erforderliche Hilfe von anderen, besonders von Angehörigen oder von Trägern anderer Sozialleistungen nicht erhält (Grundsatz der Nachrangigkeit). Eigenes Vermögen ist nur in zumutbarem Maße einzusetzen. Aufgabe der Sozialhilfe ist, dem Hilfeempfänger die Führung eines Lebens zu ermöglichen, das der Würde des Menschen entspricht (Artikel 1 Grundgesetz). Ziel der Sozialhilfe ist es, den Hilfeempfänger zu befähigen, unabhängig von ihr zu leben. Als Hilfearten werden die Hilfe zum Lebensunterhalt und die Hilfe in besonderen Lebenslagen unterschieden:

Hilfe zum Lebensunterhalt wird im allgemeinen in Form von Regelsätzen gewährt und soll die Grundbedürfnisse des täglichen Lebens befriedigen (z. B. Ernährung, Unterkunft, Kleidung, Körperpflege, Hausrat, Heizung).

Als Hilfe in besonderen Lebenslagen kommen in Betracht: Hilfe zum Aufbau oder zur Sicherung der Lebensgrundlage, vorbeugende Gesundheitshilfe, Krankenhilfe, Hilfe für werdende Mütter und Wöchnerinnen, Eingliederungshilfe für Behinderte, Blindenhilfe, Hilfe zur Pflege, Hilfe zur Weiterführung des Haushalts, Hilfe zur Überwindung besonderer sozialer Schwierigkeiten, Altenhilfe, sonstige Hilfen.

Folgende Regelungen zur Sicherung der Eingliederung Behinderter sind für die Krankengymnastik besonders bedeutsam:

Personen, die nicht nur vorübergehend körperlich, geistig oder seelisch wesentlich behindert sind, ist Eingliederungshilfe zu gewähren, wenn nicht der Hilfesuchende vorrangige Ansprüche nach anderen Vorschriften hat (z. B. AFG, RVO SGB, BVG). Aufgabe der Eingliederungshilfe ist es, eine drohende Behinderung zu verhüten oder eine vorhandene Behinderung oder deren Folgen zu beseitigen oder zu mildern und den Behinderten in die Gesellschaft einzugliedern. Um dieses Ziel zu erreichen, sieht das BSHG eine Vielzahl von Rehabilitationsleistungen vor (z. B. ambulante oder stationäre Behandlung oder sonstige ärztliche oder ärztlich verordnete Maßnahmen, schulische oder berufliche Bildung, Arbeitsvermittlung). Der Sozialhilfeträger hat unter Beteiligung anderer Stellen einen Gesamtplan zur Durchführung der Rehabilitationsleistungen aufzustellen. Eltern oder Vormünder, die bei einer ihrer Personensorge anvertrauten Person eine Behinderung wahrnehmen oder sonst davon Kenntnis erhalten, haben den Behinderten unverzüglich dem Gesundheitsamt oder einem Arzt zur Beratung über die geeigneten Eingliederungsmaßnahmen vorzustellen. U. a. Hebammen, Medizinalpersonen (außer Ärzten) und Sozialarbeiter, die bei Ausübung ihres Berufes eine Behinderung wahrnehmen, haben die Personensorgeberechtigten auf die Behinderung und auf ihre Pflichten zur Inanspruchnahme einer Beratung hinzuweisen. Stellen die Personensorgeberechtigten auch nach wiederholtem Hinweis auf ihre Verpflichtung den Behinderten nicht dem Gesundheitsamt oder einem Arzt vor, haben die hinweisverpflichteten Personen das Gesundheitsamt zu benachrichtigen (§§ 124, 125 BSHG). Den Ärzten, Gesundheitsämtern und sog. Landesärzten sind durch das BSHG umfangreiche Beratungspflichten übertragen worden.

## Öffentlicher Gesundheitsdienst

Öffentlicher Gesundheitsdienst ist die Wahrnehmung der öffentlich-rechtlichen Aufgaben auf dem Gebiet des Gesundheitswesens einschließlich der damit zusammenhängenden Untersuchungstätigkeit. Er obliegt schwerpunktmäßig den staatlichen oder kommunalen *Gesundheitsämtern* in den Kreisen und kreisfreien Städten. Die Leitung dieser Ämter wird von Amtsärzten wahrgenommen (Tab. 5).

Tabelle **5** Gliederung des öffentlichen Gesundheitsdienstes

| | | |
|---|---|---|
| UNO (Weltgesundheitsorganisation — WHO —) | → | Bund (Bundesgesundheitsministerium / Bundesgesundheitsrat, Bundesgesundheitsamt, Bundeszentrale für gesundheitliche Aufklärung) |
| Oberste Gesundheitsbehörden der Länder | → | Landesgesundheitsministerien / Senate |
| | | ↓ |
| Höhere Gesundheitsbehörden der Länder | → | Regierungspräsidenten (Medizinaldezernate) |
| | | ↓ |
| Untere Gesundheitsbehörden in den Ländern | → | Kreise und kreisfreie Städte (Gesundheitsämter) |

Die Gesundheitsämter haben anregende, ordnende, koordinierende und überwachende Funktionen. Nach dem Gesetz über die Vereinheitlichung des Gesundheitswesens vom 3. 7. 1934, den dazu ergangenen Durchführungsverordnungen und weiteren Spezialgesetzen erstrecken sich die Aufgaben der Gesundheitsämter im wesentlichen auf folgende Gebiete:

| | | | |
|---|---|---|---|
| Gesundheitsaufsicht | hygienische und seuchenhygienische Aufgaben | gesundheitliche Vorsorge und Fürsorge | Gutachtenwesen |

(1) Die in *Berufen des Gesundheitswesens* tätigen Personen sind von den Gesundheitsämtern listenmäßig zu erfassen und zu überwachen (Tab. **6**).

Darüber hinaus gibt es weitere Berufe im Gesundheitswesen, bei denen weder die Tätigkeit noch die Berufsbezeichnung bundesgesetzlich geschützt ist. Die Ausbildungs- und Prüfungsordnungen und die staatliche Anerkennung sind bei diesen Berufen vielfach durch Verwaltungsvorschriften der Länder geregelt.

*Beispiel:* Audiometrist(in), Assistent(in) in der Zytologie, Wochenpflegerin, Gesundheitsaufseher, Desinfektor, sozialmedizinischer Assistent im öffentlichen Gesundheitsdienst, Familienpflegerin, Arzthelferin, Zahnarzthelferin, Apothekenhelferin.

(2) Die im öffentlichen Interesse von den Gesundheitsämtern durchzuführende *Seuchenbekämpfung* findet auf der Grundlage des Gesetzes zur Verhütung und Bekämpfung übertragbarer Krankheiten beim Menschen (Bundes-Seuchengesetz) statt. Dieses Gesetz begründet nach einleitenden Begriffsbestimmungen im 2. und 3. Abschnitt Meldepflichten bei bestimmten übertragbaren Krankheiten, enthält im 4. Abschnitt Vorschriften zur Verhütung übertragbarer Krankheiten (Ermächtigungsgrundlagen für Maßnahmen der Gefahrenabwehr, Kontrolle von Trink- und Brauchwasser, Abwasserbeseitigung, Schutzimpfungen, Tätigkeits- und

Tabelle **6** Übersicht über die bundesgesetzlich geregelten Berufe im Gesundheitswesen

| Beruf | Gesetzliche Grundlage | Vorbildung | Ausbildung | Anerkennung/ Erlaubnis |
|---|---|---|---|---|
| Arzt | Bundesärzteordnung | Reifezeugnis | 6 Jahre Studium 18 Monate Praktikum | Approbation als Arzt |
| Zahnarzt | Zahnheilkundegesetz | Reifezeugnis | 5 Jahre Studium | Approbation als Zahnarzt |
| Apotheker | Bundesapothekerordnung | Reifezeugnis | $3\frac{1}{2}$ Jahre Studium, 1 Jahr Praktikum | Approbation als Apotheker |
| Heilpraktiker | Heilpraktikergesetz | Hauptschulabschluß | keine | Erlaubnis zur Ausübung der Heilkunde |
| Hebamme/ Entbindungspfleger | Hebammengesetz | Realschulabschluß bzw. vergleichbare Bildung | 3 Jahre Hebammenschule | Erlaubnis zum Führen der Berufsbezeichnung |
| Krankenschwester/ Krankenpfleger/ | Krankenpflegegesetz | | 3 Jahre Kranken- bzw. Kinderkrankenpflegeschule | |
| Kinderkrankenschwester/ Kinderkrankenpfleger | Krankenpflegegesetz | | | |
| Krankenpflegehelferin/ Krankenpflegehelfer | Krankenpflegegesetz | Hauptschulabschluß | 1 Jahr Schule für Krankenpflegehilfe | Erlaubnis zum Führen der Berufsbezeichnung |
| Masseur | Gesetz über die Ausübung der Berufe des Masseurs, des Masseurs und medizinischen Bademeisters und des Krankengymnasten | Hauptschulabschluß | 1 Jahr Lehranstalt, 1 Jahr Praktikum | |
| Masseur und medizinischer Bademeister | | Hauptschulabschluß | 1 Jahr Lehranstalt, $1\frac{1}{2}$ Jahre Praktikum | |
| Krankengymnast | | Realschulabschluß bzw. vergleichbare Bildung | 2 Jahre Lehranstalt, 1 Jahr Praktikum | |
| Medizinisch-technische Laboratoriums-Assistentin/Radiologie-Assistentin | Gesetz über technische Assistenten in der Medizin | | 2 Jahre Lehranstalt | |

Tabelle **6** (Fortsetzung)

| Beruf | Gesetzliche Grundlage | Vorbildung | Ausbildung | Anerkennung/ Erlaubnis |
|---|---|---|---|---|
| Beschäftigungs- und Arbeitstherapeut | Gesetz über den Beruf des Beschäftigungs- und Arbeitstherapeuten | Realschulabschluß bzw. vergleichbare Bildung | 3 Jahre Lehranstalt | |
| Pharmazeutisch-technischer Assistent | Gesetz über den Beruf des pharmazeutisch-technischen Assistenten | | 2 Jahre Lehranstalt, 6 Monate Praktikum | |
| Diätassistent | Gesetz über den Beruf des Diätassistenten | | 2 Jahre Lehranstalt | |
| Logopäde | Gesetz über den Beruf des Logopäden | | 3 Jahre Lehranstalt | |
| Rettungsassistent | Rettungsassistentengesetz | Hauptschulabschluß | 1 Jahr Schule für Rettungsassistenten 1 Jahr Praktikum | Erlaubnis zum Führen der Berufsbezeichnung |
| Orthoptist(in) | Orthoptistengesetz | Realschulabschluß- bzw. vergleichbare Bildung | 3 Jahre Schule für Orthoptisten | Erlaubnis zum Führen der Berufsbezeichnung |

Beschäftigungsverbote beim Verkehr mit Lebensmitteln, Untersuchungspflichten, Arbeiten und Verkehr mit Krankheitserregern) und beschreibt im 5. Abschnitt die Grundlagen zur Bekämpfung übertragbarer Krankheiten (Behandlung übertragbarer Krankheiten, Ermittlung, Schutzmaßnahmen). Weitere Abschnitte enthalten zusätzliche Vorschriften für Schulen und sonstige Gemeinschaftseinrichtungen, regeln die Entschädigung in besonderen Fällen (Verdienstausfall, Impfschaden) und befassen sich mit Kostenfragen und den Straf- und Bußgeldregelungen.

Hinsichtlich der Meldepflicht gilt Tab. 7.

Zur Meldung sind in der nachgenannten Reihenfolge insbesondere verpflichtet:

1. der behandelnde oder sonst hinzugezogene Arzt (in Krankenhäusern der leitende Arzt),
2. jede sonstige mit der Behandlung oder der Pflege des Betroffenen berufsmäßig beschäftigte Person (z. B. Krankengymnast, Krankenschwester).

Die Meldung ist dem für den Aufenthalt des Betroffenen zuständigen Gesundheitsamt unverzüglich, spätestens innerhalb 24 Stunden nach erlangter Kenntnis zu erstatten. Nach Eingang der Meldung beim Ge-

Tabelle 7 Meldepflicht übertragbarer Krankheiten

**Zu melden ist der Krankheitsverdacht, die Erkrankung sowie der Tod:**

— Botulismus
— Cholera
— Enteritis infectiosa
  a) Salmonellose
  b) übrige Formen einschließlich mikrobiell bedingter Lebensmittelvergiftung
— Fleckfieber
— Lepra
— Milzbrand
— Ornithose
— Paratyphus A, B und C
— Pest
— Pocken
— Poliomyelitis
— Rückfallfieber
— Shigellenruhr
— Tollwut*
— Tularämie
— Typhus abdominalis
— virusbedingtes hämorrhagisches Fieber

**Zu melden ist die Erkrankung sowie der Tod:**

— angeborene
  a) Zytomegalie
  b) Listeriose
  c) Lues
  d) Toxoplasmose
  e) Rötelnembryopathie
— Brucellose
— Diphtherie
— Gelbfieber
— Leptospirose
  a) Weil-Krankheit
  b) übrige Formen
— Malaria
— Meningitis/Enzephalitis
  a) Meningokokkenmeningitis
  b) andere bakterielle Meningitiden
  c) Virusmeningoenzephalitis
  d) übrige Formen
— Q-Fieber
— Rotz
— Trachom
— Trichinose
— Tuberkulose (aktive Form)
  a) der Atmungsorgane
  b) der übrigen Organe
— Virushepatitis
  a) Hepatitis A
  b) Hepatitis B
  c) nicht bestimmbare und übrige Formen
— anaerobe Wundinfektion
  a) Gasbrand/Gasödem
  b) Tetanus

**Zu melden ist der Tod:**

— Influenza (Virusgrippe)
— Keuchhusten
— Masern
— Puerperalsepsis
— Scharlach

**Zu melden ist jeder Ausscheider:**

— Choleravibrionen
— Salmonellen
  a) Salmonella typhi
  b) Salmonella paratyphi A, B und C
  c) übrige
— Shigellen

* Zu melden ist auch die Verletzung eines Menschen durch ein tollwutkrankes oder -verdächtiges Tier sowie die Berührung eines solchen Tieres oder Tierkörpers.

sundheitsamt werden die erforderlichen Ermittlungen, insbesondere über Art, Ursache, Ansteckungsquelle und Ausbreitung der Krankheit angestellt und die im Einzelfall gebotenen Schutzmaßnahmen getroffen (z. B. Beobachtung und Absonderung von Kranken).

(3) Die *weiteren Aufgaben der Gesundheitsämter* sind insbesondere:
– Überwachung der nichtstaatlichen Anstalten zur Behandlung oder Pflege von Kranken und Behinderten.

- Überwachung des Apotheken- und Arzneimittelwesens sowie des Verkehrs mit Giften.
- Durchführung der Orts- und Umwelthygiene. Hierzu gehören u. a. regelmäßige Besichtigungen aller für das Gesundheitswesen wichtigen Einrichtungen (z. B. Schulen, Kindergärten, Bäder, Lebensmittelbetriebe, Abfallbeseitigungsanlagen).
- Durchführung von Schutzimpfungen auf freiwilliger Basis (z. B. Polio-, Diphtherie-, Pertussis- und Tetanusschutzimpfung).
- Im Rahmen der Gesundheitsvorsorge und Fürsorge: Schulgesundheitsfürsorge, Schwangerenfürsorge, Mütterberatung, Säuglings- und Kleinkinderfürsorge, AIDS-Beratung sowie Fürsorge für Süchtige und psychisch Kranke, Geschlechtskrankenfürsorge nach dem Gesetz zur Bekämpfung der Geschlechtskrankheiten, humangenetische Beratung, Krebsfürsorge, Rheumafürsorge, Diabetikerfürsorge, gesundheitliche Volksbelehrung und Mitwirkung beim Rettungs- und Krankenbeförderungswesen sowie Maßnahmen zur Förderung der Körperpflege und Leibesübungen.
- Bei der Gutachtertätigkeit handelt es sich um eine auf verschiedene Vorschriften sich stützende amts-, vertrauens- und gerichtsärztliche Tätigkeit.

## Literatur

Ade/Heckl/Schell: Rehabilitation für Krankenpflegeberufe. Thieme, Stuttgart 1990

Berufsgenossenschaft für Gesundheitsdienst und Wohlfahrtspflege: Unfallverhütungsvorschriften, Richtlinien und Merkblätter

Beske, F.: Lehrbuch für Krankenpflegeberufe, Bd. I, 6. Aufl., Thieme, Stuttgart 1990

Böhme, H.: Das Recht des Krankenpflegepersonals. Teil II: Haftungsrecht. Kohlhammer, Stuttgart 1984

Brenner, G.: Praktische Rechtskunde für Krankengymnasten, Masseure und medizinische Bademeister. Fischer, Stuttgart 1987

Brenner, G.: Arzt und Recht. Fischer, Stuttgart 1983

Brenner, G., M. Adelhardt: Rechtskunde für das Krankenpflegepersonal. Fischer, Stuttgart 1987

Bundesarbeitsgemeinschaft für Rehabilitation: Wegweiser. Eingliederung von Behinderten in Arbeit, Beruf und Gesellschaft. Frankfurt 1986

Bundesminister für Arbeit und Sozialordnung: Leitfaden für Behinderte, Bonn 1989

Freudenthal, H.: Sozialhilferecht. Maximilian, Herford 1985

Hahn, B.: Die Haftung des Arztes für nichtärztliches Hilfspersonal. Athenäum, Königstein 1981

Krause, P.: Sozialgesetze. Luchterhand, Neuwied 1987

Model, O., C. Creifeld: Staatsbürger-Taschenbuch. Beck, München 1989

Raps, W.: Gesetz über die Ausübung der Berufe des Masseurs, des Masseurs und medizinischen Bademeisters und des Krankengymnasten (Kommentar). Reha-Verlag, Bonn 1987

Reichsbund der Kriegs- und Wehrdienstopfer, Behinderten, Sozialrentner und Hinterbliebenen e. V. Bonn: Leitfaden für Behinderte. 1989

Schell, W.: Arztpflichten — Patientenrechte. 3. Aufl. Reha-Verlag, Bonn 1987

Schell, W.: Injektionsproblematik aus rechtlicher Sicht. Kunz-Verlag, Hagen 1990

Schell, W.: Staatsbürger- und Gesetzeskunde für die Krankenpflegeberufe in Frage und Antwort. 8. Aufl. Thieme, Stuttgart 1989

Theobald, A., H. Erdle: Das Recht der Heilhilfsberufe, Hebammen und Heilpraktiker (Loseblattsammlung). Rehm, München

# 5. Massage

H.-U. Nepper

## Historische Entwicklung der Massage

Wenn die Massagebehandlung aus historischer Sicht beschrieben werden soll, kommt man auf den naheliegenden Gedanken, daß diese Behandlungsform als das „älteste Heilmittel" bezeichnet werden kann. Sicherlich hat der Mensch bereits in grauer Vorzeit massageartige Handgriffe zu Heilzwecken angewandt, wobei er derartige Reaktionsmuster bereits von seinen Vorfahren aus dem Tier-Mensch-Übergangsfeld geerbt haben dürfte (Hentschel 1986). In seiner Darstellung der „Geschichte und Kritik der Massage und Heilgymnastik" schreibt Kirchberg (1926): „Wie jeder Mensch instinktiv eine geschwollene und deshalb schmerzende oder gestoßene Stelle seines Körpers reibt oder drückt und so versucht, den durch die Spannung verursachten Schmerz zu mindern, so wird dieses instinktive Mittel wohl auch als Heilmittel zu allen Zeiten angewandt worden sein. Und wo aus der empirisch gewonnenen Heilkunst eine wissenschaftlich sich mit Theorien befassende Heilkunde wurde, wurde selbstverständlich auch dieses Heilmittel, die Massage, theoretisch ausgebaut und verwertet."

Massagebehandlung in ihrer Urform war einfache, unspezifische Manipulation zur Linderung von Beschwerden und Schmerzen nach Traumen, zur Aktivierung der Magen-Darm-Funktion, zur Wiederherstellung bei Bewußtlosigkeit oder um die Regeneration nach körperlicher Belastung zu beschleunigen. Wobei die psychologisch-psychosomatische Komponente dieser Naturmassage eine wesentliche Rolle spielte.

Medizinmänner versuchten durch exorzistische, magische „Behandlungen" Dämonen oder Geister aus dem von Schmerz und Leid geplagten Körper auszutreiben. Oftmals wurden diese Massagerituale durch verschiedene Zaubermittel pflanzlicher oder tierischer Herkunft erweitert; rituelle Gesänge oder Zauberformeln vervollständigten diese Prozeduren.

In China hat man sehr früh erkannt, daß Massage nicht nur lokal wirkt, sondern daß über eine Reizung bestimmter Hautbezirke innere Organe beeinflußt werden können. Die jahrtausendelange Praxis verband die Heilmassage mit den gleichen Körperpunkten und Energiebahnen, über welche die Akupunkturbehandlung gestörte Körperfunktionen zu beeinflussen versucht. Zur Ära des großen chinesischen Arztes Huang-ti (um 2600 v. Chr.) waren physiotherapeutische Behandlungsmethoden bekannt. Sein medizinisches Kompendium war ein Standardwerk über Tausende von Jahren für alle Phasen von Krankheit, eingeschlossen Prävention und Rehabilitation. In der Han- und der T'ang-Zeit (ca. 620 n. Chr.) wird die Massage mehrfach als Heilmethode in der medizinischen Literatur erwähnt und sogar als Unterrichtsfach an den ärztlichen Schulen gelehrt.

Nach Hentschel findet man Darstellungen von Massagen auf einem Relief aus der 6. Dynastie des ägyptischen Reiches (um 2300 v. Chr.).

Heipertz (1983) schreibt in seinem Artikel „Massage gestern, heute und morgen" über die Physiotherapie im klassischen Altertum: „Besondere Wertschätzung erfahren gymnastische und körperliche Übungen in der Antike. Von Hippokrates ist der Ausspruch überliefert: „Der Arzt muß mancherlei Kenntnisse besitzen, u. a. von der mechanischen Therapie." Die Sammlung seiner Erkenntnisse enthält zahlreiche Empfehlungen zur Massage. Asklepios, der kurz vor der Zeitwende lebte, wandte Massage vor allem bei Beschwerden innerer Organe an. Galen unterschied achtzehn verschiedene Arten, darunter weiche, harte, mittlere, vorbereitende und abschließende Massagen in der Betreuung der Athleten und forderte, sie unter Berücksichtigung der Konstitution durchzuführen. Als Zweck der Sportvorbereitungsmassage nennt er, „... daß die Teile erweicht werden, was sich durch die darüber sich ausbreitende lebhafte Farbe, durch die größere Geschmeidigkeit der Glieder und durch die Fähigkeit, allen Bewegungen mit Leichtigkeit zu folgen, kund gibt", und er sagt: „Ich habe unzählige Menschen mit schwachen Körperteilen, welche fortwährend von Krankheiten geplagt wurden, bloß durch Gymnastik wieder gesund gemacht."

So wurde Massage und Gymnastik sowohl zur Krankenbehandlung als auch zur Gesunderhaltung des Körpers angewandt. Die Gesundheit aber erschien den Griechen als größtes Geschenk der Götter: „Das Schönste von allem ist gerecht zu sein, das Beste ohne Siechtum zu leben" (Sophokles).

Die römischen Ärzte übernahmen viele ihrer medizinischen Grundkenntnisse von den Griechen, haben aber die Bäderheilkunde systematisch ausgebaut und die Heilkraft der Quelle in den Vordergrund gestellt. In den eroberten Gebieten errichteten sie große Badeanlagen und verbreiteten so überall eine hohe Badekultur. Angegliedert an die Baderäume gab es eine Reihe von Nebenräumen zur Massage bzw. für Salbungen (Unctarium) oder für sportliche Betätigung. Der Mediziner Asklepiades, ein Modearzt in Rom im zweiten vorchristlichen Jahrhundert, stützte seine erfolgreichen Behandlungen der römischen Oberschicht auf Diät, Massagen und eine sachgemäß durchgeführte Hydrotherapie.

Zur Zeit der Völkerwanderung (375—911 n. Chr.) beobachtet man einen Rückgang der römischen Badekultur, und somit verloren die begleitenden physiotherapeutischen Anwendungen weitestgehend an Bedeutung.

Im Mittelalter finden wir in unseren Breiten ein florierendes Badewesen. Die Stadt Mainz besaß im 14. Jahrhundert vier öffentliche Badestuben, Würzburg acht, in Nürnberg findet man zwölf, in der Stadt Wien mehr als neunundzwanzig Bäder. Diese Institutionen waren an den Berufsstand der „Bader", welche mit ihren Gesellen und Hilfskräften (Knetweiber) nicht nur den Badeablauf organisierten, sondern auch chirurgische und zahnmedizinische Eingriffe durchführten, als Erblehen verpachtet. Hier wurde massiert, geschröpft und zur Ader gelassen. In den Badestuben geschah alles, was der mittelalterliche Mensch für sein leibliches Wohl und zur Pflege seiner äußeren Erscheinung nötig hatte.

Am Ende des 15. Jahrhunderts kann man eine sittliche Entgleisung feststellen, und die Badestube wird immer mehr zu einem Ort des Lustgewinns. Geselligkeit, sexuelle Abwechslung und derber Sinnengenuß dominieren von nun an. Gebadet wurde gemeinsam, d. h. nicht mehr nach Geschlechtern getrennt, die Badedauer wurde maßlos übertrieben (5—6 Stunden). Das Einschleppen der Syphilis und die damit verbundene Übertragung in den Badestuben brachte diese Behandlungsform und die begleitenden medizinischen Therapien schnell in Vergessenheit.

Die Kunst der Massage und der manuellen Behandlung verschwindet aus dem Behandlungsrepertoire der Ärzte des 16. Jahrhunderts. Während des ägyptischen Feldzuges der Armeen Bonapartes fanden französische Militärärzte in den türkischen Bädern ein Behandlungsverfahren, das ihnen vollkommen unbekannt war. Daquin, ein Kurarzt aus Aix-les-Bain, interessierte sich lebhaft für dieses orientalische „Massement". Er kam sogar auf den Gedanken, es mit der Thermaldusche zu kombinieren. Daraus entstand die berühmte „Douche-massage" d'Aix (Terrier 1958).

Der Begründer des Zentralinstitutes für Heilgymnastik und Massage in Stockholm, P. H. Ling (1776—1839), gilt als Vater der heutigen Heilmassage (klassische bzw. schwedische Massage). Er entwickelte ein methodisches System von Körperübungen zu Heilzwecken in Verbindung mit Massagetechniken. Im Buch „Das neue Naturheilverfahren" von Bilz, das um die Jahrhundertwende veröffentlicht wurde, finden wir folgende Ausführung: „Auf Grund der Erkenntnis der Naturgesetze gelang es dem schwedischen Gelehrten Peter H. Ling zu Stockholm, ein auf die Forschung der Physiologie und Anatomie gestütztes System der Leibesübungen aufzustellen, in welchen er der Massage die größte Würdigung schenkte, und es hat dieser große Mann das Verdienst, derselben einen wissenschaftlichen Boden geschaffen und die Ärzte aller Länder auf dieses in Vergessenheit geratene wichtige Heilverfahren hingewiesen zu haben. Sein Schüler Branting, Professor und Direktor des königlich gymnastischen Instituts zu Stockholm, vervollkommnete die Lehren des Meisters, und so entstand in der Reihe der sog. Passivbewegungen der Lingschen Gymnastik durch die verschiedensten Manipulationen ein gegliedertes Ganzes, die Massage."

Für Ling fand keine Trennung zwischen Massagen und aktiver Bewegungstherapie statt.

Metzger, ein Arzt aus Amsterdam, löste mit seinen medizinischen Vorträgen und Abhandlungen in der zweiten Hälfte des 19. Jahrhunderts eine wahre Massageeuphorie aus. Viele Autoren sehen in ihm den Initiator der wissenschaftlichen Massage. Seinen Erfolgen ist es schließlich zu verdanken, daß sich berühmte zeitgenössische Kliniker wie Langenbeck, Billroth, Esmarch, von Mosengeil, von Volkmann u. a. für die Massage eingesetzt haben. Sie findet Einzug in die verschiedensten medizinischen Fachbereiche, spezielle Techniken wie Augenmassage oder gynäkologische Behandlungstechniken (Thure-Brandt-Massage) erlangen medizinische Bedeutung.

Für viele Autoren, wie z. B. Kirchberg, Port u. a., stand die mechanische Therapiewirkung im Vordergrund. Beschrieben wird eine Verbesserung der Gewebetrophik, der Resorption, Steigerung des lymphatischen und venösen Rückflusses, eine Dehnung und mechanische Mobilisation des Gewebes und Zerkleinerung von Infiltraten.

Unabhängig von diesen Erkenntnissen wurde der reflektorische Einfluß von Massagebehandlungen auf innere Organe erarbeitet und publiziert. Von besonderer Bedeutung waren die Arbeiten der englischen Ärzte Head (1861—1940) und Mackenzie über die segmental-reflektorische Beziehung zwischen Haut, Muskeln und den inneren Organen.

Kohlrausch hat 1937 erstmals darüber berichtet, daß durch eine gezielte Massagebehandlung veränderter Muskelbezirke, der Muskelreflexzonen, die Funktion innerer Organe beeinflußt werden kann.

Die Krankengymnastin Elisabeth Dicke (1884—1952) war im Jahre 1929 wegen fortschreitender Durchblutungsstörungen über einen langen Zeitraum bettlägerig, und eine Amputation des rechten Beines wurde von den behandelnden Ärzten in Erwägung gezogen. Begleitende Schmerzen im Hüft-Lenden-Bereich behandelte sie über eine Art „Ziehen im subkutanen Bindegewebe“. Durch positive Therapiereaktionen dieser Behandlung bildeten sich die Krankheitserscheinungen in den folgenden Wochen fast völlig zurück. Bei der Diagnose und Palpation an Patienten mit inneren Erkrankungen konnte sie in den folgenden Jahren typische Veränderungen im subkutanen Bindegewebe, die sog. „Bindegewebszonen“, nachweisen. Über eine spezielle Behandlungstechnik, die Bindegewebsmassage, erreichte E. Dicke eine reflektorische Heilwirkung auf die erkrankten Organe. 1938 kam es zu einer Begegnung zwischen E. Dicke und H. Teirich-Leube; gemeinsam mit Prof. Kohlrausch wurde in Freiburg die wissenschaftliche Grundlage für die heutige Bindegewebsmassage entwickelt.

Etwa zur gleichen Zeit hat P. Vogler erkannt, daß bei Funktionsstörungen innerer Organe im Bereich der segmental zugehörigen Knochenhaut umschriebene Gewebeveränderungen zu tasten sind; diese Beobachtung führte zu Erarbeitung der Periostmassage.

Die neuere Zeit bringt eine Spezialisierung der Massagebehandlung. Der Däne Emil Vodder entwickelte in den Jahren 1932—1936 die Methode der „manuellen Lymphdrainage“, ein Behandlungsverfahren zur systematischen Beeinflussung des Lymphsystems. Es sollten 40 Jahre vergehen, bevor es Vodder möglich war, über sein Therapiesystem ein Lehrbuch zu veröffentlichen.

Heute wird die Massage im Rahmen physikalischer Behandlungsverfahren oftmals unterbewertet. Der Stellenwert der verschiedenen Massagemethoden ist sehr stark abhängig vom Wissen um die Biofunktion des Körpers, von der Kenntnis um die Pathophysiologie der zu behandelnden Strukturen bzw. Regelkreise und bei der Massage selbst von der exakten diagnostischen Palpation, die der behandelnden Hand eine befundorientierte, technisch saubere Massage abverlangt. Erfüllt sie diese Kriterien, werden die manuellen Massageverfahren zu einer wertvollen Methode in der Physiotherapie. Der Naturarzt Ulrich Abele hat die Massage als die „Königin der physikalischen Behandlungsmethoden“ bezeichnet; dies ist nur dann richtig, wenn Heilmassagen mehr beinhalten als ein stures Aneinanderreihen von schematischen und monotonen Grifftechniken.

# Behandlungsgrundsätze

Sowohl der Massierende als auch der Patient hat eine Anzahl von Dingen zu beachten, bevor mit einer Heilmassage begonnen werden kann. Die Hände, die wichtigsten Werkzeuge des Therapeuten, müssen sorgfältig ausgebildet und trainiert werden. Dem Schüler sind zur Verbesserung der Kraft, Beweglichkeit und Koordination spezielle Übungen zu vermitteln. Der Ausbilder muß beachten, daß Rechts-links-Differenzen in der Motorik und Massagetechnik abgebaut werden; grundsätzlich sollen alle Griffe beidhändig beherrscht werden.

Die Fingernägel sind kurz zu halten, und die Hand muß zur Massage gepflegt und warm sein. So verhindert eine starke Hornschicht an den Fingerkuppen eine exakte Palpation. Arm- und Fingerschmuck kann während der Behandlung stören und ist auch aus hygienischer Sicht vor der Massage abzulegen.

Höhenverstellbare Massageliegen mit variablem Kopfteil ermöglichen dem Therapeuten eine wirbelsäulengerechte Arbeitshaltung. Die Arbeitshöhe der Liege sollte der jeweiligen Behandlungssituation angepaßt werden.

Räume, die die Maße 2,50 x 2,00 m unterschreiten, sind für Heilmassagen nicht geeignet. Die Beleuchtung ist so zu installieren, daß eine direkte, grelle Beleuchtung der Patienten vermieden wird. Ebenfalls soll der Behandlungsraum eine ruhige, freundliche Atmosphäre vermitteln. Kühle Raumtemperaturen hemmen die Entspannungsfähigkeit des Patienten, deshalb ist für eine Massagebehandlung eine Temperatur von mindestens 21 °C notwendig. Ausreichende Kleiderablagen gehören ebenso zur Standardausrüstung wie ein Behandlungshocker, verschiedene Kissen, eine Knierolle, größere Keilkissen oder Schaumgummiwürfel für die Stufenlagerung, ebenso Fixationsgurte. Die gesetzlichen Hygienevorschriften müssen zur Heilmassage eingehalten werden. Bei der Behandlung sollte der Patient möglichst entkleidet sein, da beengende Kleidungsstücke die venöse Zirkulation und den Lymphfluß behindern.

Körperregionen, die nicht in die Behandlung einbezogen werden, deckt der Therapeut mit einem Laken ab. Die Lagerung ist immer individuell auf den Patienten bzw. dessen Befund abzustimmen, mit dem Ziel, möglichst eine schmerzfreie, entspannte Position zu erlangen. Eine gut durchdachte Lagerung kann bereits der erste Schritt für eine erfolgreiche Behandlung sein. Wird in Bauchlage massiert, sollte bei starker LWS-Lordose ein kleines Kissen unter der Bauchregion die Wirbelsäule in eine normale Position bringen. Die Sprunggelenke werden mit einer Rolle unterlagert. Bei Behandlungen in Rückenlage liegt der Kopfbereich entspannt auf einem Kissen bei leicht erhöhtem Kopfteil, die Kniegelenke ruhen in geringer Beugung auf einer kleinen Rolle. Zur Massage der Schulter-Nacken-Region ist die Bauchlage einer Behandlung im Sitzen vorzuziehen. Der Therapeut bringt den Kopf in Mittelstellung, eine Lagerung des Kopfes im Nasenschlitz der Liege gewährt eine freie Atmung des Patienten. Durch Verändern des Kopfteils ist ein Ausgleich einer HWS-Hyperlordose möglich. Kleine Sandsäckchen gibt man in den Bereich des M. pectoralis major (vordere Achselfalte), um den Schultergürtel in Normalposition zu bringen. Eine gute Detonisierung des M. trapezius pars descendens bzw. der dorsalen Halsmuskulatur entsteht bei einer Postierung der Handflächen vor dem Kopf oder unter der Stirn. Massagen in Seitenlage sind nur dann sinnvoll, wenn Kopf, Becken und obenliegendes Bein axial und die Wirbelsäule ohne Verwringung stabil gelagert werden.

Je nach Indikation und Ort der Erkrankung ist es angezeigt, die Lagerung während einer Behandlung individuell zu variieren. Palpiert die Hand Veränderungen im Muskelbauch, so erfolgt eine Massage in angenäherter Stellung. Sehnenaffektionen und ligamentäre Läsionen dagegen sprechen meist besser auf Behandlungen unter leichter Dehnung an.

Bei der Applikation von Heilmassagen sind die verschiedensten Massagemittel und -öle im Handel. Deuser (1978) schreibt über deren Gebrauch und Einsatz: „Es gibt derer eine Unmenge, von guter und weniger guter Wirkung. Über den Wert und Unwert, über Zweckmäßigkeit und über die Gefahren manch angewandter Präparate sollte man etwas wissen. Grundsätzlich ist zu diesem Gebiet zu sagen, daß Massagemittel oft nur Hilfsmittel sind! Das Primäre ist immer die gute Technik der sauberen Massage. Man sollte nicht glauben, daß der Erfolg eines guten Masseurs auf seinem ‚geheimen' Massagemittel beruht. Das ist glatter Unsinn. Man kann als Beweis dieser Behauptung zum Beispiel eine ausgezeichnete Massage ganz ohne Massagemittel ausführen, wobei dann allein die so wichtige, gute Massagetechnik wirksam wird."

Gerade während der Ausbildung sind Massagemittel nur sparsam bei bestimmten Befunden einzusetzen, da eine Überdosierung das Erlernen einer sauberen Technik erschwert.

Bei starker Körperbehaarung können hautfreundliche Öle wirksam Haarbalgentzündungen vorbeugen. Bei trockener, spröder Haut normalisiert das Massagemittel die Hautelastizität. Nach balneotherapeutischen Applikationen und Wärmeanwendung wird die Massageausführung durch die starke Hautfeuchtigkeit bzw. durch den Körperschweiß erschwert; hier hat sich der Einsatz spezieller Massageemulsionen bewährt. Ob hyperämisierende, hautreizende Mittel die Massagewirkung verbessern, ist unklar, da ein wissenschaftlicher Nachweis der Wirksamkeit dieser Substanzen fehlt und mit großer Wahrscheinlichkeit eine Hauthyperämie zuungunsten der Durchblutungssituation tiefliegender Strukturen entsteht.

# Grifftechniken der klassischen Massage

Die schwedische Massagelehre unterscheidet fünf Griffgruppen:

- Effleuragen – Streichungen,
- Friktionen – Reibungen,
- Petrissagen – Knetungen und Walkungen,
- Tapotements – Klopfungen,
- Vibrationen – Erschütterungen und Schüttelungen.

Bedingt durch die Weiterentwicklung der Heilmassage in den verschiedensten Zweigen und Schulen der Physiotherapie, zeigt sich heute oftmals eine Auslösung aus der Lingschen Systematik.

## Effleuragen

Effleuragen sind Massagegriffe, bei denen die Hand des Behandlers großflächig, mit gleichmäßigem Druck über den zu behandelnden Körperteil gleitet. Zum Wesen der Streichung gehört die Verschiebung der Hand des Therapeuten über die Haut des Patienten. Die Grifftechnik sollte ruhig, rhythmisch ausgeführt werden, wobei während einer Streichphase die Druckintensität nicht verändert werden darf. Gemäß der Therapiewirkung unterscheidet man zwischen großflächigen, oberflächlichen Streichungen (Abb. **1**) und tiefen, mehr dehnenden Effleuragen (Abb. **2**). Charakteristisch für die oberflächliche Streichung ist der Einsatz einer möglichst großen Handfläche, wobei die gesamte Hand gleichmäßig belastet wird. Sie paßt sich während der Ausstreichung den Körperkonturen exakt an und darf in keiner Phase den Kontakt mit dem Gewebe verlieren. Oberflächliche Effleuragen haben eine depletorische Wirkung im Bereich der Lymphgefäße und Venen, aus diesem Grunde sind diese Techniken in Richtung Abflußgebiete (Achselhöhlen bzw. Leistenlymphknoten) durchzuführen. Der Behandlungsdruck ist sehr weich, nicht schmerzhaft. Großflächige, oberflächliche Streichungen werden am Anfang der Massagebehandlung zur Kontaktaufnahme und ersten Diagnose durchgeführt. Nach aggressiven Behandlungstechniken werden sie als ausgleichende, verteilende Griffe eingeschaltet. Findet man Flüssigkeitsansammlungen im Gewebe, haben diese depletorischen Griffe eine drainierende Wirkung.

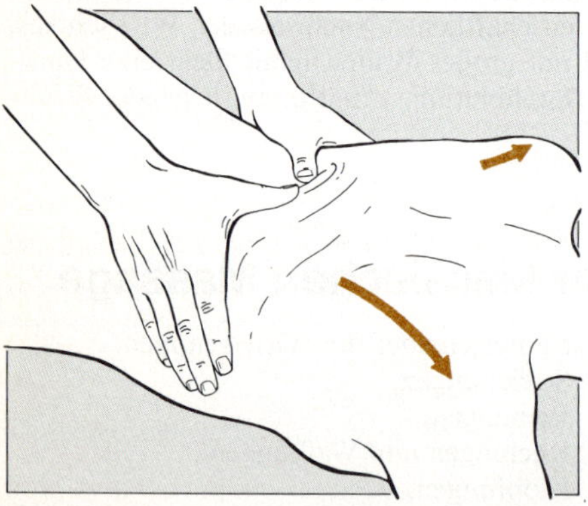

Abb. **1** Oberflächliche Effleurage der dorsalen Thoraxregion in Richtung Achselhöhle (Lymphabfluß).

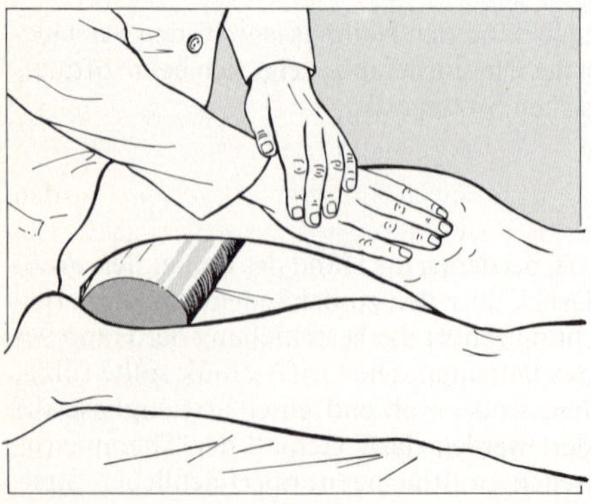

Abb. **2** Tiefe, mehr dehnende Streichung zwischen den Köpfen des M. gastrocnemius von der Achillessehne bis zu den Kondylen des Femurs.

Die flächige Streichung kann während der Behandlung in eine mehr dehnende, tiefer wirkende Technik übergehen. Hiermit erreicht die Hand Gewebestrukturen wie Muskulatur, Faszien, Sehnen und den Kapsel-Band-Apparat. Durch diese Griffe erfolgt eine Beschleunigung des Blutstromes in den tiefen Venen und eine Aktivierung der Lymphmotorik (Hamann 1976). Des weiteren wird durch Kompression des interstitiellen Gewebes die Reabsorption von Flüssigkeit zu den Kapillargefäßen verbessert.

Während der Effleuragen werden in der Haut gelegene Mechanorezeptoren permanent stimuliert, sodann gelangen diese Reize über afferente sensible Fasern zu den zentralen Schaltstellen, der Formatio reticularis und dem limbischen System. Von dort aus werden sie auch der Hirnrinde vermittelt, die ihrerseits wiederum Einfluß auf die eben genannten Hirnstrukturen nimmt. Über derartige Vernetzungen erklärt es sich beispielsweise, daß punktförmige, hart ausgeführte Reibungen die Wachaktivität steigern ("arousal reaction"), während großflächige, langsam rhythmisch durchgeführte Streichungen deutlich entspannend und sogar schlafferdernd wirken (Hentschel 1980).

## Friktionen

Friktionen sind aggressive, anregende Massagetechniken. Während bei der Effleurage die entspannende, weiche Wirkung im Vordergrund steht, hat der Therapeut mit der Friktionstechnik die Möglichkeit, die Durchblutung und den Stoffwechsel zu aktivieren, den Muskeltonus zu beeinflussen oder die Elastizität und Eigenbeweglichkeit von Geweben zu verbessern. Von der praktischen Ausführung ist eine Unterteilung dieser Griffe in zwei Gruppen möglich:

- Friktionen, bei denen die Hand des Behandlers über die Haut des Patienten hinweggleitet, so z. B. der Knöchelgriff (Abb. **3**) oder Harkengriff (Abb. **4**), womit eine starke Verbesserung der Hautdurchblutung erreicht wird. Diese Hautreizgriffe werden innerhalb der Massagebehandlung zur allgemeinen Erwärmung des Gewebes oder bei schlechter arterieller Hautversorgung eingesetzt.
- Friktionen, die im Verschiebebereich der Haut durchgeführt werden, haben das Ziel, tiefliegende Gewebeschichten zu erreichen. Den Behandlungsdruck erzeugen nur begrenzte Flächen der Hand, wie die Fingerbeeren, die Daumenbeere, der Daumenballen oder die Handbasis. Geradlinige, kreis- oder spiralförmige Exkursionen manipulieren während des Friktionierens die Gewebeschichten (Abb. **5**). Eine besondere Tiefenwirkung kann durch vermehrte Steilstellung der Behandlungsfläche erreicht werden, wobei die freie Hand noch entsprechende Druckverstärkung geben kann.

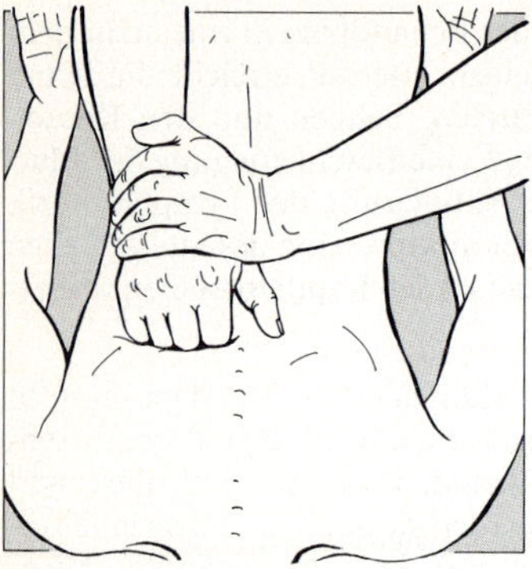

Abb. **3** Knöchelgriff zur Hauthyperämisierung im Verlauf des Rückenstreckers.

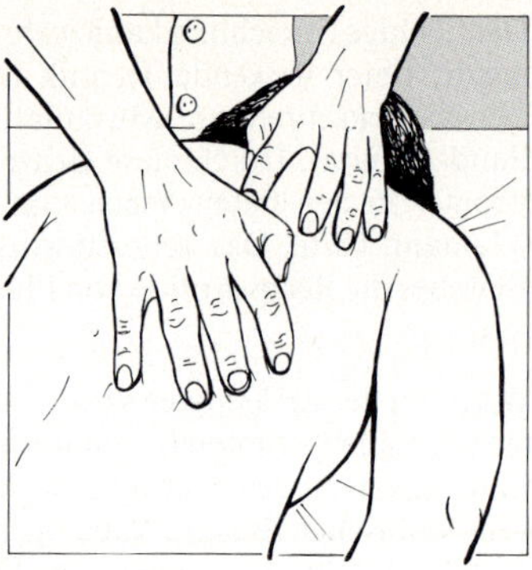

Abb. **4** Harkengriff.

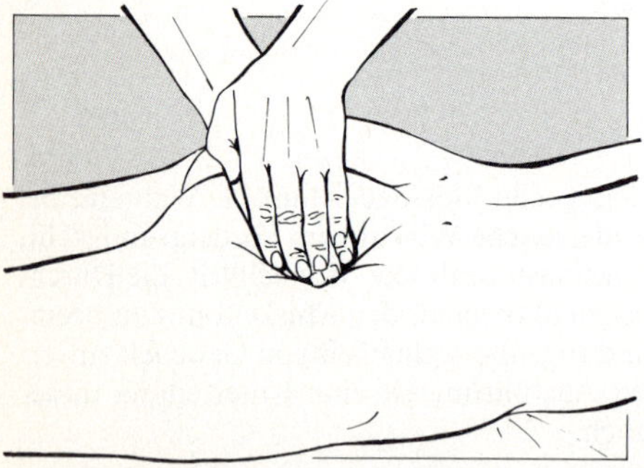

Abb. **5** Friktionstechnik im Bereich der äußeren Gesäßmuskulatur.

Eine spezielle Form der Friktion ist die „tiefe Querfriktionsmassage" nach Cyriax. Der englische Arzt James Cyriax entwickelte ein spezielles Untersuchungs- und Behandlungssystem in der nichtoperativen Orthopädie. Zur Therapie von Veränderungen und Schädigungen an Muskel, Kapsel und Sehnengewebe hat er die tiefe Querfriktion beschrieben, die immer quer zum Faserlauf exakt am Ort des krankhaften Prozesses durchgeführt wird.

## Petrissagen

Knetungen und Walkungen wirken besonders auf den Muskelstoffwechsel und Muskeltonus, bei Verklebungen des Unterhautbindegewebes kann eine oberflächliche Petrissage zur Lockerung eingesetzt werden. Die

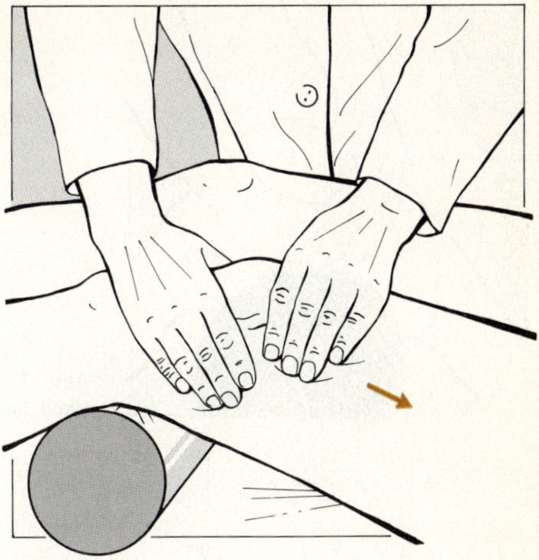

Abb. **6a** Zweihandknetung des M. quadriceps am Übergang von der Sehne zum Muskel.

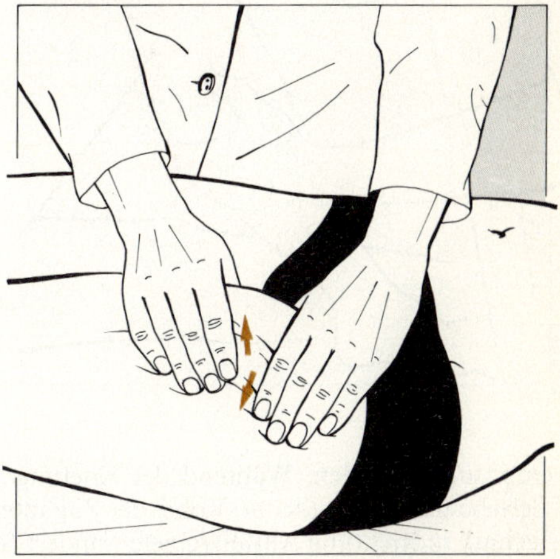

**b** Endphase der Knetung in der Ursprungsregion des M. quadriceps und des M. sartorius.

Griffe sind für den Behandler meist sehr anstrengend, die exakte Behandlungsausführung verlangt erhebliche Muskelkraft und Koordination der Massagebewegung. Bei guter Knettechnik kommt es zu einer ökonomischen, fließenden Kraftübertragung vom Schultergürtel auf die behandelnden Hände. Während der *Knetmassage* wird der Muskel quer zum Faserlauf erfaßt und leicht von der Unterlage abgehoben. Die Hand soll möglichst mit Muskulatur voll ausgefüllt sein, da die Behandlung sonst sehr schnell einen kneifenden, schmerzhaften Charakter bekommt. Auch sehr intensive Petrissagen dürfen vom Patienten niemals unangenehm

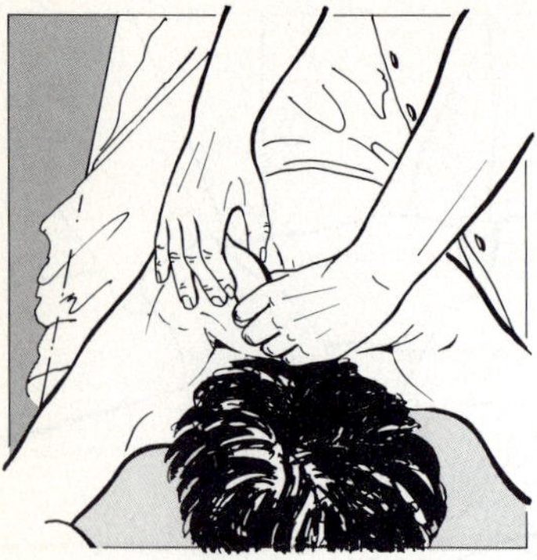

Abb. **7** Fingerspitzenknetung des M. trapezius.

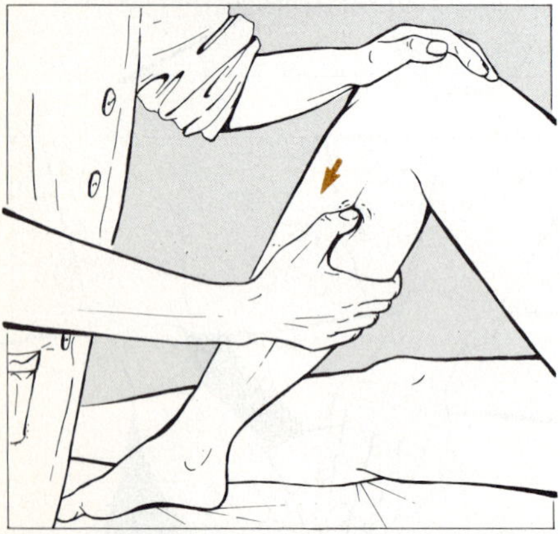

Abb. **8** Einhandknetung der Wadenmuskulatur.

empfunden werden. Während der Knetung wird das zu therapierende Gewebe maximal gedehnt, wobei der Zug intermittierend erfolgt und die Technik in Richtung Abflußgebiete wandert (Abb. **6**). Je nach Größe und Lage der zu behandelnden Muskulatur unterscheidet man Fingerknetungen, mit denen kleine, schlanke Strukturen wie z. B. die Nackenmuskulatur durchgearbeitet werden (Abb. **7**). Bei großen Muskelgruppen wie der Oberschenkelmuskulatur sind „Zweihandgriffe", von distal nach proximal ausgeführt, angezeigt, während gut faßbare kleinere Muskeln mit „Einhandknetungen" behandelt werden (Abb. **8**).

Bei der *Walkung* haben wir es mit einem Griff zu tun, der bevorzugt quer zum Muskelfaserverlauf angesetzt wird (Abb. **9**). Bei dieser Technik wird der „Auspreßeffekt" der Handfläche ausgenutzt, wobei über eine Erhöhung des extrazellulären Drucks die Reabsorption von Flüssigkeit aus

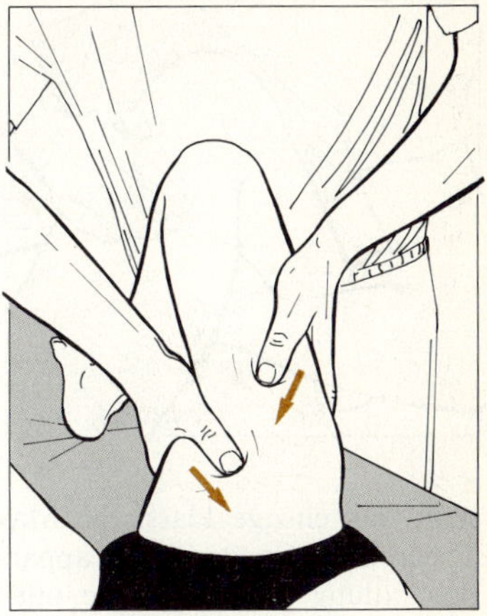

Abb. 9 Walkungen der Oberschenkelregion.

dem Interstitium in die abfließenden Gefäße verstärkt werden soll. Die dehnende Wirkung dieser Griffe ist wesentlich geringer als bei der Knetung. Beim Walken wird die Muskulatur gleichzeitig ausgedrückt und ausgewrungen. Hier bewegt sich eine Hand zum Körper des Patienten hin, die andere vom Körper weg. Beide Hände gleiten nicht über die Haut, sondern bewegen mit ihr das darunterliegende Muskelgewebe so, als ob man es in der ersten Phase gegen den Knochen pressen und in der zweiten Phase vom Knochen lösen wollte.

## Vibrationen

Dieser Griffgruppe sind die manuellen und apparativen Vibrationen, aber auch Schüttelungen und Rollungen zuzuordnen. Vibrationen, manuell ausgeführt, sind feinste schwingend-zitternde Exkursionen, die mit unterschiedlichen Flächen der Hand auf den Patientenkörper übertragen werden. Eine mehr oberflächige Vibrationswirkung entsteht dann, wenn die Hand flach aufgelegt wird. Tiefere, kleinflächige Strukturen werden vom Therapeuten erreicht, wenn die locker geformte Faust oder die Fingerspitzen zur Vibrationsmassage eingesetzt werden. Eine sinnvolle Kombinationsmöglichkeit ergibt sich, wenn die Vibration in der Endstellung verschiedenster Muskeldehntechniken oder während einer Traktionsbehandlung am schmerzhaften Gelenk appliziert wird. Es erfordert viel konsequente Übung, bis der Behandler die Vibration mit einer Frequenz von ca. 10 Hz dosiert applizieren kann. So verlangt eine Vibrationsmassage zur Behandlung einer Migräne im Schädelbereich eine sehr zarte, einfühlsame Hand, während eine intensive Vibrationstechnik am Thorax eine mechanische Sekretolyse ermöglicht. Die Vibrationsmassage

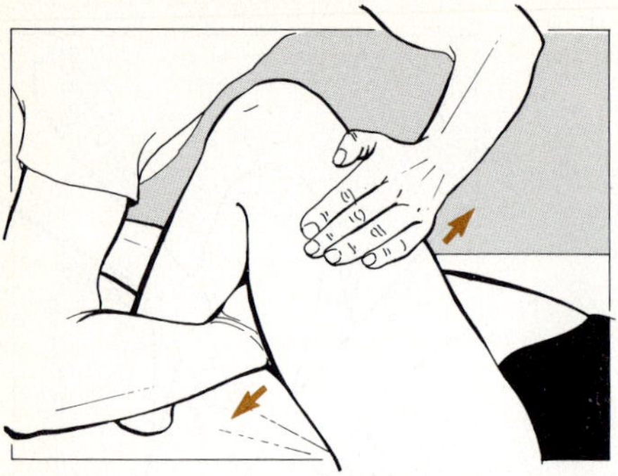

Abb. **10** Rollung im Bereich der Oberschenkelmuskulatur.

stellt das einzige klassische Massageverfahren dar, das mit variabel dosierbaren Geräten auch apparativ eine therapeutisch befriedigende Behandlung zuläßt. Geräte mit hohen Behandlungsfrequenzen sind jedoch ungeeignet, da nach Kohlrauschs Erfahrungen ab 15 Vibrationsstößen pro Sekunde bereits Eigenreflexmechanismen des Muskels ausgelöst werden können, die eine angestrebte Eutonisierung in Frage stellen.

*Schüttelungen* werden in den meisten Fällen an großen Muskelgruppen oder an einer gesamten Extremität durchgeführt. Bei Rumpfschüttelungen kann der Behandler die „schwingende Wirkung" auf innere Organe ausnutzen. So kann er bei einem Asthma bronchiale über die Lockerung der Thoraxwandmuskulatur eine Detonisierung des Bronchialspasmus erreichen.

Das Einsatzfeld der *Rollung* ist begrenzt auf die Oberschenkel-, Waden- und Oberarmmuskulatur. Die Hände werden an der einen Extremitätenseite mit den Fingern, auf der anderen Seite mit der Handbasis angelegt. Nun folgt eine gegengleiche Handbewegung, die die entspannten Muskeln locker um den darunterliegenden Knochen rollen läßt. Hauptziel dieser Technik ist eine schnelle Muskelrelaxation (Abb. **10**).

## Tapotements

In den alten Lehrbüchern wurden die Tapotements als wichtige Grifftechnik der klassischen Massage angesehen. Sie wurden standardmäßig am Behandlungsende appliziert und hart ausgeführt. Bei den Tapotements werden die Hände in einer Schlagbewegung rhythmisch auf den Patientenkörper gebracht. Die gebräuchlichsten Grifftechniken dieser Gruppe sind die Hackungen, Klatschungen und Klopfungen (Abb. **11**). Je nach Durchführung und Intensität der Tapotements kann mit einer aggressiven Technik ein mehr hauthyperämisierender und muskeltonusanregender Effekt erzielt werden, während sanftes Beklopfen das Gewebe durchaus lockert und entspannt. In der Atemtherapie werden die Tapotements zur

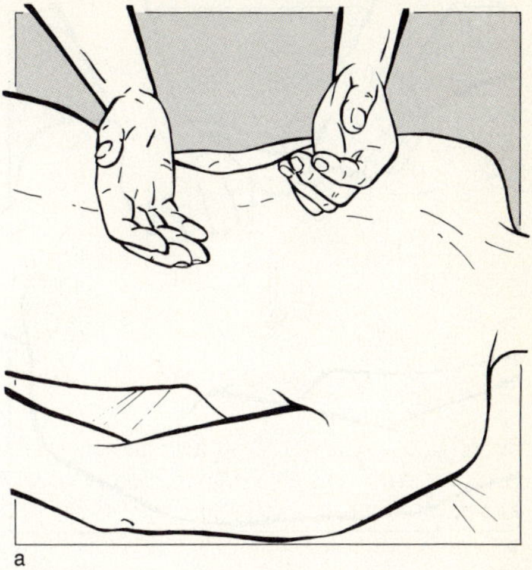

Abb. **11 a—c** Die gebräuchlichsten Tapotements.
**a** Hackungen,

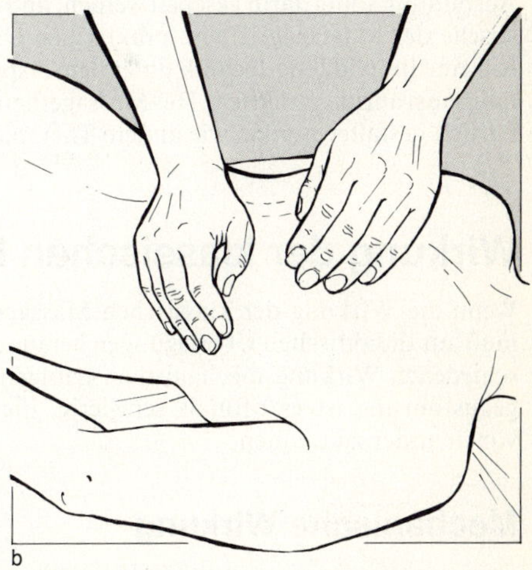

**b** Klatschungen,

Anregung der Atmung und zur mechanischen Sekretolyse eingesetzt. Der Einsatz und die Dosierung ist also streng an den Befund gebunden, das planlose „Beklopfen" am Ende einer Massagebehandlung ist abzulehnen.

Eine genaue Beschreibung der unterschiedlichsten Massagegriffe kann im Rahmen einer solchen Arbeit nicht erfolgen, da jeder Behandler gewisse manuelle Besonderheiten entwickelt und in jeder Schule eigenständige Ausführungstechniken vermittelt werden. Ein wesentlicher Inhalt der

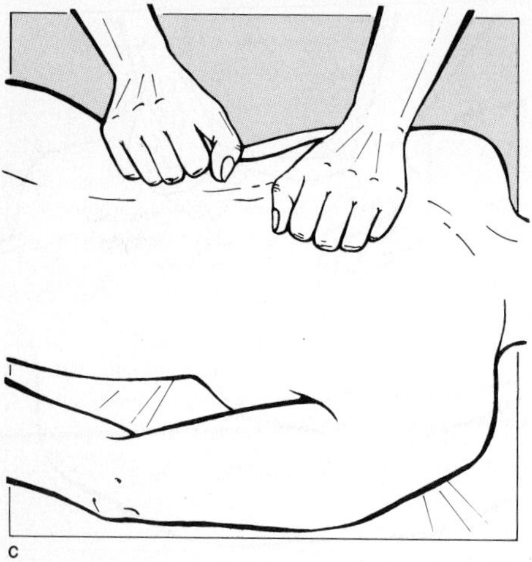

c Klopfungen.

Ausbildung sollte darin gesehen werden, daß dem Schüler das Charakteristische der Massagegriffe im praktischen Unterricht vermittelt wird. Er soll eine individuelle Technik unter dem Aspekt der effektivsten Behandlungsausführung erlernen. Die Massagetherapie kann ebensowenig willkürlich gestaltet werden wie andere Therapieformen (Hamann 1976).

## Wirkung der klassischen Massage

Wenn die Wirkung der klassischen Massage aufgezeigt werden soll, so muß aus didaktischen Überlegungen heraus eine Differenzierung der verschiedenen Wirkungsmechanismen erfolgen. In der praktischen Massageausführung ist es oftmals schwierig, die einzelnen Wirkungsweisen voneinander zu trennen.

### Mechanische Wirkung

Als rein mechanische Wirkung der klassischen Massage finden wir:
– einen Auspreßeffekt im Bereich von Venen und Lymphgefäßen (depletorische Wirkung);
– vermehrte Ausschwemmung von Flüssigkeit aus den Geweben (Reabsorptionsverbesserung);
– eine mechanische Lösung von Adhäsionen, fibrösem Gewebe und Verklebungen.

*Auspreßeffekt.* Die Kenntnis über die depletorische Wirkung der Massage ist seit langem bekannt. Bereits am Anfang des 19. Jahrhunderts haben französische Ärzte einen Einfluß auf das Lymphsystem beschrieben. Der Versuch von Lassars (1887) bestand in der Bestimmung der Geschwindigkeit des Lymphflusses. Experimentelle Werte haben gezeigt, daß der Lymphfluß durch Massage deutlich verbessert werden konnte. So hat sich nach einer Massage die Menge der ausgeflossenen Lymphe um das Achtfache, unter dem Einfluß chemischer bzw. thermischer Reize nur um das Zwei- bis Vierfache gesteigert. Moderne lymphographische Verfahren haben diese bereits 150 Jahre alten Erkenntnisse bestätigen können (Hentschel 1980). Die depletorische Wirkung kann besonders mit großflächigen Streichungen und Petrissagen erreicht werden, wenn die Grifftechniken in Abflußrichtung der Gefäße durchgeführt werden. Der Griff muß mit sehr weicher Hand ausgeführt werden; das Druckmaximum für die Behandlung oberflächiger Venen und Lymphgefäße liegt bei ca. 60mmHg. Die Durchführungsgeschwindigkeit der Massagegriffe sollte dem Impulswechsel von Systole und Diastole des Herzens entsprechen. Eine vermehrte Durchblutung des Gewebes, eine Erythembildung, muß vermieden werden, wenn vermehrter Lymphabfluß das primäre Behandlungsziel ist, da hyperämisierende Reize die Filtration von Flüssigkeit ins interstitielle Gewebe verstärken und somit der Drainagewirkung entgegenwirken.

Die Wirkung von Massagegriffen im Bereich der Venen ist nur dann von Bedeutung, wenn die Geschwindigkeit des rückfließenden Blutstromes verlangsamt ist; normale venöse Zirkulationsverhältnisse werden durch die Massage nur gering beeinflußt. Jedoch stellten Hovind u. Nielsen (1973 zit. in Hentschel 1980) durch nuklearmedizinische Untersuchungen fest, daß durch Knetmassage eine signifikante Entleerung der Venendepots im Muskel erreicht wird.

*Vermehrte Ausschwemmung von Flüssigkeit.* Eine oft beschriebene Massagewirkung ist die verstärkte Diurese. Es ist denkbar, daß durch das Auspressen der Körpergewebe während der Massagebehandlung vermehrt Flüssigkeit aus den interstitiellen Räumen in die ableitenden Systeme verlagert wird. Durch die Blutbahn gelangt diese Flüssigkeit in die Nieren und wird über den Harn ausgeschieden. Die Wirkung einer ableitenden Massage bleibt jedoch nicht auf das direkt beeinflußte Gewebe beschränkt. In einem Artikel über die „postoperative Rehabilitation des Kniegelenkes“ schreibt Schoberth (1986): „1876 hat Herr von Mosengeil am 3. Kongreß der Deutschen Gesellschaft für Chirurgie über Tierversuche berichtet. Dabei wurde in verschiedene Gelenke von Kaninchen eine Tuscheausschwemmung injiziert, einzelne Gelenke anschließend kräftig massiert, andere nicht. Bei der Sektion ergab sich an den nicht massierten Gelenken, daß sich die Tusche mit der Synovia vermischt hatte und im Gelenk zurückgeblieben war. Bei dem massierten Gelenk fand sich dagegen kaum Tusche im Gelenk, wohl aber in der Muskulatur, im intramuskulären Bindegewebe und in den Lymphgefäßen. Diese stellten sich als schwarze Stränge dar. Auch in den regionalen Lymphknoten zeigte sich reichlich Tusche. Diese Beobachtungen wurden von der Traumatologie aufgenommen und führten zum Begriff der ‚ableitenden Massage'. Wir wenden diese Form heute noch an, oft in Kombination mit einer Kompression des Gelenks. Dazu wird ein Filzkreuz auf das Kniegelenk gelegt, das eine Aussparung für die Patella zeigt, nunmehr wird das Gelenk von distal nach proximal unter Kompression gesetzt, so daß der Erguß in den oberen Rezessus abgedrängt wird. Durch eine Knetung mit zwischengeschalteten Streichungen der Oberschenkelmuskulatur läßt sich eine Resorption erreichen. Dieses Vorgehen bietet mancherlei Vorteile: Das operierte Gelenk selbst wird, außer durch die Kompression, nicht tangiert."

Einen Hinweis auf derart bewirkten Übertritt von Flüssigkeit aus den Geweben in die Blutbahn ergibt sich aus der durch Heining (1965, zit. in Hentschel 1980) nachgewiesenen Zunahme der Serum-Plasma-Menge in Form einer Abnahme der Erythrozyten und des Hämatokritwertes bei Ganzmassagen.

Neben der rein mechanischen Erklärung für eine Resorptionssteigerung wird von einigen Autoren eine neurovasale Komponente diskutiert, indem über Schaltstellen im Rückenmark gefäßerweiternde Wirkungen im massierten Gewebe erzielt werden, welche die Aufnahmebereitschaft der Kapillaren in ihren venösen Schenkeln fördern (Stork 1982).

*Lösung von Adhäsionen.* Es ist bekannt, daß fast jede Entzündung und Verletzung des Körpergewebes mit nachfolgenden Adhäsionen, meist zwischen elastischen und weniger elastischen Schichten, einhergeht. Elastische Gewebe, z. B. Haut oder Muskelfasern, verkleben mit unelastischen Geweben (Bindegewebe). Damit tritt eine Einschränkung der Verschieblichkeit und Dehnfähigkeit auf, die wiederum die optimale Funktion der Bewegungsorgane schmerzhaft hemmt. Werden diese Adhäsionen nicht gründlich beseitigt, so kann es durch Organisation von Bindegewebe mit Gefäßen zu Verwachsungen bzw. Schwielenbildung kommen. Ebenso findet die tastende Hand häufig schmerzhafte Verklebungen im Gewebe, hervorgerufen durch posttraumatische Hämatomreste. Bei diesen Befunden kann nach exakter Palpation mit Friktionstechniken die Einzelbewegung der Gewebe schnell verbessert werden. Größere fibröse Gewebestränge oder Verklebungen zwischen Faszie und großen Muskelgruppen werden durch knetende, walkende und rollende Massagegriffe günstig beeinflußt.

Treten in der Heilung von Narben Verschwartungen bzw. Verwachsungen auf oder finden wir bereits derbes, unelastisches Narbengewebe, so ist eine „Narbenmassage" indiziert, mit der die Elastizität wesentlich verbessert und leichte Verwachsungen gelöst werden (Thomsen 1970).

Ob hierbei ausschließlich mechanische Mechanismen eine Rolle spielen, muß bezweifelt werden. Wahrscheinlich aktiviert man durch derartige Massagegriffe auch die Enzymaktivität, so daß eine Fibrinolyse in Gang kommt. Dadurch werden narbige Verklebungen aufgelöst, und die Haut erlangt ihre alte Verschieblichkeit wenigstens teilweise wieder. Diese mechanische Wirkung ist durch nichts zu ersetzen und kann ohne Zweifel auch nicht durch eine Übungsbehandlung erreicht werden (Schoberth 1987).

## Hyperämisierende Wirkung

Bei allen Massagegriffen mit intensiver örtlicher Druckwirkung kann nach kurzer Behandlung eine deutliche Mehrdurchblutung beobachtet werden, die sich in Form eines Hauterythems reproduziert. Durch Hauttemperaturmessungen sind diese Effekte gesichert. Heipertz (1983) konnte durch seine Untersuchungen nachweisen, daß als Massagereaktion nicht nur Hauthyperämie, sondern vor allem auch eine Mehrdurchblutung im Muskel zustande kommt. Roth u. Mitarb. stellten mittels Jodnatriumhippurat-Clearance quantitative Untersuchungen der Unterarmmuskulatur an. Sie fanden, daß durch apparative Vibrationsmassage die Clearance auf das 1,5fache, durch kräftige Streichmassage auf das 1,9fache und durch Knetungen auf das 2,3fache gesteigert wird (zit. in Hentschel 1980).

Nach Prokop (1950, zit. in Schwope 1987) ist der Ablauf der Hyperämie „in bezug auf Dauer und Intensität individuell und lokal zwar verschieden, zeigt aber immer ein typisches Bild“ (Abb. **12**).

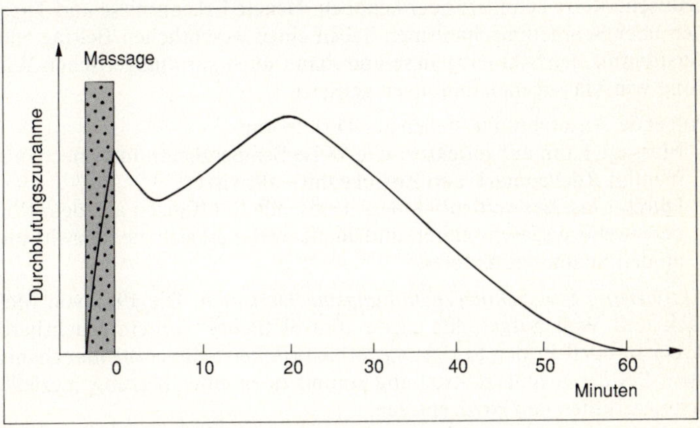


Abb. **12** Schematischer Verlauf der Muskeldurchblutung während und nach einer kurzen Massage (nach Prokop 1950).

Die hyperämisierenden Effekte lassen sich bei Massagetechnik mit geringem Druck (bis etwa 200 g/cm²) über den sog. Dermographismus erklären. Derartige Durchblutungsphänomene sind nicht exakt geklärt und laufen vermutlich über sog. Axonreflexe. Diese reflektorischen Vorgänge werden nicht im Rückenmark verschaltet, sondern verlaufen innerhalb eines Neurons ohne Überschreitung einer Synapse. Punktförmige, aggressive Massagetechniken bewirken während der Druckausübung zunächst eine Durchblutungshemmung, reaktiv kann aber eine örtliche Durchblutungsvermehrung gemessen werden. Sie wird ausgelöst durch die Freisetzung vasoaktiver Stoffe; hier ist beispielsweise an die Mastzellen zu denken, die auf einen starken Druck (von mehr als 4900 g/cm²) mit der Ausschüttung des Gewebehormons Histamin reagieren. Nach heutigen Erkenntnissen dürften aber auch andere gefäßwirksame (z. B. cholinartige) Stoffe eine Rolle spielen. Diese Gewebehormone wirken als trophotrope Reizstoffe direkt auf die Vasomotoren, speziell auf die kontraktilen Elemente der Arteriolen und der Kapillarabgänge. Am Wirkungsort entsteht durch Kapillarisation bzw. Kapillardilatation eine lokale Hyperämie. Eine weitere Histaminwirkung ist die Durchlässigkeitssteigerung der Kapillarwand. Nach intensiver Friktionsmassage kann bei disponierten Patienten die starke Hyperämie gelegentlich in pustelartige Urtikaria übergehen. Derartige Exsudationen lassen sich über die durch Histamin ausgelöste erhöhte Permeabilität der Gefäße erklären (s. Wirkung der Bindegewebsmassage, S. 201).

## Schmerzlindernde Wirkung

Sowohl akute als auch chronische Schmerzen werden durch physiotherapeutische Reize gelindert oder behoben. Neuere Erkenntnisse und Theorien über Schmerzmechanismen haben einen wesentlichen Beitrag zum Verständnis der Schmerzgenese und damit auch zur analgetischen Wirkung von Massagebehandlungen geleistet.

Folgende Ansatzpunkte stehen zur Diskussion:
- Massage kann auf reflektorische Weise Schmerzhemmungsmechanismen im Rückenmark und Zwischenhirn aktivieren.
- Durch Massage werden schmerzauslösende Substanzen aus dem Körpergewebe ausgeschwemmt, und damit verringert sich die Reizwirkung an den Schmerzrezeptoren.

*Aktivierung von Schmerzhemmungsmechanismen.* Die 1965 von Melzack und Wall aufgestellte „gate control theory" ist ein fruchtbares Arbeitsmodell in der Erklärung reflektorischer Schmerzhemmechanismen. Bei der Schmerzentstehung kommt es zu einer Reizung spezieller Schmerzfühler, den Nozizeptoren.

Mechanische, thermische oder chemische Reize können Schmerzrezeptoren erregen. Diese freien, nicht oder nur sehr dünn myelinisierten Nervenendigungen gehen in relativ langsam leitende Nervenfasern (Adeltafasern) über (Oberflächenschmerz). Derartige Schmerzempfindungen sind meist gut lokalisierbar. Die Lokalisierbarkeit nimmt ab, je tiefer im Gewebe der Schmerz entsteht. Der somatische Tiefenschmerz, wie etwa der ischämische Muskelschmerz oder Frakturschmerz, wird über relativ langsame C-Fasern (unmyelinisiert) geleitet.

Grundsätzlich geht diese Theorie davon aus, daß ein Mechanismus in den Hinterhörnern des Rückenmarks (Substantia gelatinosa) wie ein „Tor" funktioniert, das den Strom der Nervenimpulse von den peripheren Fasern zum Zentralnervensystem entweder verstärkt oder abschwächt. Somatische Eingangsreize werden deshalb erst der modulierten Beeinflussung des „Tores" ausgesetzt, bevor sie zu Schmerzwahrnehmung und den sich anschließenden Reaktionen führen. Die Größenordnung, in der das „Tor" die sensorische Übertragung verstärkt bzw. abschwächt, ist durch die relative Aktivität der dicken, sensiblen Nerven (Abetafasern) sowie durch herabsteigende zentrale Einflüsse festgelegt. Impulse, die über die dicken, schnelleitenden Abetafasern das Rückenmark erreichen, können hemmend auf die Schmerztransmission in der Substantia gelatinosa einwirken.

Die bei einer Massagebehandlung aktivierten Druck-, Dehn- und Berührungsrezeptoren bringen ihre Informationen über derartige Abetafasern zum Rückenmark und bewirken somit eine Schließung des „Tores" für ebenfalls einfließende Schmerzimpulse. Dies erklärt die Schmerzlinderung bei bereits schwach dosierten Massagereizen, wie beispielsweise bei der Lymphdrainage. Bekanntlich führen aber auch intensive somatische Reize über unterschiedlich lange Zeiträume zu einer Schmerzerleichterung. Diese Art der Schmerzlinderung, die man ganz allgemein als Hyperstimulationsanalgesie bezeichnet, stellt eine der ältesten angewandten Schmerzkontrollmethoden dar. Intensive Massagetechniken, die oftmals vom Patienten mit dem Begriff „Wohlweh" beschrieben werden, führen zu einer Aktivierung zentraler Schmerzinhibitionszentren, welche von Melzack als „central biasing mechanism" bezeichnet werden. Von diesen Zentren werden schmerzhemmende Impulse zum Kortex, Thalamus und ins „Eingangstor" im Rückenmark abgegeben.

*Ausschwemmung schmerzauslösender Substanzen.* Chemische Substanzen rufen im Gewebe eine Schmerzempfindung hervor, wenn sie in ausreichender Konzentration auftreten. Bei einer ganzen Reihe dieser Schmerzstoffe handelt es sich um körpereigene Stoffe; diese werden besonders bei Entzündungen und anderen pathologischen Prozessen in den betroffenen Geweben gebildet und freigesetzt. Solche körpereigenen, schmerzerzeugenden Substanzen („pain producing factors") sind unter anderem: Acetylcholin, Histamin, Serotonin, Bradykinin, Wasserstoff- und Kaliumionen. Der Dauerschmerz wird durch die gesteigerte Produktion von Kininen und insbesondere auch von Prostaglandinen unterhalten. Auch

Sauerstoffmangel kann die Erregbarkeit von Nozizeptoren steigern. Durch den Massagedruck auf die unter der Haut liegenden Gewebeschichten erhöht sich dort der Gewebedruck. Folglich werden die schmerzauslösenden Substanzen über die abfließenden Venen und Lymphgefäße angeschwemmt.

Damit wird eine Reaktivierung und Reduzierung der Schmerzsubstanzen an den Nozizeptoren erreicht. Die verbesserte arterielle Durchblutung kann über die vermehrte Sauerstoffzufuhr die Schmerzauslösung günstig beeinflussen (Schmidt 1982).

## Einfluß der Massage auf den Muskeltonus

Unter dem Begriff Muskeltonus ist die Spannung eines Muskels oder einer Muskelgruppe zu verstehen. Diese Grundspannung des Muskelorgans kann in einen „aktiven" (Arbeits-) und einen „passiven" (Ruhe-) Tonus eingeteilt werden.

Der aktive Muskeltonus ist gekennzeichnet durch die Innervierung einiger motorischer Einheiten. Entsprechend kann die Intensität der Anspannung durch die Elektromyographie abgeleitet werden. Die gerade kontrahierenden (stets wechselnden) motorischen Einheiten sorgen für eine gewisse Muskelspannung. Diese Aktivitäten der einzelnen Einheiten sind schwach und nicht synchronisiert. Infolgedessen bleibt die Spannung gering, und der Muskel verkürzt sich nicht merklich. Man spricht auch von der Grundinnervation. Im Tiefschlaf oder bei vollkommener psychischer Entspannung kann die Aktivierung von motorischen Einheiten zeitweise aussetzen. Gesteuert wird der Muskeltonus über den sog. myostatischen Reflexbogen.

Der Muskeltonus kann durch verschiedene Einflüsse, wie z. B. Angst, Schmerz, Kälte, Streß und andere psychische Faktoren, angehoben werden. Stärke und Regulation sind aber für den Organismus nicht gleichgültig.

Eine übermäßig gesteigerte Grundinnervation erhöht nicht nur den Ruheumsatz des Muskels, sondern sie erschwert auch die Einleitung und Durchführung der Zielmotorik. Je stärker die Grundinnervation, um so mehr bahnende und hemmende Impulse müssen aufgebracht werden. Der Widerstand, gegen den ein antagonistischer Muskel arbeiten muß, ist relativ groß (Rumberger 1982). Andererseits bewirkt die erhöhte Muskeldauerspannung eine Kompression der Gefäße, die Reduzierung des Gefäßquerschnitts ruft eine deutliche Verringerung der Durchblutung hervor. So kann bei erhöhtem Energiebedarf der Muskel nicht mehr ausreichend versorgt werden. Als Folge entsteht eine relative Ischämie, also ein Mißverhältnis zwischen Blutbedarf und Blutzufuhr. Durch diese lokale Stoffwechseldysfunktion werden schmerzauslösende Substanzen freigesetzt, welche Schmerzrezeptoren aktivieren. Der Circulus vitiosus des Muskelspannungsschmerzes wird ausgelöst.

Bei allen Massagetechniken, die in die nervale Muskeltonussteigerung eingreifen wollen, spielen die im Muskel liegenden Muskelspindeln (wenige Millimeter lange Dehnungsrezeptoren) eine wichtige Rolle. Wird der Muskel unter dem Einfluß der Massage gedehnt, so nehmen an diesen Dehnungen naturgemäß auch die Muskelspindeln teil. Erfolgt die Dehnung an einem hypertonen Muskel, so wird reflektorisch auf dem Weg über den myostatischen Reflexbogen der Muskeltonus auf einen niedrigeren Sollwert eingestellt, so daß der muskuläre Hartspann geringer wird oder sich sogar vollständig zurückbildet. Analoge Wirkungswege, nun in umgekehrter Richtung, werden für die tonisierende Wirkung intensiver Knetgriffe auf schlaffe, hypotone Muskelbezirke postuliert. Ein zu geringer Muskeltonus kann reflektorisch auch durch hackende oder klopfende Massagegriffe angehoben werden (Hentschel 1979).

Der passive Tonus ergibt sich aus der Gesamtheit passiv-mechanischer Gewebeeigenschaften des Muskelorgans. Der Muskel enthält eine Anzahl elastischer Bausteine — von kleinen elastischen Anteilen schon in den kontraktilen Elementen bis zu den elastischen Hüllen der Bündel, zu den Faszien und Sehnen. Diese elastischen Anteile im Muskel und in seinen Hilfseinrichtungen vermitteln ebenfalls Spannung (Tonus). Der Tonus des ruhenden Skelettmuskels wird auch durch die im Muskel (in den Muskelzellen, in der Zwischenzellsubstanz, in den Kapillaren) vorhandenen osmotischen, aktiven Substrate (z. B. Kohlenhydrate und Mineralstoffe) beeinflußt. Er zeigt darüber hinaus Abhängigkeit von der Temperatur, vom Wasserhaushalt, und er weist deutliche Beziehungen zu körperlicher Belastung auf. Der ermüdete Muskel läßt immer einen Tonusanstieg erkennen. Verkürzte Muskeln haben eine hohe Grundspannung (Ruhetonus); bei abgeschwächter Muskulatur ist der Tonus etwas erniedrigt (Badtke 1987).

Die depletorischen Effekte, die Beschleunigung der Reabsorptionsvorgänge, die verbesserte arterielle Durchblutungssituation, also die Steigerung der Regenerations- und Stoffwechselvorgänge im Muskel, sind neben der rein mechanischen Beeinflussung der elastischen Muskelbausteine wesentliche Ansatzpunkte für die positive Beeinflussung des passiven Muskeltonus durch eine Massagebehandlung.

## Einfluß der Massage auf den Stoffwechsel

Die Analyse der Literaturangaben läßt die Annahme zu, daß dieser Bereich noch wenig untersucht wurde. Viele Arbeiten, die dem Einfluß der Massage auf den menschlichen Stoffwechsel nachgehen, bestätigen eine gesteigerte Diurese nach Massagebehandlungen. Keller fand außer vermehrter Urinsekretion eine Steigerung der Schwefelsäureausscheidung, eine Zunahme der Chloride und der Phosphorsäure im Harn (in Lampert u. Schliephake 1972). Untersuchungen sowjetischer Wissenschaftler zeigen den positiven Effekt der Massagebehandlung in bezug auf die Ausscheidung von Milchsäure aus dem Organismus nach Muskelarbeit. Unter dem Einfluß von Massage großer Muskelgruppen, die nicht an der Arbeit beteiligt waren, erhöhte sich die Geschwindigkeit der Oxidation von Milchsäure (Birjukow u. Karfow 1980).

Die Einwirkung von Massagen auf die Erholungsvorgänge im Muskel wurde durch die Untersuchungen des Arbeitsphysiologen E. A. Müller objektiviert (Abb. **13**).

Aufgrund dieser ergometrischen Untersuchungen konnte festgestellt werden:
- Bereits nach einer Massagedauer von 3 Minuten läßt sich eine höchstmögliche Beschleunigung der Erholungsvorgänge im Muskel erzielen.
- Bei ermüdeter Muskulatur wird durch Massage zwar keine verbesserte Sauerstoffzufuhr bewirkt, jedoch steigt infolge der gesteigerten Durchblutung die Sauerstoffaufnahme deutlich an (Hentschel 1979).

Da es bisher keine Daten über die Auswirkung der Massage auf die Blutzusammensetzung gab, führten Ärzte der Klinik für physikalische Medizin der Universität München Experimente durch, um diese Zusammenhänge zu klären. Bei einer Gruppe von 12 gesunden Erwachsenen und einer zweiten Gruppe von 10 Patienten mit ankylosierender Spondylitis erfolgten Blut- und Plasmauntersuchungen.

Die Versuchsteilnehmer wurden jeweils vor und nach 20minütiger Ganzkörpermuskelmassage untersucht. Die Spondylitispatienten wurden zu-

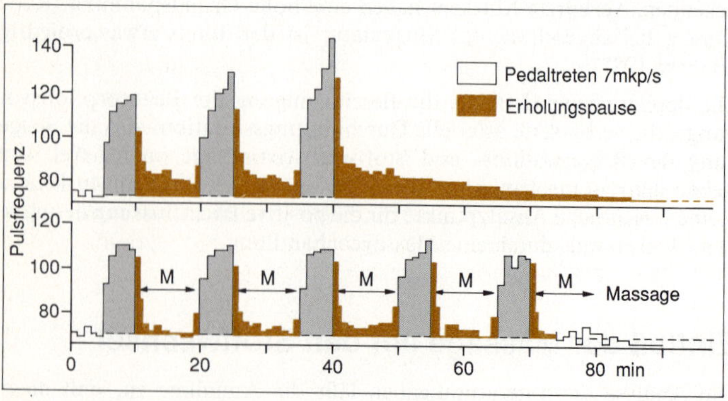


Abb. **13** Einfluß von Massagen auf die Regenerationsfähigkeit der Muskulatur nach körperlicher Belastung (aus W. Hollmann, Th. Hettinger: Sportmedizin — Arbeits- und Trainingsgrundlagen —, 2. Aufl. Schattauer, Stuttgart 1980).

sätzlich nach einer Serie von sechs Massagen, im Verlauf von 2 Wochen appliziert, erneut ausgetestet. Als Ergebnis dieser Untersuchung stellte sich heraus, daß ein deutliches Absinken der natürlichen Blutviskosität, des Hämatokrits und der Plasmaviskosität eintrat. Die Filterfähigkeit der Erythrozyten blieb unverändert, und die Zellagglomeration zeigte eine geringe Tendenz zur Abnahme. Diese Veränderungen der Blutflüssigkeit traten nach Langzeitbehandlung ebenfalls auf. Therapeutisch kann dieser Effekt vor allem bei Krankheitsbildern, die mit einer Ischämie bzw. schlechter Durchblutungssituation im Gewebe einhergehen, ausgenutzt werden (Breitling 1987).

## Segmentale Wirkung

Die Gewebe und Organe im menschlichen Organismus existieren und funktionieren nicht losgelöst voneinander, sondern zum Nutzen des Gesamtsystems. Für die Koordinierung ihrer Tätigkeit hat neben anderen Strukturen (z. B. Blut, Hormonsystem) das Nervensystem eine überragende Bedeutung. Es bestehen nerval-reflektorische Beziehungen zwischen Haut und Muskulatur, zwischen Gelenken und Muskulatur, zwischen Gelenken und dem zentralen Nervensystem, zwischen inneren Organen und dem Unterhautgewebe.

Diese reflektorischen Zusammenhänge lassen sich durch die segmentale Gliederung des Körpers erklären. Während früherer Entwicklungsstadien ist der menschliche Körper in ganz ähnliche Teilstücke gegliedert, die als Segmente (Metamaren) bezeichnet werden. Die segmentale Gliederung ist auf das mittlere Keimblatt (Mesoderm) beschränkt und schließt das axiale Skelett, die Muskulatur, die Urogenitalorgane und das Gefäßsystem ein. Das Ektoderm, d. h. Haut und Rückenmark, wird erst später einbezogen, nicht aber das Endoderm. Die Segmentierung des Körpers ist nach Sturm (zit. in Günther u. Jantsch 1982) ein anervales, ohne Mitwirkung des Nervensystems zustande kommendes Urphänomen. Im Laufe der weiteren Entwicklung wird jedes mesodermale Ursegment durch ein Rückenmarksegment versorgt. In der Massage und Reflexzonenbehandlung bezeichnet man den Körperabschnitt, welcher durch einen aus dem Zwischenwirbelloch austretenden Spinalnerv versorgt wird, als Segment (Metamer). Der Spinalnerv mit seinen Aufzweigungen ist die erkennbare Leitlinie durch alle Teile des Segments. Gewebe der Körperdecke, Organe und des Bewegungsapparats gehören zu seinem Einflußgebiet. Die dem Spinalnerv zugeordneten Organe bzw. Gewebeabschnitte werden wie folgt bezeichnet:

- Dermatom – Hautbereich,
- Myotom – Muskelanteil,
- Angiotom – Gefäßbereich

– Oskotom – Knochenanteil
– Viszeotom – Innere Organe.

Eine klare metamare Gliederung ist nur noch im Dermatom zu erkennen (Abb. **14**). Skelettmuskeln sowie innere Organe sind aus mehreren Segmentgruppen aufgebaut, ihre metamare Gliederung ist verwischt (Günther u. Jantsch 1982).

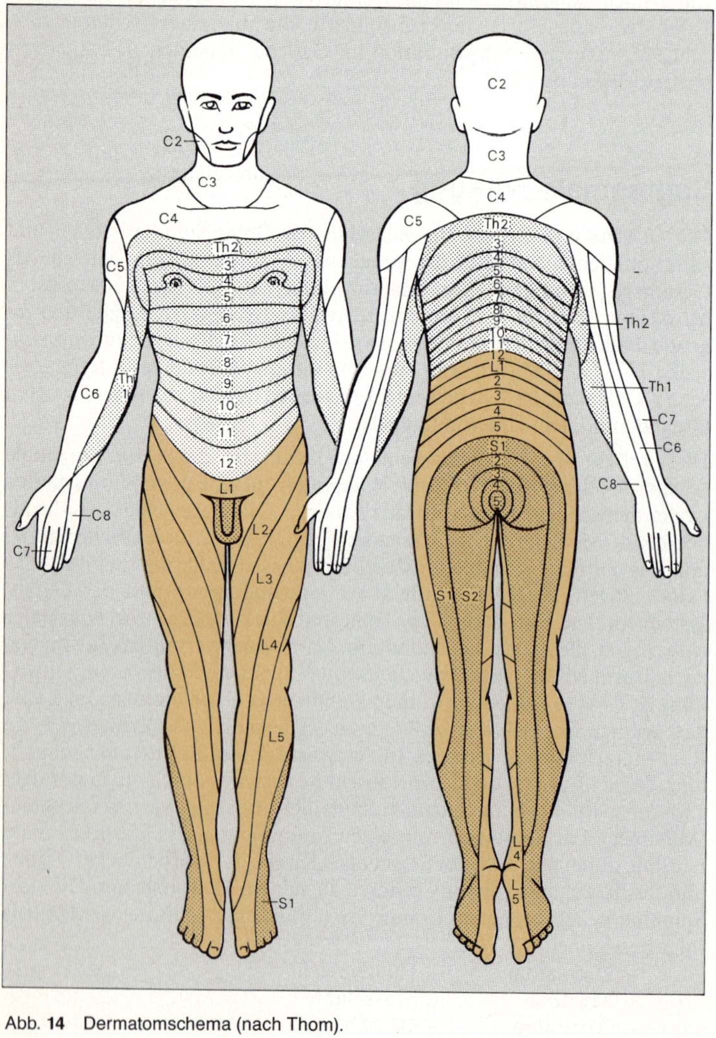


Abb. **14** Dermatomschema (nach Thom).

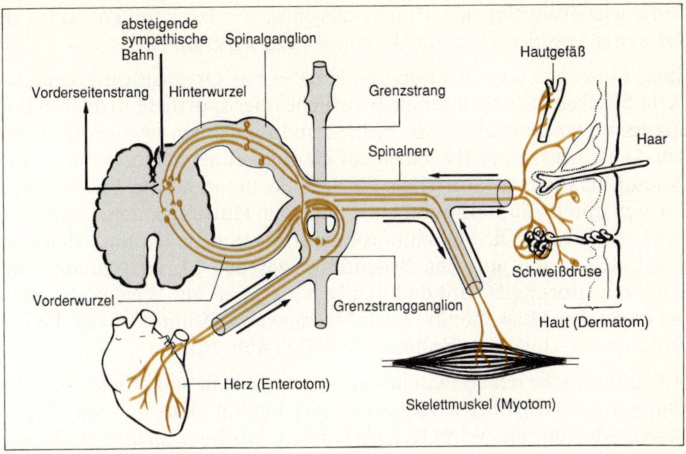


Abb. **15** Segmentale Verschaltung im Rückenmark bei viszerokutanen und kutiviszeralen Reflexbögen (aus H. Trettin: Dtsch. Badebetrieb [1987] 636).

Störungen und Erkrankungen in einem Teil des Organismus können sich über Verschaltungen im Rückenmarksegment auf andere Strukturen projizieren (Abb. **15**).

Als erster erkannte Head (1861–1940) den Zusammenhang zwischen inneren Organen und der Haut.

Mackenzie wies darauf hin, daß sich bei Erkrankungen innerer Organe eine Hyperalgesie mit lokalem Hypertonus der tiefer gelegenen Muskelschichten feststellen läßt. Trotz aller Bemühungen ist es der Grundlagenforschung bis heute nicht möglich, die Verlaufswege derartiger kutiviszeraler und muskuloviszeraler Reflexbahnen mit voller Sicherheit anzugeben (Hentschel 1980). Die Beobachtungen von Head und Mackenzie wurden jedoch bestätigt und experimentell nachgeprüft. Die bei der Massage erzielte Bradykardie und Beeinflussung der Atmung kann über derartige Reflexe erklärt werden (David 1986).

Die Reflexzonen hatten lange Zeit vorwiegend diagnostische Bedeutung. Durch die Beobachtungen und Erfahrungen von Ärzten, die auf dem Gebiet der Massage tätig waren, und von Krankengymnastinnen wurde aber erkannt, daß die Reaktionswege nicht nur in Richtung von Organ zur Peripherie, sondern auch umgekehrt (Kohlrausch [1955] spricht von einem rückläufigen Reflexweg) verlaufen, wodurch die Reflexzonen auch therapeutische Bedeutung bekamen.

Muskelzonen bleiben immer eine mehr oder weniger lange Zeit nach dem Abklingen der Erkrankung bestehen. Das wäre belanglos, wenn nicht von ihnen wiederum Organstörungen ausgelöst werden könnten, wobei der Reflexweg von der Körperdecke zum Organ wirksam ist.

Auch ohne vorherige Erkrankung kann es zur Organstörung kommen, wenn Muskeln durch einseitige berufliche oder sportliche Arbeit in ihrer Spannung permanent erhöht bleiben und schließlich myogelotisch werden. Diese Muskelbezirke haben auf die zugeordneten Organe u. a. einen störend nervös-reflektorischen Einfluß. So treten häufig bei stehenden Berufen durch Tonuserhöhung in der kleinen Hüftmuskulatur und in der mittleren bzw. kleinen Gesäßmuskulatur Verstopfungen und Menstruationsbeschwerden auf. Die Bedeutung zwischen Muskelspannung und den Organstörungen wird dadurch bestätigt, daß mit Wiederherstellung des normalen Muskeltonus durch Massage und Dehntechniken die Dysfunktion verschwindet (Kohlrausch 1955) (Abb. **16**).

Der funktionelle Bezug zwischen gestörtem Gelenk und reflektorisch veränderten tendomyotischen Muskeln, gleichgültig ob es sich um ein peripheres oder um ein Wirbelgelenk handelt, wird von mehreren Autoren beschrieben (Marnitz 1978, Lewit 1987, u. a.). Die vom Gelenk ausgehende Irritation kann auf segmental verschaltete Muskel-, Sehnen-, Faszienanteile oder ins Periost übertragen werden. Die mit Tonuserhöhung, schlechter Durchblutung, Schmerz und gestörtem Stoffwechsel reagierenden Strukturen können bei Nichtbehandlung eine „funktionsgebundene Schmerzhaftigkeit" und „schmerzbedingte Bewegungshemmung" auslösen, die wiederum das Gelenk beeinflußt. Eine gute Hilfe zum Auffinden tendomyotisch veränderter Muskeln ist das Trigger-point-Schema nach Travel bzw. die von Marnitz propagierte „Tiefenmassage korrespondierender Zonen".

Über die Wertigkeit der Massagebehandlung bei derartigen Befunden schreibt der Manualtherapeut Karel Lewit (1987): „In Verbindung mit anderen Methoden und als Vorbereitung für die Krankengymnastik wird jedoch die Massage immer eine bedeutende Stellung behaupten können. Ja, es gibt Fälle mit ausgedehnten Hyperalgesiezonen und über zahlreiche Segmente sich erstreckende Muskelverspannungen, in denen die Massage durch keine andere Methode ersetzt werden kann."

## Psychologische und pädagogische Aspekte zur Massage

Krankheit erfaßt immer alle Dimensionen der menschlichen Existenz, sowohl die biologisch-körperliche als auch die psychosoziale. Zum besseren Verständnis eines Patienten und zum angemessenen Umgang mit ihm kann es sehr hilfreich sein zu wissen, wie Patienten ihre Krankheit erleben bzw. welche initialen Reaktionen bei ihnen auftreten.

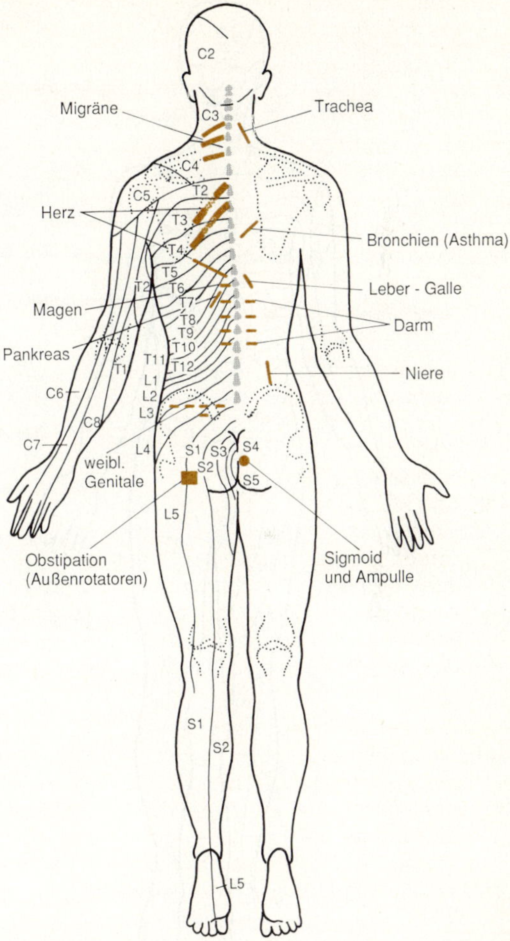


Abb. **16 a** u. **b** Muskuläre Maximalzonen nach Kohlrausch (aus J. E. Camrath: Physiotherapie, 3. Aufl. Thieme, Stuttgart 1983). **a** Herz: auf der linken Seite vorn in den Mm. intercostales des 3. und 4. Interkostalraums und in den Mm. pectorales major und minor, hinten in Fasergruppen des M. rhomboideus. — Magen: auf der linken Seite vorn in den Mm. intercostales des 7. Interkostalraums, im M. obliquus externus abdominis im äußeren Rand des M. rectus abdominis im oberen Abschnitt, hinten in Fasergruppen des M. erector trunci in Höhe des 9. Dornfortsatzes.

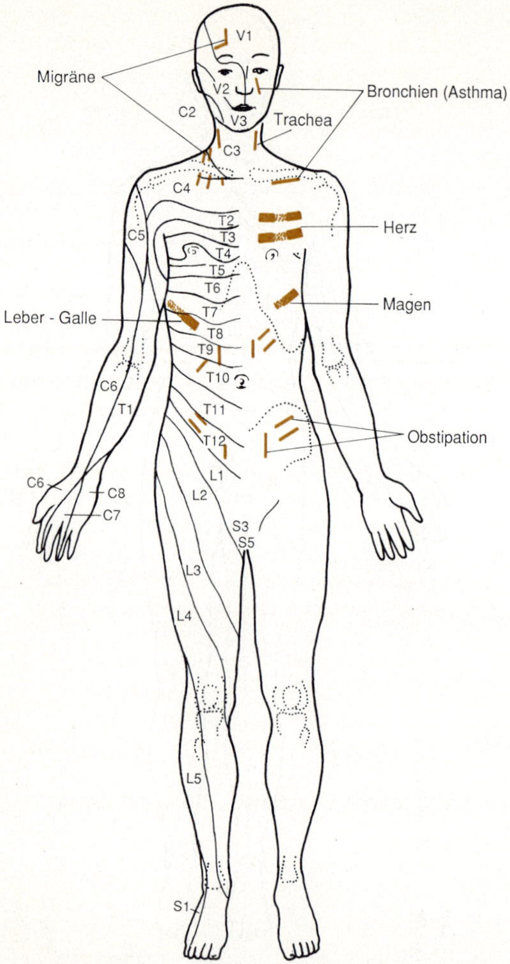


**b** Pankreas: auf der linken Seite hinten in den Mm. intercostales im 9. Interkostalraum. — Leber-Galle-System: auf der rechten Seite vorn in Fasergruppen des M. obliquus externus abdominis und internus und im oberen Abschnitt des M. rectus abdominis, hinten in Fasergruppen des M. erector trunci in Höhe des 8. Dornfortsatzes. — Darm: vorn in Fasergruppen des oberen Abschnitts des M. rectus abdominis und des M. psoas, hinten in Fasergruppen der Fascia thoracolumbalis sowie im M. transversus abdominis.

Der Einfluß psychosomatischer Störungen auf den Bewegungsapparat und die Körperhaltung ist seit alters her bekannt. Landläufige Aussagen, wie „die Angst sitzt im Nacken“ oder „die Sorge bricht ihm das Kreuz“, dokumentieren diese Verknüpfung. Die psychisch-emotionale Entgleisung hat eine Auswirkung auf die Muskelgrundspannung, die Haltung, das Bewegungsverhalten und die Bewegungsbereitschaft.

Sekundär entsteht der Circulus vitiosus mit Muskelspannungsschmerz, muskelrheumatischen Beschwerden, Tendomyopathien und Insertionstendinosen. Diese Schmerzsyndrome beeinflussen wiederum rückläufig den psychischen Prozeß (Abb. **17**).

Elektromyographische Untersuchungen haben gezeigt, daß depressive Persönlichkeiten eine andere Innervation bestimmter Muskelgruppen haben, die zu einer Veränderung des Muskeltonus führt. Dementsprechend treten Schmerzen bei Depressiven vorwiegend auf im Zusammenhang mit dem Verlust von Bezugspersonen oder einer geschätzten Tätigkeit (Klingberg 1987).

Neben der psychotherapeutischen Behandlung ist es die Aufgabe der Physiotherapie, den Circulus vitiosus des Muskelspannungsschmerzes zu durchbrechen, wobei detonisierende, beruhigende Massagetechniken die Behandlung einleiten. Dem Patienten wird über die Massage das Gefühl für die Entspannungsfähigkeit der Gewebe vermittelt, gekoppelt mit aktiven Entspannungstechniken wie Dehntechniken, autogenes Training oder progressive Muskelentspannung nach Jakobsen.

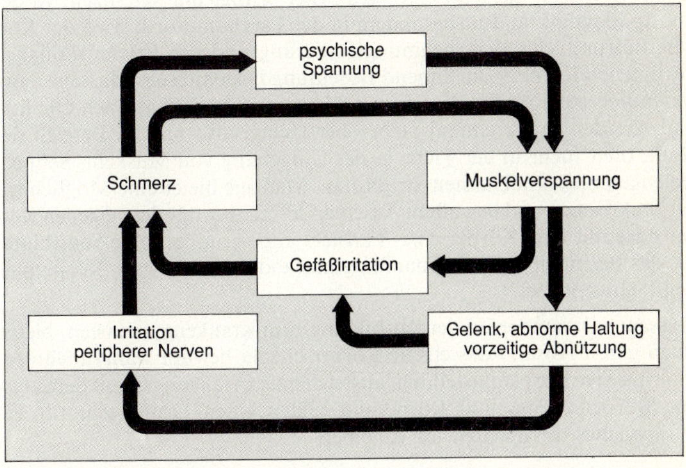


Abb. **17** Zusammenhang zwischen somatischen Syndromen und psychischer Spannung (aus B. Bender: Dtsch. Badebetr. 1987, 72).

Physischer Kontakt, kutane Berührung und taktile Kommunikation sind wesentliche Bedürfnisse sowohl für die physische Entwicklung, als auch für das psychosoziale Wohlbefinden. Solange das Bedürfnis, berührt zu werden, befriedigt wird, fühlen wir uns „gesund“, wird dieses Bedürfnis aber gehemmt, kann das Wohlbefinden Schaden nehmen. Vor mehr als zwanzig Jahren zeigte der amerikanische Psychologe S. M. Jourard, daß unsere Wahrnehmung, wie oft wir von einem anderen Menschen berührt werden, in einem eindeutigen Zusammenhang mit unserem Selbstwertgefühl steht, also damit, wie sehr wir uns selbst schätzen (in Lidell u. Mitarb. 1984).

Chronisch Kranke flüchten häufig in eine soziale Isolation und verlieren so jeglichen Kontakt zu ihrer Umwelt. In einer amerikanischen Untersuchung aus jüngster Zeit erklärten Patienten, denen Hautkontakt vorenthalten wurde, sie fühlten sich schmerzhaft isoliert und von der Wärme menschlicher Berührung abgeschnitten (Lidell u. Mitarb. 1984).

Angenehme Massage wirkt beruhigend (vagotonussteigernd), unangenehme über Abwehrreaktionen erregend (sympathikussteigernd). Dies kann vom geübten Therapeuten genutzt werden, um den Patienten in eine günstige psychische Ausgangslage zu versetzen. Überwiegen bei einer Massage die positiven, zustimmenden und lustbetonenden Erlebnisqualitäten, so wird der Behandler positive, angenehme Körpererfahrung vermitteln. Unter diesen Ansätzen müßten Massagebehandlungen den „Berührungstherapien“ zugeordnet werden.

Ein gezielter Einsatz von Massagen zur praktischen und bewußten Auseinandersetzung mit dem eigenen Körper erfolgt nur vereinzelt. In der Sportpädagogik und insbesondere in der Psychomotorik wird der Körpererfahrung, der Wahrnehmungsförderung und der Erlebnisfähigkeit des eigenen Körpers zunehmend Bedeutung beigemessen. Massage kann wesentlich zur Körperorientierung beitragen. Sie wirkt je nach Qualität und Art der Griffe einmal mehr oberflächig, also nur im Bereich der Haut, oder mehr in der Tiefe, in der Umgebung von Muskeln, Sehnen, Gelenken oder knöchernen Strukturen. Massage bietet eine Möglichkeit zur praktischen und bewußten Auseinandersetzung mit dem eigenen Körper oder mit dem Körper eines Partners und vermittelt eine Sensibilität für das Befinden und den Spannungszustand der massierten Körperpartien (Schwope 1987).

Massagen, besonders in der Ausbildung zum Krankengymnasten, bieten einen guten Ansatz, das eigene Körperschema bewußt wahrzunehmen. Eine positive Körpereinstellung, ausreichende Erfahrungen mit dem eigenen Körperschema und Körperbild bilden einen Grundstein für ein erfolgreiches therapeutisches Vorgehen.

# Dosierungs- und Behandlungsgrundsätze

Eine dem Patienten angemessene Dosierung ist die entscheidende Voraussetzung für den Behandlungserfolg. Sie entsteht primär aus den praktischen Erfahrungswerten, die sich aus der täglichen, bewußten Arbeit am Patienten ergeben. Meßbare Dosierungsgrößen lassen sich im einzelnen nicht festlegen. Der Massagereiz hat die Aufgabe, die gestörte Biofunktion im Gewebe zu normalisieren. Jedoch muß jede Regulationstherapie sich am Zustand des Nervensystems, der Reaktionslage, den Reiz- und Störfeldern in den Geweben sowie dem Tonus der Gefäße orientieren. Folgende allgemeine Praxishinweise für die klassische Massage sind zu beachten:

- *Konstitution des Patienten:* „Der sympathikotone Konstitutionstyp benötigt kurze, schwache Reize, kleine Intervalle und größere Steigerungen. Der parasympathikotone Typ braucht lange, kräftige Reize, große Intervalle und vorsichtige Steigerung" (Dalicho 1981).
- *Vegetative Reaktionslage:* Die von Wilder und Kowarschik aufgestellte Regel kann auf die Massagebehandlung übertragen werden: „Je ausgeprägter die pathologische Störung, desto gestörter ist das vegetative Nervensystem und um so kleiner soll der gesetzte Reiz sein" (Dicke u. Mitarb. 1982).
- *Schmerzhaftigkeit der Behandlung, Behandlungsreaktion:* Der Druckschmerz während der Therapie ist ein ganz wesentlicher Dosierungsfaktor für den Therapeuten. Er gibt ihm Information über die Grenze der Reaktionsfähigkeit, sowohl örtlich im Gewebe als auch über den Allgemeinzustand des Patienten. Die Dosierungsgrenze ist fließend und kann nicht exakt festgelegt werden. Der Behandler muß sich nach Intensität und Dauer der Reaktion richten, deren Hauptmaßstab der Grad der Schmerzhaftigkeit in der Zeit zwischen den Behandlungen ist. Deshalb ist jeder Patient zu Beginn der Therapie nach aufgetretenen Schmerzen und ihrer Dauer zu befragen. Mäßige Schmerzreaktionen von 24 Stunden Dauer überschreiten das zulässige Maß im allgemeinen noch nicht. Bei intensiveren Reaktionen müssen die Intensität und Auswahl der Massagegriffe oder die Behandlungsdauer entsprechend verändert werden, eventuell ist der Abstand zwischen den einzelnen Sitzungen zu vergrößern. Die Entscheidung über all diese Dinge muß der Therapeut selbst treffen. Daraus folgt, die Behandlungsreaktion muß ständig überwacht und die Arbeitsweise den Reaktionen angepaßt werden. Es geht nicht, die erlernten Griffe in schematischer Routine ablaufen zu lassen; die Intensität, Dauer und Auswahl der Techniken richtet sich nach der Reaktion des Patienten (Marnitz 1978). Marnitz formuliert folgende Faustregeln:

  „a) Der Beginn einer Behandlung ist immer schonend und leicht zu gestalten.

b) Je größer die Schmerzhaftigkeit, desto zarter die Behandlung."

– *Physischer Trainingszustand des Patienten:* Patienten mit einer guten konditionellen Verfassung können erfahrungsgemäß mit intensiven Heilreizen behandelt werden. Die Praxis mit Leistungssportlern zeigt, daß gut trainierte Personen stärkere Reize benötigen, um eine adäquate Therapiereaktion zu erbringen. Niedere Dosierungen liegen häufig unter der Reaktionsschwelle, somit ist die Behandlung erfolglos.

– *Behandlungshäufigkeit:* Akute Prozesse werden am besten täglich, chronische 2- bis 3mal wöchentlich behandelt.

Eine Massagebehandlung wird normalerweise mit einleitenden Effleuragen begonnen. Sie dienen der Kontaktaufnahme und haben eine diagnostische Bedeutung. Es folgen mehr oberflächig „erwärmende" Grifftechniken; großflächige Knetungen und Walkungen detonisieren die Muskulatur und ermöglichen den Einsatz kleinflächiger, tiefwirkender Massagegriffe. Zwischen diesen mehr aggressiven, aktivierenden Techniken (die höchste Dosierungsintensität sollte der Patient mit dem Begriff „Wohlweh" beschreiben) werden immer wieder entspannende, depletorische Behandlungsphasen eingebaut. Drainierende, weiche Streichungen beenden die Massagebehandlung. In der Aufeinanderfolge der Griffe ist ein schnelles, hektisches Tempo zu vermeiden, da die vegetative Lage meist ungünstig beeinflußt wird und der Behandler die Tasteindrücke nicht mehr realisieren kann.

Die häufige Lehrmeinung, daß bei einer Erkrankung das Behandlungsgebiet mit einem umschriebenen Griffrepertoire bearbeitet wird, wurde von Kohlrausch (1973) sinngemäß mit folgenden Worten charakterisiert: „Die deutsche Massagelehre geht vom Griff aus und nicht vom Tastbefund." Das bedeutet, es werden Griffe für jeden Körperteil nur eingeübt und entsprechend der Lokalisation der jeweiligen Erkrankung abgespult. Dosierung und Griffauswahl müssen hingegen dem individuellen Befund des Patienten angepaßt werden. „Der Tastbefund gestaltet die Grifftechnik", und „massiert wird nur dort, wo das Gewebe von der Norm abweicht"; diese Aussagen Kohlrauschs sind die bestimmenden Faktoren für die praktische Durchführung von Massagen.

Der Massagebehandler muß also zunächst wissen, wie die verschiedenen Gewebe des Bewegungsapparates normal beschaffen sind. Das setzt voraus, daß er exakte Kenntnisse der Anatomie des Haltungs- und Bewegungsapparates besitzt, verbunden mit der sicheren Fähigkeit zur Palpation. Allein auf diesen Grundlagen vermag er Abweichungen von der Norm zu finden.

„Hautinspektion und Tastbefund sind von großer Bedeutung. Es ist bedauerlich, daß sie im Rahmen der modernen Medizin etwas unterbewertet und vernachlässigt werden. Berühmte Ärzte und Kliniker, wie etwa

Chvostik, waren imstande, mit so einfachen Methoden hervorragend zu diagnostizieren. Es hat daher seine Richtigkeit, wenn behauptet wird, die Erstmassage solle auch eine ‚diagnostische Behandlung' sein" (Günther u. Jantsch 1982).

## Indikation der medizinischen Massage

(nach Günther u. Jantsch 1982)

- *Beeinflussung der Haut:* Steigerung der physiologischen Hautfunktion, Dekubitusprophylaxe, Behandlung von Narben, Adhäsionen, Kontrakturen (Haut).
- *Arterielle Durchblutungsstörungen:* funktionelle Durchblutungsstörungen sowie organische mit noch gutem Kollateralkreislauf (vorsichtig dosieren), lokale Durchblutungsstörungen bei Muskel- und Weichteilrheumatismus (Faßbender 1981).
- *Beeinflussung des venösen Abflusses, Verbesserung des Lymphstromes:* venöse Stauungen, Ödeme verschiedener Ätiologie (statisch, kardial, renal), bei posttraumatischen Schwellungen im Sinne einer ableitenden Massage.
- *Beeinflussung der Muskulatur:* Tonusregulation der Muskulatur, Behandlung degenerativer Erkrankungen des gesamten Bewegungsapparates, mit Vorbehalt auch bei chronisch entzündlichen Erkrankungen, Detonisierung bei Neuralgien, Nachbehandlung von Muskelverletzungen, Muskelrheumatismus (Tendomyosen, Myogelosen), pseudoradikuläre Symptome, Behandlung von schlaffen Paresen verschiedener Ätiologie.
- *Beeinflussung des Bindegewebes (Kapsel-Band-Strukturen, Sehnen, Insertionen, Faszien):* Mikrotraumatisierungen, partielle Rupturen, chronische Reizzustände, Adhäsionen der Sehnenbündel oder des Gleitgewebes, Insertionstendopathien, Tendinosen, chronische Tendovaginitis, reflektorische Schmerzzustände am Kapsel-Band-Apparat oder an Faszienstrukturen, Triggerpunkte.
- *Reflektorische Beeinflussung innerer Organe:* funktionelle kardiale Störungen, Störung im Verhältnis Herzkraft — peripherer Widerstand, Asthma bronchiale, Obstipationen, Dystonie der Gallenwege, vegetativ bedingte gynäkologische Erkrankungen.
- *Psychische bzw. psychosomatische Störungen:* Neurosen (1. Phase), Depressionen, Dysregulation.

## Kontraindikationen

(nach Knauth u. Mitarb. 1982)

Alle fieberhaften Erkrankungen, Infektionskrankheiten, alle akuten Erkrankungen (Behandlungsbeginn frühestens subakut), Entzündungen und eitrige Prozesse, generalisierte Hauterkrankungen, Thrombophlebitis, Phlebothrombosen, Myositis, Osteomyelitis, Aneurysmen, bei und nach Blutungen innerer Organe, bei Blutungsneigung, unklare Baucherkrankungen und -verletzungen, Herz-Kreislauf-Dekompensation (Massage nur unter Beachtung der speziellen hämodynamischen Hilfeleistung erlaubt), Erkrankungen, bei denen die Abwehrlage so gering ist, daß durch zusätzliche Reize eine Verschlechterung zu erwarten ist.

Kontraindikationen für örtliche Behandlung (segmentale Beeinflussung, evtl. auch konsensuelle, ist zuweilen erlaubt): frische Verletzungen des Bandapparates, der Menisken, Muskelrisse, Knochenverletzungen (über dem Frakturgebiet ist erst 6 Wochen nach Abschluß der Heilung Massage erlaubt wegen Sudeck-Gefahr), frische Hämatome im Behandlungsgebiet, akute Gelenkaffektionen (entzündlicher oder traumatischer Natur, z. B. Ergüsse), Periostitis, Ostitis, Pleuritis (über dem Thorax darf erst 6 Wochen nach Abklingen der Entzündung massiert werden), Schwangerschaft (muskuläre Massage der Leibregion außer Striämassage), Ekzem (nicht generalisiert), Varizen im Behandlungsgebiet, Angioorganopathien im Stadium II—IV (nur segmental erlaubt), Sudeck-Dystrophie im Stadium I und II (nur segmental erlaubt).

# Spezialmassagen

## Manuelle Techniken

### Segmentmassage nach Gläser und Dalicho

Die Segmentmassage ist eine Behandlungsform, bei der alle Störfelder, die sich über das Rückenmarksegment auf andere Organsysteme ausbreiten, beseitigt werden. In jeder Gewebeschicht wird mit speziellen Massagegriffen gearbeitet. Wissenschaftliche Grundlage ist die metamare Gliederung des menschlichen Organismus.

Dalicho (1981) beschreibt folgende Ziele und Behandlungsprinzipien:
- Erfassen und Beseitigen aller reflektorischen Veränderungen in sämtlichen der Massage zugänglichen Geweben der Körperdecke.
- Bearbeiten der einzelnen Veränderungen mit den als optimal erkannten Massagegriffen und Griffkombinationen. Da die Rezeptoren am

schnellsten auf adäquate Reize reagieren, haben die verschiedenen Massagegriffe unterschiedliche Wirkungen auf die einzelnen Gewebeveränderungen.

- Auswahl der Quantität und der räumlichen wie zeitlichen Verteilung der Massagereize nach der topographischen Anordnung der betroffenen Zonen und der Wertigkeit der Befunde. Die reflektorischen Erscheinungen können zwar bevorzugt in den Segmenten, aber auch entfernt und atypisch lokalisiert sein. Daher können gleiche Massagegriffe bei verschiedener räumlicher und zeitlicher Verteilung und Stärke unterschiedliche Reaktionen im lebenden Gewebe auslösen.
- Individuelle, der jeweiligen Reaktionslage des Patienten und den Gewebeveränderungen angepaßte Dosierung wegen der individuell unterschiedlichen sowie der differenten Wertigkeit der Veränderungen.

## Lymphdrainage nach Vodder

Über die Entstehung dieser manuellen Therapieform schreibt Vodder (1966): „Ende der zwanziger Jahre wurden im allgemeinen die Patienten mit der schwedischen Massage behandelt. Als an unserem Massageinstitut in Cannes im Jahre 1932 ein junger Engländer zu behandeln war, der an Sinusitis litt, habe ich die Halslymphknoten palpiert und die Schwellung gefühlt. Plötzlich habe ich verstanden, daß die Lymphknoten wie Schleusen waren, die gestaut sind. Ich habe runde kreisende Bewegungen auf den Lymphknoten gemacht mit etwas Druck nach unten von dem Punkt unter dem Ohr bis zu der Stelle, die wir später ‚Terminus' genannt haben. Es waren weiche, schonende und einfühlende Griffe. Dabei bewegte ich die Haut mit, machte also keine Streichungen. Nach mehreren Behandlungen sind die Schwellungen verschwunden, und die lästige Sinusitis heilte aus."

Dies war eigentlich die Geburtsstunde der neuen Massagetechnik, die wir 1935 erstmals öffentlich bekanntgaben und 1936 schriftlich veröffentlichten als die „Manuelle Lymphdrainage ad modum Vodder." Ziel dieser Behandlung ist eine rein flüssigkeitsverschiebende Wirkung, sowohl intra- als auch extravaskulär. Hyperämisierende Effekte sind bei dieser Massageart nicht erwünscht. Neuerdings wird beschrieben, daß die ruhige, rhythmische Grifftechnik die Aktivität der Lymphangiome, also die Eigenperistaltik der Lymphgefäße, anregt. Neben der Lymphdrainage spielen spezielle Bandagetechniken, entstauende Bewegungstherapie und eine spezielle Hautpflege eine bedeutende Rolle in der „komplexen physikalischen Entstauungstherapie."

Haupteinsatzbereich der Lymphdrainage sind folgende *Indikationen:*

- Ödeme;
- postoperative/posttraumatische Zustände;
- neurologische Erkrankungen (u. a. Apoplexie, Kopfschmerzsyndrome),

– dermatologische Läsionen (u. a. nach Verbrennungen, Sklerodermie usw.);
– rheumatische Erkrankungen;
– variköser Symptomenkomplex mit begleitenden Lymphabflußstörungen;
– Sudeck-Syndrom Stadium I.

*Kontraindikationen:*
– maligne Tumoren;
– akute bakterielle oder virusbedingte Entzündungen;
– akutes Asthma bronchiale u. a.

## Kolonmassage nach Vogler

Paul Vogler, der Begründer dieser Technik, definiert die manuelle Kolonbehandlung folgendermaßen: „Die Kolonmassage ist eine manuelle, analwärts gerichtete Druck- und Gleitbewegung auf dem Kolon, die an fünf bestimmten, weitgehend fixierten Punkten des Abdomens durchgeführt wird. Sie dient der Schaffung ausgeglichener, normaler Tonus- und Turgorverhältnisse im Bauchraum mit Wirkung auf den Kreislauf, das Lymphgefäßsystem und auf das vegetative Nervensystem. Neben dem rein mechanischen Effekt des Kottransportes durch die spezielle Grifftechnik kann mit der Kolonmassage auf Tonusabweichungen des Darms, wie Atonie oder Spasmus, eingegangen werden. Verbunden mit der Peristaltik des Darms ist die Sekretion. Auf diese Weise können Dysfunktionen im übrigen Magen-Darm-Trakt reflektorisch beeinflußt werden (viszero-viszerale Reflexe).

So werden z. B. bei Gallenwegserkrankungen spastisch-meteoristische Kolonabschnitte im aufsteigenden Ast beschrieben. Eine dort angesetzte Kolonbehandlung hat eine prompte Wirkung auf das Hohlorgansystem der Galle“ (Vogler u. Camrath 1975). Aufgebaut wird die Kolonmassage nach einem speziellen „abdominalen Befund“, hinzu kommen Anamnese, Inspektions- und Palpationsbefund. Die Behandlung wird an fünf speziellen Kolonpunkten durchgeführt (Abb. **18**):
– *Punkt 1:* Zäkalpunkt. Er liegt unmittelbar aboral der Zäkalkappe am Kolon.
– *Punkt 2:* Aszendenspunkt. Wir finden ihn zwischen vorderer Spina und dem rechten Rippenbogen außerhalb der Medioklavikularlinie.
– *Punkt 3:* linearer Punkt. Korrespondierend zum 2. Punkt befindet sich der 3. Punkt auf der linken Körperseite.
– *Punkt 4:* Deszendenspunkt. Um diesen Punkt zu finden, palpiert die Hand am linken vorderen Darmbeinstachel medial in Richtung Nabel. Dieser Kolonabschnitt kann leicht gefunden werden.
– *Punkt 5:* Sigmapunkt. Dieser Punkt liegt kaudal vom Punkt 4.

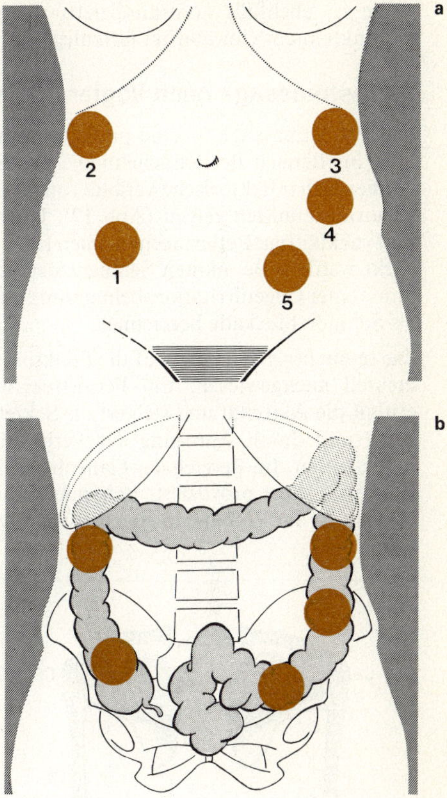


Abb. **18** Lokalisation der Kolonpunkte. 1 = Zäkalpunkt, 2 = Aszendenspunkt, 3 = linearer Punkt, 4 = Deszendenspunkt, 5 = Sigmapunkt (aus Cotta u. a.: Krankengymnastik, Bd. 8. Thieme, Stuttgart 1984).

*Indikationen:*
- atonische und spastische Obstipation,
- Meteorismus,
- Erkrankungen innerer Organe mit reflektorischer Wirkung auf das Kolon, z. B. Gallenwegserkrankungen, Hepatopathien,
- postoperative Beschwerden, z. B. Verwachsungsbeschwerden.

*Kontraindikationen:*
- alle entzündlichen Prozesse an Bauchhaut, -decke und abdominalen Organen,
- Tuberkulose des Abdominalbereichs,
- bösartige Tumoren,
- während der Menstruation,
- Gravidität.

– Sie ist ebenfalls kontraindiziert, wenn die entsprechenden Kolonpunkte nicht einwandfrei festzulegen sind.

## Periostmassage nach Vogler und Krauss

Die Periostmassage ist eine punktförmige, rhythmische Druckbehandlung im Bereich der Knochenhaut. Bei Erkrankungen innerer Organe können sich reflektorische Veränderungen in den segmental zugeordneten Periostabschnitten zeigen (Abb. **19**). Über eine Reizsetzung im Periost und rückläufige Reflexmechanismen kann auf die Organfunktion eingewirkt werden. Bei akuten Schmerzzuständen ist die Periostmassage im Sinne einer Gegenirritationsbehandlung zu sehen. Dieses Phänomen wird als Schmerzblockade bezeichnet.

Die segmentale Wirkung auf die Funktion innerer Organe wurde experimentell nachgewiesen: Ein Periostreiz im Magensegment (Th 6—8) erhöht die Aktivität und steigert die Sekretion. Der Tonus wird herabgesetzt, und durch Anregung der Peristaltik wird die Breiausschüttung beschleunigt. Im Bereich der Gallenblase wird der Tonus erhöht und ein Entleerungsreiz provoziert. Behandelt man im Herzsegment, so zeigen etwa 80 % der Probanden eine Pulsverlangsamung; pathologische EKG-

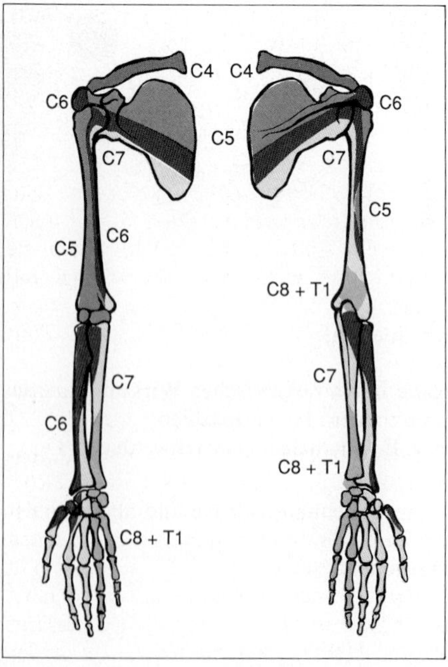


Abb. **19** Sklerotome an der oberen Extremität als Beispiel für die segmentale Gliederung des Skelettapparates (aus F. L. Jenker: Nervenblockaden. Springer, Berlin 1983).

Veränderungen, wie gesenkte S-T-Strecke, und abgeflachte Nachschwankungen normalisieren sich (Camrath 1983).

*Indikationen:*

- schmerzstillende Wirkung, z. B. bei Magen-Duodenal-Ulkus, Angina pectoris, Kolik der Gallenwege, chronischem Kopfschmerz;
- throphische Wirkung, z. B. bei chronischen Cholezystopathien, Frakturheilung, Morbus Sudeck;
- Migräne, chronische Neuralgien, vegetative Durchblutungsstörungen, „Schleimhauttherapie" bei chronischen Atemwegserkrankungen.

*Kontraindikationen:*

- Knochentuberkulose,
- Osteomyelitis,
- Knochentumoren/Knochenmetastasen,
- Osteoporose.

## Fernöstliche Massagetechniken

Etwa 3000 v. Chr. entwickelte sich in China eine philosophische Ordnung aller Lebensfunktionen. Die chinesischen Weisen erkannten die Existenz zweier im Universum wechselwirksamer Kräfte, die sie Yang und Yin nannten. In jedem Menschen steckt also die Summe der diesen Kräften entsprechenden Eigenschaften: *Yang* ist die positive, männliche, väterliche Kraft und wirkt in allem, was licht, aktiv, hart, trocken, glänzend, warm, schöpferisch und beständig ist; sie ist in der Sonne und im Feuer. *Yin* ist das negative, weibliche, unnütze Prinzip; es wohnt in allem Passiven, Feuchten, Kalten, Dunkeln, Empfangenden, Ruhenden, im Schatten und Wasser.

Die Chinesen sind der Ansicht, daß die Lebensenergie in bestimmten Bahnen im Körper kreist, welche sie Meridiane nennen. Diese werden nach Organen benannt, denen sie zugeteilt sind und deren Funktionen sie beeinflussen. Es gibt 12 Hauptmeridiane, sechs werden dem Yang- und sechs dem Yin-Prinzip zugeordnet.

- *Yin-Meridiane:* Herz, Niere, Kreislauf-Sexus, Leber, Lunge, Milz, Pankreas.
- *Yang-Meridiane:* Dünndarm, Blase, Drei-Erwärmer, Gallenblase, Dickdarm, Magen.

Außer diesen 12 sind weitere Meridiane bekannt, die eng mit diesen Organen bzw. Funktionssystemen verbunden sind. Jede Erkrankung des Körpers bewirkt eine Störung der Harmonie und des Gleichgewichtes zwischen Yang und Yin. Durch die Behandlung von empirisch gefundenen Punkten (Akupunkturpunkte) soll die gestörte Harmonie zwischen Yin und Yang wiederhergestellt werden. Je nach Erfordernissen wird dabei Energie aufgefüllt (tonisiert) oder Energie entleert (sediert). Zu diesem Zwecke bedient sich die chinesische Heilmassage einerseits drückender und reibender Griffe mit tonisierender Absicht, andererseits streichender, knetender und vibrierender Griffe mit sedierender Wirkung. Aus der traditionellen chinesischen Lehre haben sich eine Anzahl ähnlicher Massagetechniken entwickelt, wie z. B. die Akupressur, Shiatsu, Akupunktmassage.

*Indikationen nach Hentschel:* Vorbeugung, Vitalisierung, Behebung funktioneller Dysregulation, vegetativer Allgemeinsymptomatik (wie Nervosität, Schlafstörungen u. a.), Regulationsstörungen des Blutdrucks, Beschwerdekomplexe im Bereich des Herz-Kreislauf-Systems, des Magen-Darm-Trakts, der Urogenitalsphäre, Kopfschmerzen, Migräne, Weichteilrheumatismus.

## Tiefenmassage korrespondierender Zonen nach Marnitz

Der Bremer Arzt Harry Marnitz, welcher die Massage in Theorie und Praxis von Weltz, einem Absolventen des königlich schwedischen Zentralinstituts für Massage und Heilgymnastik, gelernt hat, hat in seiner jahrzehntelangen aktiven Arbeit mit der Massage folgende Grundlagen entwickelt (Marnitz 1978):

„1. Die tastbaren Veränderungen im Gewebe gehen über das anfängliche Schmerz- und Erkrankungsgebiet hinaus. Es kommt zu einer Reizausbildung. Es wird unterschieden einerseits das manifeste Krankheitsgebiet, welches durch Schmerz und Funktionsstörung den Patienten zum Arzt treibt, von den andererseits unterschwelligen Krankheitsgebieten, die durch Spannungserhöhung und Druckschmerz charakterisiert sind, dem Patienten aber weitgehend unbewußt bleiben.

2. Die Lokalisationen der tastbaren Veränderungen finden sich konstant an den gleichen anatomisch markanten Gebilden, im wesentlichen innerhalb der gleichen Segmentgruppe, und besitzen Störfeldcharakter.

3. Innerhalb der Segmentgruppe, der lumbosakralen oder der zervikalen, finden sich bestimmte Regionen und Zonen, deren Behandlung eine selektive, zuverlässige Detonisierung und Öffnung der Endstrombahn in den übrigen krankhaft veränderten Anteilen der gleichen Segmentgruppe bewirkt. Diese werden zuerst massiert. Sie heißen ‚Schlüsselzonen'."

*Indikationen:* Schmerzzustände des Halte- und Bewegungsapparates, wie z. B. Bandscheibenerkrankungen, Lumbal- und Zervikalsyndrome, Arthrosen, Neuralgien, Periarthropathia humeroscapularis.

## Narbenmassage nach Thomsen

Wenn Wundheilung sich durch einen Infekt verzögert, wenn eine eitrige Entzündung zu ausgedehnten Narbenbildungen führt oder wenn übereinanderliegende Gewebeschichten miteinander verbunden sind, evtl. sogar feste Verwachsungen vorliegen, ist eine Narbenmassage angezeigt. Solche

Narben zeichnen sich durch eine sehr geringe Elastizität aus oder hemmen die Bewegung schmerzhaft. Derartige Befunde können durch die von Thomsen beschriebene Narbenmassage günstig beeinflußt werden. Gut heilende Wunden sind hingegen bis zum Abschluß der Wundheilung in Ruhe zu lassen und bedürfen in den seltensten Fällen einer Narbenbehandlung. Während bei der klassischen Massage möglichst in einer relaxierten Position behandelt wird, sollte es bei der Narbenmassage durch eine möglichst starke Anspannung des Muskels zu einer klaren Abgrenzung zwischen kontraktilen Strukturen und dem Narbengewebe kommen. Um eine gute Fixation an der Narbe zu ermöglichen, wird die Haut von Fett und Salbenrückständen gründlich gereinigt. In hartnäckigen Fällen ist es sogar zweckmäßig, den Kontakt zwischen der Hand des Behandlers und der Haut des Patienten noch zu vermehren, indem die Fingerkuppen mit Sprühkleber (z. B. Leukospray) oder Verbandklebemittel (Mastix) befeuchtet werden. Die einzelnen Grifftechniken der Narbenmassage wurden von Thomsen in vier Gruppen eingeteilt:

- *1. Gruppe:* Griffe, welche die Narbe nicht quer, sondern auf Zug beanspruchen, die sog. Schiebetechnik (Abb. **20**).
- *2. Gruppe:* Griffe, die quer zur Längsrichtung der Narbe einen Zug ausüben (Abb. **21**).
- *3. Gruppe:* Die quere seitliche Verziehung (Abb. **22**).
- *4. Gruppe:* Das Abheben der Haut (Abb. **23**).

Die sog. innere Narbenmassage wird eingesetzt, wenn beispielsweise die Beugesehnen der Finger mit der Haut verwachsen sind (Abb. **24**).

Komplettiert wird die Narbenmassage durch Salbenverbände mit fetten, gewebeerweichenden Medikamenten.

## Die atmungsaktive Massage, Atemmassage

Zusammenhänge zwischen Atmung und Grifftechniken der klassischen Massage sind in der physiotherapeutischen Praxis im allgemeinen bekannt. So wird die sekretolytische Wirkung von Vibrationen und Tapotements mit Drainagelagerungen und anderen krankengymnastischen Techniken verbunden. Verschiedene Ärzte und Atemtherapeuten, wie der Münchner Ludwig Schmidt (1896—1963), haben die Verbindung zwischen gestörter Atemmechanik, hypertoner Muskulatur und gestörter Entspannungsfähigkeit erkannt und aus diesen Erfahrungen heraus die Atemmassage entwickelt. Sie ist eine systematische Behandlung mit dem Ziel, die gestörte Atemfunktion zu normalisieren. Die atmungsaktive Massage führt den Patienten in eine sehr tiefe Entspannung und seelische Gelöstheit, die spätestens bei der 3. bis 4. Behandlung optimal entwickelt sein sollte.

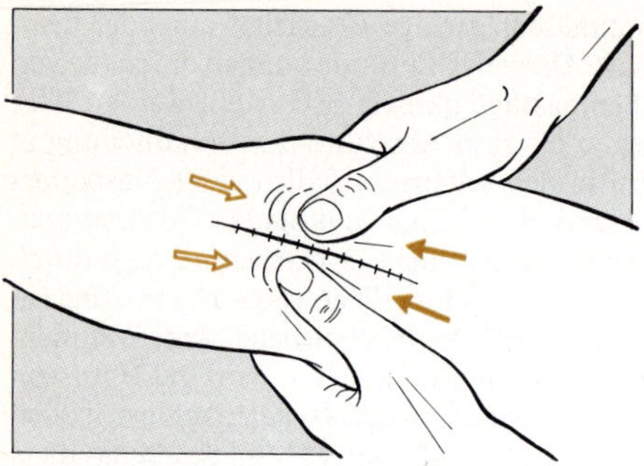

Abb. **20** Schiebegriffe in Längsrichtung der Narbe (nach Thomsen: Lehrbuch der Massage, 3. Aufl. Thieme, Stuttgart).

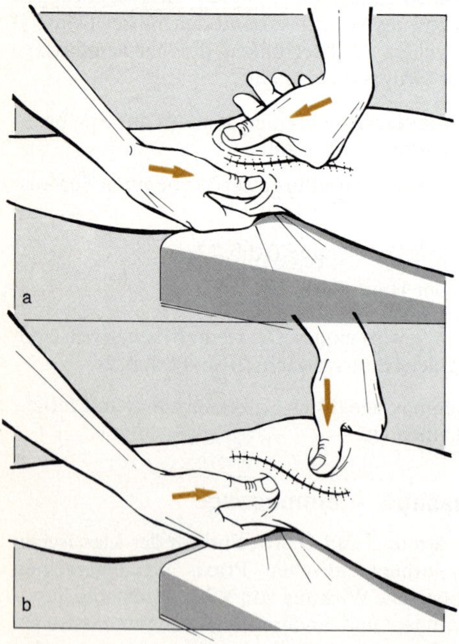


Abb. **21 a** u. **b** Querverschiebende Grifftechniken der Narbenmassage (nach Thomsen).

Folgende Behandlungsinhalte werden aufgezeigt:

- Eutonisierung der Atem- und Atemhilfsmuskulatur. Sie ist Voraussetzung für eine möglichst ökonomische Atembewegung.
- Normotonisierung von Haut- und Unterhautbindegewebe. Spannungserhöhungen haben einen negativen reflektorischen Einfluß auf die Atmungsorgane.

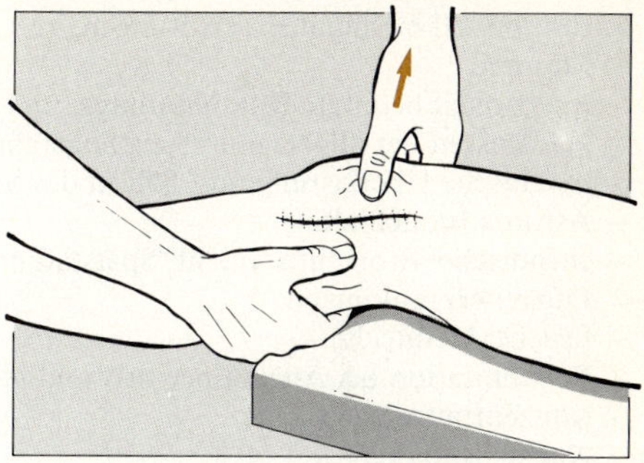

Abb. **22** Das seitliche quere Verziehen der Haut (nach Thomsen).

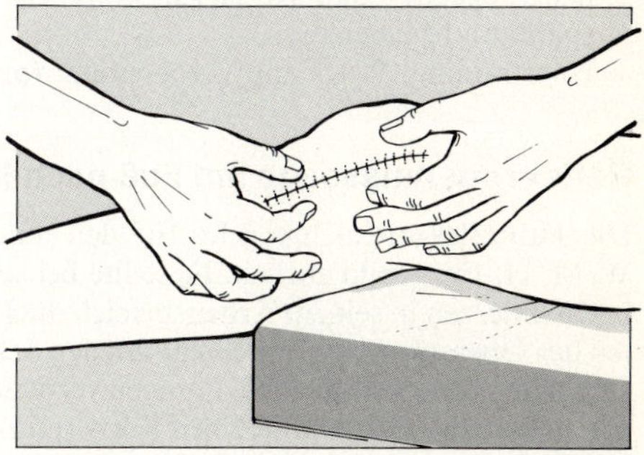

Abb. **23** Abhebetechnik (nach Thomsen).

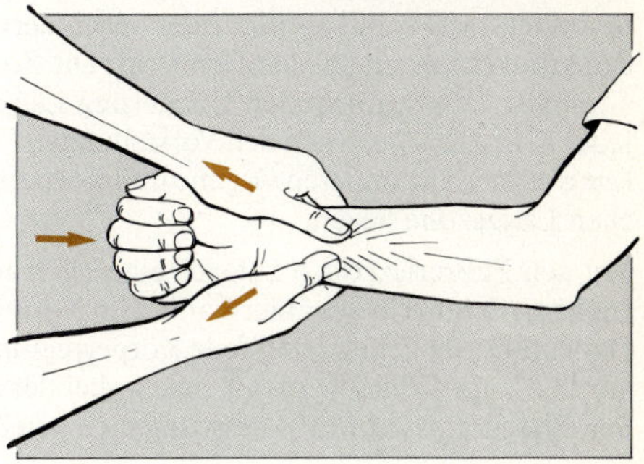

Abb. **24** Innere Narbenmassage (nach Thomsen).

– Anwendung von aggressiven Massagereizen (Schmerzreizen), um eine nervös-reflektorische Steuerung in Gang zu setzen und somit willkürlich eine Veränderung der Atembewegung zu provozieren (Brüne 1983).

*Indikation:* für atmungsaktivierende Massagen sind nach Blum (1987):
– neurovegetative Regulationsstörungen,
– Schlafstörungen,

- funktionell bedingte Herzstörungen,
- Migräne,
- funktionell bedingte Durchblutungs- und Blutverteilungsstörungen,
- Nachlassen der allgemeinen Leistungsfähigkeit,
- psychische Überlastung und Folgen des Stresses,
- Asthma bronchiale,
- chronische Bronchitis (nicht Spätstadium) und andere obstruktive Lungenerkrankungen,
- falsche Atemtechnik,
- Rehabilitation bei Angina pectoris und nach Herzinfarkt,
- Konzentrationsschwäche,
- Angstzustände,
- neurovegetativ und psychisch stimulierte Formen von Muskelhartspann und Myogelosen,
- Übertraining, Wettkampfvorbereitung von Leistungssportlern.

## Reflexzonenmassage am Fuß nach Ingham und Fitzgerald

Die Fußreflexzonenlehre geht auf den amerikanischen Laryngologen W. M. H. Fitzgerald zurück. Er stellte bei seinen Patienten fest, daß sie bei Schmerzen in seinem Arbeitsbereich die Fingerbeeren gegen die Kanten des Operationsstuhls preßten, um den Schmerz durch Gegenschmerz zu bekämpfen. Seine Beobachtungen versuchte er in ein System zu bringen und stellte fest, von welchen Körperpunkten und Schleimhautbezirken des Hals-Nasen-Rachen-Raumes Schmerzen an anderen Körperteilen besonders wirksam beseitigt oder verhindert werden können. 1917 wurden seine Erfahrungen veröffentlicht. Die Zonen nach Fitzgerald sind im Gegensatz zur segmentalen Gliederung Längszonen, und zwar fünf auf jeder Körperhälfte. Nach den Vorstellungen Fitzgeralds stört eine Erkrankung immer alle anderen Organe und Körperteile, die innerhalb einer solchen Längszone liegen.

Mit den Fußreflexzonen hat sich eigentlich erst die Masseurin Eunice D. Ingham, Schülerin des amerikanischen Naturheilarztes I. S. Riley, befaßt. Dabei fand sie heraus, daß jede Körperregion einer umschriebenen Zone am Fuß zugeordnet werden kann, wobei der Fuß, wie bei den Körperzonen Fitzgeralds, in fünf Längszonen eingeteilt wird.

Spezifisch für die Reflexzonenbehandlung am Fuß ist eine eigene Gewebedrucktechnik, die mit dem Daumen ausgeführt wird. Richtiges Beugen und Strecken des Daumens wird zu einer wellenförmigen rhythmischen Bewegung, deren „Ebbe-Flut-Effekt" den am Fuß häufig gestauten oder mangelhaften Gewebetonus zu normalisieren hilft (Marquardt 1976).

Bei akuten Schmerzen wird die Grifftechnik mehr sedierend eingesetzt. Dies wird durch 2- bis 3minütigen gleichmäßigen Druck in der belasteten Zone ohne Auf- und Abbewegung erreicht (s. Akupressur).

*Indikationen:*
- Schmerzen verschiedenster Genese, z. B. Gastritis, Migräne, Menstruationsbeschwerden, Neuralgien;
- funktionelle Organstörungen, z. B. Durchblutungsstörungen, Obstipationen, Amenorrhö, Dismenorrhö, Herzbeschwerden.

# Apparative Massagen

## Bürstenmassage

Während in der Literatur zwischen den beiden Weltkriegen die Bürstenmassage meist in Verbindung mit hydrotherapeutischen Maßnahmen propagiert wurde (Bürstenbäder), sind diese Verfahren in den letzten 30 Jahren mehr und mehr von den Trockenbürstungen verdrängt worden. Mit einer Hautmassagebürste, einem Massagehandschuh aus Sisal oder Polyamid, ersatzweise auch mit einem groben Frottiertuch wird der gesamte Körper mit Bürstungen längs, quer und kreisförmig zur Körperfläche bearbeitet. Man fängt am rechten Bein an, bürstet von distal nach proximal, anschließend kommt das linke Bein an die Reihe. Es folgen der rechte und der linke Arm, dann die Rückseite des Körperstammes. Die Bauchregion wird vorsichtig spiralenförmig von außen nach innen im Uhrzeigersinn gebürstet, rechte und linke Brustregion bilden den Abschluß.

Die Bürstenmassage ist ein Verfahren, das der Patient nach einer Einführung selbständig ausführen sollte (Gesundheitserziehung). Es ist zu beachten, daß bei täglicher Anwendung die Haut allmählich gegen den Reiz abstumpft. Deshalb ist es ratsam, nur an einigen Tagen der Woche diese Maßnahmen durchzuführen oder ab und zu einige Tage Pause dazwischenzuschalten.

Allgemein wertet man die Trockenbürstung als wirksame Methode zur Erzeugung einer deutlichen Hyperämie mit reflektorischer Auswirkung auch auf tieferliegende Organe. Es wird die Reaktionsfähigkeit der Haut verbessert. Eine Wirkung auf das vegetative Nervensystem wird von mehreren Autoren (z. B. Rulffs 1979) beschrieben. Die starke mechanische Stimulation der Hautrezeptoren erklärt die analgetischen Effekte (s. Gate-control-Theorie).

*Indikationen:*
- Besserung der peripheren Kreislaufregulation;
- Behandlung von Symptomen aus dem Komplex der sog. vegetativen Dystonie;
- unterstützende Maßnahmen bei degenerativen Gelenkerkrankungen, degenerativen Wirbelsäulensyndromen, nichtentzündlichem Weichteilrheumatismus;

– Minderdurchblutung bei Sudeck-Syndrom Stadium II;
– Aktivierung der Hautfunktion und Hautdurchblutung.

## Unterwasserdruckstrahlmassage (UWM)

Die Unterwassermassage, auch Unterwasserdruckstrahlmassage, ist ein Behandlungsverfahren, bei welchem der Massagereiz durch einen Wasserstrahl mit einem Druck von maximal 3,0 bar appliziert wird. Zur Abgabe der UWM wird der entkleidete Patient in einer geräumigen Wanne (Mindestkapazität 600 l) in Längs-, Schmetterlings- oder Pilzform gelagert. Behandlungen im Bewegungsbecken als Vorbereitung für eine Krankengymnastik sind ebenfalls möglich. Die Druckerzeugung des Wasserstrahls erfolgt ineinem stufenlos regulierbaren Pumpenaggregat, die meisten Anlagen arbeiten im Umwälzverfahren. Der Behandler verabreicht den Massagestrahl über einen flexiblen Schlauch, an dessen Spitze verschiedene Düsenaufsätze fixiert werden können (Brausedüse, Weichstrahldüse, Rotationsdüse). Je nach Düsenquerschnitt und Wasserdruck wirkt der Reiz mehr oberflächig, depletorisch oder mehr hyperämisierend, gewebelockernd. Gegebenenfalls kann die UWM auch im Bereich der Bauchregion im Sinne der Kolonmassage verabreicht werden.

Neben der rein mechanischen Wirkung des Behandlungsstrahls beeinflussen die physikalischen Faktoren des Vollbades den Organismus des Patienten. Über die Wassertemperatur kann je nach Indikation Wärme zugeführt oder entzogen werden. Bei guter Konstitution und dementsprechender Indikationsstellung kann die Wassertemperatur bis zu 39 °C betragen. Wärme bewirkt eine Mehrdurchblutung, Muskelentspannung, Stoffwechselaktivierung und eine verbesserte Elastizität von Bindegewebsstrukturen.

Eine scheinbare Gewichtsreduzierung durch die Auftriebskraft des Wassers wird über das „archimedische Prinzip“ erklärt. Strasburger hat diese Gewichtsverhältnisse in Zahlen ausgedrückt. Nach seinen Angaben wiegt ein 70 kg schwerer Mann im indifferenten Vollbad nur noch rund 2,5 kg. Dazu muß man allerdings das Gewicht des aus dem Wasser ragenden Kopfes rechnen, so daß ein Gesamtgewicht von etwa 7 kg (also ca. 10 % des wirklichen Körpergewichtes) zu veranschlagen wird (Gillert 1988). Dies erklärt den niedrigen Ruhetonus und die entspannende Wirkung bei einer Behandlung im Wasser.

Der hydrostatische Druck komprimiert die oberflächigen Gefäße, dadurch kommt es zu einer Verschiebung von 200—400 ml Blut aus der Peripherie in den Thorax (Dilatation von Herzhöhlen und großen Pulmonalgefäßen). Strasburger (zit. in Gillert 1988) stellte im indifferenten Vollbad eine Reduzierung des Brustumfanges von 1,0—3,5 cm fest, die Brustkorbwand wird etwa mit 8 kp belastet. Der Bauchumfang reduziert sich um zwischen 2,5 und 6,5 cm. Diese Bedingungen können von herz-kreislauflabilen Patienten oftmals nicht ausreichend kompensiert werden, und aus diesem Grunde ist die Unterwasserbehandlung für solche Patienten kontraindiziert (s. Bd. 3, S. 78 f.).

Eine Sonderform der UWM ist die sog. Hitzemassage oder Hitzedusche. Hier wird heißes Wasser in das Umwälzsystem gebracht, folglich steigt die Temperatur des Massagestrahls auf maximal 45 °C. Durch den ständigen Zulauf von heißem Wasser während der Massagebehandlung würde die Temperatur des Badewassers ins Unerträgliche steigen, wenn nicht mittels einer Kühleinrichtung entsprechend kaltes Wasser nachlaufen könnte.

*Indikation* und *Kontraindikation:* s. klassische Massage und Vollbäder.

## Saugglockenvakuummassage

Saugglockenvakuummassage oder Saugwellenmassage gehören zu den Standardmethoden in der Sportmedizin. Dieses Prinzip wurde bereits im Mittelalter vom Bader in den altdeutschen Badestuben in Form des Schröpfens als Heilmethode angewandt. Hierzu gießt man Alkohol in einen Napf aus Glas (Schröpfglocke), zündet ihn an, und nach Abbrennen der Flüssigkeit setzt man das heiße Schröpfglas auf die Haut. Das durch die Wärme verursachte Vakuum löst eine kräftige Saugwirkung aus, wodurch an der behandelten Körperregion eine starke Hyperämie ausgelöst wird. Bei der Saugwellenmassage hingegen wird der Unterdruck entweder durch ein elektrisches Vakuumgerät oder mit einer Handpumpe erzeugt. Die Saugglocke besteht aus Plexiglas; zur Behandlung von Gelenken und knochennahen Gewebepartien können anschmiegsame Gummiglocken eingesetzt werden.

Die Saugwellentherapie, kurz Saugwelle genannt, wird stationär, mit pulsierendem oder konstantem Druck oder auch in Form einer gleitenden Massage appliziert (Abb. **25**). Normalerweise wird mit einem Unterdruck von 120—150 mmHg gearbeitet. Um das Gleiten der Saugglocke auf der Haut zu erleichtern, ist die Anwendung von Ölen und anderen Gleitmitteln notwendig.

Die Saugwellenmassage bewirkt eine enorme Durchblutungs- und Stoffwechselsteigerung der angesprochenen Gewebe. Sie ist weiterhin eine mechanische Intervallbehandlung durch wechselnde Dehn- und Entspannungsreize in Haut, Unterhaut, Faszien-, Muskel-, Sehnen- und Kapsel-Band-Gewebe. Die Wirkung der Vakuumbehandlung kann in keiner Weise durch die Handmassage erreicht werden (Deuser 1978). Der Lymphstrom wird beschleunigt, der Abtransport extrazellulärer Flüssigkeit begünstigt; Drainagewirkungen ähnlich der Lymphdrainage werden von Schoberth (1977) beschrieben.

Bei Erkrankungen innerer Organe kann die Saugwelle im Sinne der Reflexzonentherapie (kutiviszeraler Reflexbogen) eingesetzt weden. Von

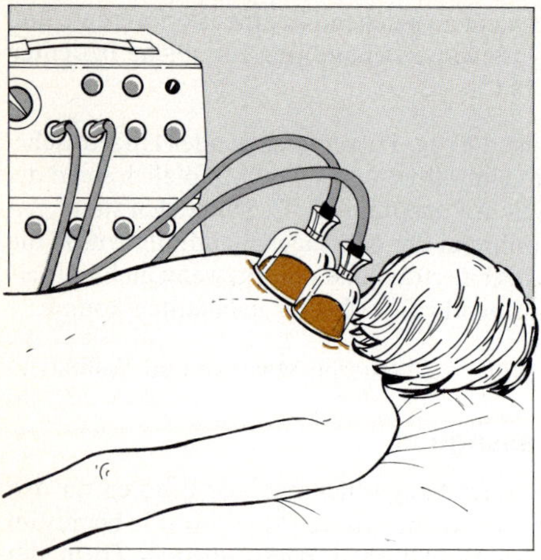

Abb. **25** Stationäre Saugwellenmassage mittels zweier Plexiglasglocken im Schulterblattbereich. Der Unterdruck wird über ein elektrisches Vakuumgerät erzeugt.

leichten, fast flüchtigen Kapillarerweiterungen über die Petechienbildung bis zu Hämatomen verschiedenster Intensität lassen sich unter der Saugglocke sehr fein abgestufte Hautreize setzen. Die Hämatombildung kann nicht selten eine unspezifische Umstimmungsreaktion hervorrufen (Schoberth 1977).

*Indikationen:*
– hypertone Muskulatur;
– hartnäckige Myogelosen und muskelrheumatische Beschwerden;
– örtliche Flüssigkeitsansammlungen im Gewebe;
– Verwachsungen, Adhäsionen, Narbenbehandlung;
– Beseitigung von Verletzungsrückständen;
– Behandlung von Segmentzonen bei inneren Erkrankungen (z. B. Bronchitis, Asthma bronchiale).

## Stäbchenmassage nach Deuser

Der Sportmasseur Heinrich Schult übernahm die Stäbchenmassage 1936 bei den olympischen Spielen in Berlin von japanischen Berufskollegen und gab seine Erfahrungen an Erich Deuser weiter. Deuser hat die Stäbchenmassage langjährig erprobt und weiterentwickelt. Spezielle Techniken wurden von ihm erarbeitet und beschrieben.

Die Stäbchenmassage ist kein eigenes Therapieprinzip, es handelt sich bei diesem Verfahren vielmehr um spezielle Strich- und Friktionstechniken, die zweifellos auch ohne Hilfsmittel, nur mit der Fingerkuppe, durchgeführt werden können. Doch ist infolge der starken Druckwirkung bald mit einer Ermüdung des Behandlers und damit mit einem Verlust der Effektivität zu rechnen (Schoberth 1987). Die Stäbchenmassage ist kein

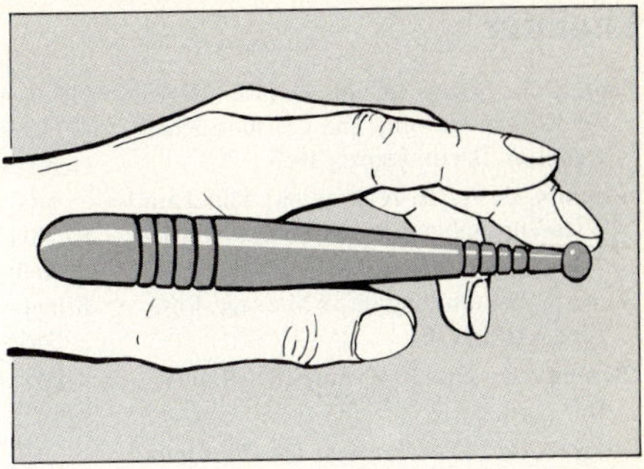

Abb. **26** Haltung des Massagestäbchens.

Ersatz für die klassische Massagebehandlung, sondern stellt eine sinnvolle Ergänzung dar. Eine „Nur-Stäbchenmassage" darf es nicht geben. Es muß immer eine von Hand ausgeführte Massage, tastend, diagnostizierend und sondierend damit verbunden sein (Deuser).

Während der Massage mit dem Stäbchen darf die Sensibilität für die Behandlung nicht verlorengehen, deshalb muß die Fingerkuppe bzw. die Fingerbeere mit dem Instrument eine Einheit bilden (Abb. **26**).

Intensität und Therapiereaktion hängen weitestgehend von der Druckwirkung und der Stellung des Stäbchens ab. Je steiler die Stellung des Stäbchens, um so größer ist die Tiefenwirkung. Das japanische Massagestäbchen kann dabei in jede Richtung geführt werden, d. h., ziehende, kreisende oder schiebende Bewegungen sind gleichermaßen möglich.

Bei gezielter lokaler Stäbchenmassage an stark behaarten Körperstellen ist es ratsam, diese vor der Behandlung zu rasieren; dadurch vermeidet man mögliche Haarwurzelreizung und Haarbalgentzündungen. Über die sparsame Anwendung von Massageölen kann ebenfalls eine Reduzierung der Hautbelastung erreicht werden. Das typische Indikationsfeld der Stäbchenmassage ist der chronische, oftmals therapieresistente Befund. Bei akuten Symptomen darf dieses Hilfsmittel nicht angewendet werden.

*Indikationen:*
- alte, hartnäckige Verletzungsfolgen;
- Beseitigung von alten Hämatomresten;
- chronischer Muskelrheumatismus, Myogelosen, Triggerpunkte;
- Peritendinitis achillea;
- degenerative Prozesse an Sehnen, Bändern oder Kapselstrukturen;
- Nachbehandlung von Muskelverletzungen;
- Narbenbehandlung;
- Verklebungen, Adhäsionen im Gewebe.

## Literatur


Badtke, G.: Sportmedizinische Grundlagen der Körpererziehung und des sportlichen Trainings. Barth, Leipzig 1986

Birjukow, A. A., K. A. Katarow: Mittel zur Wiederherstellung der Leistungsfähigkeit des Sportlers. Phys. Ther. 1 (1980) 16

Blum, B.: Die atmungsaktive Massage. Phys. Ther. 8 (1987) 10

Breitling, B.: Krankengymnastik 39 (1987) 418

Bringezu, G., O. Schreiner: Die Therapieform Manuelle Lymphdrainage. Haase, Lübeck, 1987

Brüne, L.: Reflektorische Atemtherapie, 2. Aufl. Thieme, Stuttgart 1983

Camrath, J. E.: Physiotherapie. Technik und Verfahrensweise. Begr. von P. Vogler. 3. Aufl. Thieme, Stuttgart 1983

Dalicho, A.: Massage. Eine Einführung in die Technik der Massage. Steinkopff, Darmstadt 1981

David, E.: Grundlagen der Sportphysiologie. Perimed, Erlangen 1986

Deuser, E.: Schnell wieder fit. Bintz, Offenbach 1978

Deuser, E.: Das japanische Massagestäbchen, 2. Aufl. FwG Fitneßwaren, Olpe o. J.

Dicke, E., H. Schliack, A. Wolff: Bindegewebsmassage, 11. Aufl. Hippokrates 1982

Faßbender, H. G.: Feinstrukturelle Veränderungen bei verschiedenen Formen des Weichteilrheumatismus. In: Diagnostische und therapeutische Aspekte weichteilrheumatischer Syndrome. pmi & pharm & medical inform., Frankfurt/Main 1981

Flörkemeier, V., H. Hess: Arthritis, Arthrose, Schmerztherapie. Medical Tribune, Wiesbaden 1987

Gillert, O.: Hydro- und Balneotherapie. Pflaum, München 1988

Günther R., H. Jantsch: Physikalische Medizin. Springer, Berlin 1982

Hamann, A.: Massage in Bild und Wort. Fischer, Stuttgart 1976

Heipertz, W.: Massage gestern, heute und morgen. Phys. Ther. 4 (1983) 278

Hentschel, H. D.: Zur Wirkungsweise und Indikation der klassischen Massage. Phys. Ther. 1 (1980) 15

Hentschel, H. D.: Alte und neue Wege der Massagetherapie. Phys. Ther. 3 (1982) 64

Hentschel, H. D.: Über die Massage in ihren Anfängen. Phys. Ther. 7 (1986) 506

Kirchberg, F.: Handbuch der Massage und Heilgymnastik. Thieme, Leipzig 1926

Klingberg, A.: Schmerz — ein Körper-Seele-Phänomen. Dtsch. Krankenpf.-Z. (1987)

Knauth, K., B. Reiners, R. Huhn.: Physiotherapeutisches Rezeptierbuch. Steinkopff, Darmstadt 1981

Kohlrausch, W.: Reflexzonenmassage in Muskulatur und Bindegewebe. Hippokrates, Stuttgart 1955

Kohlrausch, W.: Krankengymnastik 25 (1973)

Lampert, H., E. Schliephake: Kurzgefaßtes Lehrbuch der physikalischen Therapie. Fischer, Heidelberg 1972

Lewit, K.: Manuelle Medizin im Rahmen der medizinischen Rehabilitation. Barth, Leipzig 1987

Lidell, L., S. Thomas, C. Beresford-Cooke, A. Porter: Massage. Anleitung zu östlichen und westlichen Techniken. Mosaik, München 1984

Marnitz, H.: Ungenutzte Wege der manuellen Behandlung. Haug, Heidelberg 1978

Marquardt, H.: Reflexzonenarbeit am Fuß. Haug, Heidelberg 1976

Muschinsky, B.: Massagelehre in Theorie und Praxis, Fischer, Stuttgart 1984

Quilitzsch, G.: Technik der Segmentmassage. Müller & Steinicke, München 1975

Rulffs, W.: Moderne Aspekte der Bürstenmassage. Dtsch. Badebetrieb 70 (1979) 518

Rumberger, E.: Animalische Physiologie. Schriftenreihe: Medizin von heute. Troponwerke, Köln 1982

Schmidt, R. F.: Schmerzauslösende Substanzen. Phys. Ther. 3 (1982) 125

Schoberth, H.: Sportmedizin. Fischer Taschenbuch, Frankfurt/Main 1977

Schoberth, H.: Postoperative Rehabilitation des Kniegelenkes bei Sportlern. Dtsch. Badebetrieb 77 (1986) 292

Schoberth, H.: Die Möglichkeiten und Grenzen der Massagebehandlung. Phys. Ther. 8 (1987) 624

Schwope, F.: Sportmassage, Rowohlt, Reinbek 1987
Sedlacek, F.: Die Fußreflexzonen. Dtsch. Badebetrieb 71 (1980) 898
Stork, H.: Vergleichende Betrachtung über Massage und hydrotherapeutische Maßnahmen. Phys. Ther. 3 (1982) 337
Terrier, J. C.: Manipulativmassage im Rahmen der physikalischen Therapie. Hippokrates, Stuttgart 1958
Thomsen, W.: Lehrbuch der Massage und manuellen Gymnastik. Thieme, Stuttgart 1970
Trettin, H.: Algesiologie in der Praxis. Dtsch. Badebetrieb 78 (1987) 635
Viol, M.: Grundlagen zur Einschätzung des Muskeltonusses. Medizin u. Sport 25 (1985) 78
Vodder, E.: Die manuelle Lymphdrainage und ihre medizinischen Anwendungsgebiete. Erfahrungsheilkunde 16 (1966) 7
Vogler, P., J. E. Camrath: Physiotherapie, 2. Aufl. Thieme, Stuttgart 1975
Wittlinger, H., G. Wittlinger: Einführung in die Manuelle Lymphdrainage nach Vodder, Bd. I—III, Haug, Heidelberg 1978

# Bindegewebsmassage

(nach H. Teirich-Leube)

H. Göhring

Die Bindegewebsmassage ist eine *Reflexzonentherapie* und wurde von Elisabeth Dicke 1929 während einer eigenen Angiopathie an sich selbst gefunden und von ihr empirisch entwickelt. Hede Teirich-Leube hat sie später in die heute bestehende Form gebracht.

Beide fanden bei Erkrankungen der inneren Organe und Organsysteme im zugehörigen Segment erhöhte Spannungen im interstitiellen Bindegewebe in drei Verschiebeschichten: zwischen Kutis und Subkutis, Subkutis und Faszie und zwischen Körper- und Extremitätenfaszie. Diese erhöht gespannten Gewebeabschnitte werden als Bindegewebszonen bezeichnet.

## Untersuchung der Bindegewebszonen

Die Untersuchung erfolgt durch Sehen, Fragen und Tasten. Dieser in seiner Art sehr subjektive Befund kann jedoch lediglich einen Hinweis auf den Ort von Organstörungen, nicht aber auf die Art der jeweils vorliegenden Erkrankung geben.

Während die Haut- und Muskelzonen häufig spontane „Gefühle" machen — die Hautzonen eine Überempfindlichkeit gegen Berührung, Druck, Kälte und Wärme, die Muskelzonen „rheumatoide" Beschwerden —, sind die Bindegewebszonen nur durch die *Untersuchung der Verhaftung* (Spannung) der Verschiebeschichten festzustellen.

In der oberflächlichen Verschiebeschicht zwischen Kutis und Subkutis sind die Bindegewebszonen nur bei akutem Krankheitsgeschehen ausgeprägt und können mit der „Hauttechnik" festgestellt werden. Mit Besserung des Krankheitsbildes verschwinden sie aus dieser Schicht und *verla-*

*gern sich* in die tiefe Verschiebeschicht zwischen Subkutis und Faszie, wo sie nun wie die Muskel- und Periostzonen noch mehr oder weniger lange bestehen bleiben. Bei erneuter Verschlechterung des Krankheitszustandes treten sie wiederum in der oberflächlichen Verschiebeschicht in Erscheinung. Bei *chronischen* Störungen und Beschwerden bilden sich die Bindegewebszonen von Anfang an in der tiefen Verschiebeschicht. Hier finden sie sich auch bei einer angeborenen *Disposition* für bestimmte Störungen.

Wie jeder Mensch einen bestimmten Habitus hat und bei starker leptosomer und pyknischer Prägung im Laufe des Lebens oder unter besonderer Belastung Störungen und Beschwerden bekommen *kann*, aber nicht muß, so hat auch fast jeder Mensch aufgrund einer ererbten Disposition Bindegewebszonen, deren zugehörige Organe, Gefäße und Nerven gesund und beschwerdefrei sind. Diese Bindegewebszonen werden als „klinisch stumm" bezeichnet, müssen aber als Ausdruck eines „schwachen Punktes" im *vegetativen Nervensystem* gewertet werden. Die Bindegewebszonen sind daher auch für die Durchführung einer Bindegewebsmassage keineswegs belanglos, sondern von gleicher Bedeutung wie die mit Störungen und Beschwerden verbundenen Bindegewebszonen. Das beruht darauf, daß sich die Bindegewebszonen zwar in ganz bestimmten, in ihrer nervös-reflektorischen Zuordnung zu den inneren Organen bekannten Gewebeabschnitten ausbilden, aber nicht nur mit diesen, sondern auch untereinander in nervös-reflektorischer Beziehung stehen.

Die Zonen stellen sich entweder als *Quellung* oder als *Einziehung* dar. Der *Gewebebefund* ist nur *im Sitzen* möglich, während die Bindegewebsmassage im Sitzen und Liegen ausgeführt werden kann. Wichtig ist gut aufgerichtetes Sitzen auf einer harten Fläche. Beim Sitzen auf einem Stuhl werden die Beine rechtwinklig angestellt, beim Sitzen auf einem Tisch liegen die Oberschenkel bis zur Kniekehle auf, und die Füße stehen auf einem niedrigen Schemel. Der Rumpf muß bis über das Gesäß herunter entkleidet sein, damit die Reliefveränderungen über dem Gesäß, den Hüften und auf dem Kreuzbein richtig erkennbar sind. Die aufgerichtete Rumpfhaltung erfolgt durch Beckenflexion mit dem M. ilipsoas ohne Anspannung der Rückenmuskeln. Schultergürtel und Arme werden ebenfalls locker gehalten, damit die Reliefveränderung zwischen den Schulterblättern erkennbar ist. Die Bindegewebszone wird nur nach ihrer Organzuordnung bezeichnet, da die Feststellung einer Bindegewebszone niemals etwas über eine Störung oder Erkrankung aussagen kann, sondern nur auf eine vegetative Störung im Bereich der Körperdecke hinweist. Die festgestellten Bindegewebszonen werden in ein Rückenschema (Abb. **27**) entsprechend der auf Abb. **28** angegebenen Art eingetragen und nach dem Erfragen bezeichnet. Ferner wird durch eine Umkreisung angegeben, wenn die Bindegewebszonen „klinisch stumm" sind, d. h. die zugehörigen Organe, Gefäße und Nerven keinerlei Störungen und Beschwerden aufweisen, was erfragt werden muß.

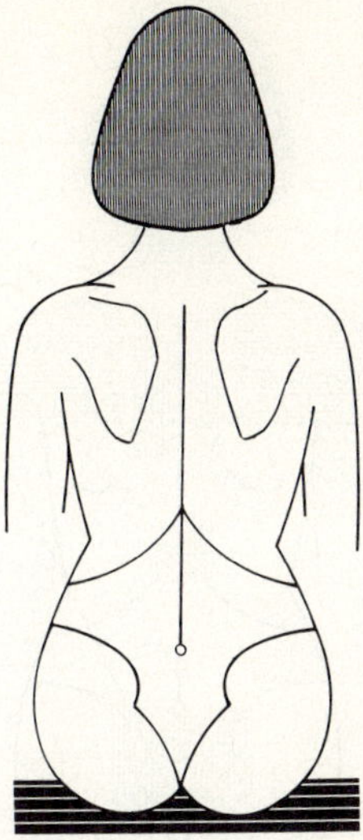

Abb. **27** Rückenschema für das Einzeichnen von Bindegewebszonen.

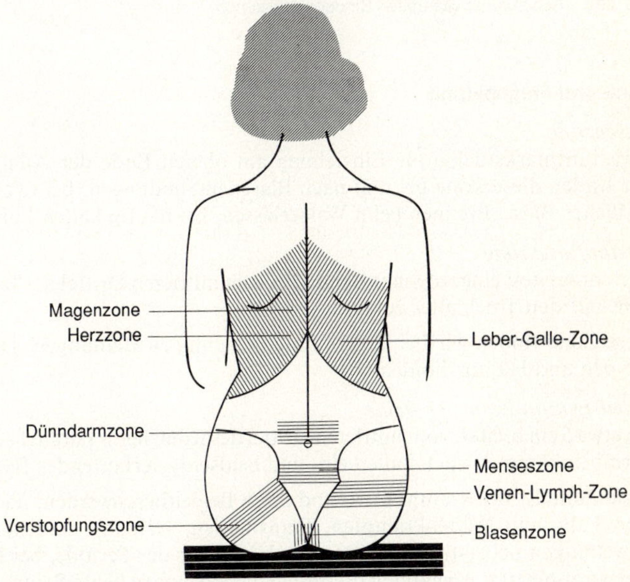


Abb. **28 a** Schematische Darstellung der Bindegewebszonen.

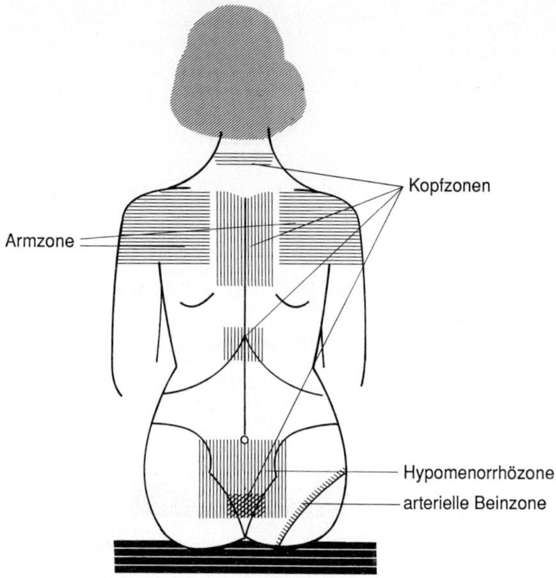


Abb. **28b** Schema der sichtbaren Bindegewebszonen.

**Sicht- und Fragebefund**

*Blasenzone*

Etwa fünfmarkstückgroße Einziehung am oberen Ende der Analfalte. Wir finden diese Zone bei und nach Blasenentzündungen, bei reizempfindlicher Blase, Brennen beim Wasserlassen, bei häufig kalten Füßen.

*Verstopfungszone*

5—8 cm breites, eingezogenes Band, das vom mittleren Drittel des Kreuzbeins auf den Trochanter zuläuft.

Diese Zone finden wir bei Verstopfung, Neigung zu Blähungen, Darmpolypen und Hämorrhoiden.

*Venen-Lymph-Zone der Beine*

Ein etwa 5 cm breites, vom mittleren Drittel des Kreuzbeins parallel zu den Darmbeinkämmen nach außen ein- und beidseitig verlaufendes Band.

Diese Zone ist bei Krampfadern und ihren Begleitbeschwerden, nächtlichen Fuß- und Wadenkrämpfen, Parästhesien, Neigung zu Knöchelschwellungen bei statischer Belastung, Hitze, vor der Periode, bei Frakturdystrophie u. a. vorhanden. Betreffen die Störungen beide Beine, so ist die Zone über beiden Hüften ausgeprägt.

*Kleine Genitalzone (Menseszone)*
Flächige Einziehung auf dem oberen Drittel des Kreuzbeins in Höhe der Sakroiliakalgelenke.

Schmerzhafte Regelblutung, verkürzte Intervalle zwischen den Monatsblutungen, Rücken- und Unterleibsbeschwerden während der Menstruation, Zwischenblutungen. Bei Männern ist die Einziehung vielfach in gleicher Weise ausgeprägt. Sie steht in Zusammenhang mit Störungen und Erkrankungen der Hoden.

*Große Genitalzone (Hypomenorrhözone)*
Großflächige Einziehung über dem Kreuzbein und dem dorsalen Teil der Darmbeinkämme.

Es besteht die Neigung zu verlängerten Intervallen zwischen den Monatsblutungen und zu verlängerter Blutungsdauer sowie die Neigung zu sekundärer Amenorrhö bei ungewohnter psychischer und physischer Belastung. Bei Männern steht diese Zone im Zusammenhang mit Störungen und Erkrankungen der Prostata.

*Dünndarmzone*
Flächige Einziehung oberhalb des Kreuzbeins, teilweise sich mit der kleinen Genitalzone deckend.

Neigung zu Durchfällen, Entzündungen im Bereich des Darmes, Appendizitis, Kolitis.

*Arterielle Beinzone*
Breitflächige Einziehung im Bereich des Gesäßes, so daß der Patient bei starker Ausprägung der Zonen nur noch auf dem analfaltennahen Abschnitt des Gesäßes sitzt.

Störungen der arteriellen Durchblutung der Beine, Krämpfe, schlechtheilende Wunden, Störungen der Hauttrophik.

*Leber-Gallen-Zone*
Breitflächige Einziehung über der rechten hinteren Brustkorbseite, häufig mit verstärkten Einziehungen innerhalb der Zone, sog. Maximalpunkten.

Die Leberzone ist ausgeprägt bei und nach Hepatitis, es besteht die Neigung zu Völlegefühl und Druck im rechten Oberbauch nach dem Essen. Alkohol wird schlecht vertragen.

Bei der Gallenzone besteht eine Abneigung gegen fette Speisen, Unverträglichkeit von Kaffee und künstlichen Orangensäften sowie eine Disposition zur Bildung von Gallensteinen.

*Herzzone*
Breitflächige Einziehung über der linken hinteren Brustkorbseite und dem linken Schulterblatt (häufig mit Maximalpunkten).

Als Beschwerden kommen sämtliche Störungen des Herzens und des Kreislaufs in Frage, z. B. Herzstiche, Herzklopfen, Herzunruhe, Atembeklemmungen, retrosternales Druckgefühl, Schwindel bei Umlagerung, alle Anzeichen der Herzinsuffizienz.

*Magenzone*
Sie deckt sich zum Teil mit der Herzzone bis auf den über dem Schulterblatt unterhalb der Spina scapulae gelegenen Gewebeabschnitt, der oft in typischer Weise eingezogen ist.

Diese Zone ist ausgeprägt bei Gastritis, Magenulkus, funktionellen Magenbeschwerden. Die Patienten leiden unter Nüchternschmerz, Sodbrennen, Aufstoßen und zeigen eine Abneigung gegen alle schwer verdaulichen Nahrungsmittel, wie z. B. Fleisch, Kohl, Hülsenfrüchte, harte Eier, Nüsse.

*Kopfzone*
Flächige Einziehung zwischen den Schulterblättern, im unteren Drittel des Kreuzbeins über der Blasenzone sowie als ringförmig verlaufende Einziehung über dem M. trapezius am Übergang von Nacken und Hals. Die Einziehung paravertebral über den unteren Rippen ist nicht so häufig sichtbar.

Die Beschwerden am Kopf sind mannigfaltig: Kopfschmerzen, Wetterfühligkeit, Schwindel, Sehstörungen, Ohrensausen, Ohrenschmerzen, Entzündungen der Nebenhöhlen, defektes Gebiß, Halsentzündungen.

*Armzone*
Flächige Einziehung auf dem Schulterblatt und über dem hinteren Abschnitt des M. deltoideus.

Kalte Hände, dicke Finger morgens beim Aufwachen, Absterben der Finger, nach Verletzungen und bei Rheuma.

Bei Störungen von Lungen/Bronchien, Pankreas und Nieren finden sich erhöhte Gewebespannungen direkt über dem betroffenen Organ, da die vegetative Versorgung segmental darüber verläuft.

#### Tastbefund

Das Tasten geschieht
– durch *flächiges Verschieben* der Subkutis gegen die Körperfaszie an seitengleichen Gewebeabschnitten auf der rechten und linken Seite auf Gesäß, Hüften und Kreuzbein sowie paravertebral im lumbalen Rückenbereich und auf den Schulterblättern: Auf Gesäß und Hüften werden der 2.—4. Finger beider Hände etwa 2—3 cm lateral vom Kreuzbeinrand und den Sakroiliakalgelenken und unterhalb der Darmbeinkämme fest aufgesetzt und die Subkutis im rechten Winkel zu den jeweiligen Knochenrändern hin und weg bewegt. Auf dem Kreuzbein, über den lumbalen Rückenabschnitten und auf den Schulterblättern

erfolgt die Verschiebung in kleinen kraniokaudalen Schüben auf sich entsprechenden Abschnitten rechts und links;

- durch *das Abheben einer Hautfalte* auf der rechten und linken Brustkorbseite: An sich entsprechenden Stellen über den unteren Brustkorbabschnitten etwa am lateralen Rand des M. erector trunci wird mit Daumen und Zeigefinger (Daumen unten, Zeigefinger oben) eine Unterhautfalte gefaßt und elastisch von der Körperfaszie weggezogen. Um jede Quetschung des Gewebes zu vermeiden, werden zunächst die Daumen und Zeigefinger mit ihren seitlichen Abschnitten, nicht mit den Fingerkuppen, mit festem Druck in einer Entfernung von etwa 5 cm auf das Gewebe aufgelegt. Dann wird die Subkutis zusammengeschoben und — bei nicht zu starker Spannung — die Falte gefaßt und im rechten Winkel von der Faszie weggezogen und dabei ihre Verhaftung und Seitenverschiedenheiten geprüft. Jede festere Verhaftung bedeutet das Vorhandensein einer Bindegewebszone. Bei zu fester Verhaftung genügt zur Beurteilung allein das Zusammenschieben des Gewebes.

Die Abb. **29** zeigt die Gewebeabschnitte und Verschieberichtungen der flächigen Tastung und die für die „Hautfaltenmethode“ geeigneten Gewebeabschnitte auf dem Brustkorb.

## Die nervös-reflektorische Beziehung der Bindegewebszonen untereinander

Diese tritt in der Weise in Erscheinung, daß bei Arbeitsgängen in kaudalen Rumpfabschnitten auch kranial liegende Bindegewebszonen mitrea-

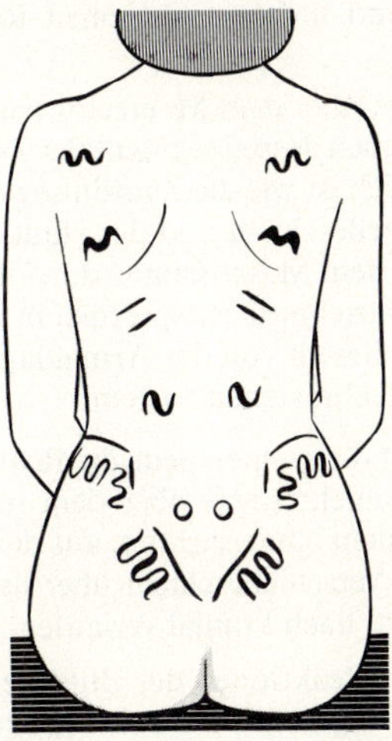

Abb. **29** Schema des flächigen Verschiebens und des Abhebens einer Hautfalte.

gieren können, ohne daß in ihrem Bereich gearbeitet wird. Dieses Mitreagieren nicht bearbeiteter Bindegewebszonen tritt in *Irritierungen* der Körperdecke sowie in *Organreaktionen* in Erscheinung.

Hieraus ergibt sich für die Bindegewebsmassage die *Grundregel*, mit der Behandlung im Bereich der am meisten *kaudal* gelegenen Bindegewebszonen zu beginnen, wenn auch die augenblicklichen Störungen mit anderen, weiter kranial gelegenen Bindegewebszonen einhergehen.

Von entscheidender Bedeutung für die weitere Entwicklung der Bindegewebsmassage war ferner die Erkenntnis, daß die oberflächliche und die tiefe Verschiebeschicht am Rücken nicht die gleiche nervös-reflektorische Zuordnung zu den inneren Organen, Gefäßen und Nerven haben:

– In der *oberflächlichen* Verschiebeschicht zwischen Kutis und Subkutis sind die nervös-reflektorischen Reaktionen im Verlauf des ganzen Segmentbandes einheitlich. Das beruht darauf, daß sich in die vegetativen Wandnervennetze der Hautgefäße, die in 4—5 arteriellen und 5 venösen Netzen in der Kutis dicht unter der Epidermis schichtweise übereinanderliegen, auch Endnetze vegetativer Fasern der Spinalnerven mischen. Die Wirkung der Bindegewebsmassage bleibt daher nicht in dem bei der Behandlung getroffenen peripheren Gefäßwandnervensystem begrenzt, sondern erreicht immer auch die segmentalen Rückenmarkanschlüsse.
– In der *tiefen* Verschiebeschicht zwischen Subkutis und Faszie dagegen verlaufen die nervös-reflektorischen Reaktionswege *nicht* mit dem Gefäßwandnervensystem der Hautgefäße, sondern entsprechen der nervös-reflektorischen Zuordnung der unter der Körperfaszie gelegenen autochthonen und nichtautochthonen Rückenmuskulatur, und zwar:
  - die paravertebralen, über dem M. erector trunci gelegenen Gewebeabschnitte entsprechen dessen segmentaler Zuordnung zum Rückenmark, die etwa gleich ist wie die Zuordnung der Segmente der oberflächlichen Verschiebeschicht und der Hautsegmente,
  - die lateralen, über dem M. latissimus dorsi und dem Schultergürtel gelegenen Gewebeabschnitte entsprechen in ihrer nervös-reflektorischen Zuordnung diesem von der Armanlage stammenden und im Zervikalmark angeschlossenen System.

Auf der Abb. **30** sind auf der rechten Seite die Reaktionswege in der oberflächlichen Verschiebeschicht sowie über dem paravertebralen Gewebe der tiefen Verschiebeschicht eingezeichnet, auf der linken Seite die Reaktionswege in der tiefen Verschiebeschicht über den lateralen Rückenabschnitten, die von kaudal nach kranial verlaufen.

Für die Erarbeitung der Reaktionen der Bindegewebsmassage und ihre theoretische Erklärung waren die Gedankengänge von W. Scheidt über die nervös-reflektorischen Beziehungen zwischen den inneren Organen

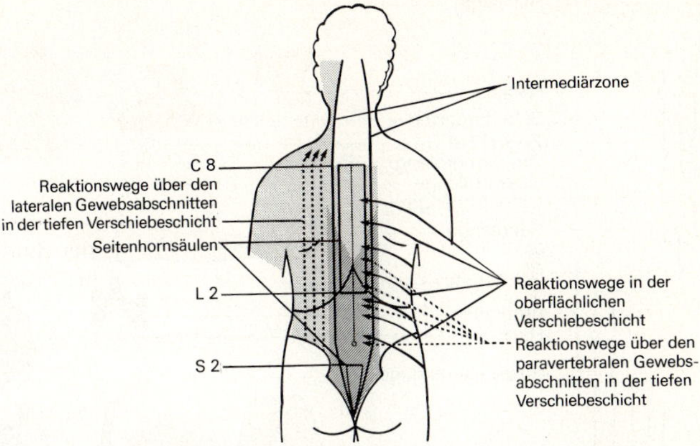


Abb. **30** Schematische Darstellung der Reaktionswege der Bindegewebsmassage in der oberflächlichen und tiefen Verschiebeschicht.

und dem Bewegungsapparat, die er in seinen Arbeiten „Die Bindegewebsmassage nach Leube-Dicke im Spiegel der Leitwerklehre" (1952) und „Die menschlichen Inbilder" (1954) anschaulich dargestellt hat, sehr fruchtbar. Er führt darin aus, daß die vegetativen Anschlüsse der inneren Organe in den von C8 bis L2 und von S2 bis Terminalmark liegenden *Seitenhornsäulen* liegen, während die Gewebe des Bewegungsapparates in den das ganze Rückenmark durchziehenden *Intermediärzonen* angeschlossen sind. Segmentgleiche Anschlüsse der inneren Organe und des Bewegungsapparates bestehen also nur zwischen C8 bis L2 und S2 bis zum Terminalmark (Abb. **31**).

Nur in diesen Segmenten können also Reflexzonen im engeren Sinn im Bewegungsapparat durch eine Querverlagerung von Seitenhornstörungen — Scheidt spricht von „synneurischen Störungen" — in die Intermediärzonen „synneurischer Ausgleich" entstehen. Nach Scheidt haben die *Grenzsegmente* der Seitenhornsäulen C8, L2 und S2 eine besondere Bedeutung, da sich hier auch eine Längsverteilung synneurischer Störungen gewissermaßen „stauen" kann und dann der synneurische Ausgleich durch eine Querverlagerung in die Intermediärzonen erfolgen muß. Damit entsteht in diesen eine synneurische Störung, die nun ihrerseits einen synneurischen Ausgleich durch eine Längsverlagerung in den das ganze Rückenmark durchziehenden Intermediärzonen versucht, da der Organismus ständig das Bestreben hat, auftretende Störungen zu zerstreuen und wirkungslos zu machen. Die Möglichkeit, daß sich synneurische Störungen — jedes gestörte Organ und jede Störung im Bewegungsapparat geht mit einer Störung seiner vegetativen Anschaltung im Rückenmark einher — sowohl im Segment auf der gleichen Seite — von

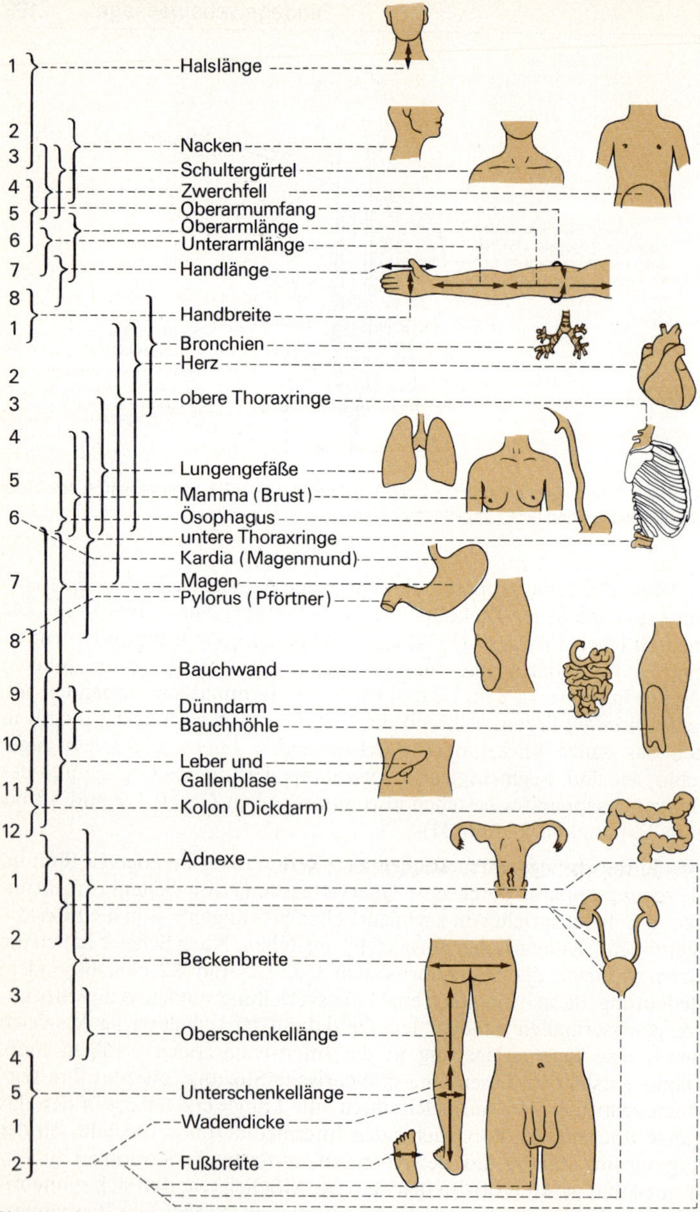


Abb. **31** Segmentanschlüsse der wichtigsten Organe und Körperteile im Rückenmark: im Halsbereich (C 1—8), im Thorakalbereich (Th 1—12), im Lumbalbereich (L 1—5), im Sakralbereich (S 1—2) (nach Scheidt).

einer Seite auf die andere — in der Längsrichtung nach oben und unten verlagern können, macht die *Entstehung viszeroviszeraler Reflexe* und das *Miteinanderreagieren* der Bindegewebszonen verständlich.

Die Bedeutung der Grenzsegmente C8, L2 und S2, die Scheidt als „Übergangssegment" bezeichnet, kann durch die Erfahrungen der Bindegewebsmassage bestätigt und unterstrichen werden. Das untere Grenzsegment von L2 und das obere Grenzsegment von S2 waren schon beim Beginn der Bindegewebsmassage erkannt worden, da bei der Bindegewebsmassage im Bereich des Brustkorbs auch die lumbalen und sakralen Bindegewebszonen in die Behandlung einzubeziehen waren, weil sonst Fehlreaktionen auftraten. Das obere Übergangssegment C8 konnte erst mit der Erkenntnis der nervös-reflektorischen Zuordnung des lateralen Rückengewebes in der tiefen Verschiebeschicht Bedeutung erlangen. Da im Bereich von C1 bis C8 keine Seitenhornsäulen liegen und damit auch keine vegetativen Organanschlüsse möglich sind, ist durch die Bindegewebsmassage in der tiefen Verschiebeschicht über den lateralen Rückenabschnitten keine direkte Verlagerung synneurischer Störungen von den Intermediärzonen in die Seitenhornsäulen möglich. Umgekehrt können aber in den Intermediärzonen des Halsbereichs „indirekte" Reflexzonen entstehen, wenn eine Verlagerung von Störungen aus den Seitenhornsäulen von C8 in den Intermediärzonen nach kranial erfolgt. Solche Vorgänge führen nach den Erfahrungen der Bindegewebsmassage häufig zu Schulter-Arm-Beschwerden, deren Behandlung dann nicht am Ort der Beschwerden, sondern auf der Grundlage des Gewebebefundes in den kaudalen Bindegewebszonen beginnen muß. Periphere Störungen im Bereich der Arme aber können durch exakte Technik in der tiefen Verschiebeschicht direkt beeinflußt werden, die Arbeitsgänge beginnen dann über den kaudalen Abschnitten des M. latissimus dorsi.

## Wirkung der Bindegewebsmassage

Über die genauen Abläufe im Körper während und nach der Bindegewebsmassage bestehen bis heute nur Theorien, die bis jetzt durch keine Untersuchung gesichert sind. Eine besondere Rolle bei der vegetativen Umstimmung scheint dem körpereigenen Mediatorenstoff *Histamin* zuzukommen. Jedoch ist auch hier über das Histamin bisher nur wenig bekannt.

*Histamin*, das durch Dekarboxylierung aus Histidin gebildet wird, wird in den metachromatischen Granula der Mastzellen, meist gebunden an Heparin, gespeichert. Während einer anaphylaktischen Reaktion werden die Mastzellen degranuliert, teilweise gehen sie zugrunde. Die pro Mastzelle freigesetzte Menge wird mit etwa $10^{-5}$ $\mu g$ Histamin angegeben. Histamin bewirkt eine rasche Kontraktion der glatten Muskulatur, eine Vasodilatation, eine Erhöhung der Kapillarpermeabilität (Durchblutungsgefühl) und Blutdruckabfall. Dies führt dann sofort zu einer Ausschüttung von Katecholaminen aus den Speichern. Katecholamine können auf physikalischem, chemischem oder neuralem Wege aus den Granula im Nebennierenmark freigesetzt werden. Somit wäre die vegetative Umstimmung teilweise erklärbar. Tatsächlich aber erleben wir oft, daß die Umstimmung nicht in der gewünschten Weise erfolgt. Die Anwendung der Bindegewebsmassage ist daher in den letzten Jahren zugunsten einer gezielten medikamentösen Behandlung in den Hintergrund getreten, da durch genaue Dosierung die Wirkung kalkulierbar wird.

## Reaktionen bei der Bindegewebsmassage

Die Reaktionen können in drei Gruppen gegliedert werden:
- Empfindungen des Patienten bei der Bindegewebsmassage,
- Hautreaktionen,
- Auswirkungen auf Organe und Gefäße.

### Empfindungen des Patienten bei der Bindegewebsmassage

Der Patient muß bei der Ausführung des therapeutischen Zuges ein helles und klares Ritzen, Schneiden, Stechen oder Brennen empfinden. Dieses Schneidegefühl besagt, daß der Zug im Gewebe in der therapeutisch wirksamen Weise ausgeführt worden ist. Es ist sehr wichtig, daß der Patient über diesen Zusammenhang informiert wird. Gelegentlich tritt statt des Schneidens ein dumpfer Druck oder ein Mischgefühl von Schneiden und Drücken auf. Dies ist als Fehlreaktion zu werten und muß sofort geändert werden.

Technik:
- Ort der Striche überprüfen.
- Eigene Technik überprüfen.
- Ziehen des letzten zusammenfassenden Striches.
- Anhaken des für dieses Gebiet zuständigen Reizpunktes.

Reizpunkte sind:
- Trochanter major,
- Trigonum lumbale,
- Fossa jugularis,
- Mohrenheim-Grube,
- Adduktorenschlitz,
- M. soleus.

Es können auch in fernliegenden Bezirken sowie in inneren Organen Irritierungen auftreten, wobei sich der Patient meist unbewußt an dieser Stelle kratzt:
- in der Körperdecke als Juckreiz, Stich, Lufthauch, Muskelspannung;
- in den inneren Organen als Herzbeklemmung, Atemnot, Magen- und Bauchbeschwerden, Blasendruck, dumpfer Kopfdruck.

### Hautreaktionen

Es tritt zunächst eine Hautrötung (*Dermographia rubra*) auf. Bei vielen Patienten kann sich noch zusätzlich eine Quaddelbildung (*Dermographia elevata*) entwickeln. In diesen Quaddeln findet sich vermehrt Histamin, ähnlich wie bei einem Insektenstich. Sie halten unterschiedlich lange an.

Selten sind auch subkutane Blutungen zu beobachten. Es handelt sich um eine Gerinnungsstörung, die mit richtiger Einstellung der Medikamente wieder zu beheben ist.

### Auswirkungen auf Organe und Gefäße

Es handelt sich um sympathische und parasympathische Vorgänge, die sich gegenseitig bedingen und voneinander abhängig sind. Zwei Reaktionsphasen zeichnen sich ab:
- sympathische Frühreaktionen,
- parasympathische Spätreaktionen.

*Sympathische Frühreaktionen*
Diese Reaktionen treten während der Behandlung auf:
- spontane Schweißbildung,
- segmental begrenzte Piloarreaktion (Gänsehaut),
- warme Hände und Füße.

Umgekehrte Reaktionen sind ebenfalls möglich:
- Herzdruck,
- dumpfe Kopfschmerzen,
- schwere Beine,
- Parästhesien in den Exremitäten,
- Blasendruckgefühl,
- kalte Hände und Füße,
- Übelkeit,
- Neigung zu Kollaps.

Zur Beseitigung dieser Beschwerden zieht man sofort den Becken- und Brustkorbgang (S. 211). Durch überschießende Vagusaktivität kann es zu Übelkeit kommen. Da unterhalb des Magens ein größeres Vagusgeflecht verläuft, wirkt ein warmes Getränk beruhigend. Die Behandlung wird abgebrochen, der Patient legt sich hin, und er bekommt etwas Warmes zu trinken.

*Parasympathische Spätreaktionen*
Diese Reaktionen treten erst ca. 1—2 Stunden nach der Behandlung auf:
- angenehme Entspannung,
- leichte Müdigkeit,
- unüberwindliche Müdigkeit,
- wohlige Wärme am ganzen Körper,
- vermehrte Blasen- und Darmtätigkeit,
- Heißhunger.

*Tageszeit der Behandlung*
Diese Spätreaktionen bestimmen die Tageszeit der Behandlung. Der Behandlungstermin muß so gelegt werden, daß der Patient danach ruhen kann und keine Verpflichtungen mehr vor sich hat.

## Ausführung der Bindegewebsmassage

Die Ausführung der Bindegewebsmassage ist als „flächige Technik" und als „Strichtechnik" in den verschiedenen Verschiebeschichten der Unterhaut und im interstitiellen Bindegewebe möglich.

### *Flächige Bindegewebsmassage*

Diese Behandlung erfolgt in *Seitenlage.* Das untere Bein liegt locker gebeugt, das obere leicht gestreckt. Die Subkutis wird im dorsalen Bereich des Trochanter major über dem Ansatz des M. glutaeus maximus — am Kreuzbeinrand und am Sakroiliakalgelenk über dem Ursprung des M. glutaeus maximus — über dem M. latissimus dorsi bis herauf zum unteren Schulterblattwinkel — über dem M. erector trunci auf dem Kreuzbein und dem Rücken bis etwa in Höhe des unteren Schulterblattwinkels *flächig jeweils bis zur Verschiebungsgrenze* verschoben. Die Arbeit auf dem Schulterblatt kann meistens entfallen und wird nur bei sehr erhöht gespanntem Gewebe ausgeführt.

Die flächige Bindegewebsmassage besteht aus drei Arbeitsphasen:
- *Ansetzen der Finger* beider Hände etwa 5—8 cm von den genannten Gewebeabschnitten entfernt und Heranholen der Subkutis.
- *Ansetzen der Daumen* mit den Außenseiten über den genannten Gewebeabschnitten.
- *Verschieben der Subkutis* im rechten Winkel an den jeweiligen Gewebeabschnitten bis zur Verschiebungsgrenze. Diese ist erreicht, wenn die Daumen in tangentialer Richtung festsitzen. Während dieser Daumenarbeit geben die Finger das herangeholte Unterhautgewebe etwas frei.

Das Verschieben der Subkutis erfolgt in dicht nebeneinanderliegenden Arbeitsgängen (am Trochanter major 10—12, am Kreuzbeinrand 10—12, am Sakroiliakalgelenk 6—8 Arbeitsgänge), wobei die Finger bei 2—4 Arbeitsgängen der Daumen am gleichen Platz angesetzt bleiben können. Die Verschiebungswege hängen von der Verhaftung des Gewebes ab und betragen am Trochanter major 3—5 mm, ebenso am Kreuzbeinrand, während der Verschiebungsweg am Sakroiliakalgelenk und über dem M. latissimus dorsi größer ist und über dem letzteren die Daumen u. U. gleitend weiterschieben können. Besondere Sorgfalt erfordert die Arbeit über dem M. erector trunci, wo die Daumen dicht bei den Dornfortsätzen einzusetzen sind und die mit den Fingern herangeholte Unterhautfalte über den Muskelwulst gewissermaßen hinübergehoben werden muß. Jedes Quetschen ist hier besonders streng zu vermeiden! Die Arbeitsgänge der Dau-

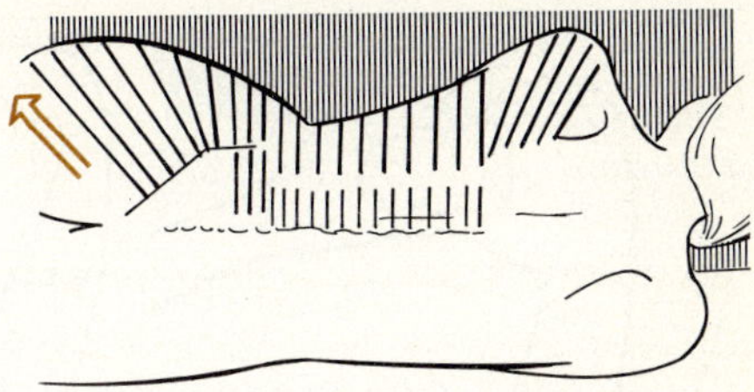

Abb. **32** Schema der flächigen Bindegewebsmassage am Rücken. Arbeitsgänge am Rücken.

men erfolgen so dicht wie möglich nebeneinander und in gleicher Weise auch auf dem Kreuzbein, und zwar auf der rechten und linken Seite, d. h. der jeweils oberen Seite gesondert, da auch hier Unterschiede der Spannungen beider Seiten vorhanden sein können (Abb. **32, 33a—d**).

Der *Schwerpunkt* der Arbeit liegt über den *kaudalen* Gewebeabschnitten. Wenn über dem Brustkorb das gleitende Verschieben möglich ist, kann unter dem Gesichtspunkt des therapeutischen Effektes auf diese Arbeitsgänge verzichtet werden.

Die flächige Bindegewebsmassage bewährt sich vor allem in den ersten Behandlungen bei *pyknischem Gewebe.* Hier ist ihre technische Ausführung leichter als die der Strichtechnik, solange die Spannung in der tiefen Verschiebeschicht sehr erhöht ist. Bei der flächigen Bindegewebsmassage ist auch in diesen Fällen die Gefahr überschießender oder falscher Reaktionen wesentlich geringer als bei der Strichtechnik.

## Strichtechnik

### Hauttechnik

Darunter werden die Arbeitsgänge in der oberflächlichen Verschiebeschicht zwischen Kutis und Subkutis verstanden. Durch *ziehendes Streichen* mit der Kuppe des flach aufgesetzten 3. oder 4. Fingers wird die *Kutis gegen die Subkutis verschoben.* Bei stärkerer Verhaftung schiebt sich vor dem ziehenden Finger die *Hautfelderung* deutlich zusammen. Dieses Bild erinnert an zerknittertes Seidenpapier. Die Arbeitsgänge werden in der Richtung der Spaltlinien der Kutis und damit auch im Verlauf der Segmente in der oberflächlichen Verschiebeschicht (Abb. **34a** u. **b**) ausgeführt. Sie beginnen über den *kaudalen* Gewebeabschnitten des Beckens und Rückens und werden allmählich nach *kranial* aufwärts arbeitend gemacht. Während beim Säugling und Kleinkind überhaupt *nur* diese Technik möglich ist, kommt sie beim Erwachsenen nur bei besonderen Krankheitszuständen am Rumpf zur Anwendung. An den Extremitäten wird sie auch in Verbindung mit der Unterhaut- und Faszientechnik angewandt und hier ebenfalls in der Richtung der Spaltlinien und der

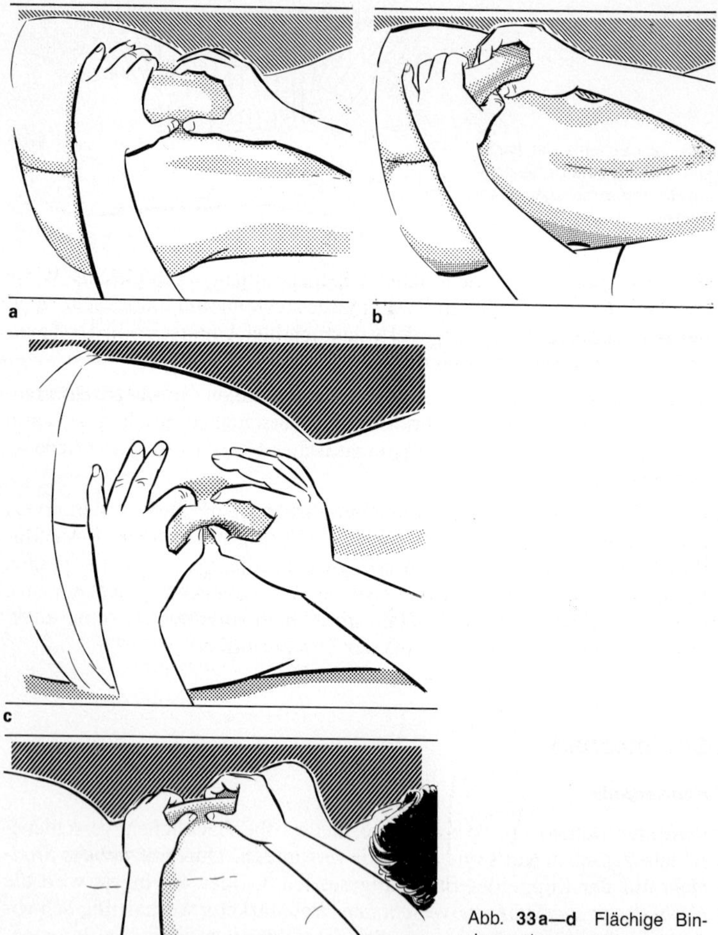


Abb. **33a—d** Flächige Bindegewebsmassage. a u. b Technik am Kreuzbeinrand, c Technik auf dem Kreuzbein, d Technik auf dem Brustkorb.

Segmentverläufe ausgeführt. Bei der Hauttechnik am Rücken wird dieser rund gehalten, damit die Arbeitsgänge auch wirklich in der oberflächlichen Verschiebeschicht bleiben und nicht innerhalb der Subkutis oder auch in der tiefen Verschiebeschicht erfolgen, wodurch die nervös-reflektorischen Wirkungen verschieden werden und Fehlreaktionen eintreten

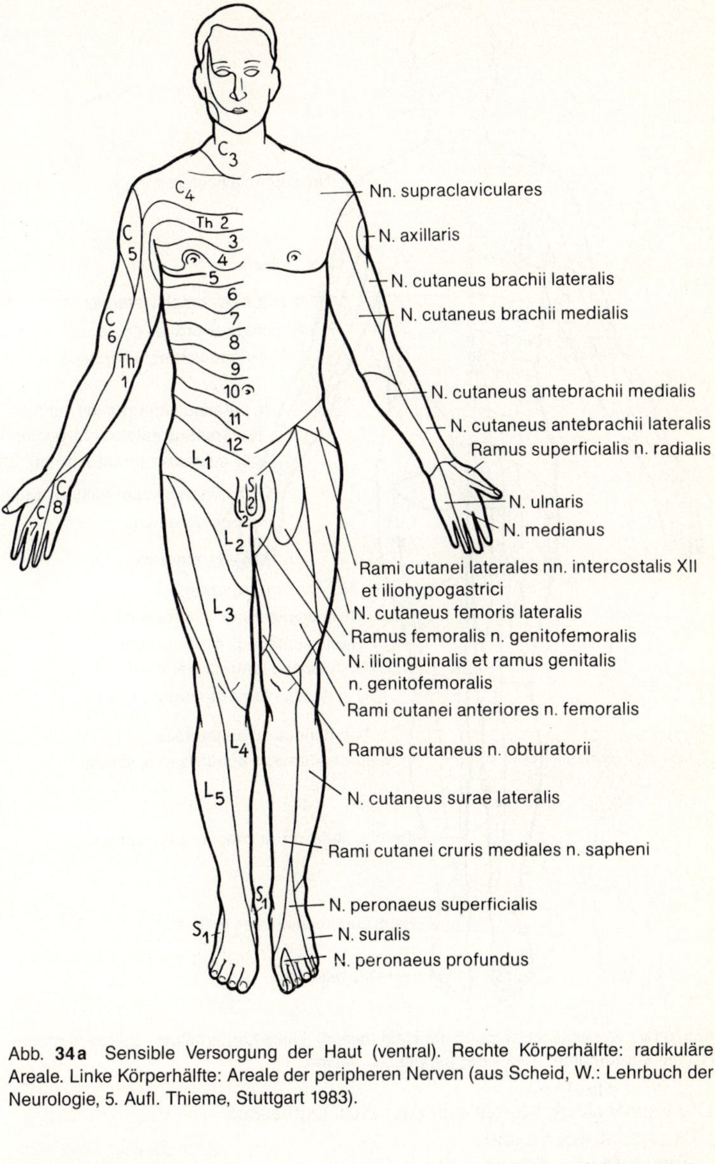


Abb. **34a** Sensible Versorgung der Haut (ventral). Rechte Körperhälfte: radikuläre Areale. Linke Körperhälfte: Areale der peripheren Nerven (aus Scheid, W.: Lehrbuch der Neurologie, 5. Aufl. Thieme, Stuttgart 1983).

können. Die Behandlung ist im Sitzen und im Liegen in gleicher Weise möglich.

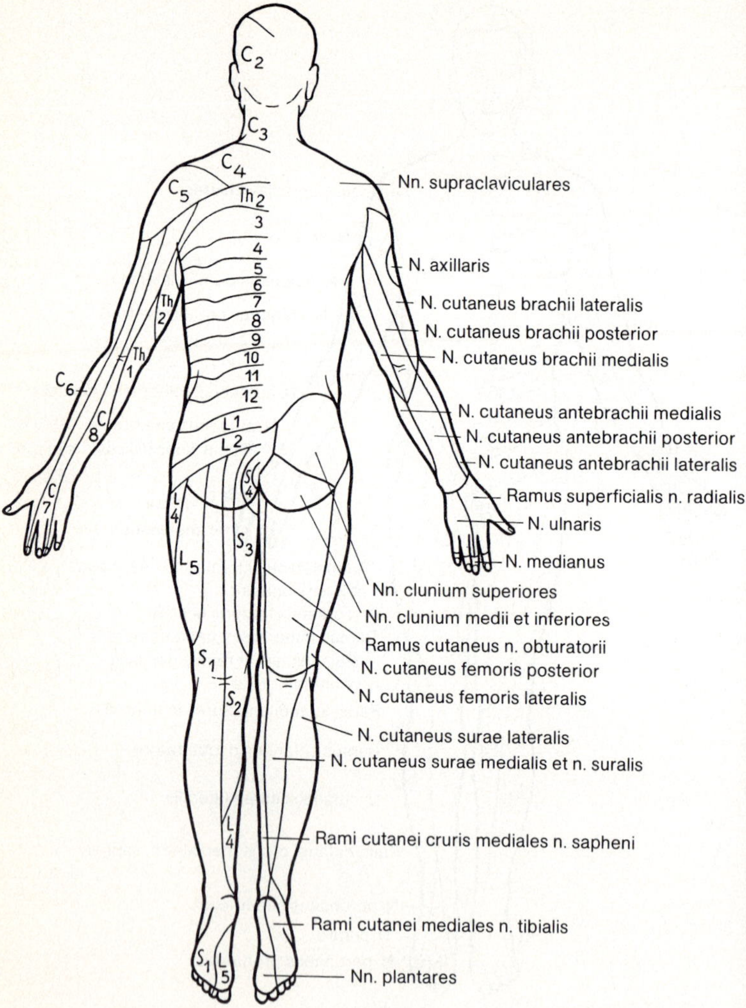


Abb. **34b** Sensible Versorgung der Haut (dorsal). Linke Körperhälfte: radikuläre Areale. Rechte Körperhälfte: Areale der peripheren Nerven.

Die Hauttechnik besteht aus zwei Arbeitsphasen:
- Ansetzen des Fingers,
- fortlaufendes Ziehen

(im Bereich von Bindegewebszonen leichtes Schneide- oder Ritzgefühl).

### Unterhauttechnik

Darunter werden die Arbeitsgänge in der tiefen Verschiebeschicht verstanden. Mit den in einem Winkel von etwa 60 Grad aufgesetzten Fingerkuppen wird die *Subkutis gegen die Faszie* in sehr kurzen Arbeitsgängen bei sehr erhöhter Spannung und in längeren, auch fortlaufenden Arbeitsgängen bei geringerer Spannung ebenfalls etwa im Verlauf der Spaltlinien der Kutis verschoben (S. 197 f.). Die Subkutis wölbt sich dabei vor dem ziehenden Finger als *kleine Welle* vor, während die oberflächliche Verschiebeschicht unbeeinflußt bleibt und die Hautfelderung nicht zusammengeschoben wird. An Stellen, an denen die Subkutis mit der Faszie sehr fest verhaftet ist, spürt der Finger stärkeren Widerstand und kann nur langsam oder auch nicht mehr weiterziehen. Die Subkutis wölbt sich nicht mehr vor dem Finger vor, sondern wird als mehr oder weniger breite Fläche — brettartig — verschoben.

Die Unterhauttechnik besteht aus drei Arbeitsphasen:
- Ansetzen des Fingers (mit durch die Subkutis hindurch wirkendem Druck),
- Verschieben der Subkutis bis zur Verschiebungsgrenze,
- therapeutischer Zug (Schneidegefühl).

### Faszientechnik

Die Unterhauttechnik wird durch die Faszientechnik unterstützt, die aus dem Anhaken geeigneter Muskelränder besteht. Sie hat zwei Arbeitsphasen:
- Ansetzen des Fingers (mit durch die Subkutis hindurch wirkendem Druck und deutlichem Fühlen des Muskelrandes),
- therapeutischer Zug durch Anhaken des Muskelrandes (starkes Schneidegefühl).

Die Faszientechnik erfolgt z. B. am Rand des M. latissimus dorsi oberhalb des Darmbeinkammes, am Rand des aufsteigenden Teiles des M. trapezius, am Rand des M. rectus abdominis, an den Muskelrändern im Bereich der Achselhöhlen und an den Extremitäten. Die Technik ist nicht schwierig, sofern die Muskelränder sicher getastet werden. Der therapeutische Zug kann immer nur sehr kurz sein, da eine regelrechte Verschiebung der Muskelränder nicht möglich ist. Das Schneidegefühl ist meistens außerordentlich stark, so daß das Anhaken immer nur sehr *langsam* erfolgen darf und u. U. der Patient auf den zu erwartenden „Schnitt" vorbereitet werden sollte.

Auf der Abb. **35** sind die Arbeitsgänge der Unterhaut- und Faszientechnik im Bereich des Rumpfes angegeben, durch die das „Arbeiten im Gewebe" am sichersten zu erlernen ist und Irritierungen und Fehlreaktionen in erträglichen Grenzen bleiben.

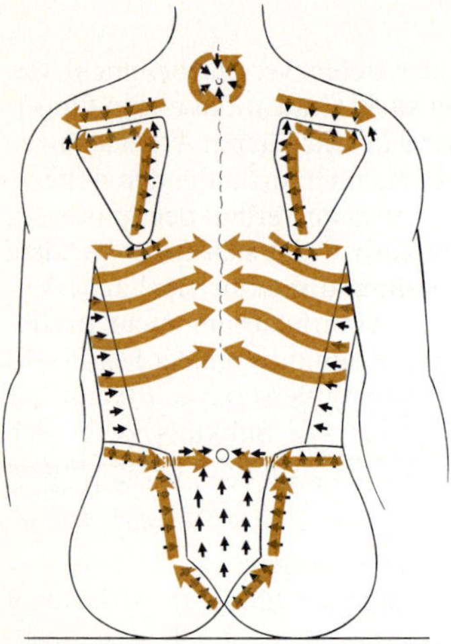

Abb. **35** Arbeitsgänge am Rücken (der „große Aufbau").

***Arbeitsgänge im Bereich des Rückens***

Der große Aufbau

Alle Anhakstriche werden immer rechtwinklig auf den benannten Teil zu gesetzt.

Der Patient sitzt oder liegt in Seitlage.

1. Anhaken des Kreuzbeinrandes
Die Arbeitsgänge beginnen an der Analfalte und werden dicht nebeneinander bis zum Iliosakralgelenk gesetzt.

2. Zusammenfassender Strich.
In Längsrichtung ausgeführter Strich, von Teirich-Leube auch als Ausgleichsstrich bezeichnet. Anhakstriche an Knochenrändern und in Gelenkhöhlen werden immer zusammengefaßt.

3. Anhaken des Iliosakralgelenks.
Die Arbeitsgänge werden dicht hintereinander bis zum oberen Rand des Iliosakralgelenks ausgeführt.

4. Zusammenfassender Strich.

5. Versetzte Striche auf dem Kreuzbein.
Die Arbeitsgänge werden von kaudal nach kranial ausgeführt.

6. Anhaken des Darmbeinkammes.
Die Arbeitsgänge beginnen lateral vom Iliosakralgelenk und werden dicht nebeneinander bis zur Spina iliaca anterior superior gesetzt.

7. Zusammenfassender Strich.

8. Anhaken des 5. LWK.
Es werden zwei oder drei kleine Schübe auf den LWK zu gesetzt.

9. Zusammenfassender Strich.

10. Ziehen des Beckengangs.
Von der Spina iliaca anterior superior wird durchgehend bis zum 5. LWK gezogen. Der Beckengang ist der *Hauptausgleichstrich* beim Auftreten von Irritationen.

11. Anhaken des Randes des M. latissimus dorsi.
Zur Feststellung des Muskelrandes legt der Patient die Hand auf den Kopf. Der Ellenbogen wird gegen Widerstand seitlich heruntergedrückt. Dabei springt der Muskelrand sichtbar oder fühlbar heraus. Die dicht übereinandergesetzten Striche gehen vom Beckenrand bis zur Achselhöhle.

12. Anhaken des unteren Schulterblattwinkels.
Es ist sicherer, von medial nach lateral zu arbeiten, um nicht versehentlich in die Kopfzone zu kommen.

13. Zusammenfassender Strich.

14. Ziehen der Interkostalräume.
Die Arbeitsgänge erfolgen vom seitlichen Axillarlot über den M. erector trunci bis an die Wirbelsäule heran. Dem Strich am unteren Brustkorbrand kommt eine besondere Bedeutung zu: Er gilt neben dem Beckengang als *Hauptausgleichstrich* und kann später bis oder ab dem Schwertfortsatz gezogen werden.

15. Der paravertebrale Längsgang.
Dieser Arbeitsgang wird ab dem 5. LWK bis in Höhe des 7. HWK gezogen. Bei Patienten, die zu Kopfschmerzen neigen, wird das Gebiet zwischen den Scapulae ausgespart oder sehr vorsichtig und schubweise durchzogen. Da dieser Strich häufig Irritationen auslöst, ist es sinnvoll, ihn als Lernender zunächst wegzulassen, bis die Technik wirklich gut beherrscht wird.

16. Anhaken des medialen Schulterblattrandes.
Hierbei wird das Gewebe auf dem Schulterblatt so verschoben, daß der therapeutische Zug beim Hinübergleiten über den Knochenrand erfolgt.

17. Zusammenfassender Strich.
Der Strich wird von kaudal nach kranial gezogen.

18. Anhaken der Schulterblattgräte
– von kaudal,
– von kranial.

19. Zusammenfassende Striche.

20. Sternförmiges Umhaken des 7. HWK.
Diese Arbeitsgänge richten sich sternförmig auf den 7. HWK.

21. Zusammenfassender Strich.
Diese Strichfolge, auch „großer Aufbau“ genannt, wird zunächst in den ersten Behandlungssitzungen durchgeführt, bevor sich schließlich die Arbeitsgänge in der Peripherie entsprechend der Diagnose anschließen.

***Arbeitsgänge am Bauch*** (Abb. 36)

Der Patient liegt auf dem Rücken.

1. Anhaken des unteren Brustkorbrandes.
Die Striche werden ab dem Axillarlot bis zum Schwertfortsatz von kranial nach kaudal auf den Brustkorbrand zu gesetzt.

2. Zusammenfassender Strich.
Dieser Strich ist die Fortsetzung des Brustkorbgangs.

3. Anhaken des Randes des M. rectus abdominis.
Die Arbeitsgänge werden vom Schwertfortsatz bis zum Haaransatz des Mons pubis gesetzt.

4. Anhaken der Crista iliaca.
Diese Striche werden ab der Spina iliaca anterior superior bis zur Symphyse gesetzt.

5. Zusammenfassender Strich.
Falls Narben auf dem Bauch vorhanden sind, werden diese, um sie als Störfelder auszuschließen, sternförmig umhakt.

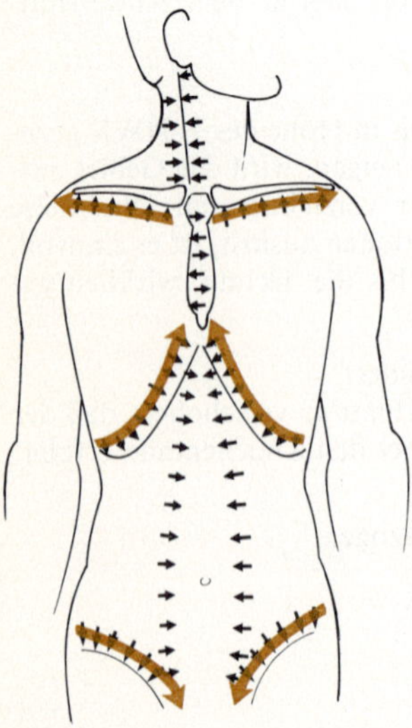

Abb. **36** Arbeitsgänge an Bauch und Thorax.

***Arbeitsgänge am Thorax*** (Abb. **36**)

Der Patient liegt auf dem Rücken.

1. Anhaken des unteren Brustkorbrandes s. oben.
2. Zusammenfassender Strich.
3. Anhaken des Manubrium sterni.

Die Arbeitsgänge ziehen vom Schwertfortsatz nach kranial. Sie werden rechtwinklig auf die Ränder des Brustbeins gesetzt.

4. Versetzte Striche auf den lateralen Thoraxabschnitten.

Ab der Crista iliaca werden die Striche zwischen vorderem und hinterem Axillarlot versetzt gezogen bis zur Achselhöhle. Dieser Arbeitsgang kann auch schon in den großen Aufbau im Sitzen einbezogen werden.

5. Anhaken der Klavikula.

Das Anhaken erfolgt von kaudal. Von medial nach lateral werden dichte Arbeitsgänge gesetzt.

6. Zusammenfassender Strich.
7. Anhaken der Ränder des M. sternocleidomastoideus.

Die Striche werden am lateralen und medialen Rand ab dem Ansatz an der Klavikula und am Sternum bis hinter das Ohr gesetzt.

***Arbeitsgänge am Kopf*** (Abb. **37**)

Der Patient liegt auf dem Rücken. Es ist günstig, nach dem großen Aufbau zunächst noch die Striche am Thorax davorzusetzen.

1. Anhaken des Unterkiefers.

Die Striche werden von der Mitte des Kinns bis an das Ohr gesetzt.

2. Zusammenfassender Strich.

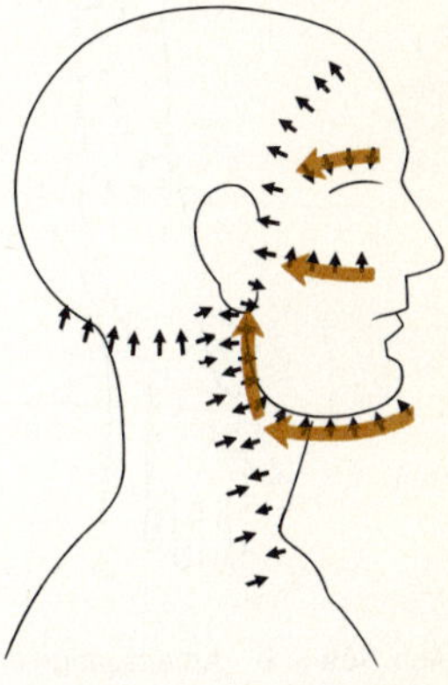

Abb. **37** Arbeitsgänge am Kopf.

3. Anhaken des Haaransatzes.
Bei Glatzen ist es der Rand der Kopfschwarte, die von Ohr zu Ohr angehakt wird.

4. Zusammenfassender Strich.

5. Anhaken der Jochbeine (Oszygomaticum).
Die Arbeitsgänge werden von medial nach lateral auf das Ohr zu gesetzt.

6. Zusammenfassender Strich.

7. Anhaken der Augenbraue.
Dieser Strich wird von kranial nach kaudal an die Augenbraue herangezogen. Augen schließen lassen!

8. Zusammenfassender Strich nach lateral.

9. Anhaken des Os occipitale.
Die Striche werden von Ohr zu Ohr in kranialer Zugrichtung gesetzt.

***Arbeitsgänge am Arm*** (Abb. **38**)

Voraus gehen der große Aufbau und die versetzten Striche über den lateralen Thoraxabschnitten. Der Patient liegt auf dem Rücken oder sitzt.

1. Anhaken des dorsalen und ventralen Deltarandes.
Die Arbeitsgänge werden von der Spina scapulae und von der Klavikula bis zur Tuberositas deltoidea humeri gesetzt.

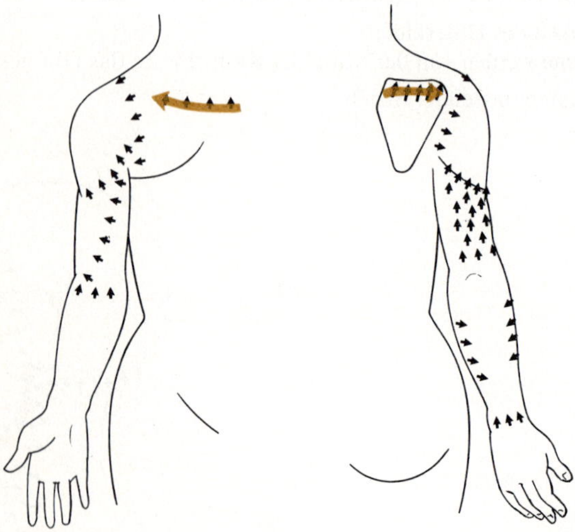

Abb. **38 a** u. **b** Arbeitsgänge am Arm, von ventral und dorsal.

2. Anhaken der Achselhöhle (Abb. **39**).

3. Zusammenfassender Strich.

4. Anhaken des Winkels zwischen Klavikula und Spina scapulae.
Dies ist ein Reizpunkt. Das Schneidegefühl wird nach ein- bis zweimaligem Anhaken deutlicher.

5. Anhaken des medialen Randes des M. biceps brachii.
Es wird der Länge des Muskelbauches entsprechend von proximal nach distal gearbeitet.

6. Versetzte Striche über dem M. triceps brachii.
Über die gesamte Fläche des M. triceps werden die Striche auf das Olekranon zu gesetzt.

7. Anhaken der Ellenbeuge mit Bewegungsausschlag.
Der therapeutische Zug wird bei gebeugtem Arm am Unterarm angesetzt. Mit dem Ausstrecken des Armes muß das Schneidegefühl einsetzen.

8. Anhaken des lateralen Randes der Ulna.
Die Arbeitsgänge ziehen sich vom Ellenbogen zum Handgelenk.

9. Anhaken der Extensorengruppe am Unterarm.
Die Striche werden nur an die Muskelränder, nicht an die Sehne gesetzt.

10. Anhaken des Handgelenks mit Bewegungsausschlag.
Diese Striche können rund um das Handgelenk ausgeführt werden: Bei Zug an der Dorsalseite wird volarflektiert, bei Zug an der Volarseite wird dorsalextendiert, und bei Zug an der Seite wird ab- bzw. adduziert.

11. Anhaken der Palmaraponeurose.
Die Striche werden vom Handgelenk bis zum Grundgelenk des kleinen Fingers gesetzt.

12. Anhaken des Daumenballens.

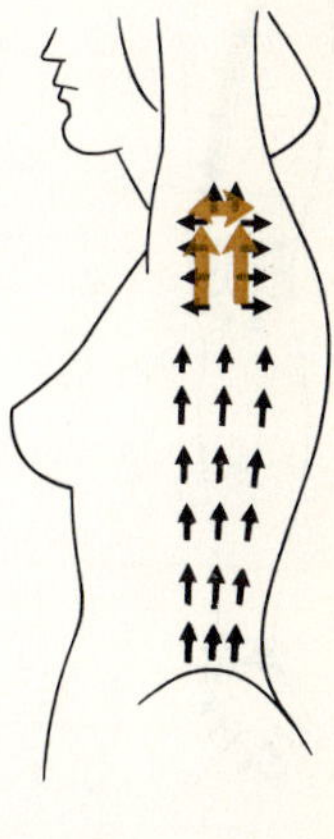

Abb. **39** Arbeitsgänge in der Achselhöhle und auf den lateralen Thoraxabschnitten.

13. Anhaken der Fingergrundgelenke mit Bewegungsausschlag.
Die Striche folgen demselben Prinzip wie am Handgelenk und am Ellenbogen.

***Arbeitsgänge am Bein*** (Abb. **40**)

Es ist ausreichend, vorher den sog. kleinen Aufbau, der mit dem Beckengang endet, durchzuführen. Der Patient liegt auf der Seite.

1. Ziehen vom Iliosakralgelenk zum Trochanter major.
Von der Ecke des Iliosakralgelenks wird in kleinen Schüben auf den Trochanter zu gestrichen. Der Strich soll die Verbindung vom Stamm (Rücken) zu den Beinen herstellen.

2. Sternförmiges Umhaken des Trochanter major.

3. Zusammenfassender Strich.

4. Anhaken der Glutäalfalte.
Ab etwa der Mitte des Oberschenkels wird bis zum Trochanter major nach kranial zu angehakt.

5. Anhaken des Randes des Tractus iliotibialis.
Da sich in der Mitte des Oberschenkels die Spaltlinien ändern, ist es günstig, von der Mitte nach kranial zu arbeiten und danach erst von der Mitte nach kaudal.

6. Zusammenfassender Strich.
Auch hier wird von der Mitte nach kranial und dann nach kaudal gezogen.

Der Patient liegt jetzt auf dem Rücken mit unterlagerten Knien.

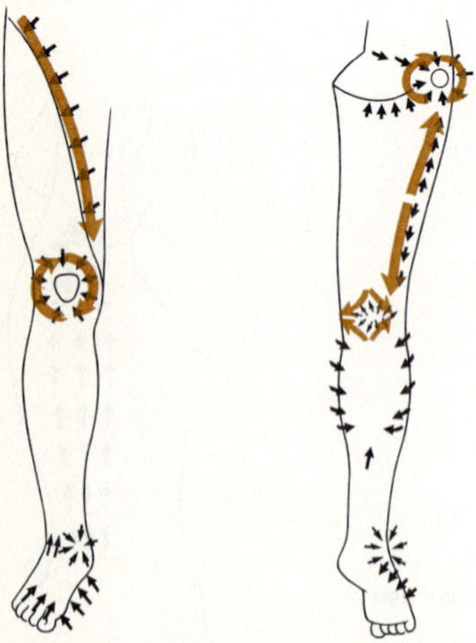

Abb. **40a** u. **b** Arbeitsgänge am Bein, von ventral und dorsal.

7. Anhaken des medialen Randes des M. sartorius.
Es wird von der Spina iliaca anterior superior bis zum Pes anserinus gearbeitet. Ist die Leistenbeuge sehr empfindlich, wird etwa eine Handbreit unterhalb der Spina iliaca anterior superior angefangen.

8. Anhaken der Kniescheibe.
Die Striche werden sternförmig auf die Kniescheibe zu gesetzt.

9. Zusammenfassender Strich.

10. Anhaken des Adduktorenschlitzes.
Dies ist der Reizpunkt für Ober- und Unterschenkel und wird nur bei Bedarf 2- bis 3mal angehakt.

11. Anhaken der Kniekehlenraute.

12. Zusammenfassender Strich.

13. Anhaken der Ränder des M. gastrocnemius.
Der Strich wird auch „Geigengriff" genannt, da die arbeitende Hand den gebeugten Unterschenkel wie einen Geigenhals umfaßt, um den therapeutischen Zug zu setzen.

14. Anhaken des Ansatzes der Gastroknemiusköpfe auf dem M. soleus.
Der Strich wird nach kaudal gesetzt.

15. Anhaken des oberen Sprunggelenks mit Bewegungsausschlag.
Bei dorsalextendiertem Fuß werden die Finger auf dem Fußrücken angesetzt. Der therapeutische Zug setzt mit der Plantarflexion des Fußes ein.

16. Anhaken der Plantaraponeurose.
Die Striche werden von der Ferse zu den Fußzehengrundgelenken gesetzt, und zwar vom Fußrücken auf die Fußsohle zu.

17. Anhaken der Zehengrundgelenke mit Bewegungsschlag.
Die Technik erfolgt wie unter Punkt 15.

Die vorstehenden Ausführungen können nur Anregungen für die Erarbeitung der Grundtechnik und Wirkungsweise der Bindegewebsmassage geben. Für die weitere technische und therapeutische Erarbeitung der Methode und besonders für die zweckmäßige Fingerhandführung muß auf den „Grundriß der Bindegewebsmassage" von H. Teirich-Leube verwiesen werden.

## Literatur

Dicke, E.: Meine Bindegewebsmassage, 4. Aufl. Hippokrates, Stuttgart 1962; 11. Aufl. 1979

Scheidt, W.: Die Bindegewebsmassage nach Leube-Dicke im Spiegel der Leitwerklehre. 1952

Scheidt, W.: Die menschlichen Inbilder, 3. Aufl. Urban & Schwarzenberg, München 1954

Schuh, I.: Bindegewebsmassage. Fischer, Stuttgart 1986

Teirich-Leube, H.: Grundriß der Bindegewebsmassage, 11. Aufl. Fischer, Stuttgart 1986

# 6. Verbandtechnik

G. Rompe

## Wundverband

An dieser Stelle wird nicht die Wund*behandlung* besprochen, sondern nur die Wund*abdeckung*.

### Aseptischer Verband

Zum Verbandwechsel aseptischer Wunden ist keine Händedesinfektion erforderlich, falls Wunde und Verbandstoffe, die die Wunde decken, nur mit sterilen Instrumenten berührt werden.

In der Regel erhalten Operationswunden und frische Gelegenheitswunden nach einem desinfizierenden Anstrich mit Jod, Sepso oder Merfen eine Bedeckung mit einer Mehrfachlage sterilen gekrüllten Mulls. Die Befestigung erfolgt mit Gazeschleier oder Heftpflaster.

Dieser einfache typische aseptische Deckverband wird zweckmäßigerweise durch einen Trikotschlauch- oder Bindenverband vervollständigt, um das Verrutschen des Verbandes und damit die Gefahr der Sekundärinfektion auszuschalten.

Neben der Mullauflage setzen sich in jüngerer Zeit auch die neuen sterilisierbaren *Pflasterschnellverbände* durch. Der Schnellverband aus hauchdünnem Polyamidvlies und die nichtausfransende Wundauflage sind dehnbar und schmiegen sich der Körperoberfläche mühelos an. Durch eine Imprägnierung der Wundauflage krümmt sich diese nach dem Aufsaugen von Blut oder Sekret und hebt sich von der Wunde ab. Damit soll eine Dauersekretion vermieden und Trocknung und Verschorfung durch Luftzutritt erleichtert werden.

Für Gelegenheitswunden werden luftdurchlässige, wasserundurchlässige und hautfarbene Pflasterschnellverbände angeboten.

Für wenig sezernierende Wunden, aber auch für solche, die schlecht abgedeckt werden können, haben sich *Sprühfilme* bewährt, die nicht luftdicht abschließen (Liquidoplast, Nobecutan).

### Verband bei infizierten Wunden

Zur Vermeidung von Keimübertragungen ist *jede Berührung der Wunden und des Wundsekrets zu vermeiden.* Der Verband wird allein mit Instrumenten ausgeführt. Um das Eindringen von Keimen in die Hautporen des Verbindenden zu verhindern, sind Gummihandschuhe erforderlich.

Die Verbandanordnung entspricht grundsätzlich der des großen aseptischen Verbandes. Die Menge des saugfähigen Polsters richtet sich nach der Stärke der Sekretion und der Häufigkeit der geplanten Verbandwechsel. Es ist zweckmäßig, die Wundabdeckung leicht einzufetten. Dadurch wird der Sekretabfluß und der Verbandwechsel erleichtert. Die Reizung der Wundumgebung durch Wundsekret läßt sich durch eine sorgfältige Zinkpastenabdeckung verhüten.

Bei tiefliegenden Infektionen ist eine antibiotische Dauerspülung durch *Spül-Saug-Drainage* und bei ausgedehnten Hautdefekten die offene Berieselung mit nekroseabdauenden Enzymen und Antibiotikalösung zu empfehlen.

## Verbandwechsel

Der erste Verbandwechsel primär heilender aseptischer Wunden erfolgt am 3. Tag. Ein früherer Verbandwechsel ist tunlichst zu vermeiden wegen der Gefahr der Wundheilungsverzögerung und Sekundärinfektion. In der Regel wird ein zweimal wöchentlich ausgeführter Verbandwechsel genügen. Infektionsverdächtige und infizierte Wunden müssen häufiger verbunden werden.

# Bindenverband

Die Grundlage des heute noch meist verwandten *Wickelverbandes* stellen Binden dar. Wir unterscheiden Mull-, Trikot-, Gummi-, Papier- und Pflasterbinden. Elastische Fixierbinden (Mullbinden mit elastischen Kettgarnen) und elastische Pflasterverbände setzen sich wegen der besseren Anpaßbarkeit zunehmend durch. Die Binden werden in Rollenform aufgewickelt geliefert, man unterscheidet den Bindenkopf und das Bindenende (Abb. **1**). Beim Anlegen einer Binde wird mit dem Binden*ende* begonnen und die Binde so gehalten, daß der Verbindende in den offenen

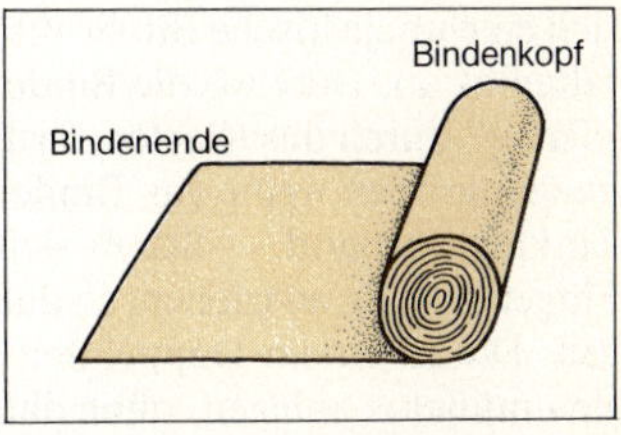


Abb. **1** Jeder Verband wird mit dem Bindenende begonnen.

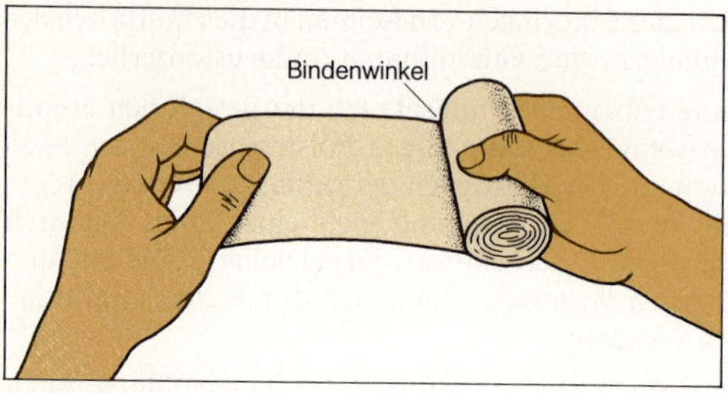


Abb. **2** Die Binde wird so gehalten, daß man in den Bindenwinkel hineinsehen kann.

Winkel zwischen Bindenende und Bindenkopf hineinsieht (Abb. **2**). Die Binde muß gleichmäßig liegen, also unter mäßigem Zug um den zu verbindenden Körperteil herumgerollt werden. Das Gefühl für die richtige Festigkeit einer Verbandanordnung ist nur durch Übung zu finden. Zu lose angelegte Verbände rutschen, zu fest angelegte schnüren und führen dadurch leicht zur Stauung.

Die Breite einer Binde soll im allgemeinen dem Durchmesser des erkrankten Gliedes entsprechen.

## Grundformen des Bindenverbandes

Jeder Bindenverband setzt sich aus verschiedenen Wickelgängen zusammen, die sich auf bestimmte Grundformen zurückführen lassen.

- Der *Kreisgang* umgibt den Körperabschnitt wie ein senkrecht zur Längsachse verlaufender Ring. Er bildet Anfang und Schluß der meisten Bindenverbände (Abb. **3**).
- Der *Schraubengang* (Abb. **4**) verläuft etwas schräg zur Gliedachse, meist aufsteigend bzw. zentripetal. In erster Linie werden sich mehr oder weniger deckend, möglichst im gleichen Abstand verlaufende parallele Gänge als aufsteigender Schraubengang angewendet.

Bei Körperteilen mit rasch wechselndem Umfang, also mit kegelförmiger statt zylindrischer Gliedform (wie an Unterarm oder Oberschenkel), legt sich eine unelastische Binde nur im Bereich der größten Gliedmaßendicke faltenlos an. Dort wo die Binde dem Körper nicht fest anliegt, entstehen „Tüten" durch das Klaffen der Binde (Abb. **5**). Bei absteigendem Schraubengang oder wenn das Bindenmaterial mit sich verklebt — wie beim Zinkleimverband — lassen sich diese „Taschen" durch den eingelegten Finger zipfelig ausziehen, so daß sie bis auf den Zipfel gleichmäßig anliegen. Die zu einem Doppeldreieck glatt zusammengelegten Zipfel lassen sich mühelos anlegen, ohne daß Druckstellen zu befürchten sind.

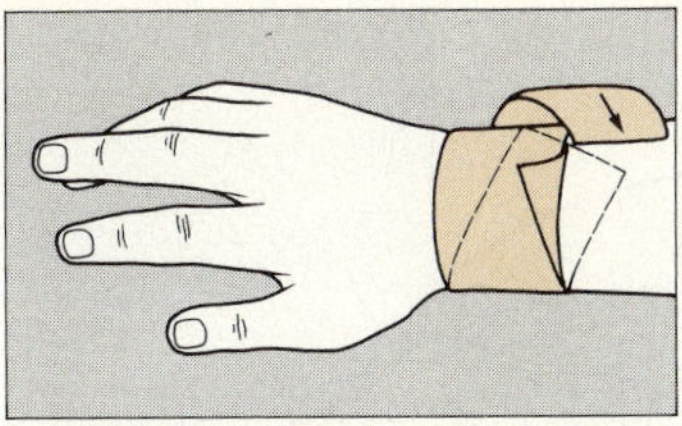

Abb. **3** Der Kreisgang am Beginn eines Verbandes verrutscht nicht, wenn man das Bindenende umschlägt. So läßt sich eine Stauung der Hand vermeiden.

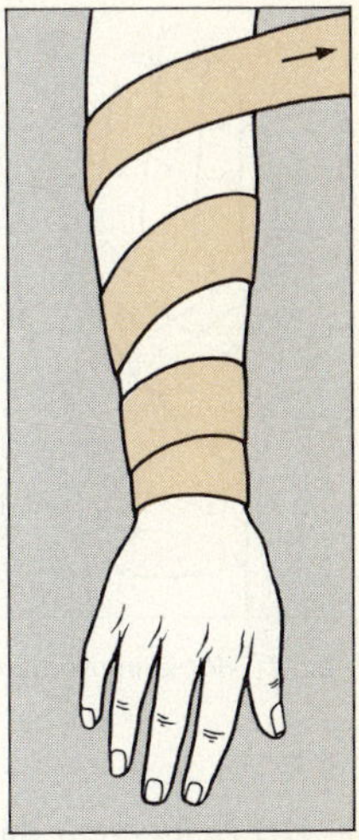

Abb. **4** Schraubengang.

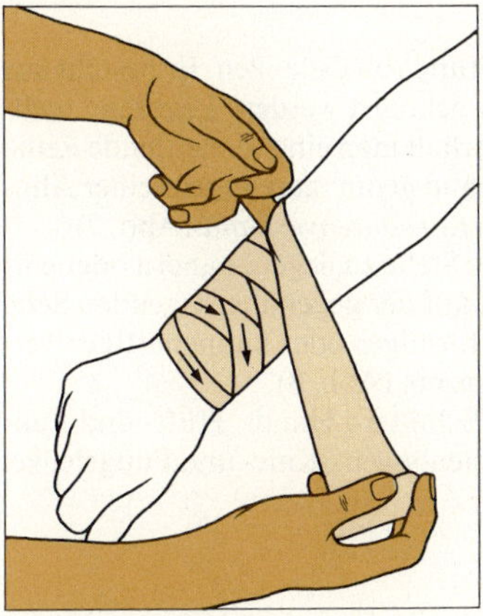

Abb. **6** Umschlaggang.

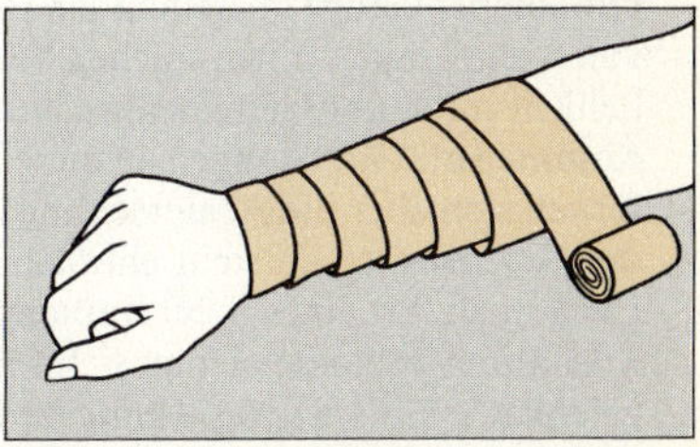

Abb. **5** Unelastische Binden (die heute kaum noch verwendet werden) bilden an Gliedmaßen mit unterschiedlichen Umfängen „Tüten" oder „Taschen", die man durch Umschlaggänge (s. Abb. **6**) vermeiden kann.

Beim aufsteigenden Verband bedient man sich des *Umschlagganges:* Bei Wickelung mit der rechten Hand wird der obere Rand des letzten Bindeganges mit der Spitze eines Fingers fixiert. Jetzt wird ein kurzes Stück der Binde abgerollt und so umgeschlagen, daß die hintere Fläche der Binde zur vorderen und der obere Bindenrand zum unteren wird. Das umgeschlagene Dreieck liegt glatt an. Es folgen weitere Bindengänge mit Umschlagtouren. Wenn man darauf achtet, daß die Binde vor und nach dem Umschlag einen gleich großen Winkel aufwärts wie nach abwärts bildet und der Umschlag immer an der gleichen Stelle des Gliedumfanges erfolgt, liegen alle Kreuzungen des angelegten Verbandes in einer geraden Linie (Abb. **6**).

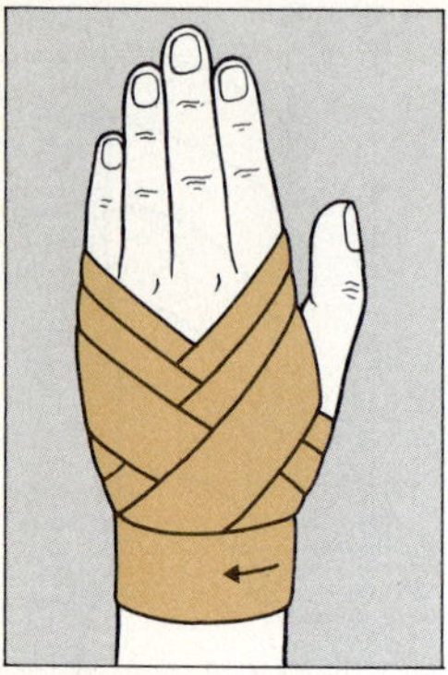

Abb. 7 Kornährenverband.

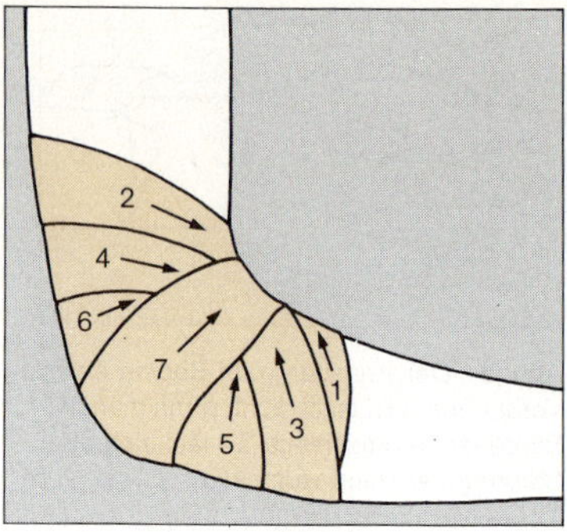


Abb. 8 Schildkrötenverband.

– Der *Achtergang* dient zur Überschreitung von Gelenken. Er besteht aus 2 Schlingen, die nach Art einer Acht gekreuzt werden. Legt man mehrere solcher Gänge übereinander, so erhält man eine fortlaufende Reihe von Kreuzungen. Einen solchen Verband nennt man wegen seiner Ähnlichkeit mit einer Getreideähre auch *Kornährenverband* (Abb. **7**).
Kommen alle Kreuzungen an dieselbe Stelle zu liegen, nähern oder entfernen sich aber die Achterschlingen auf der gegenüberliegenden Seite des Gelenkes, so entsteht ein fächerförmiger oder kappenartiger Verband nach Art eines Schildkrötenpanzers (Abb. **8**).
Kornährenverbände eignen sich für Schulter-, Hand-, Hüft- und Fußgelenke, *Schildkrötenverbände* für Ellenbogen-, Knie- und Fußgelenke.

# Besondere Verbände

## Schanz-Watteverband

Nach guter Polsterung des Halses wird eine möglichst breite Mull- oder Cambric-Binde um den in Watte gepolsterten Hals gewickelt (Abb. **9**). Es folgen abwechselnd weitere Wattelagen und Bindengänge bis der Raum zwischen unterer Kopf- und oberer Brustkorbbegrenzung völlig ausgefüllt ist. Durch asymmetrische Watteanordnung kann der Kopf auch (z. B. nach Schiefhalsoperation) in verschiedenen Korrekturstellungen fixiert werden. Der Schanz-Verband muß so eng angewickelt werden, daß eine deutliche Stauung der Kopfvenen und eine geringe Behinderung der Atmung anfänglich eintritt. Der Verband lockert sich erfahrungsgemäß innerhalb kurzer Zeit — auch bei Säuglingen — so stark, daß er, wenn er nicht nur als Wärmeträger dienen soll, zur Aufrechterhaltung von Stabili-

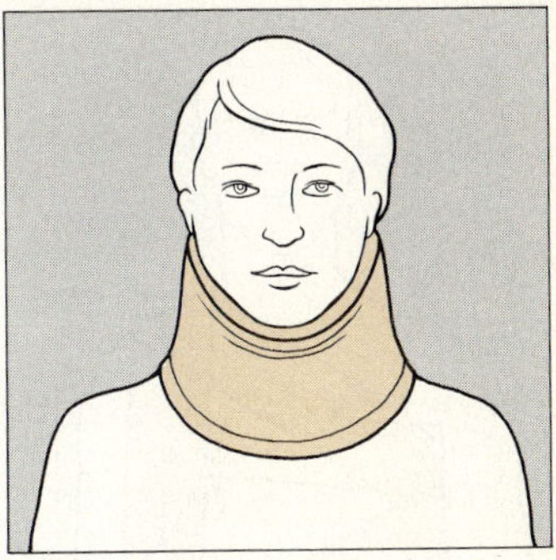

Abb. **9** Schanz-Watteverband.

sation oder Korrekturstellung täglich nachgezogen und mindestens in 3tägigen Abständen völlig neu angelegt werden muß.

Mit den käuflichen, in verschiedenen Modellen, z. B. als Teufel-Krawatte, angebotenen Halskrawattenbinden ist nur eine geringere Stabilisation im Verhältnis zur Originalmethode und keine Korrektur möglich. Für bestimmte Fälle eignen sich abnehmbare und verstellbare Kopfstützen.

### Rucksackverband

Siehe Schlauchbindenverband.

### Desault-Verband

Der Verband besteht aus drei Teilen, nämlich
- einer Kreistour um den Brustkorb zur Fixierung eines Polsters auf der Seite des verletzten Armes;
- einem weiteren Kreisgang, der den gegen das Polster angespreizten Oberarm gegen den Brustkorb fixiert, und
- einem Bindegang von der Achsel zur Schulter zum Ellenbogen (A-Sch-E), einmal auf der Brust und einmal auf dem Rücken, mit einer Abschlußtour, die eine Schlingenbildung zur Lagerung der im Ellenbogen gebeugten Hand abgibt (Abb. **10a—c**). Dieser Verband eignet sich zur Ruhigstellung im Schultergelenk, sollte wegen der Gefahr einer Schulteranspreizkontraktur aber nicht länger als 2 Wochen belassen werden.

## Schlauchbindenverband

Trikotschlauch besteht aus ungebleichten Baumwollgarnen, ist nicht saugfähig, aber dehnbar und eignet sich als Polsterung vor allem für Rumpfgipsverbände. Tubegautz und tg-Schlauchmull ist ein nahtloser

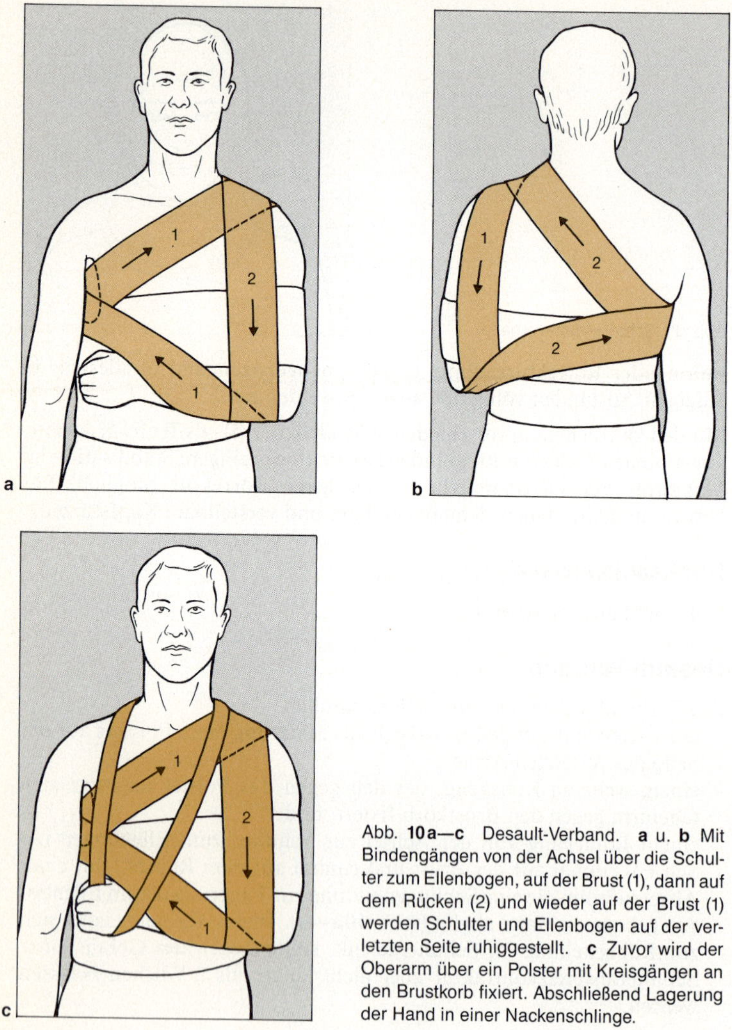

Abb. **10a—c** Desault-Verband. **a** u. **b** Mit Bindengängen von der Achsel über die Schulter zum Ellenbogen, auf der Brust (1), dann auf dem Rücken (2) und wieder auf der Brust (1) werden Schulter und Ellenbogen auf der verletzten Seite ruhiggestellt. **c** Zuvor wird der Oberarm über ein Polster mit Kreisgängen an den Brustkorb fixiert. Abschließend Lagerung der Hand in einer Nackenschlinge.

Schlauchgazeverband aus hochgebleichten Baumwollgarnen mit hohem Saugvermögen und großer Dehnbarkeit. Da der Schlauchmull durch Ziehen in Längsrichtung seine Breite verringert, erhält der Verband einen tadellosen Sitz. Diese Verbände rutschen nicht und liegen dem Gewebe fest an, ohne es einzuschnüren. Schlauchmull sitzt auch über konisch

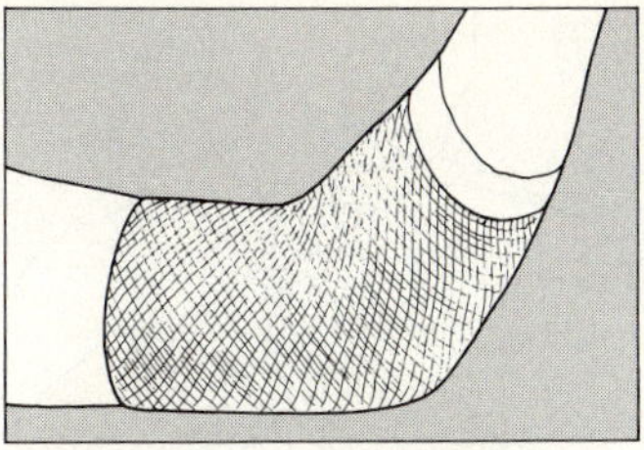

a

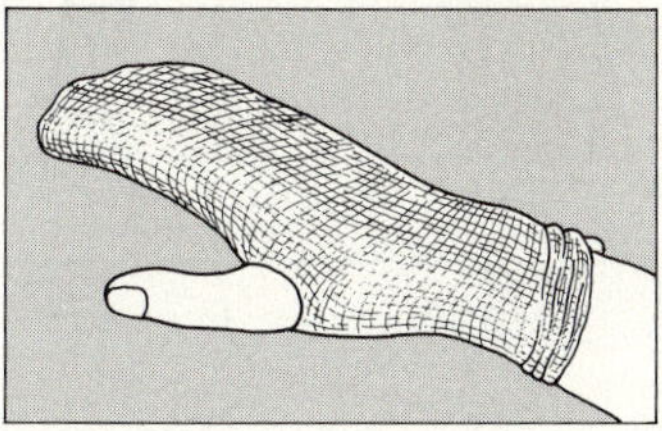

b

Abb. **11a** u. **b** Schlauchbindenverband, **a** am Ellenbogen, **b** eines endständigen Körperabschnittes.

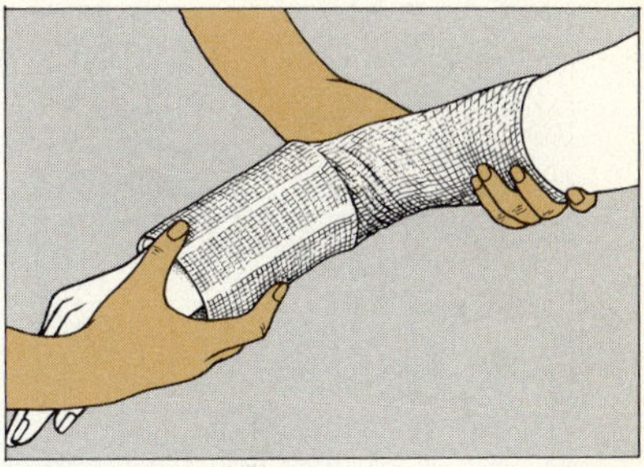

a

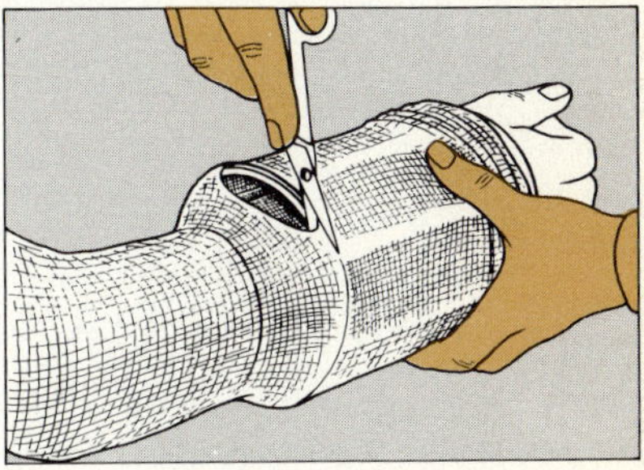

b

Abb. **12a** u. **b** Schlauchbindenverbände werden mit Applikatoren unter leichter Drehung faltenfrei angelegt.

geformten Körperteilen glatt und wirft auch in Gelenkbeugen keine Falten (Abb. **11a** u. **b**).

Der Verband wird mit speziellen Applikatoren angelegt, das sind Hohlzylinder, über die eine größere Menge Schlauchmull gestülpt ist. Diese Hohlzylinder werden in der kleinstmöglichen Größe über den zu verbindenden Körperteil gestreift und dabei unter leichter Spannung Schlauchmull auf die Gliedmaße herabgelassen. Durch Hin- und Herwandern mit den Applikatoren (Abb. **12a** u. **b**) kann man mehrere Lagen Mull übereinander bringen, doch ist es erforderlich, beim Richtungswechsel jede Lage mit der vorherigen zu verankern. Das Verankern geschieht durch eine Halbdrehung um die Längsachse: Der Gazeschlauch wird so etwas vereckt, und die Maschen der Gaze verankern sich und verhindern das Abrutschen.

Viel verwendet wird der Schlauchverband auch zum *Rucksackverband:* Die Watteauffüllung wird durch den Applikator erleichtert. Der fertige

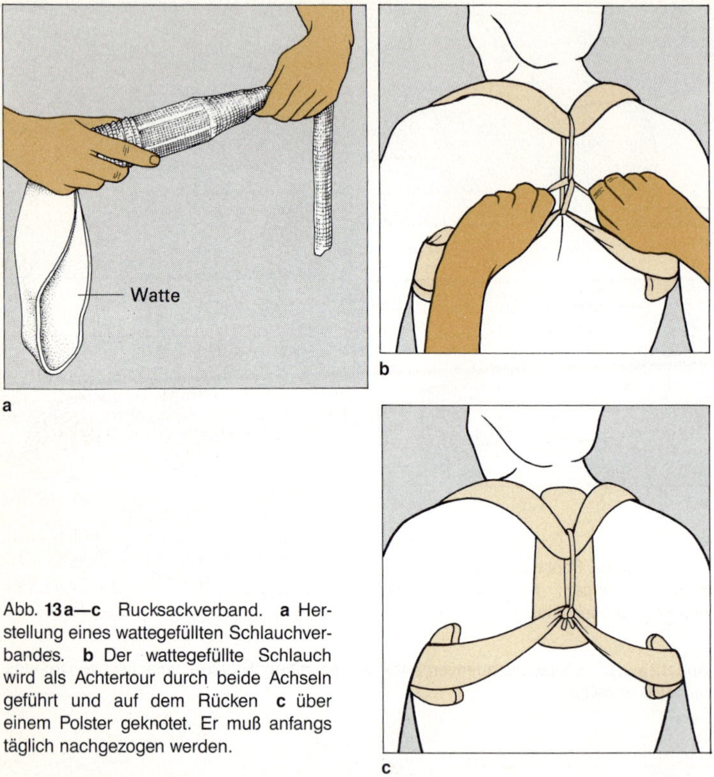


Abb. **13a—c** Rucksackverband. **a** Herstellung eines wattegefüllten Schlauchverbandes. **b** Der wattegefüllte Schlauch wird als Achtertour durch beide Achseln geführt und auf dem Rücken **c** über einem Polster geknotet. Er muß anfangs täglich nachgezogen werden.

wattegefüllte Schlauch wird als Achtertour durch beide Achseln geführt und auf dem Rücken geknotet (Abb. **13a—c**).

## Stütz- und Kompressionsverbände

Wir unterscheiden abnehmbare *(elastische Wickelung)* und *Dauerverbände*. Letztere sind durchweg Klebeverbände. Der *Stützverband* soll die Gelenkbewegung begrenzen und die Haltefunktion der Muskulatur durch parallel zu den Sehnen verlaufende Pflasterzüge unterstützen. Der *Kompressionsverband* führt zu einer Einengung der Venenlumina, zur Erhöhung des Muskeldruckes und zur Zunahme der Strömungsgeschwindigkeit in den Venen und erlaubt so eine Thrombose- und Ödemprophylaxe.

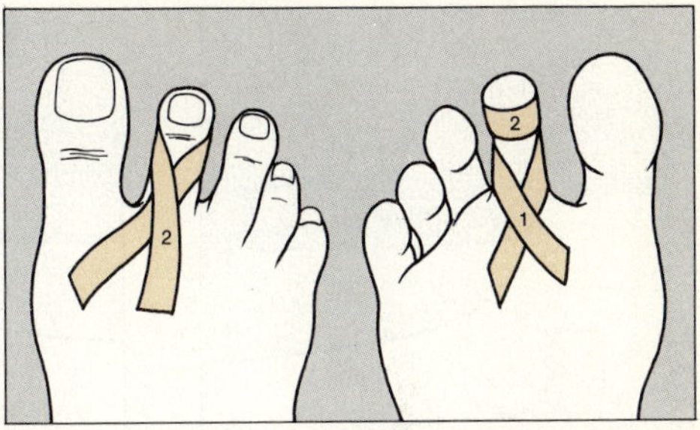


Abb. **14** Heftpflaster-Zügelverband bei Hammerzehe. Der erste Zügel streckt das Endglied, der zweite Zügel verhindert Überstreckung im Grund- und Mittelgelenk.

## Pflasterverbände mit nichtelastischem Material

### Dachziegelverband

Dachziegelartig mit Halbdeckung übereinandergelegte, langzügelige Schlingen aus Heftpflasterstreifen reichen in vielen Fällen zur Ruhigstellung z. B. einer Zehe aus. Es hat sich bewährt, eine gesunde Zehe zur Schienung in den Verband mit einzubeziehen.

### Heftpflasterzügelverband bei Hammerzehe

Durch gegenläufige Zuganordnung wird der Überstreckung im Grundgelenk und der Beugung des Mittelgelenkes entgegengearbeitet. Die erste Schlinge verläuft über den Rücken des Zehengrundgliedes und wird sich überkreuzend auf der Fußsohle fixiert. Die zweite Schlinge läuft über die Beugeseite des Zehenmittelgliedes und wird sich überkreuzend auf dem Fußrücken fixiert (Abb. **14**).

### Tape-Verbände

Tape nennt man eine unelastische Pflasterbinde, reißbar in Längs- und Querrichtung, fest und dauerhaft klebend.

Funktionelle Verbände mit Tape dienen zur gezielten Bewegungsbegrenzung und vor allem im Sport zur Sekundärprophylaxe nach Band- und Sehnenverletzungen (Abb. **15a—h**).

## Elastische Pflasterverbände

Elastische Pflasterverbände können einen bedingt festen Halt geben und dosierend komprimieren. Sie schalten bei leichten Distorsionen und

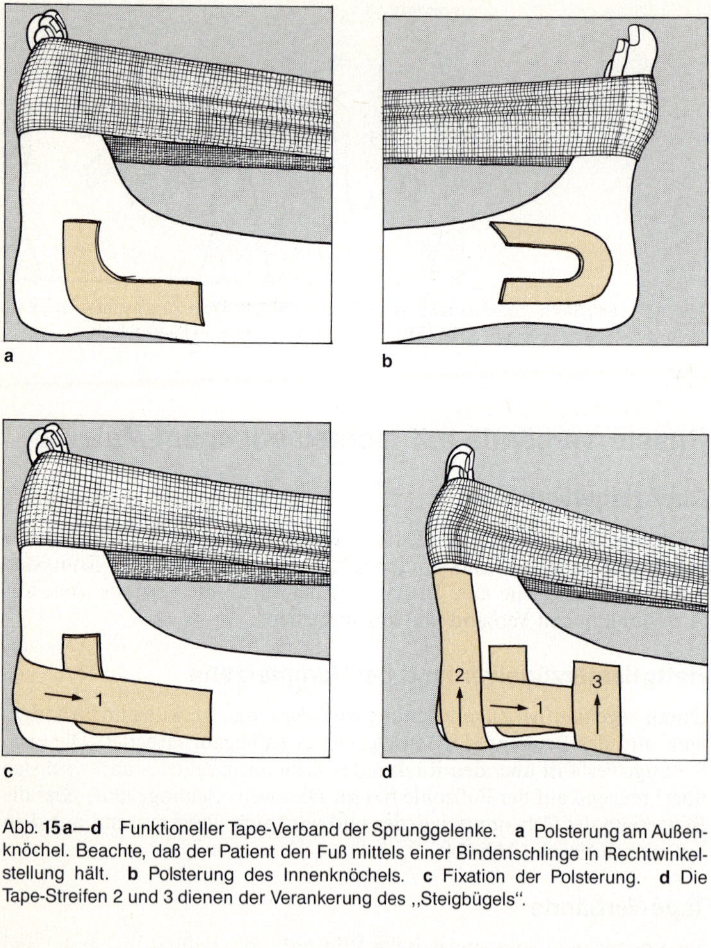


Abb. **15a—d** Funktioneller Tape-Verband der Sprunggelenke. **a** Polsterung am Außenknöchel. Beachte, daß der Patient den Fuß mittels einer Bindenschlinge in Rechtwinkelstellung hält. **b** Polsterung des Innenknöchels. **c** Fixation der Polsterung. **d** Die Tape-Streifen 2 und 3 dienen der Verankerung des „Steigbügels".

Weichteilverletzungen oder im Anschluß an eine längere Gipsverbandruhigstellung schmerzhafte Extrembewegungen aus, unterstützen bei schmerzhaften Fußdeformitäten zusätzlich das Fußgewölbe und allgemein die aktive Entstauung.

Textilelastische Pflasterbinden gibt es in verschiedenen Ausführungen, auch luftdurchlässig durch punktförmig aufgetragene Klebemasse oder halbgestrichen (nur die eine Bindenhälfte ist mit Klebemasse bestrichen, so daß bei halbdeckenden Spiraltouren nur der Verbandanfang an der

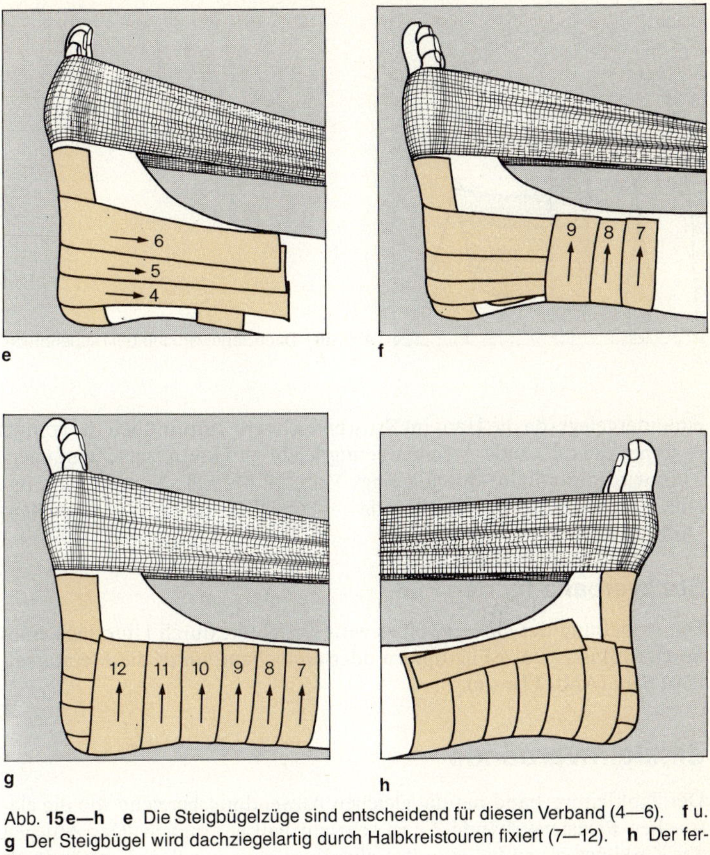


Abb. **15e—h** **e** Die Steigbügelzüge sind entscheidend für diesen Verband (4—6). **f** u. **g** Der Steigbügel wird dachziegelartig durch Halbkreistouren fixiert (7—12). **h** Der fertige Verband.

Haut haftet, alle übrigen Touren aber an dem darunterliegenden Bindengang).

Zur Entfernung des elastischen Pflasterverbandes wird dieser mit einer Verbandschiene längs aufgeschnitten und dann heruntergezogen. Die Klebeverbindung kann gelockert werden durch ein ausgiebig warmes Bad, Benzin oder Äther.

## Dachziegelverband

Zur Schmerzlinderung nach Rippenbrüchen werden Kreisgänge mit Halbdeckung in maximaler Ausatmungsstellung des Brustkorbes über-

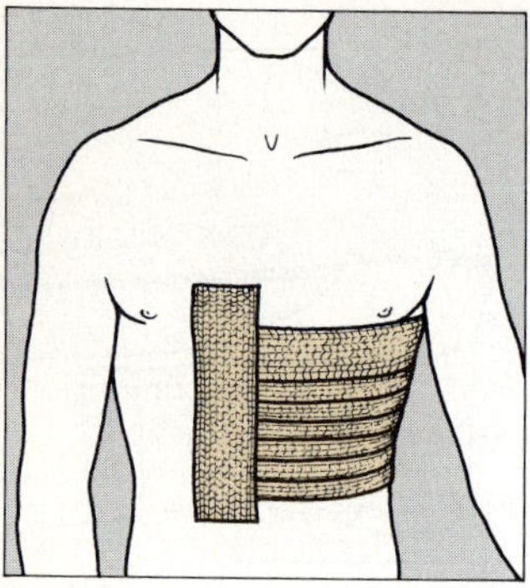

Abb. **16** Dachziegelverband bei Rippenbruch.

einandergelegt (da die Haut im Brustbereich sehr empfindlich ist, kommt es durch die dauernde Atembewegung leicht zu Hautreizerscheinungen. Man wird deshalb luftdurchlässiges Material oder die Kompression mit einer nichtelastischen Textilbinde — Cambric-Binde — vorziehen) (Abb. **16**).

### Stützverband für den Fuß

Die Anhebung des Quergewölbes wird erleichtert durch Unterlage eines Spreizfußkissens aus Filztupfern oder ähnlichem *hinter* die Metatarsalköpfchen (Abb. **17a—c**).

## Zinkleimverbände

Der Zinkleimverband hat die gleichen Anwendungsbereiche wie die elastischen Pflasterverbände. Er ist sehr gut hautverträglich. Das Anlegen des Zinkleimverbandes erfordert allerdings etwas größere Umstände als ein einfacher Pflasterverband.

## Elastische Binden

Verbände mit elastischen Binden können in chronischen Fällen Kompressionsverbände ersetzen und auch eine gewisse Gelenkbegrenzung ausüben. Die elastischen Textilbinden enthalten keine Gummifäden und sind deshalb weniger nachgiebig. Ihre Elastizität verdanken sie spiralig gedrehten Kettfäden; sie geht bei starkem Anziehen oder Bügeln verloren.

Dauerbinden enthalten synthetische Lycrafäden, die dehnbar, haltbar, kochbar und unempfindlich gegen fette Salben, Wundsekret und Schweiß sind.

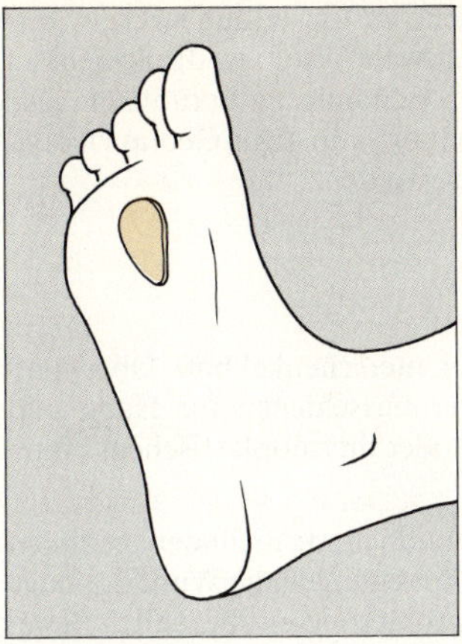

a

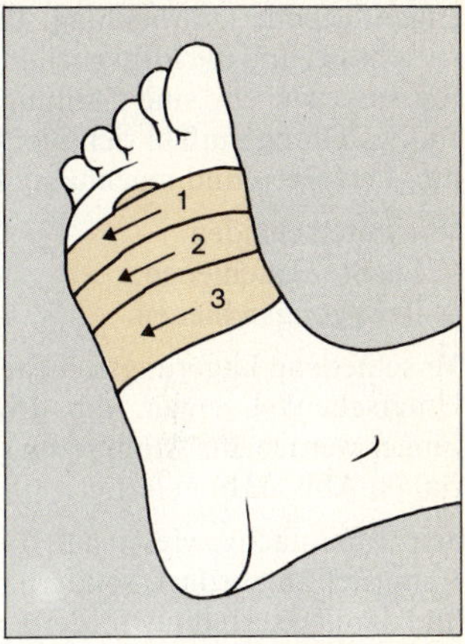


b

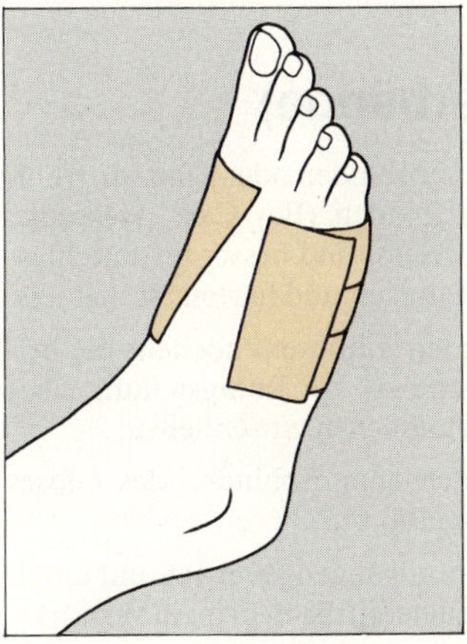

c

Abb. **17a—c** Quergewölbe-Stützverband. **a** Spreizfußpolster zur Anhebung des Quergewölbes. **b** Halbzirkuläre Touren stützen den Fuß (1—3). **c** Fixation der Pflasterstreifenenden.

# Schienenverbände

Schienenverbände dienen der provisorischen Ruhigstellung, wenn ein Gipsverband nicht unbedingt erforderlich ist, oder bei Kontraindikation für den Gipsverband. Sie erfordern eine genügende Polsterung, besonders an hervorstehenden Knochenpunkten und -kanten — wie Kniescheibe, Wadenbeinköpfchen, Schienbeinkante, Knöchel und Ferse —, und eine enganliegende Umwicklung. Ist die Schiene zu locker angewickelt, verrutscht sie, und die Ruhigstellung ist nicht gewährleistet. Ist die Schiene zu fest angewickelt, sind Stauungen bis zur Ischämie zu befürchten. Die Ruhigstellung muß in richtiger Gelenkstellung (günstiger Gebrauchsstellung) erfolgen und regelmäßig kontrolliert werden.

Wir unterscheiden
– Lagerungsschienen,
– Bewegungsschienen.

Verschiedene Lagerungsschienen für den Unterschenkel bzw. Ober- und Unterschenkel zeigen Abb. **18a—e**. Lagerungsschienen für Hand und Finger werden aus Aluminium (Abb. **18f**) oder thermoplastischem Material (s. Abb. **33b**) gefertigt.

Seit Salter nachgewiesen hat, daß es zur Wundheilung nicht der absoluten Ruhigstellung bedarf, sondern begrenzte Bewegungen die Wunddrainage und damit die Heilung fördern, werden motorgetriebene, bezüglich Bewegungsumfang, Bewegungszeit und Pausendauer steuerbare Schienen vermehrt eingesetzt (Abb. **19a** u. **b**).

## Starre Verbände (Gipsverbände)

Fixierende Langzeitverbände werden aus Gipsbinden oder Kunststoffbinden hergestellt. Verbände aus Kunststoffbinden (Bay-Cast, Hexcelite, Light-Cast) sind teurer, aber leichter, wasserfest und besser luftdurchlässig, haben eine höhere Bruch- und Biegefestigkeit und härten rascher aus.

Ein Gipsverband muß zur Ruhigstellung eines Röhrenknochens die beiden benachbarten Gelenke mit einbeziehen bzw. zur Ruhigstellung eines Gelenkes die beiden benachbarten Röhrenknochen einschließen.

Ein Gipsverband braucht 24—28 Stunden zum Abbinden des Gipses (trocknen). Erst danach ist Vollbelastung erlaubt.

Der zirkuläre Gips wird aus Kreis- und Spiralgängen gefertigt und durch besondere Bindelagen (Longuetten) nach dem T-Träger-Prinzip verstärkt.

Bei frischen Verletzungen und nach Operationen wird der *Gips gespalten* (längs aufgeschnitten), wenn Schwellungen des Gewebes zu erwarten sind. Der Spalt wird mit Watte ausgefüllt, um zu verhindern, daß sich ödematöses Gewebe in den Spalt hineindrängt. Es muß bis auf die Haut gespalten werden, d. h. es müssen notfalls die Gipsränder aufgebogen werden, um sicherzugehen, daß z. B. in der Ellenbeuge oder vor dem oberen Sprunggelenk tatsächlich auch das Polstermaterial nicht schnürt, der Gips bis auf den letzten Faden durchtrennt ist.

Da der Gipsverband einen starren Hohlzylinder darstellt, kommt es bei Schwellungen im Gips zu einer Tamponade der Gefäße, die bis zur ischä-

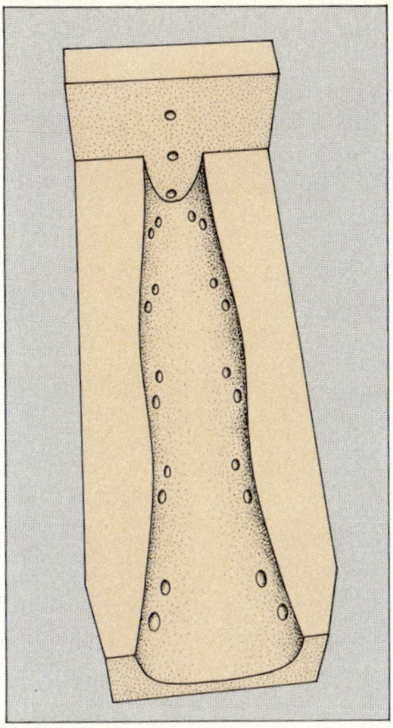

a

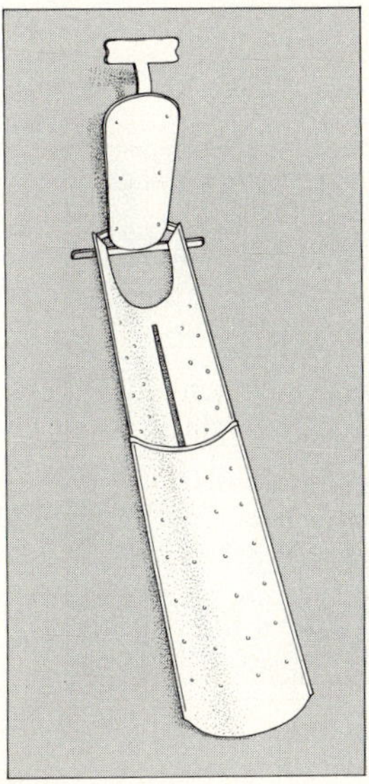

b

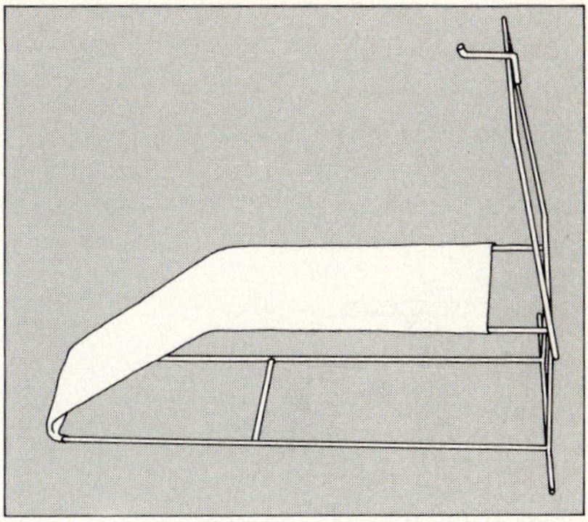

c

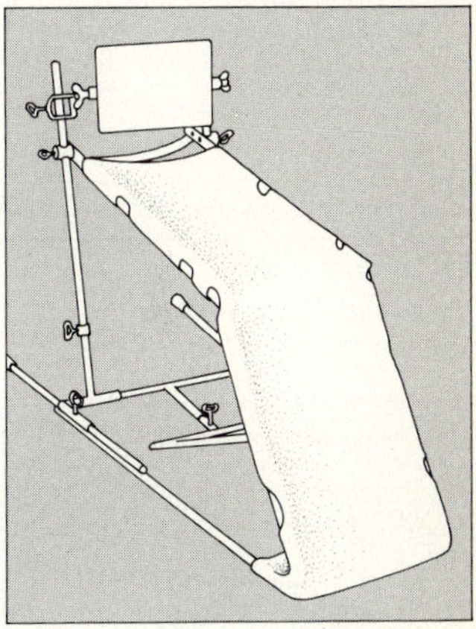

d

Abb. **18 a—d** Schienen. **a** Keeler-Schaumstoffschiene, **b** Volkmann-Schiene, **c** Braun-Schiene, **d** Kirschner-Schiene.

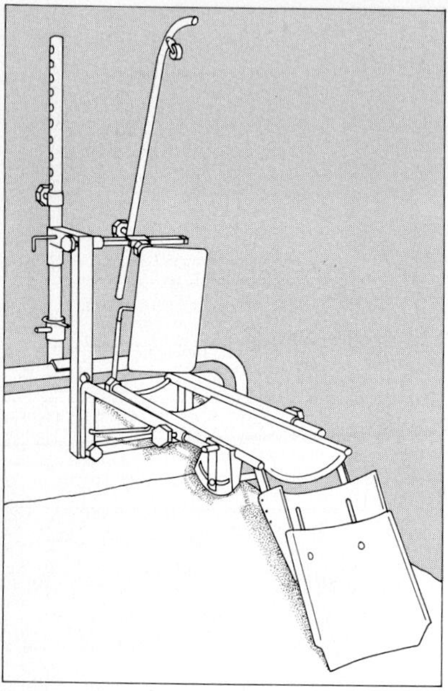

e

Abb. **18e** Krapp-Schiene

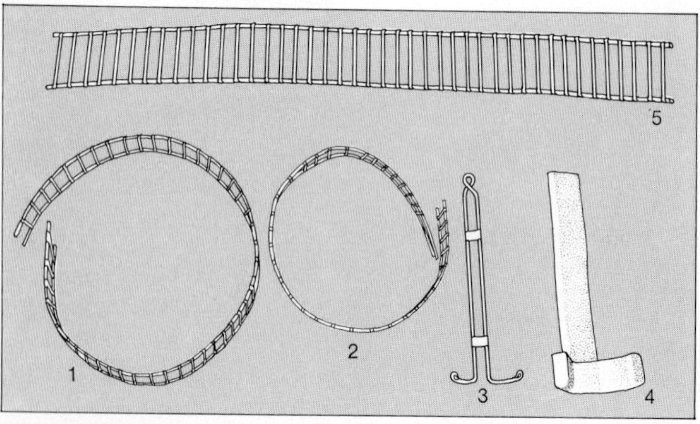


f

Abb. **18f** Bein-, Arm- und Fingerschienen. Aluminiumschienen: 1, 2, 5 Cramer-Schienen; 3, 4 Böhler-Fingerschienen.

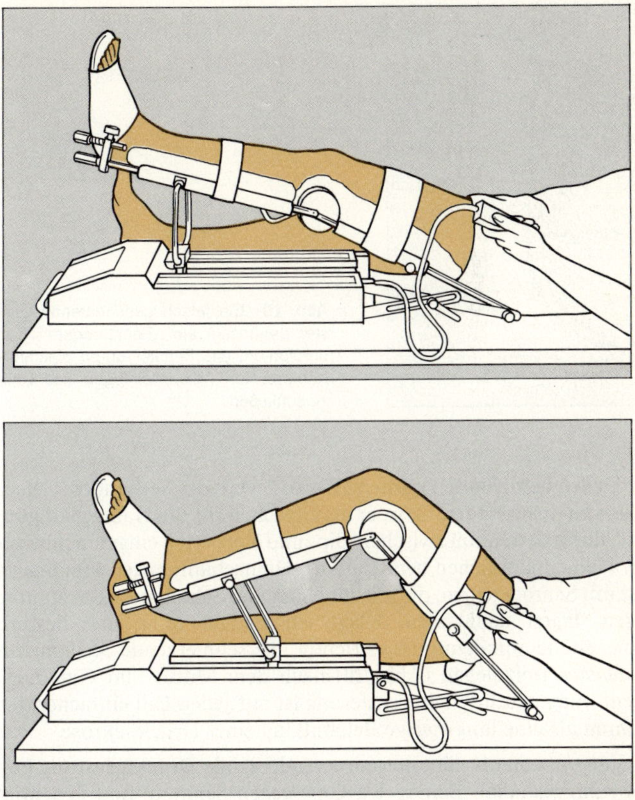

a

b

Abb. **19 a** u. **b** Passive Bewegungsschiene. **a** In Streckstellung des Kniegelenkes; **b** in Beugestellung des Knie-(und Hüft-)Gelenkes.

mischen Kontraktur führen kann. Dabei ist es gleich, ob die Schwellung von einem Wundödem herrührt oder ob sie aus einer Stauung durch Faltenbildung des Gipses oder seines Polstermaterials resultiert. Es ist deshalb wichtig, jeden Patienten mit einem Rundgips genau zu kontrollieren und besonders auf Schwellungen von Fingern und Zehen — die immer freigelassen werden sollen — zu achten. Auch Sensibilitätsstörungen sind als Anzeichen einer beginnenden Durchblutungsstörung zu werten.

An den Gipsrändern und an anderen wenig weichteilgedeckten besonders druckgefährdeten Stellen ist *Gipsdruck* mit der Gefahr der Hautschädigung besonders häufig. Zum Gipsdruck kann es aber auch an jeder anderen Stelle eines Gipsverbandes kommen, wenn sich Falten gebildet haben

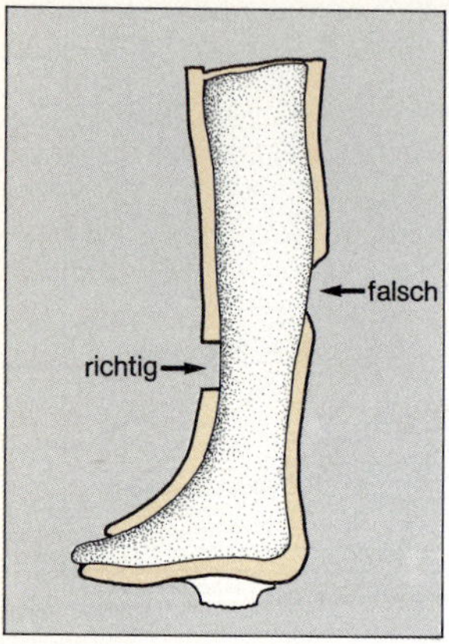


Abb. **20** Ein falsch geschnittenes Gipsfenster begünstigt ein „Fensterödem". Es wird empfohlen, das Fenster durch gleichmäßige Kompression (Wiedereinlegen des Deckels) zu schließen.

oder Dellen beim Halten während des Anlegens des Verbandes. Gelegentlich kommen auch Fremdkörper als Ursachen für die Hautschädigung in Frage, die in den Raum zwischen Gips und Körperteil eingebracht wurden (z. B. kleine Spielsachen bei Kindern). Hautschädigungen kündigen sich meist mit Schmerzen an, die mit zunehmender Schädigung der Haut nach einigen Tagen nachlassen. Klagt ein Patient über eine bestimmte Schmerzstelle anhaltend, ist es richtig, die schmerzende Stelle in einem *Gipsfenster* freizulegen (Abb. **20**) nach dem Motto „im Gips hat der Patient immer recht". Die Fensterung ist auf jeden Fall einfacher durchzuführen als eine langwierige Behandlung einer Drucknekrose.

Der *Gehgips* erlaubt die intermittierende axiale Druckbelastung des im Gips ruhiggestellten Beines. Da Gips gegen Schmutz und Feuchtigkeit empfindlich ist, versieht man seinen Fußteil mit dem Boden eines alten Schuhs, mit einer Holzrolle (die wegen der Gefahr des Rutschens möglichst mit einem Profilgummi belegt ist), mit einem kräftigen Profilgummi oder mit einer steigbügelartigen Gehhilfe (Abb. **21a—c**).

Unter einer *Gipsschale* versteht man die Hälfte eines Rundgipses. Sie wird verwendet zur Lagerung bzw. zur vorübergehenden Freigabe aus dem Gipsverband (am Ende einer Gipsruhigstellung).

Mit *Gipsschiene* bezeichnet man eine anmodellierte Längslage (Longuette).

Einige Gipsverbandbeispiele:

Die *U-Schiene* bietet eine gute Fixation im Bereich der Fußgelenke. Steigbügelartig wird eine Gipslonguette von der Außenseite des Unterschenkels über die Fußsohle zur Innenseite dicht unterhalb des Kniegelenkes geführt und mit einer nassen Mullbinde angewickelt (Abb. **22**).

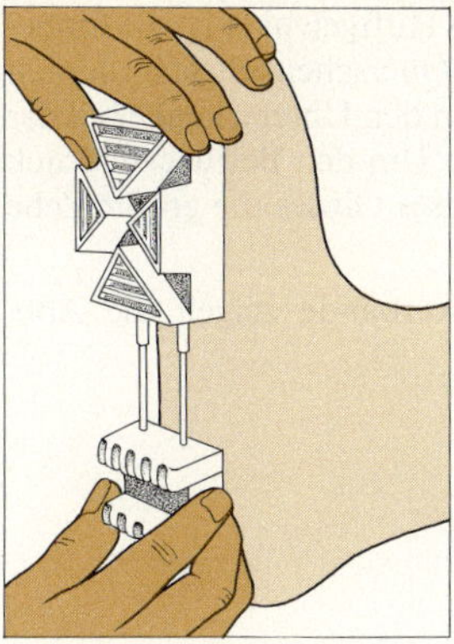

a

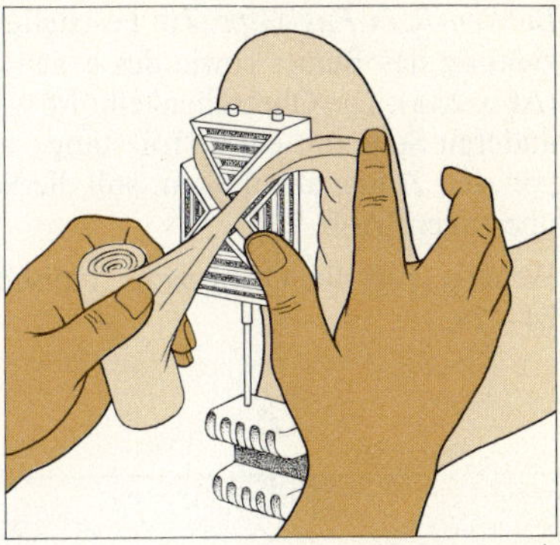

b

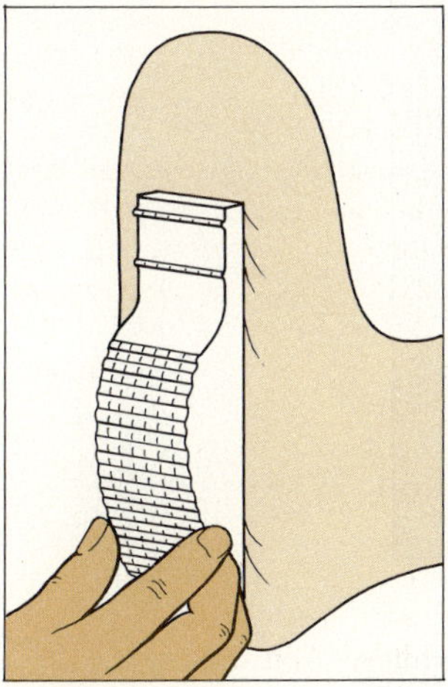

c

Abb. **21 a—c** Der Gehgips erfordert eine Pufferung und Abrollhilfe. Verschiedene Gehstollen.

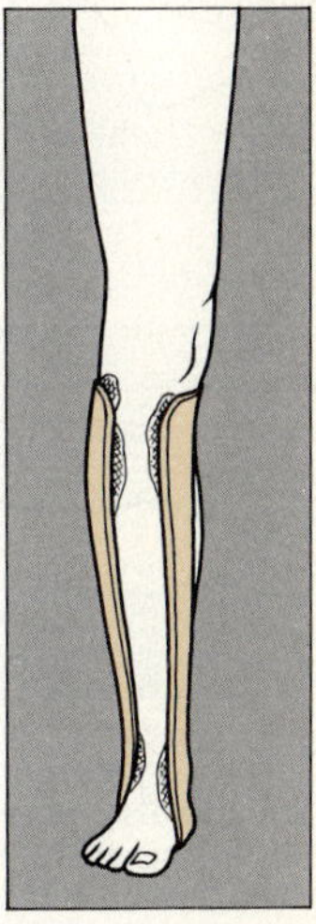

Abb. **22** Gips-U-Schiene für den Unterschenkel.

*Becken-Bein-Fuß-Gips.* Zur Feststellung eines Hüftgelenkes ist die Einbeziehung des Beines sowie des gegenseitigen Oberschenkels erforderlich (Abb. **23a**). Die Oberschenkelhülse wird gegen den Unterschenkelteil der anderen Seite mit einer Holzstange verstrebt. Um den Bettdeckendruck von den Zehen abzuhalten, soll die Sohle dieses Gipses die größte Zehe überragen (Abb. **23b**).

Weitere, für die Orthopädie typische Gipsverbände zeigen die Abb. **24—29**.

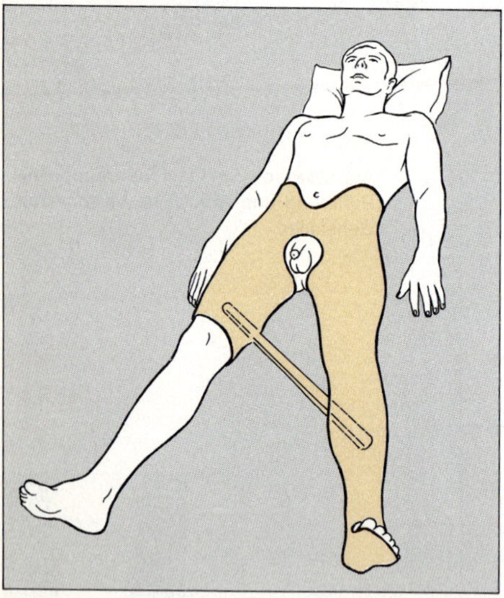

a

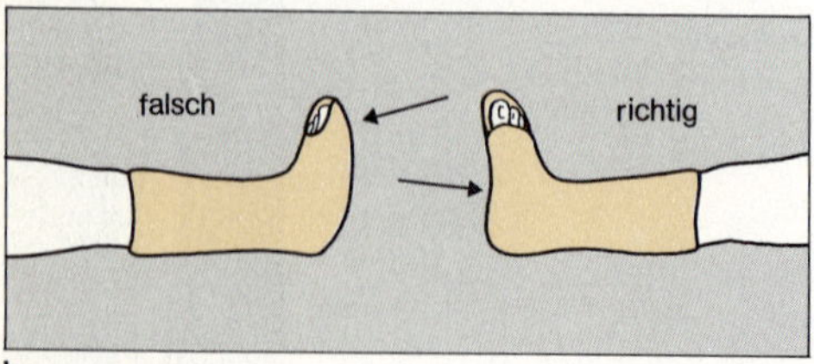


b

Abb. **23a** u. **b** Becken-Bein-Fuß-(BBF-)Gips (li.). Je höher der Gips am Brustkorb hinaufreicht, desto besser fixiert er im Hüftgelenk. **b** Richtige (einlagenähnliche) Modellierung eines Gipsschuhs.

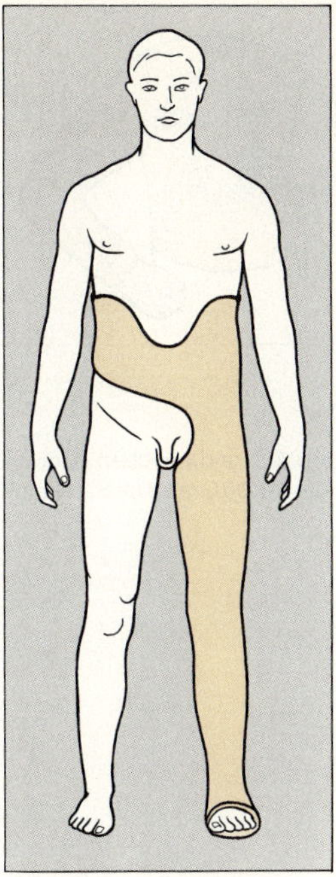

Abb. **24**

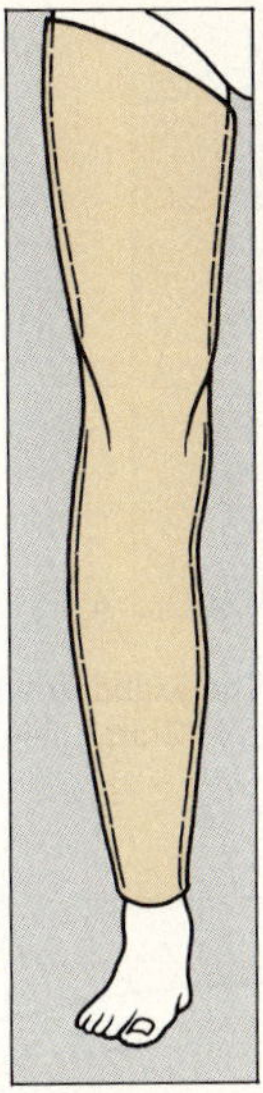

Abb. **25**

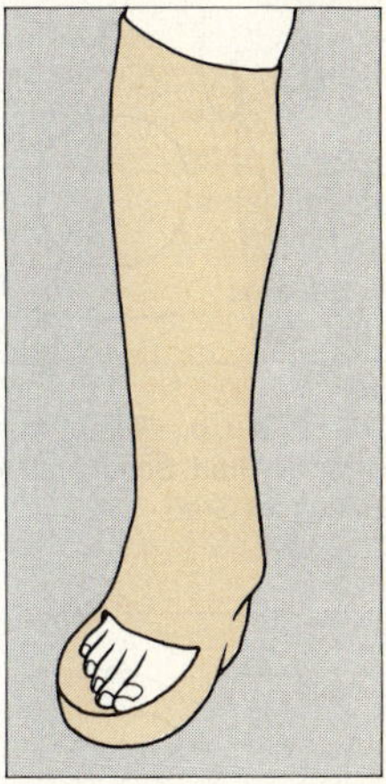

Abb. **26**

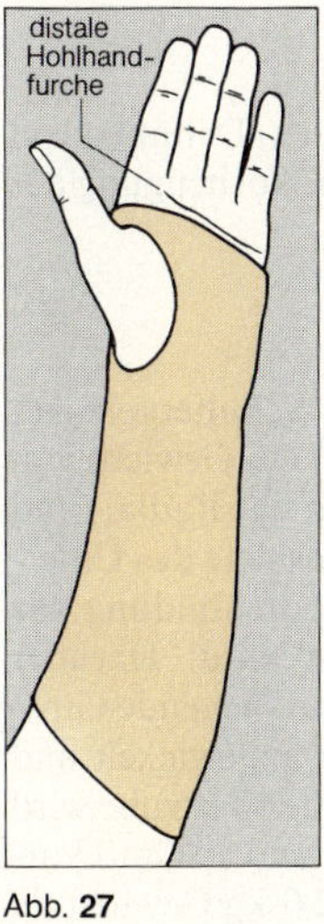


Abb. **27**

Abb. **24** Beckenring-Gips. Geringere Hüftstabilisierung der kranken Seite, aber freie Beweglichkeit der gesunden Seite (vgl. Abb. **23 a**).

Abb. **25** Knie-Gipshülse (Gipstutor). Damit die Hülse nicht auf den Knöcheln scheuert, wird sie an Knie und Wade anmodelliert.

Abb. **26** Unterschenkelgips.

Abb. **27** Unterarmgips. Die Fingergrundgelenke werden freigelassen. Sie sind am Handrücken an den Knöcheln, in der Hohlhand in Höhe der distalen Hohlhandfurche tastbar.

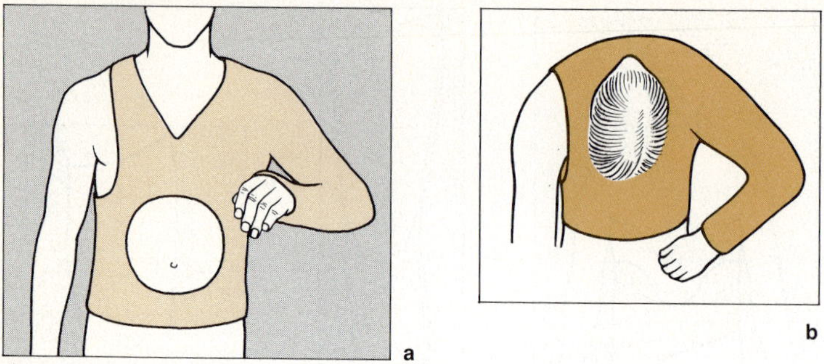

Abb. **28a** u. **b** Rumpf-Arm-Gips (Thoraxabduktionsgips) von vorn und von oben. Armvorhalte 30 Grad, Schulterabspreizung 60 Grad, Ellenbogenbeugung 90 Grad, Unterarmsupination 30 Grad.

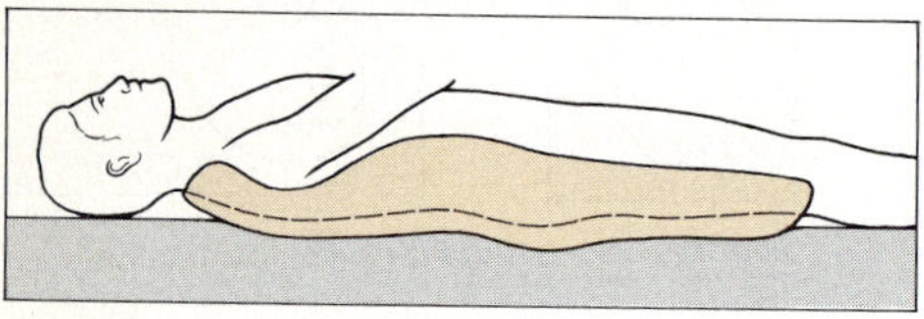

Abb. **29** Gipsbett.

# Streckverbände

Sie dienen der Ruhigstellung und Entlastung von Gelenken, Dehnung von Kontrakturen, Reposition und Retention von Frakturen, Vorbeugung der Hautretraktion an Amputationsstümpfen.

## Pölchen-Behandlung

Dem sitzenden Patienten wird in Neutralstellung des Schultergelenkes und leichter Beugung des Ellenbogengelenkes (10 Grad) ein Gewicht von 1—2 kg in die Hand gegeben. In dieser Stellung wird an der Radial- und Ulnarseite des Oberarmes sowie an der Beuge- und Streckseite des Unterarmes eine Mastisolstreifentraktion angelegt mit Schlaufenbildung vor der Hand, deren Weite mit Spreizbrettchen reguliert wird. Darüber kommt eine am Unterarm streckseitig, am Oberarm lateral liegende Gipsschale. Die Gipsschale wird mit einer Mullbinde locker angewickelt und nach einigen Tagen nur noch nachts getragen. Während der Bettruhe wird der Arm auf einer schiefen Ebene in 40 Grad Abduktion und 30 Grad Vorhalte des Schultergelenkes mittels Rollenzug und 0,5—2,0 kg Gewicht an

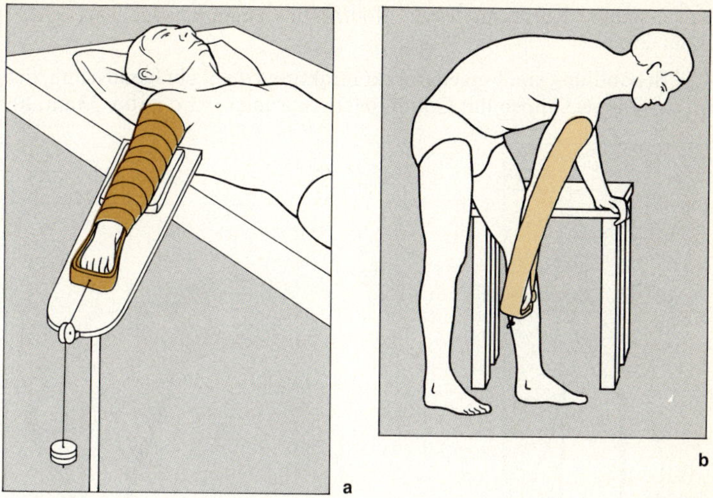

a b

Abb. **30a** u. **b** Pölchen-Behandlung. **a** Lagerung des Armes in leichter Abduktion und Traktion. **b** Übungen unter zusätzlicher Gewichtsbelastung.

der Mastisolstreifentraktion gelagert (Abb. **30a**). Umhergehend und übend trägt der Patient das Gewicht besser in der Hand oder die Traktionsschlaufe umgreifend (Abb. **30b**).

## Hängegips

(Abb. **31**)

Die Behandlung des hohen Oberarmschaftbruches verlangt zur Ruhigstellung des distalen Fragmentes einen zirkulären Oberarmgips, der von der Mittelhand bis handbreit oberhalb des Frakturspaltes reicht. Im Gips ist der Ellenbogen in 150° Beugung eingestellt. Die Hand wird an die gesunde Schulter fixiert. Durch die Höhe der Schulterwärtsführung wird die Achsenstellung im Bruchbereich korrigiert. Brüche ohne Verschiebung werden durch diese Gipsverbandanordnung oft ausreichend fixiert. Das Eigengewicht des mit dem Gipsverband fixierten Armes wirkt bereits als Traktion.

## Quengelverbände

Mit kleinen Kräften (z. B. durch Verdrillung eines doppelten Bindfadens, um z. B. täglich eine einzige Umdrehung eines in der Mitte zwischen beiden Fäden eingesteckten Hölzchens) werden über eine bewegliche Schienenkonstruktion miteinander verbundene Gipsanteile zur langsamen gewaltsamen Korrektur einer Kontraktur einander genähert (Abb. **32a—c**).

Zur Behandlung von Fingerstreckkontrakturen dient ein Handschuh, der an den Fingerkuppen mit Gummibändern armiert wird (Abb. **33a** u. **b**).

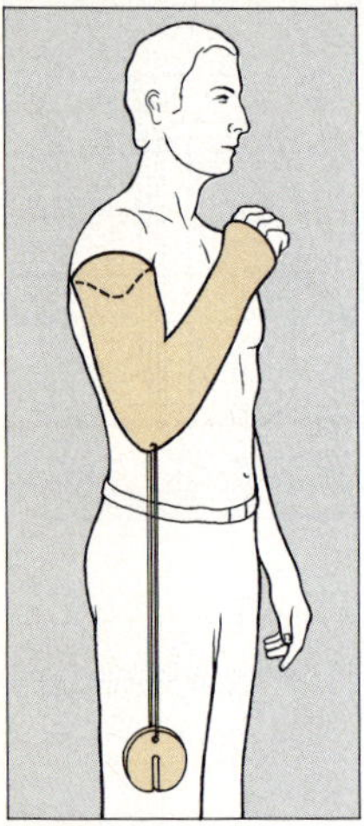

Abb. **31** Hängegips mit zusätzlichem Gewicht.

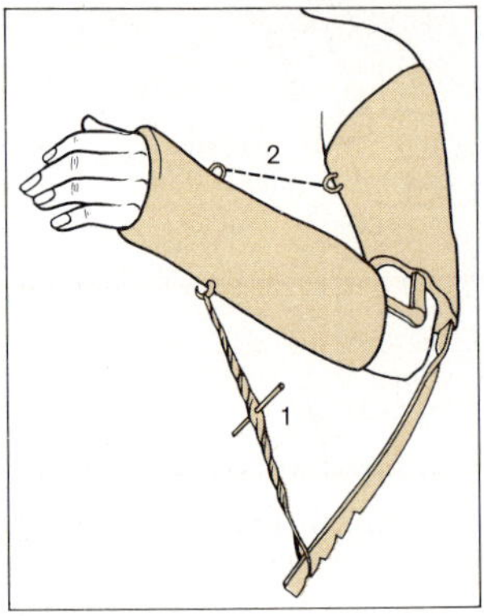


**a**

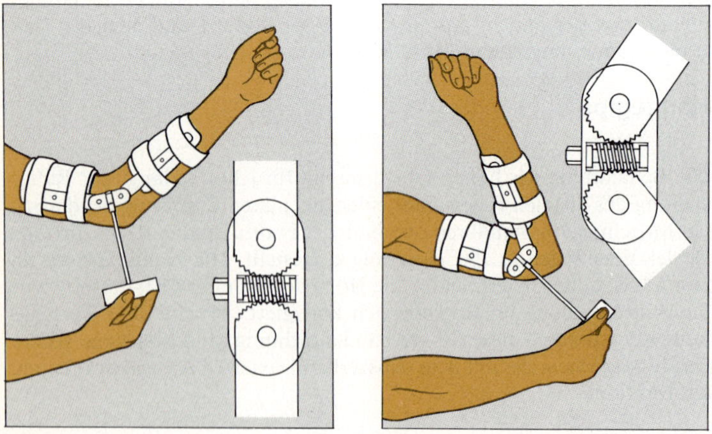

**b** **c**

Abb. **32a—c** Quengelverband am Ellenbogengelenk. **a** Die historische Zeichnung veranschaulicht das Prinzip des Verbandes (1 Streck-, 2 Beugequengel). Mit kleinen Kräften (durch tägliche zusätzliche Verdrillung eines Doppelfadens) werden die beiden Fadenenden einander langsam genähert. **b** u. **c** Moderne Ellenbogenquengelschiene mit Zahnrädern und Schneckentrieb.

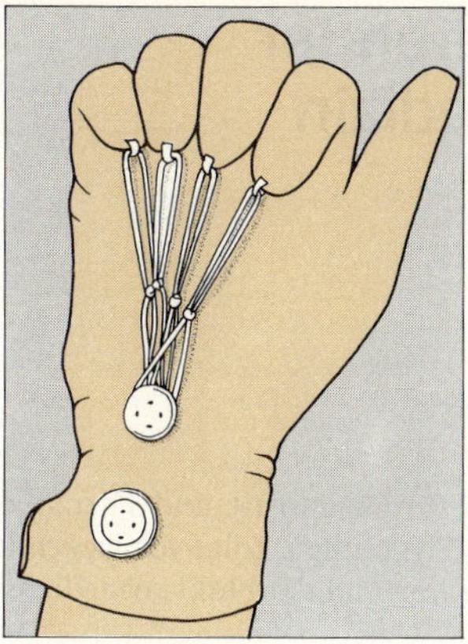

a

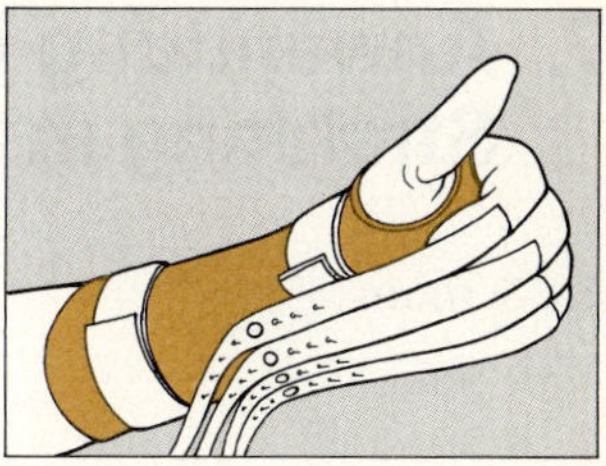

b

Abb. **33a** u. **b** Quengelhandschuh. **a** In seiner ursprünglichen Form wirkt der Quengelhandschuh auf alle Fingergelenke gleichzeitig. **b** Durch eine zusätzliche Thermoplastschiene wird die günstige Dorsalflexion im Handgelenk gesichert und die Beugewirkung (hier auf das Grundgelenk) dosiert.

## Literatur


Brückner, H.: Das Verbandbuch. VEB Volk und Gesundheit, Berlin 1985

Most, E., D. Havemann: Kompendium der Verbandlehre. Thieme, Stuttgart 1984

Schlecker, G., R. Schweitzer-Köppern: Erstversorgung von Sportverletzten im ambulanten Bereich. Dtsch. Krankenpfl.-Z. 37 (1984) 407

Stenger, E.: Verbandlehre, 4. Aufl., Urban & Schwarzenberg, München 1985

Zechel, H. G., J. Dreyer: Verbandstechnik. In Jäger, M., Wirth, C. J.: Praxis der Orthopädie. Thieme, Stuttgart 1986 (S. 109ff.)

# 7. Anwendung ionisierender Strahlung in der Medizin

Th. Schmidt

In der Medizin wird ionisierende Strahlung für Diagnostik und Therapie angewandt. Die Nutzung der ionisierenden Strahlung erfolgt vorwiegend in der Röntgendiagnostik, der Strahlentherapie und der Nuklearmedizin (Diagnostik und Therapie).

**Definitionen.** Unter *Strahlentherapie* (Strahlenheilkunde) versteht man die kurative und palliative Behandlung gutartiger Gewebswucherungen und vor allem bösartiger Tumoren mit ionisierender Strahlung.

Unter *Röntgendiagnostik* versteht man eine medizinische Diagnostik mit Hilfe von Strahlung (im allgemeinen ionisierende Strahlung, jedoch auch akustische Strahlung, z. B. Sonographie). Dabei werden die unterschiedlichen Absorptionseigenschaften der verschiedenen Gewebe gegenüber der ionisierenden Strahlung ausgenutzt. Es ist Ziel, morphologische und funktionelle Veränderungen an Organen oder Organteilen sichtbar zu machen.

Unter *Nuklearmedizin* versteht man ein Fachgebiet, das vorwiegend kurzlebige offene Radionuklide für Funktionsstoffwechsel- und Lokalisationsdiagnostik oder für therapeutische Zwecke (z. B. Radiojodtherapie) verwendet. Bei der Funktionsdiagnostik wird die zeitliche Änderung der Aktivität in einem Organ oder Organbereichen gemessen. Damit ist es möglich, auf die Funktion (z. B. Abbau) einzelner Organe oder ihrer Konzentration im Blut zu schließen. Bei der Lokalisationsdiagnostik kann aufgrund der von den Radiopharmaka ausgesandten Strahlung auf Größe, Lage oder Veränderungen geschlossen werden.

Für den Krankengymnasten besteht einerseits das allgemeine Interesse an den sonstigen an seinem Patienten vollzogenen diagnostischen und therapeutischen Maßnahmen und andererseits das Bedürfnis, über mögliche vom Patienten ausgehende Gefahren orientiert zu sein. Ein Patient „strahlt“ nur, wenn in seinem Körper Radioaktivität vorhanden ist. Durch Bestrahlung, sei es bei röntgendiagnostischen Aufnahmen bzw. bei strahlentherapeutischen Maßnahmen, wird im Patienten keine Radioaktivität erzeugt.

# Wechselwirkung ionisierender Strahlung mit Materie

*Vorbemerkung.* Bei jeder Strahlenexposition, sei sie gewollt oder ungewollt, läuft eine Anzahl von Prozessen hintereinander ab:
– physikalische,
– physikalisch-chemische,
– biochemische und
– biologische.

Während die ersten drei Prozesse sehr rasch aufeinanderfolgen, kann die biologische Phase Minuten bis Jahre betragen. Zu Beginn jeder Wechselwirkung ionisierender Strahlung mit Materie steht die physikalische Phase: die Absorption von Energie im Gewebe.

## Strahlenarten

Strahlung ist Energietransport. Die ionisierende Strahlung kann in Form von Korpuskular- oder Wellenstrahlung transportiert werden. Daneben wird differenziert zwischen direkt und indirekt ionisierender Strahlung. Zur Gruppe der direkt ionisierenden Strahlungen zählen die Alpha- und Betastrahlung (Korpuskularstrahlung). Zur Gruppe der indirekt ionisierenden Strahlungen zählen die Gammastrahlung (Röntgenstrahlung) und die Neutronenstrahlung. Einige Eigenschaften dieser Strahlenarten sind in Tab. **1** zusammengestellt.

Tabelle **1** Eigenschaften verschiedener Strahlenarten

| Strahlenart | Ruhemasse | Ladung | Reichweite (R) bzw. HWD* in Gewebe |
|---|---|---|---|
| Alphastrahlen | ja | + 2e | einige mm (MeV-Bereich) |
| Betastrahlen | ja | – e | einige cm (MeV-Bereich) |
| Neutronen | ja | — | HWD einige cm (MeV-Bereich) |
| Röntgenstrahlen | nein | — | HWD einige cm (MeV-Bereich) |
| Gammastrahlen | nein | — | HWD > 10 cm (MeV-Bereich) |

* HWD (nach DIN 6814/2, Januar 1980): Die Halbwertschichtdicke (kurz: Halbwertdicke) ist diejenige Schichtdicke eines in ein eng ausgeblendetes Strahlenbündel einheitlicher Richtung gebrachten Stoffes, durch die die Standard-Ionendosisleistung in großem Abstand hinter der Schicht auf die Hälfte herabgesetzt wird.

## Wechselwirkung geladener Korpuskularstrahlung mit Materie

Aufgrund des elektrischen Feldes der geladenen Korpuskularstrahlen können diese mit den elektrischen Feldern der Atome in Wechselwirkung treten. Sie können — wenn ihre Energie ausreicht — einzelne Atome ionisieren, d. h. Elektronen von den Atomen wegtreiben. Jedes Teilchen der Korpuskularstrahlung gibt längs seiner Bahn Energie in Portionen ab. Wenn das Teilchen seine gesamte Energie abgegeben hat, ist das Ende der Reichweite erreicht. Bei der geladenen Korpuskularstrahlung kann deswegen von einer diskreten Reichweite gesprochen werden. Die Anzahl der ausgelösten Ionisationen längs des Weges richtet sich nach der zur Verfügung stehenden Energie und dem Energieaufwand pro Ionisation. Diese Energieabgabe pro Weglänge hängt außerdem von der Dichte der absorbierten Materie, von der Menge der Ladung des Teilchens, von der Masse des Teilchens und seiner Energie ab.

## Wechselwirkung von Wellenstrahlung mit Materie

Zur Charakterisierung der Wellenstrahlung (elektromagnetische Strahlung, Quantenstrahlung, Photonenstrahlung) kann entweder die Wellenlänge, die Frequenz oder die Energie verwendet werden.

Trifft diese Quantenstrahlung auf Materie, so ist es dem Zufall überlassen, wann welches Quant (Energiepaket) in Wechselwirkung mit einem Atom der Materie tritt (Absorptionsprozesse, Photoeffekt, Comptoneffekt, Paarbildung). Für das einzelne Quant kann keine Voraussage gemacht werden, wann es in Wechselwirkung mit der Materie tritt, sondern es kann lediglich angegeben werden, wie groß der Prozentsatz ist, der in einer bestimmten Materieschicht absorbiert wird bzw. diese unverändert durchquert.

Im Gegensatz zur Korpuskularstrahlung verschwindet das Quant bei einer Absorption gänzlich (zumindest beim Photoeffekt). Dafür wird ein Elektron ausgelöst, das seinerseits die Materie ein Stück durchquert und auf diesem Weg — ähnlich wie bei der bereits besprochenen Korpuskularstrahlung — eine große Anzahl von Ionisationen auslöst.

Die Absorptionsprozesse haben wesentliche Bedeutung für den Strahlenschutz (s. später).

## Dosis

Der Begriff der Dosis wurde aus der Pharmakologie übernommen. Er ist ganz ähnlich in der Radiologie definiert: Unter Energiedosis versteht man den Quotienten absorbierter Energie pro Gramm. Dabei muß die Materialart, in der die Absorption erfolgt, angegeben werden.

Es hat sich gezeigt, daß auch bei gleicher Energiedosis unterschiedliche biologische Effekte in Abhängigkeit von der Dichteverteilung der Ionisationen beobachtet werden. Um diese unterschiedliche biologische Wirksamkeit (auch bei gleicher Dosis) verschiedener Strahlenarten zu berücksichtigen, wurde ein sog. Qualitätsfaktor eingeführt. Aus der Energiedosis kann mit Hilfe dieses Qualitätsfaktors eine für den Strahlenschutz geeignete Größe errechnet werden. Diese Dosis trägt den speziellen Namen „Äquivalentdosis".

Ein mit der Strahlenexposition verbundenes Risiko ist die Möglichkeit der malignen Entartung. Die Wahrscheinlichkeit für derartige maligne Entartungen ist unterschiedlich für die einzelnen Organe. Deswegen wurde eine weitere Dosisgröße eingeführt, die nur die Dosen in diesen Organen berücksichtigt und gewichtet addiert. Diese Größe wird effektive Äquivalentdosis oder kurz „effektive Dosis" genannt.

Die früher übliche Ionendosis, die der Messung unmittelbar zugänglich war, wird in Zukunft an Bedeutung verlieren.

Eine Zusammenstellung der üblichen Dosisgrößen und Einheiten zeigt die Tab. **2**.

Tabelle **2** Dosisgrößen und -einheiten

| Größe | SI-Einheit | | Bisher übliche Einheit | | Umrechnung |
|---|---|---|---|---|---|
| | Name | Einheit | Name | Einheit | |
| Ionendosis | $\frac{\text{Coulomb}}{\text{Kilogramm}}$ | $\frac{C}{kg}$ | Röntgen | R | $1\ R = 2{,}58\ 10^{-4} \frac{C}{kg}$ |
| Energiedosis | Gray | Gy | Rad | rd | 100 rd = 1 Gy |
| Äquivalentdosis | Sievert | Sv | Rem | rem | 100 rem = 1 SV |
| Effektive Äquivalentdosis* | Sievert | Sv | Rem | rem | 100 rem = 1 Sv |

* $H_{eff} = \Sigma\, w_T \cdot D_T$
$D_T$ = Dosis einzelner Organe
$w_T$ = Wichtungsfaktor für das entsprechende Organ

Die Reichweite im Gewebe für verschiedene Strahlenarten ist in Abb. **1** angegeben.

## Chemische Phase

Die bei der Absorption freigesetzte Energie reicht aus, um jede chemische Bindung in einem Molekül zu brechen. Die gebildeten chemischen Radikale sind sehr reaktionsfreudige Substanzen. Von direkter Strahlenwirkung wird gesprochen, wenn die Energieabsorption im empfindlichen biologischen Molekül selbst erfolgt. Von indirekter Strahlenwirkung wird dagegen gesprochen, wenn durch die ionisierende Strahlung diffusible Radikale (z. B. am Wassermolekül) erzeugt werden und diese sekundär ihre Energie an die Makromoleküle weitergeben. Die meisten organischen Verbindungen werden durch Absorption ionisierender Strahlung oxidiert. Erfolgt eine Veränderung durch Absorption von Strahlung an der Desoxyribonucleinsäure, so hat dies für die Teilungsfähigkeit der Zelle entscheidende Folgen.

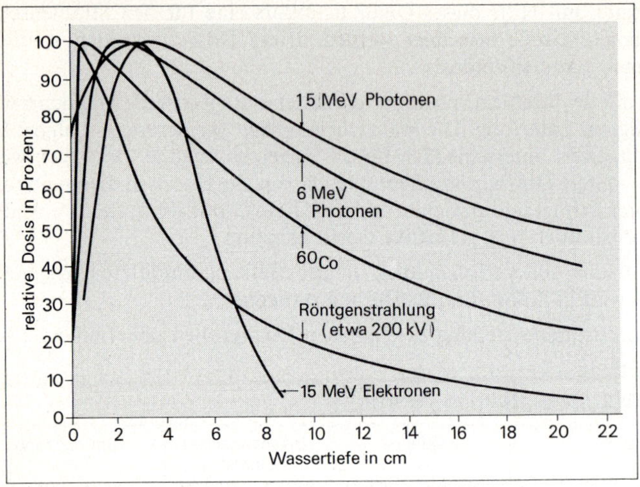


Abb. 1 Tiefendosisverlauf für verschiedene Strahlenarten und -energien. In der Strahlentherapie erfolgt die Auswahl von Strahlenart bzw. -energie in Abhängigkeit von der Lage und Art des zu bestrahlenden Bereiches im Körper.

## Biologische Phase

Es ist nachgewiesen, daß strahlenbedingte Veränderungen an der Desoxyribonucleinsäure (DNA) mit einer großen Wahrscheinlichkeit repariert werden können. Manifestiert sich jedoch diese Veränderung, ist es möglich, daß sich maligne Zellen bilden. Auch in diesem Stadium kann durch die Immunabwehr der Zellklon eliminiert werden. Durch weitere Proliferation ist es jedoch auch möglich, daß sich ein Mikrotumor bildet, der Jahre, möglicherweise Jahrzehnte nach Vaskularisation als klinisch manifester Tumor sichtbar wird.

Im Falle der Strahlentherapie ist es Absicht, die DNA so weitgehend zu schädigen, daß eine weitere Zellteilung unterbunden wird.

# Strahlentherapie

## Ziel und Methoden der Strahlentherapie

### Tumortherapie

Duch Absorption energiereicher ionisierender Strahlung im Tumor soll eine Zellteilungshemmung und Abtötung der Tumorzellen erreicht werden. Im Idealfall soll dabei Energie nur im Tumorgewebe und nicht im umliegenden gesunden Gewebe absorbiert werden. Dies ist im allgemeinen nicht zu erreichen, da die Energie meist von außen eingestrahlt (perkutan) und hierbei das vor, hinter und neben dem Tumor liegende Gewebe durchstrahlt und möglicherweise geschädigt wird. Um das gesunde Gewebe weitgehend zu schonen, wurden verschiedene Bestrahlungsmethoden entwickelt. Man unterscheidet

– Teletherapie,
– Brachytherapie (einschließlich Kontakttherapie),
– intrakavitäre Therapie,
– interstitielle Therapie und
– Therapie mit offenen Radionukliden (Nuklearmedizin).

*Teletherapie.* Bei der Teletherapie befindet sich die Strahlenquelle (Röntgenröhre, Beschleuniger, gammastrahlendes Nuklid) in einem Abstand mehr als 10 cm von der Haut. Im allgemeinen sind jedoch die Abstände zwischen der Oberfläche des Patienten und der Strahlenquelle 50—100 cm.

*Brachytherapie.* Bei der Brachytherapie ist der Abstand zwischen Hautoberfläche und Strahlenquelle (Röntgenröhre, Radionuklid) kleiner als 10 cm. Im Falle der Kontakttherapie wird die Strahlenquelle auf das zu bestrahlende Volumen praktisch aufgesetzt.

*Intrakavitäre Therapie.* Die intrakavitäre Therapie ist eine spezielle Art der Kontakttherapie. Hierbei werden radioaktive Quellen in Körperhöhlen eingeführt. Eine Sonderform der intrakavitären Therapie ist die Afterloading-Technik. Hierbei befinden sich im Patienten an der zu bestrahlenden Stelle ein oder mehrere Applikatoren, die mit einem radioaktiven Präparat über eine Schlauchleitung beschickt werden.

*Interstitielle Therapie.* Die interstitielle Therapie ist ebenfalls eine Sonderform der Kontakttherapie. Hierbei werden kleine Strahlenquellen im Tumorbereich implantiert. Die Implantation kann temporär oder permanent sein.

## Schmerz- und Entzündungsbestrahlung

Bei verschiedenen degenerativen und einigen entzündlichen Erkrankungen lassen sich mit kleinen Dosen in vielen Fällen durchaus befriedigende Erfolge erzielen. Hierbei werden meist Röntgenstrahlen erzeugt, mit Spannungen unter 200 kV; gegen die Verwendung höherer Energien spricht physikalisch nichts. Die applizierten Dosen überschreiten nur selten einige Gray (einige hundert Rad) wobei diese noch fraktioniert (s. später) verabreicht werden.

Typische Krankheitsbilder für diese Art der Bestrahlung sind: Osteochondrose der Halswirbelsäule mit dem klinischen Erscheinungsbild eines Zervikalsyndroms, Periarthritis humeroscapularis, Epicondylitis radialis und ulnaris bzw. Epikondylopathie (Tennisellenbogen), Spondylarthrosis deformans, Morbus Bechterew, Koxarthrose und Gonarthrose. Durch die Röntgenbestrahlung wird das lokale Milieu verändert (Alkalose), die körpereigenen Abwehrreaktionen werden verstärkt und die Schmerzen verringert oder beseitigt. Bei Patientinnen im gebärfähigen Alter ist diese Behandlung, besonders im Bereich der Gonaden, kontraindiziert.

## Geräte für die Strahlentherapie

Die in der Strahlentherapie verwendeten Geräte haben die Aufgabe, Strahlung einer gewünschten Art und Energie zu erzeugen. Durch entsprechende Strahlbegrenzungsvorrichtungen (Blenden u. ä.) wird die Strahlung auf das Zielgebiet begrenzt.

### Röntgengeräte

Bei oberflächlich gelegenen Tumoren, bei Entzündungsbestrahlung u. ä. werden auch heute noch sog. konventionelle Röntgenanlagen verwendet. Diese Röntgenanlagen unterscheiden sich im Prinzip nicht von Anlagen für die Röntgendiagnostik. Kernstück einer solchen Röntgenanlage ist die Röntgenröhre. In der Röhre werden Elektronen beschleunigt, prallen auf eine Anode und erzeugen dort Röntgenbremsstrahlung. Die Röntgenröhre befindet sich in einem Röhrengehäuse, das im allgemeinen aus Blei besteht. Die maximal verwendeten Spannungen betragen 300 kV.

### Gammabestrahlungseinrichtungen

Um hinreichend hohe Dosisleistungen, d. h. kurze Bestrahlungszeiten zu erreichen, sind hohe Aktivitäten notwendig. Diese hohen Aktivitäten erfordern einen hohen Aufwand an Abschirmmaterialien um die Quelle. Bei der Teletherapie beträgt der Quellendurchmesser meist 1—2 cm.

Der elektronische Aufwand bei der Teletherapie ist gering, im wesentlichen muß nur der Verschluß der Blende gesteuert werden (Bewegungsmöglichkeit des Strahlerkopfes und Einstellhilfen sind bei allen Geräten etwa vergleichbar).

### Beschleuniger

Korpuskularstrahlen und Photonenstrahlen höherer Energie als mit radioaktiven Isotopen lassen sich mit Beschleunigern erzeugen. Hierbei werden Elektronen nach verschiedenen Prinzipien (Kreis- oder Linearbeschleuniger) auf Energien von 5—50 MeV beschleunigt. Entweder werden diese Elektronen direkt genutzt oder (ähnlich wie bei der Röntgenröhre) die durch diese Elektronen erzeugten Photonen. Hierzu läßt man die

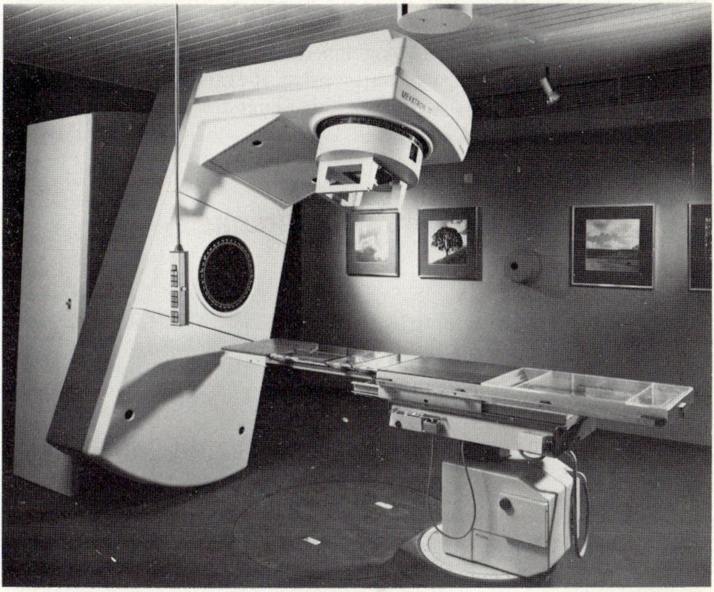

Abb. **2** Typische Ausstattung eines Bestrahlungsraumes. Neben dem Lagerungstisch (Teile der Tischplatte sind herausnehmbar für Bestrahlungen von unten) ist der Linearbeschleuniger (hier am Beispiel eines Gerätes der Firma Siemens vom Typ Mevatron 77) zu sehen. Der Linearbeschleuniger ist drehbar, um Bewegungsbestrahlungen und Stehfeldbestrahlungen aus allen gewünschten Richtungen durchführen zu können.

Elektronen auf ein entsprechendes Target (Anode) aufprallen. Ein Beispiel für diese teuren und großen Maschinen zeigt die Abb. **2**.

## Einrichtungen zur ferngesteuerten Applikation (After-loading)

Die früher übliche Verwendung von Radium für die intrakavitäre Therapie (manuelle Einlage der Radiumpräparate in Körperöffnungen), mit der hohen Strahlenexposition für das ärztliche und Pflegepersonal, ist weitgehend ersetzt worden durch ferngesteuerte Bestrahlungseinrichtungen. Dabei wird der Applikator über ein Schlauchsystem an einen Strahlenschutzbehälter angeschlossen. Aus diesem Behälter kann ferngesteuert die Strahlenquelle in den Applikator eingeführt werden. Nach einer vorgewählten Bestrahlungszeit wird die Strahlenquelle zurück in den Behälter transportiert.

### Therapie mit offenen radioaktiven Stoffen

Aufgrund organspezifischer Anreicherungen können Radioisotope gezielt einzelnen Geweben zugeführt werden. Praktisches Beispiel hierfür ist die Anreicherung von Jod im Schilddrüsengewebe (weitere Einzelheiten s. Nuklearmedizin, S. 254).

## Durchführung der Strahlentherapie

### Stehfeldbestrahlung

Von Stehfeldbestrahlung spricht man, wenn die Strahlenquelle relativ zum Patienten wärend der Bestrahlung nicht bewegt wird.

### Kreuzfeuerbestrahlung

Wird aus Gründen der Schonung des gesunden Gewebes der Tumor nicht von einer Seite bestrahlt, sondern aus mehr als zwei Richtungen, so spricht man von einer Kreuzfeuertechnik (Abb. **3**).

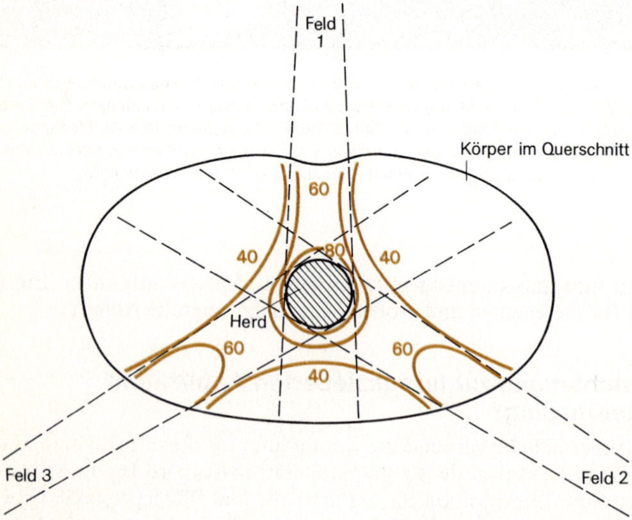


Abb. **3** Prinzip der sog. Kreuzfeuerbestrahlung. Die drei Felder schließen in diesem Fall jeweils einen Winkel von 120 Grad ein. Der zu bestrahlende Herd ist schraffiert angedeutet; von den durch die Überlagerung erhaltenen Isodosen sind die 80%-, 60%- und 40%-Isodose mit angegeben. Der Herd wird von der 80%-Isodose umschlossen. Die Körperbereiche außerhalb der Strahlenbündel erhalten weniger als 40% der Maximaldosis (Fokus-Haut-Abstand jeweils 80 cm, Feldgröße 5 × 5 cm, Strahlung des $^{60}$Co).

### Bewegungsbestrahlung

Die Bewegungsbestrahlung ist durch Weiterentwicklung der Kreuzfeuertechnik entstanden. Der Grundgedanke ist dabei, die Strahlenquelle unter Ausrichtung des Nutzstrahlenbündels auf das Zielvolumen auf einem Kreisbogen zu bewegen. Dadurch wird neben der Hautentlastung eine weitgehende Schonung des gesunden Gewebes erreicht.

### Fraktionierung

Die notwendige Tumordosis (50—80 Gy) wird im allgemeinen nicht auf einmal, sondern fraktioniert, d. h. verteilt über viele Tage verabreicht. Die Tagesdosen betragen dabei im Herd (Tumor) 1,5—2 Gy. Der Behandlungszeitraum des Patienten erstreckt sich aus diesem Grund über mehrere Wochen. Der Grund für die Fraktionierung ist die unterschiedliche Empfindlichkeit von Tumor und gesundem Gewebe. Häufig wird die Bestrahlung auch in sog. Serien aufgeteilt, d. h., zwischen den einzelnen Bestrahlungszyklen liegt eine bestrahlungsfreie Pause von mehreren Wochen (Reoxygenierung des Tumorbereiches).

### Protrahierung

Unter Protrahierung versteht man die Bestrahlung mit niedriger Dosisleistung über einen langen Zeitraum. Die Anwendung von Radium in der gynäkologischen Strahlentherapie ist ein Beispiel für die protrahierte Bestrahlung.

## Röntgendiagnostik

In der Röntgendiagnostik werden im allgemeinen zur Darstellung zweidimensionaler Bilder Röntgenstrahlen verwendet (daneben jedoch auch Ultraschall, Magnetresonanz usw.). Neben den klassischen Methoden der Röntgendiagnostik, der Direktradiographie, sind moderne Methoden wie die der Computertomographie, der digitalen Subtraktionsangiographie u. ä. eingeführt worden. Die Strahlenbelastung des Patienten hängt vom untersuchten Körperabschnitt (Organ) und der Art der Untersuchung ab. Die effektive Dosis für die einzelnen Untersuchungen liegt für den Patienten zwischen 0,01 und 1 mSv (1—100 mrem).

Die Röntgenuntersuchung wird in eigenen Räumen durchgeführt, deren Wandstärke so dimensioniert ist, daß außerhalb keine Gefährdung des Krankenhauspersonals auftritt (s. später).

## Nuklearmedizin

In der Nuklearmedizin werden dem Patienten radioaktive Stoffe (Radiopharmaka) für Diagnostik und Therapie appliziert. Diese führen zu einer Strahlenexposition des Patienten und möglicherweise auch des Krankenhauspersonals (Ärzte, Pflegepersonal, Krankengymnast usw.). Die Strahlenexposition ist dabei abhängig

- von der Menge der applizierten Aktivität,
- von der Art des Radionuklids,
- von der Verteilung und Speicherung des Radionuklids im Organismus

und, wenn die Strahlenexposition des Personals betrachtet wird,
- von der Aufenthaltsdauer beim bzw. dem Abstand vom Patienten.

Für diagnostische Fragestellungen werden im allgemeinen geringe Aktivitäten verwendet und außerdem Radiopharmaka ausgewählt mit sehr kurzen Halbwertszeiten (Minuten bis wenige Stunden)*.

So liegen die Dosen in der Umgebung von Patienten, die Radiopharmaka zur nuklearmedizinischen Diagnostik erhalten haben, deutlich unter 0,1 mSv (10 mrem) bei Daueraufenthalt. Es bestehen darum keine Bedenken im allgemeinen, derartige Patienten zu behandeln. Der Gesetzgeber läßt deswegen auch die Verlegung dieser Patienten auf Stationen außerhalb der Nuklearmedizin zu.

Völlig anders liegen die Verhältnisse bei der therapeutischen Anwendung von Radiopharmaka. Hier geht vom Patienten eine nicht zu vernachlässigende Strahlung aus. Sog. Therapiepatienten müssen deswegen in eigenen Stationen aufgenommen werden, deren bauliche Voraussetzungen eine Gefährdung der Umgebung ausschließen. Ein Aufenthalt bei diesen Patienten sollte begrenzt werden. Bei notwendigen krankengymnastischen Maßnahmen müssen alle Möglichkeiten zur Reduktion der Strahlenexposition des Krankengymnasten ausgeschöpft werden (Abstand, Abschirmung, Tragen von Dosimetern; s. auch Strahlenschutz, unten).

## Strahlenschutz

**Definition.** Unter Strahlenschutz versteht man den Schutz von Menschen, Tieren und Sachgütern vor der Einwirkung ionisierender Strahlung.

---

* Die physikalische Halbwertszeit gibt die Zeitdauer an, in der durch spontan ablaufende Umwandlung die ursprüngliche Aktivität auf die Hälfte abgenommen hat. Daneben existiert noch der Begriff der biologischen Halbwertszeit, die von der Raffung und Ausscheidung des Organismus bestimmt wird. Aus physikalischer und biologischer Halbwertszeit kann die effektive Halbwertszeit berechnet werden.

*Natürliche Strahlenbelastung des Menschen.* 1896 entdeckte *Becquerel* die natürliche Radioaktivität. Seit diesem Zeitpunkt ist bekannt, daß die Menschheit immer schon unter dem Einfluß ionisierender Strahlung lebte. In der Folgezeit wurden noch andere Komponenten des Strahlungsmilieus entdeckt, die ebenfalls einen Beitrag zur Belastung des Menschen liefern (Tab. **3**).

Tabelle **3** Jährliche effektive Dosis aufgrund der natürlichen Strahlenbelastung (Richtwerte)

| | | |
|---|---|---|
| Kosmische Strahlung | ca. 0,3 mSv | (30 mrem) |
| Terrestrische Strahlung (Umgebung) | ca. 0,3 mSv | (30 mrem) |
| Strahlung radioaktiver Stoffe im Körper | ca. 0,4 mSv | (40 mrem) |
| Lungenbelastung durch Radon und Folgeprodukte einzelner Bereiche (Fichtelgebirge. Finnland, USA) bis 5 mSv | ca. 1,0 mSv | (100 mrem) |
| | ca. 2,0 mSv | (200 mrem) |

Die natürliche Strahlenexposition des Menschen schwankt in weiten Grenzen und ist abhängig von der umgebenden Gesteinsart (z. B. Granit oder Sandstein), der Höhenlage des Wohnortes und insbesondere von den verwendeten Baumaterialien. Der Mensch wird belastet durch die Höhenstrahlung, die Strahlung, die von den Baumaterialien ausgeht und von der Aufnahme natürlich radioaktiver Stoffe in den Körper. In allen Baumaterialien ist mehr oder weniger z. B. Radium enthalten. Eines der Folgeprodukte des Radiums ist das Radon. Radon ist ein Gas; es wird aus den Baumaterialien freigesetzt, gelangt in die Luft und wird eingeatmet. Hierdurch wird zumindest in bestimmten Bereichen (z. B. Fichtelgebirge, Rocky Mountains, Südschweiz) eine erhebliche Belastung der Lunge bedingt (s. Tab. **3**).

Durch zivilisatorische Einflüsse (z. B. Röntgenuntersuchungen, Verwendung von Radioaktivität in Gebrauchsgegenständen usw.) wird die natürliche Strahlenexposition erhöht. Besonderes Interesse an der zusätzlichen Strahlenexposition wurde durch den Unfall von Tschernobyl geweckt. Die Radioaktivität von Tschernobyl wurde in der Atmosphäre transportiert. Von der in der Luft vorhandenen Aktivität ging in den ersten Tagen nach dem Unfall eine direkte Strahlung aus, später und heute spielt nur noch die mit Lebensmitteln aufgenommene Aktivität in den Körper eine gewisse Rolle. In Tab. **4** sind einige Dosen aufgrund zivilisatorischer Einflüsse und des Unfalls von Tschernobyl und in Tab. **5** aufgrund verschiedener diagnostischer bzw. therapeutischer Maßnahmen zusammengestellt.

*Strahlenschäden.* Man unterscheidet als Folge einer Bestrahlung (Unfall) die akuten Strahlenschäden, somatische Spätschäden, genetische Schäden und teratogene Schäden. Unsere Kenntnis über die akuten Strahlen-

Tabelle **4** Jährliche effektive Dosis aufgrund zivilisatorischer Einflüsse (Mittelwerte pro Kopf der Bevölkerung)

| | | |
|---|---|---|
| Produkte des täglichen Lebens (einschließlich Fernsehgeräte) | ca. 0,001 mSv | (1 mrem) |
| Medizinische röntgendiagnostische Maßnahmen, insgesamt | ca. 1,5 mSv | (150 mrem) |
| Fall-out nach Tschernobyl (gemittelt über 50 Jahre) | ca. 0,02 mSv | (2 mrem) |
| | ca. 1,6 mSv | (160 mrem) |

Tabelle **5** Effektive bzw. Herddosis für den Patienten bei verschiedenen diagnostischen bzw. therapeutischen Maßnahmen

| | | | | |
|---|---|---|---|---|
| Röntgendiagnostische Maßnahmen | | | | |
| – Lunge | ca. | 0,05 | mSv | (5 mrem) |
| – Abdomen | ca. | 0,5 | mSv | (50 mrem) |
| – CT (30 Schnitte) | ca. | 5 | mSv | (500 mrem) |
| Strahlenentherapeutische Maßnahmen (Herddosen) | | | | |
| – Tumorbestrahlung | bis | 80 000 | mSv | (800 000 mrem) |
| – Entzündungsbestrahlung | einige | 100 | Smv | (10 000 mrem) |
| Nuklearmedizinische Maßnahmen | | | | |
| – diagnostische Maßnahmen (z. B. Skelett) | bis ca. | 5 | mSv | (500 mrem) |
| – Therapeutische Maßnahmen (Herddosen bei Struma maligna) | bis | 1000 | Sv | (100 000 rem) |

schäden rührt größtenteils her von den beobachteten Folgen der Atombombenabwürfe in Hiroshima und Nagasaki. Aufgrund der strengen gesetzlichen Strahlenschutzvorschriften werden heute akute Strahlenschäden praktisch nicht mehr beobachtet (s. später).

Bei den Überlebenden von Hiroshima und Nagasaki ebenso wie bei bestimmten Patientengruppen, die aus medizinischer Indikation bestrahlt wurden, fand man im Vergleich zur übrigen Population ein erhöhtes Auftreten bösartiger Geschwülste. Die Wahrscheinlichkeit für das Auftreten solcher somatischer Spätschäden ist abhängig von der Höhe der absorbierten Dosis. Veränderungen an der genetischen Information der Geschlechtszellen können unter Umständen in den Folgegenerationen zu Veränderungen bei der Nachkommenschaft führen. Teratogene Schäden können bei Exposition von Embryo und Fetus während der Schwangerschaft auftreten.

Die Wahrscheinlichkeit für das Auftreten maligner Erkrankungen ist eine Funktion der Dosis. Diese Wahrscheinlichkeit ist eine Rechengröße, deren Zuverlässigkeit insbesondere bei kleinen Dosen, wie sie beim Umgang mit Radioaktivität im Krankenhaus (oder aufgrund des Fall-outs nach dem Unglück von Tschernobyl) nicht geprüft werden kann. Induzierte maligne Erkrankungen aufgrund einer Strahlenexposition unterscheiden sich nicht von spontan auftretenden. Zur groben Beurteilung des Strahlenrisikos wurden in Tab. **6** Gegenüberstellungen mit Risiken des täglichen Lebens vorgenommen.

Tabelle **6** Strahlen- und andere Risiken im relativen Vergleich (statistisches Todesrisiko; pro Jahr bzw. Maßnahme)

| | |
|---|---|
| Unglück nach Tschernobyl | 1 |
| Lungenaufnahme | 0,05 |
| Abdomenaufnahme | 0,5 |
| Schilddrüsendiagnostik mit $^{99m}$Tc | 0,5 |
| Skelettdiagnostik mit $^{99m}$Tc (Phosphanat) | 5 |
| Eisenbahnunfall | 5 |
| Mord | 10 |
| Autounfall | 200 |
| Haushalts- und Freizeitunfall | 200 |
| Unfall in Land- und Forstwirtschaft | 500 |

# Gesetzliche Regelungen

*Vorbemerkung.* Zwei Verordnungen regeln im wesentlichen den Umgang mit radioaktiven Stoffen bzw. Röntgenstrahlen: die Strahlenschutzverordnung in der Neufassung von 1989 und die Röntgenverordnung von 1987. Da die Wirkung ionisierender Strahlung unabhängig von ihrer Herkunft ist, sind die Grenzwerte in beiden Verordnungen im wesentlichen identisch.

## Maximal zulässige Dosis für das Personal

Neben dem allgemeinen Grundsatz, die Strahlenexposition von Personen so gering wie möglich zu halten, werden vom Gesetzgeber in beiden Verordnungen maximal zulässige Dosen genannt, und zwar bei Ganzkörperbestrahlung 50 mSv/Jahr (5 rem/Jahr).

Es existieren gewisse Einschränkungen (für Jugendliche, Frauen im gebärfähigen Alter, für schwangere und stillende Frauen usw.). Dieser Grenzwert schließt akute Strahlenschäden aus und ist so gewählt, daß die Wahrscheinlichkeit für das Auftreten genetischer Schäden und somatischer Spätschäden außerordentlich gering ist.

## Strahlenschutzverordnung

Die wesentlichen Vorschriften dieser Verordnung dienen dem Schutz der mit diesen Stoffen Umgehenden und dem Schutz der Allgemeinheit durch unbeabsichtigtes oder fahrlässiges Abgeben radioaktiver Stoffe in Luft, Wasser oder Boden. Die Verordnung soll eine lückenlose Kontrolle der radioaktiven Stoffe von der Erzeugung bis zur Beseitigung als Abfall gewährleisten.

### Röntgenverordnung

Die Röntgenverordnung gilt für den gesamten Bereich der Anwendung und Erzeugung von Röntgenstrahlen in den Grenzen von 5 keV bis 3 MeV. Ebenso wie die Strahlenschutzverordnung enthält die Röntgenverordnung eine Genehmigungserfordernis für den Betrieb von Röntgeneinrichtungen und von sog. Störstrahlern (z. B. Fernsehgeräte). Sie enthält ebenfalls Vorschriften für den Schutz einzelner und der Allgemeinheit. Die Besonderheit der Röntgenverordnung ist der Eingriff in das Verhältnis Arzt/Patient. Leitschnur für die Indikationsstellung zur Röntgenuntersuchung ist die Nutzen-Risiko-Abwägung.

## Durchführung des Strahlenschutzes

Man unterscheidet drei wesentliche Möglichkeiten, sich vor Strahlen zu schützen. Diese sind:
- ausreichende Abschirmung,
- größtmöglicher Abstand und
- möglichst kurzer Aufenthalt im Strahlungsfeld.

### Abschirmung

Die Auswahl von Abschirmmaterialien und deren Dicke richtet sich nach der Art der Strahlung (Korpuskular- oder Wellenstrahlung) und nach der Energie der Strahlung. Im Bereich der Röntgendiagnostik stellen Bleischürzen für das Personal bereits einen ausreichenden Schutz dar (Reduktion der Dosis auf 1/100 bis 1/1000 bei 0,5 mm Blei). Der Umgebungsschutz wird in der Röntgendiagnostik im allgemeinen bereits durch massive Backsteinwände, gelegentlich verstärkt durch einige Millimeter Blei, und in der Strahlentherapie durch meterdicke Wände (Barytbeton) erreicht.

### Abstand von der Strahlenquelle

Die Intensität einer punktförmigen Strahlenquelle (Röntgenröhre) nimmt mit dem Quadrat der Entfernung ab. Die Dosisleistungen an zwei ausgewählten Punkten verhalten sich umgekehrt wie die Quadrate ihrer Abstände von der Quelle (Abweichungen von dieser Gesetzmäßigkeit ergeben sich bei nicht punktförmigen Quellen).

### Aufenthaltsdauer im Strahlungsfeld

Der Aufenthalt im Strahlungsfeld geht direkt proportional mit der Strahlenexposition. Man wird deswegen bemüht sein, durch rasches Arbeiten den Aufenthalt im Strahlungsfeld möglichst kurz zu halten.

# Literatur

Aurand, K., H. Bücker, O. Hug, W. Jacobi, A. Kaul, H. Muth, W. Pohlit, W. Stahlhofen: Die natürliche Strahlenexposition des Menschen. Thieme, Stuttgart 1974

Ewen, K., G. Schmitt: Grundlagen des praktischen Strahlenschutzes an medizinischen Röntgeneinrichtungen. Enke, Stuttgart 1975

Frommhold, W., H. Gajewski, H. D. Schoen: Medizinische Röntgentechnik, Bd. I: Physikalische und technische Grundlagen, 4. Aufl. Thieme, Stuttgart 1979

Fuchs, G.: Die Strahlengefährdung des Menschen in der gegenwärtigen Zivilisation. Akademie-Verlag, Berlin 1971

Handbuch der Medizinischen Radiologie, Bd. I/1. Springer, Berlin 1968

Handbuch der Medizinischen Radiologie, Bd. XVI/1. Springer, Berlin 1970

Handbuch der Medizinischen Radiologie, Bd. XVI/2. Springer, Berlin 1971

Hug, O.: Medizinische Strahlenkunde. Biophysikalische Einführung für Studierende und Ärzte. Springer, Berlin 1974

Jaeger, R. G., W. Hübner: Dosimetrie und Strahlenschutz. Thieme, Stuttgart 1974

Laubenberger, Th.: Leitfaden der medizinischen Röntgentechnik. Deutscher Ärzte-Verlag, Köln 1977

Scherer, E.: Strahlentherapie. Radiologische Onkologie. Springer, Berlin 1976

Scherer, E.: Strahlentherapie. Eine Einführung, 3. Aufl. Thieme, Stuttgart 1981

Schlungbaum, W.: Medizinische Strahlenkunde, 6. Auflage. Anhang: Einstelltechnik. de Gruyter, Berlin 1979

Strahlenschutzkurs für Ärzte. Kurslehrbuch für die Anwendung von Röntgenstrahlen und radioaktiven Stoffen in der Medizin. Hoffmann, Berlin 1974

Veröffentlichungen der Internationalen Strahlenschutzkommission, ICRP, Heft 16: Strahlenschutz, Schutz des Patienten in der Röntgendiagnostik. Fischer, Stuttgart 1974

Veröffentlichungen der Internationalen Strahlenschutzkommission, ICRP, Heft 26: Empfehlungen der Internationalen Strahlenschutzkommission. Fischer, Stuttgart 1978

# Sachverzeichnis


A

Abfluß, venöser, Massageeinfluß 173
Achselhöhle, Bindegewebsmassage, Arbeitsgänge 215
Achtergang 222
Adhäsionslösung, massagebedingte 156
Aggression 25 ff.
– Definition 25
Akupunkturpunkte 179
Alphastrahlen 245
Altershilfe für Landwirte 130
Aluminiumschiene 234
Andry, Nicolas 67 f.
Angiotom 163
Angst 26
– Ablenkungsmechanismus 27 f.
– Abwehrmechanismen 27
– hochgradige 29
– induzierte 28
– Leistungsbeeinträchtigung 28
– maskierte 27
– neurotische 29
– suggerierte 28
Annäherung, graduelle 16
Annäherungsverhalten 26
Äquivalentdosis 247
– effektive 247
Arbeitsförderung 126 f.
Arbeitslosenversicherung 126
Arbeitsrecht 107 ff.
– allgemeines 107
Arbeitsschutzrecht 107 ff.
Arbeitsverwaltung 126
Arm, Bindegewebsmassage, Arbeitsgänge 214
Armzone 194
– Fragebefund 196
– Sichtbefund 196
Asthma bronchiale, Gruppenbehandlung 48 f.
– – Rumpfschüttelung 152
Aszendenspunkt 176 f.
Atemmassage 181 ff.
Atmungsgymnastik 83
Ausbildungsförderung 126
Ausgleich, synneurischer 199
Aussetzung 124

B

Badewesen, Mittelalter 141
BAföG s. Bundesausbildungsförderungsgesetz
Balneologie 86
BAT s. Bundesangestelltentarifvertrag
Bauch, Bindegewebsmassage, Arbeitsgänge 212
Becken-Bein-Fuß-Gips 238
Beckenring-Gips 239
Becquerel 255
Bedürfnispyramide 7
Bedürfnisse, menschliche 7 f.
Behinderter, Eingliederung 133
Bein, Bindegewebsmassage, Arbeitsgänge 216 f.
Beinamputierter, Gruppenbehandlung 41
Beinzone, arterielle 194
– – Fragebefund 195
– – Sichtbefund 195
Beobachtung 16 ff.
Bergonié, Jean-Alban 86
Berufsgenossenschaft 129
– für Gesundheitsdienst und Wohlfahrtspflege 109
Berufshaftpflichtversicherung 119
Berufskrankheit 130
Berufslehre 89 ff.
– gesetzliche Grundlagen 89 ff.
Berufsordnung der Krankengymnasten 105
Beschleuniger s. Elektronenbeschleuniger
Bestrafung 15
Bestrahlungsraum 251
Betastrahlen 245
Betriebsarzt 112
Betriebsschutz, allgemeiner 109 ff.
Betriebsverfassungsrecht 108
Bewegungsbestrahlung 253
Bewegungsgruppe ohne medizinisch-krankengymnastisches Behandlungsziel 49 f.
Bewegungskorrektur in der Gruppe 64
Bewegungsschiene 232
– passive 232, 235

Bewegungsvermittlung in der Gruppe 63f.
Beziehung, helfende 1
Bier, August 76f.
Binde, elastische 230
– unelastische 221
Bindegewebe, Massageeinfluß 173
– Verschiebeschicht, oberflächliche 191f., 198
– – – nervös-reflektorische Zuordnung 198
– – tiefe 192, 198
– – – nervös-reflektorische Zuordnung 198
Bindegewebsmassage 191ff.
– Ausführung 204ff.
– Empfindungen des Patienten 202
– Faszientechnik 209
– flächige 204f.
– – Schema 205
– Gefäßreaktion 203
– Grundregel 198
– Hautreaktion 203
– Hauttechnik 205f., 208
– Organreaktion 203
– Reaktionen 202f.
– Spätreaktion, parasympathische 203
– Strichtechnik 205ff.
– Tageszeit 204
– Unterhauttechnik 209
– Verschieben der Subkutis 204f.
– Wirkung 201f.
Bindegewebszonen 142
– Einziehung 192
– Fragebefund 194ff.
– Quellung 192
– Rückenschema 193
– Sichtbefund 194ff.
– Tastbefund 196f.
– Untersuchung 191ff.
Bindegewebszonenbeziehung, nervös-reflektorische 197ff.
Bindenende 219
Bindenkopf 219
Bindenverband 219ff.
– Achtergang 222
– Kreisgang 220f.
– Schraubengang 220f.
– Umschlaggang 221
Bindenwinkel 220
Bleischürze 258
Blutumverteilung bei Unterwasser-Druckstrahlmassage 186
Bluntuntersuchung nach Massage 162f.
Bobath, Berta 82
– Karel 82
Böhler-Fingerschiene 234
Böhm, Gottfried 76
Brachytherapie 249
Bradykardie bei Massage 165
Branting, Lars Gabriel 71
Braun-Schiene 233
Brustkorb s. Thorax
BSHG s. Bundessozialhilfegesetz
Bundesangestelltentarifvertrag (= BAT) 107
Bundesanstalt für Arbeit 126
Bundesausbildungsförderungsgesetz (= BAföG) 126
Bundes-Seuchengesetz 134
Bundessozialhilfegesetz (= BSHG) 132
Bundesversorgungsgesetz (= BVG) 131
Bürstenbad 185
Bürstenmassage 185
– Indikation 185f.
BVG s. Bundesversorgungsgesetz

C

Computertomographie 253
Cramer-Schiene 234
Currie, James 86
Cyriax, James 148
– Richard Julius 66

D

Dachziegelverband, elastischer 229f.
– nichtelastischer 227
d'Arsonval, Jacques Arsène 86
Dauerfrust 24
Dauerstreß 24
Deliktsfähigkeit 116
Demotivierung 7, 10
Depression, Muskeltonus 169
Dermatom 163f.
Dermatomschema 164
Dermographia elevata 203
– rubra 203
Dermographismus 158
Desault-Verband 223f.
Desoxyribonucleinsäure, Strahlenwirkung 247f.
Deszendenspunkt 176f.

Deuser-Stäbchenmassage 188f.
Deutscher Verband für Physiotherapie 105
Diät 66
Diathermie 86
Dicke, Elisabeth 142, 191
Direktradiographie 253
Diurese, verstärkte, massagebedingte 155, 161
Döbereiner, Johann Wolfgang 85
Dünndarmzone 193
– Fragebefund 195
– Sichtbefund 195
Durchblutungsstörung, arterielle, Massagefluß 173
– bei Gipsverband 235

E

Effleurage (= Streichung) 145ff.
– oberflächliche 145f.
– tiefe, dehnende 146
– Wirkung 146f.
Ehrenberg, Hilla 83
Einhandknetung 150
Einsicht 18f.
Einzelbehandlung, Kennzeichen 34f.
Elektrokinesitherapie 86
Elektronenbeschleuniger 250
Elektrotherapie 85f.
Ellenbogen, Quengelverband 242
– Schlauchbindenverband 225
Empathie 62
Empfindungen des Patienten bei Bindegewebsmassage 202
Energiedosis 246f.
Entgleisung, psychisch-emotionale, Muskelgrundspannung 169
Entmündigung 116
Entschädigungsrecht, soziales 131
Entzündungsbestrahlung 249f.
– Indikation 249
Erbrecht 119f.
Erleben 2f.
Erwartungsangst 28
Erwerbsminderung, Rentenzahlung 131
Evasion 25
Exponentialstromtherapie 86
Extinktion 15

F

Fahrlässigkeit 118
Faszientechnik der Bindegewebsmassage 209
Fingerschiene 234
Fingerspitzenknetung 150
Finsen, Niels Ryberg 85
Flüssigkeitsausschwemmung, massagebedingte 155f.
Friktion (= Reibung) 147f.
– im Verschiebebereich der Haut 147f.
Frustration 22ff.
– positive Funktion 24
Frustrations-Aggressions-Hypothese 25
Frustrationstoleranz 24
Fuß, Stützverband 230
Fuß-Reflexzonenlehre 184
Fuß-Reflexzonenmassage 184f.
– Indikation 185

G

Galen 67
Galvani, Luigi 85
Galvanotherapie 85
Gammabestrahlungseinrichtung 250
Gammastrahlen 245
Gebrechlichkeitspflegschaft 116
Geburtsvorbereitung in der Gruppe 48f.
– – Inhalt, funktionaler 48f.
– – – sozioemotionaler 49
Gefahrenschutz, allgemeiner 109ff.
Gefäßreaktion bei Bindegewebsmassage 203
Geheimnis, Definition 121
Gehgips 236f.
Gelenk, gestörtes, Muskel, tendomyotischer 166
Genitalzone, große s. Hypomenorrhözone
– kleine s. Menseszone
Geschäftsfähigkeit 116
Gesetzbuch, bürgerliches 115
Gespräch in der Gruppe 61f.
– helfendes 30ff.
– informierendes 30
Gesprächstherapie 30
Gesprächsverhalten, destruktives 31
– konstruktives 31
Gesundheitsamt 133f.
– Funktionen 134
Gesundheitsdienst, öffentlicher 133ff.
– – Gliederung 134
Gesundheitswesen, Berufe, bundesgesetzlich geregelte 135f.

Gewebe, pyknisches 205
Gewebetastbefund 196f.
Gipsbett 240
Gipsdruck 235
Gipsfenster 236
Gipsschale 236
Gipsschiene 236
Gipstutor 239
Gips-U-Schiene 236f.
Gipsverband (= starrer Verband) 232, 235ff.
– zirkulärer 232
– – Spaltung 232
Gläser-Dalchio-Segmentmassage 174f.
Gruppe, charakterisiert durch inhaltliche Aspekte 45ff.
– – durch organisatorische Gesichtspunkte 50ff.
– – – – Teilnahmemodus 51f.
– – – – Teilnehmerkreis 50f.
– Definition 36
– formelle 37
– geschlossene 50f.
– halboffene 50
– informelle 37
– krankengymnastische 37f.
– – Interaktion 38, 41
– – Kommunikation 38
– – Rolle des Therapeuten 37
– – Rollenbildung 38f.
– – sozialer Effekt 39
– – Wir-Gefühl 40
– offene 50f.
– Organisation 37
– Zusammensetzung 54f.
– Zusammenstellung 54
Gruppenarbeit, Inhalt 54
Gruppenatmosphäre 39f.
Gruppenbehandlung 34ff.
– Alter der Teilnehmer 54
– Befundaufnahme 53
– Bewegungskorrektur 64
– Bewegungsvermittlung 63f.
– Dokumentation 53
– als Ergänzung zur Einzeltherapie 45f.
– Geräte 53
– bei gleichem somatopsychischen Zustandsbild 46f.
– Gruppengröße 52
– Informationsbeschaffung 53
– Institution 52
– Kennzeichen 35f.
– Lenkung, gruppenorientierte 59
– Methodik 55ff.
– Rahmenbedingungen 52ff.
– Raum 52f.
– Vorgespräch 53
– Vorüberlegungen 55
– zeitliche Überlegungen 52
– Zeitpunkt 52
– Ziele 42ff.
– – funktionale 43
– – sozioemotionale 43f.
– Zubehör 53
Gruppendruck 40
Gruppenfähigkeit eines Patienten 40f.
Gruppenleiter, Aufgaben 60f.
– Dominanz 58
– Führungsstil 59f.
– Verhalten 59
– Voraussetzungen 61
Gruppenleitung, Schwierigkeit 62f.
Gruppenmitglieder, aufgabenorientierte 54
– Ich-orientierte 54
– interaktionsorientierte 54
– Persönlichkeitsmerkmale 54
Gruppenprozeß, Ebene, funktionale 41f.
– – sozioemotionale 41f.
– – – psychosomatische Einflußnahme 47
– Faktoren 36f.
Gruppenstunde, Arbeitsziel 58
– Beginn 56f.
– Gestaltung des Endes 58f.
– Hauptthema 58
Guérin, Jules René 71
Gutsmuths, Johann Christoph Friedrich 69
Gymnastik, medikomechanische 74
– pädagogische 69

## H

Hackung 152f.
Haftung, Voraussetzungen 117f.
Haftungsrecht 117ff.
Hahn, Johann Sigmund 86
Hakengriff 147f.
Halbwertschichtdicke (= HWD) 245
Hammerzehe, Heftpflaster-Zügelverband 227
Handlungsfähigkeit 116
Hängegips 241f.

Harff, Joachim 79, 81
Harnblasenzone 193f.
– Fragebefund 194
– Sichtbefund 194
Hartspann, muskulärer 161
Haut, Massageeinfluß 173
– Versorgung, sensible 207f.
Hautdurchblutung, Massageeinfluß 157
Hautfaltenmethode 197
Hautmassagebürste 185
Hautreaktion bei Bindegewebsmassage 203
Hautreizgriffe 147f.
Hauttechnik der Bindegewebsmassage 205f., 208
Head 142, 165
Heftpflaster-Zügelverband bei Hammerzehe 227
Herzinfarkt 84
– Rehabilitationsgruppe 47f.
– – Inhalt, funktionaler 47
– – – sozioemotionaler 47f.
Herzzone 193
– Fragebefund 195
– Sichtbefund 195
Hilfeleistung, unterlassene 125
Histamin 201
Hitzedusche 187
Hitzemassage 187
Hochfrequenzstrom 86
Hochleistungssport 85
Hoffa, Albert 74f.
Huang-ti 139
Hüftgelenkplastik 84
von Humboldt, Alexander 85
HWD s. Halbwertschichtdicke
Hyperstimulationsanalgesie 159
Hypomenorrhözone (= große Genitalzone) 194
– Fragebefund 195
– Sichtbefund 195

**I**

Informationsverständlichkeit 19
Insertionstendinose 169
Interaktion 19ff.
– Definition 19
– in der krankengymnastischen Gruppe 38, 41
Intermediärzonen des Rückenmarks 199, 201
Ionendosis 247

**K**

Kabat, Herman 81
Keeler-Schaumstoffschiene 233
Kinine 159
Kirschner-Schiene 233
Klapp, Rudolf 77
Klatschung 152f.
Klimatotherapie 85
Klopfung 152ff.
Kneipp, Sebastian 87
Knetmassage 149f.
Knie-Gipshülse 239
Knöchelgriff 147f.
Knochenbruchbehandlung 84
Knott, Margarete 81
Kohlrausch, Wolfgang 77, 142
Kolbe, Johanna 76
Kolde, Irmgard 78f.
Kolonmassage 176f.
– Indikation 177
– Kontraindikation 177
Kolonpunkt, linearer 176f.
Kolonpunkte 176f.
Kommunikation 20, 22
– in der krankengymnastischen Gruppe 38
Kompressionsverband 226ff.
Konditionierung 14
– operante 14ff.
– reaktive 14
Konflikt 20ff.
– affektive Belastung 21
– Entstehung 22
– interpersonaler 21
– intrapersonaler 21
– unaufgelöster 22
Konfliktgeschehen, Kriterien 21f.
Konstitution des Patienten, Massagedosierung 171
Kontaktstrahlentherapie 249
Kontraktur, ischämische, bei Gipsverband 235
– Quengelverband 242
Kopf, Bindegewebsmassage, Arbeitsgänge 213f.
Kopfzonen 194
– Fragebefund 196
– Sichtbefund 196
Kornährenverband 222
Körpergewicht im Wasser 186
Körperteile, Segmentanschlüsse 200
Körperverletzung 124f.
Korpuskularstrahlung 245

– geladene, Wechselwirkung mit Materie 245f.
Kowarschik, Josef 86
Krankengymnast(in), Ausbildungsordnung 92ff.
– Ausbildungsvorschriften 94
– Berufsabgrenzung 79
– Berufslehre, zuständige Behörden 93
– Berufsvertretung 105
– Erlaubnis zur Führung der Berufsbezeichnung 89f.
– Erwartung an die Psychologie 4f.
– Führungsstil 37, 39
– Honorierung 114
– Lehrgang 91
– Lehrplan 100ff.
– Niederlassung 112f.
– – Voraussetzungen 113
– Ordnungswidrigkeit 92
– Persönlichkeit 37
– Prüfungsordnung 92ff.
– Prüfungsvorschriften 95ff.
– Tätigkeit, praktische, in der Ausbildung 91, 99
– Verhaltensweise, kommunikationsfeindliche 20
– Weiterbildung 115
– Werbung 114
– Zusammenarbeit mit Ärzten 106
Krankengymnastik nach 1945 78ff.
– Altertum 66f.
– bedürfnisorientierte 8
– Geschichte 66ff.
– Gesichtspunkte, lernpsychologische 11f., 14
– – motivationspsychologische 8f.
– – psychologische 1f.
– 19. Jahrhundert 69ff.
– 20. Jahrhundert 75ff.
– Lern-Lehr-Prozeß 13f.
– Zeit der Aufklärung 67ff.
Krankenversicherung 127ff.
– Beiträge 128
– Kassenarten 127
– Leistung 128f.
– Sozialklausel 129
– Überforderungsklausel 129
Krankheit, übertragbare, Meldepflicht 136f.
Krapp-Schiene 234
Krebs, Walter 87
Kreisgang 220f.
Kreuzbein, Bindegewebsmassage, flächige 205f.
Kreuzbeinrand, Bindegewebsmassage, flächige 204, 206
Kreuzfeuerbestrahlung 252
Kunststoffbinde 232
Kurzwellentherapie 86

L

Lagerungsschiene 232
Landerer, Albert 83
Langgaard, Otto 71
Langzeitverband, fixierender 232
Laqueur, August 87
Leber-Galle-Zone 193
– Fragebefund 195
– Sichtbefund 195
Leduc, Stephane Armad Nicolas 86
Leistungsbeeinträchtigung, angstbedingte 28
Lenkung, gruppenorientierte 59
Lernen 11f.
– Annäherung, graduelle 16
– durch Beobachtung 16ff.
– Bestrafung 15
– Denkleistung 18
– durch Einsicht 18f.
– Extinktion 15
– Prinzip der Verstärkung 15
– Verstärkung, negative 15
– – positive 15
– – selektive 15
Lernhilfe 11f.
Lernintensive Situation 12
Lernprozeß 11ff.
– Kriterien 12ff.
Ling, Pehr Henrik 69ff., 141f.
Lubinus, Johann Hermann 75f.
Lymphdrainage 175f.
– Indikation 175
– Kontraindikation 176
Lymphstrom, Massageeinfluß 155, 173

M

Mackenzie 142, 165
Magenzone 193
– Fragebefund 196
– Sichtbefund 196
Magnus, Rudolf 82
Maligne Erkrankung, strahlenbedingte, Wahrscheinlichkeit 256f.

Mangelbedürfnisse 7
Marknagelung 84
Marnitz, Harry 180
Massage 139ff.
– Adhäsionslösung 156
– Altertum 140
– apparative 185ff.
– atmungsaktive 181ff.
– – Behandlungsinhalt 182
– – Indikation 183f.
– Auspreßeffekt 154f.
– Behandlungsgrundsätze 143ff., 171f.
– Behandlungshäufigkeit 172
– Behandlungsraum 143f.
– Behandlungsreaktion 171
– Blutveränderung 162f.
– China 139
– Dosierungsgrundsätze 171f.
– Flüssigkeitsausschwemmung 155f.
– Grifftechniken 144ff.
– historische Entwicklung 139ff.
– Konstitution des Patienten 171
– Lagerung des Patienten 144
– medizinische, Indikation 173
– – Kontraindikation 174
– Mittelalter 141
– Muskeltonusveränderung 160f.
– pädagogische Aspekte 166, 169f.
– psychologische Aspekte 166, 169f.
– Reaktionslage, vegetative 171
– Rom 140
– Schmerzhaftigkeit 171
– Stockwechselveränderung 161ff.
– Techniken, manuelle 174ff.
– Trainingszustand, physikalischer, des Patienten 172
– Wirkung 154ff.
– – hyperämisierende 157f.
– – mechanische 154ff.
– – schmerzlindernde 158ff.
– – segmentale 163ff.
Massagehandschuh 185
Massageliege 143
Massagemittel 144
Massageöl 144f.
Massagestäbchen 189
Massagetechnik, fernöstliche 179f.
Masseur, Ausbildungsordnung 91
– Erlaubnis zur Führung der Berufsbezeichnung 89f.
– Lehrgang 91
– Ordnungswidrigkeit 92
– Prüfungsordnung 92
– Tätigkeit, praktische, in der Ausbildung 91
Mastzellen 201
Maximalzonen, muskuläre 167f.
Meldepflicht übertragbarer Krankheiten 136f.
Menseszone (= kleine Genitalzone) 193
– Fragebefund 195
– Sichtbefund 195
Metzger 142
Mezger, Johann Georg 74
Migräne, Vibrationsmassage 151
Mißerfolgsfurcht 28
von Mosengeil, Carl 74
Motivation 6f.
Motivationspsychologie 9
Motivationstheorie 8
Motivieren 6f.
– Grundregeln 9ff.
von Mülman, Asta 79, 81
Musculus trapezius, Fingerspitzenknetung 150
Muskeldurchblutung, Massageeinfluß 157
Muskelhyperalgesie bei Organerkrankung 165
Muskelhypertonus, lokaler, bei Organerkrankung 165
– permanenter, Organerkrankung 166
Muskelspannungsschmerz 169
Muskelspindel 161
Muskeltonus 160
– aktiver 160
– Entgleisung, psychisch-emotionale 169
– Massageeinfluß 160f.
– passiver 160f.
Muskulatur, Massageeinfluß 173
– Regenerationsfähigkeit, Massageeinfluß 162
Mutterschutz 111f.
Myogelose 166
Myotom 163


N


Nachtegall, Franz 69
Nackenmuskulatur, Fingerspitzenknetung 150
Nagelschmidt, Karl Franz 86
Narbenmassage 156, 180ff.
– Abhebetechnik 181, 183

– innere 181, 183
– querverschiebende Technik 181f.
– Schiebetechnik 181f.
– Verziehung, seitliche 181, 183
Nemec, H. 86
Neumann, Albert C. 71f.
Neutronenstrahlung 245
Nozizeptoren 158
Nuklearmedizin 244, 254
– diagnostische 254
– Strahlenexposition 254
– therapeutische 254

**O**

Oberarmschaftbruch, hoher, Hängegips 241f.
Oberflächenschmerz 159
Oberschenkelregion, Rollung 152
– Walkung 151
Ordnungswidrigkeit 125
Organe, innere, Massageeinfluß, reflektorischer 173
– – Segmentanschlüsse 200
Organreaktion bei Bindegewebsmassage 203
Oskotom 164

**P**

Pawlow, Iwan Petrowitsch 81
Periostmassage 178f.
– Indikation 179
– Kontraindikation 179
Personalvertretungsrecht 108
Person-Umwelt-Beziehung 13
Petrissage 148ff.
– oberflächliche 148
Pflasterschnellverband 218
Pflasterverband, elastischer 227ff.
– – Entfernung 229
– nichtelastischer 227
Pflichtkrankenkasse 127
Photonenstrahlung 246
Pölchen-Behandlung 240f.
Poliomyelitis 78
Praxis, krankengymnastische 112ff.
Priessnitz, Vincenz 87
Projektion 27
Prostaglandine 159
Psychische Störung, Massageeinfluß 173
Psychologie 1ff.
– Anwendungsgebiet, praktisches 5
– Enzyklopädie 5
– Erwartung des Krankengymnasten 4f.
– Schwerpunkte, inhaltliche 5
– Standorte, theoretische 5
– Vielgestaltigkeit 5f.
Psychosomatische Störung 169

**Q**

Quantenstrahlung 246
Quengelhandschuh 243
Quengelverband 241ff.
Querfriktionsmassage, tiefe 148
Quergewölbe-Stützverband 231
Querschnittlähmung 84

**R**

Radioaktivität, natürliche 255
Radioisotop, Halbwertszeit 254
– offenes, therapeutischer Einsatz 252
Radiopharmaka 254
– Einsatz, diagnostischer 254
– – therapeutischer 254
Rationalisierung 27
Reaktionslage, vegetative, Massagedosierung 171
Recht, bürgerliches 115ff.
Rechtsfähigkeit 116
Reflex 14
– viszeroviszeraler 201
Reflexbogen, kultiviszeraler 187
– – Verschaltung im Rückenmark 165
– muskuloviszeraler 165
– myostatischer 160
– viszerokutaner, Verschaltung im Rückenmark 165
Reflexzone 165
Reflexzonenbehandlung 163
– Bindegewebsmassage 191
– Saugglockenvakuummassage 187
Reflexzonenmassage am Fuß 184f.
– – Indikation 185
Regression 25
Rehabilitation 132
– berufsfördernde 132
– Finanzierung 131
– medizinische 132
Rehabilitationsträger 132
Reibung s. Friktion
Reichsversicherungsordnung (= RVO) 125
Reiz-Reaktions-Lernen 14ff.
Remak, Robert 85

Rentenversicherung 130f.
– der Arbeiter und Angestellten 130
– Aufgaben 131
– Finanzierung 131
– gesetzliche Grundlagen 130
– der Handwerker 130
– knappschaftliche 130
– Pflichtversicherung 131
– Träger 131
Rentenzahlung bei Erwerbsminderung 131
Risikopatient, koronarer, Gruppenbehandlung 47f.
– – – Inhalt, funktionaler 47
– – – – sozioemotionaler 47f.
Ritter von Zeynek, Richard 86
Rolle, Definition 38
Rollenbildung in der krankengymnastischen Gruppe 38f.
Rollung 151f.
Röntgendiagnostik 244, 253
– Abstand zur Strahlenquelle 258
– Aufenthalt im Strahlenfeld 258
– Strahlenabschirmung 258
– Strahlenbelastung 253
Röntgengerät 250
– Abschirmung 258
Röntgenstrahlung 245
Röntgenverordnung 258
Rousseau, Jean Jacques 69
Rücken, Bindegewebsmassage, Arbeitsgänge 210ff.
– – Faszientechnik 208f.
Rückenmark, Intermediärzonen 199, 201
Rückenmarksegment 163f.
Rucksackverband 225f.
Rumpf-Arm-Gips 240
Rumpfschüttelung 152
RVO s. Reichsversicherungsordnung

S

Saugglockenvakuummassage (= Saugwellenmassage) 187f.
– gleitende 187
– Indikation 188
– stationäre 187f.
– Wirkung 187
Saugwellenmassage s. Saugglockenvakuummassage
Schaden im Haftungsrecht 117
Schadensersatzpflicht 117
Schadenzufügung, Rechtswidrigkeit 118
Schaltenbrand, Georg 82
Schanz-Watteverband 222f.
SchbG s. Schwerbehindertengesetz
Schede, Franz 76, 78f.
Schienenverband 231f.
Schilder, Paul 82f.
Schildkrötenverband 222
Schlauchbindenverband 223ff.
– Applikator 225
– endständiger 225
Schliephake, Erwin 86
Schmerzangst, konditionierte 28
Schmerzauslösende Substanzen, Ausschwemmung durch Massage 159
Schmerzbestrahlung 249f.
– Indikation 249
Schmerzblockade 178
Schmerzhaftigkeit der Massage 171
Schmerzhemmungsmechanismen, Aktivierung durch Massage 158f.
Schraubengang 220f.
Schreber, Daniel Gottlob Moritz 72f.
Schröpfen 187
Schüttelung 151f.
Schwangerschaftsabbruch 122f.
Schweigepflicht 121f.
Schwerbehindertengesetz (= SchwbG) 127
Segmentmassage 174f.
Seitenhornsäule 199
– Grenzsegmente 199, 201
Selbsteinschätzung, realistische 24
Setschenow, Iwan Michailowitsch 81
Seuchenbekämpfung 134
SGB s. Sozialgesetzbuch
Sherrington, Charles Scott 81f.
Sicherheitsbedürfnis 7
Sigerist 67
Sigmapunkt 176f.
Sittlichkeitsdelikt 120
Skelerotom 178
Somatisierung 27
Sonnentherapie 85
Sozialgesetzbuch (= SGB) 125f.
– allgemeiner Teil 126
Sozialhilfe 132f.
– Grundsatz der Nachrangigkeit 132
– Träger 132
Sozialklausel in der Krankenversicherung 129
Sozialrecht 125f.

Sozialversicherung 127 ff.
Spannung, psychische, somatisches Syndrom 169
Spätreaktion, parasympathische, auf Bindegewebsmassage 203
Spinalnerv 163
Sprühfilm zur Wundabdeckung 218
Spül-Saug-Drainage 219
Stäbchenmassage 188 f.
– Indikation 189
Stehfeldbestrahlung 252
Stoffwechsel, Massageeinfluß 161 ff.
Störung, synneurische 199
Strafangst, konditionierte 28
Strafrecht 120
Strahlenarten 245
Strahlenbelastung, natürliche 255
– durch zivilisatorische Einflüsse 255 f.
Strahlenexposition, Risiko 247
Strahlenquelle, Abstand 258
Strahlenschaden 255 f.
– akuter 255 f.
Strahlenschutz 254 ff.
– Definition 254
– Durchführung 258
– maximal zulässige Dosis für das Personal 257
Strahlenschutzverordnung 257
Strahlenspätschaden, somatischer 256
Strahlentherapie 244, 248 ff.
– Definition 244
– Durchführung 252 f.
– Fraktionierung 253
– Geräte 250 ff.
– interstitielle 249
– intrakavitäre 249
– – After-loading-Technik 249, 251
– mit offenen radioaktiven Stoffen 252
– Protrahierung 253
Strahlung, elektromagnetische 246
– ionisierende 244 ff.
– – Abschirmung 258
– – Reichweite 245
– – Tiefendosisverlauf 248
– – Wechselwirkung mit Materie 245 ff.
– – – – biologische Phase 148
– – – – chemische Phase 247
– kosmische 255
– terrestrische 255
Strahlungsdosis 246 f.
– Fraktionierung 253
– maximal zulässige, für das Personal 257
Strahlungsfeld, Aufenthaltsdauer 258
Streckverband 240 ff.
Streichsung s. Effleurage
Stretch-Reflex 82
Stützverband 226 ff.
– für den Fuß 230
Subkutis, Verschieben, flächiges 196
Subtraktionsangiographie, digitale 253

## T

Tape-Verband 227 f.
Tapotements 152 ff.
Tarifvertragsrecht 107 f.
Teirich-Leube, Hede 191
Teletherapie 249
Tendomyopathie 169
Tesla, Nicola 86
Testament 119
Testierfähigkeit 116
Therapie, manuelle 85
– physikalische 85 ff.
Thermopenetration 86
Thomsen, Wilhelm 80
Thomsen-Narbenmassage 180 ff.
Thorax, Bindegewebsmassage, Arbeitsgänge 213
– – flächige 205 f.
– lateraler, Bindegewebsmassage, Arbeitsgänge 215
– Vibrationsmassage 151
Thoraxabduktionsgips 240
Thure-Brandt-Massage 142
Tiefenmassage korrespondierender Zonen 166, 180
Tiefenschmerz, somatischer 159
Tötung, fahrlässige 124
Trainingszustand, physikalischer, des Patienten, Massagedosierung 172
Trennungsangst 28
Trigger-point-Schema 166
Trockenbürstung 185
Tumor, strahlenbedingter 256
Tumor-Strahlentherapie 248 f.
– Fraktionierung 253

## U

Überforderung 22 ff.
– positive Funktion 24

Überforderungsklausel in der Krankenversicherung 129
Ultrahochfrequenztherapie 86
Umschlaggang 221
Unfallverhütungsvorschriften 109f.
Unfallversicherung 129f.
– Aufgaben 130
– Finanzierung 130
Unfallversicherungsgesetz 109
UNO 134
Unterarmgips 239
Unterhauttechnik der Bindegewebsmassage 209
Unterschenkelgips 239
Unterwasser-Druckstrahlmassage (= Unterwassermassage; = UWM) 186f.
Unterwassermassage s. Unterwasser-Druckstrahlmassage
U-Schiene 236f.
UV-Licht-Behandlung 85
UWM s. Unterwasser-Druckstrahlmassage

V

Venel, Jean André 68
Venen-Lymph-Zone der Beine 193f.
– – Fragebefund 194
– – Sichtbefund 194
Verband, starrer s. Gipsverband
Verbandtechnik 218ff.
Verdrängung 27
Verhalten 2f.
– aggressives 25ff.
– ängstliches 25ff.
– – Entstehung 28
Verhaltensänderung durch Lernen 13
– Ursachen 13
Verleugnung 27
Verlustangst 28
Vermeidungsverhalten 26
Versagensangst 28
Verschiebeschicht, oberflächliche 191f., 198
– tiefe 192, 198
Versorgungsamt 131
Verstärkung, negative 15
– positive 15
– selektive 15
Verstopfungszone 193f.
– Fragebefund 194
– Sichtbefund 194
Vibration 151f.
– manuelle 151
Viszeotom 164
Vodder, Emil 143
Vodder-Lymphdrainage 175f.
Vogler, P. 142
Vogler-Kolonmassage 176f.
Vogler-Kraus-Periostmassage 178f.
Volkmann-Schiene 233
Vorsorge, arbeitsmedizinische 110

W

Wachstumsbedürfnisse 7
Wadenmuskulatur, Einhandknetung 150
Walkung 150f.
Wasseranwendung 86
Weber, Sir Hermann David 85
Wellenstrahlung, Wechselwirkung mit Materie 246
Weltgesundheitsorganisation (= WHO) 134
Werbung 114
Wertschätzungsbedürfnis 7
WHO s. Weltgesundheitsorganisation
Wickelung, elastische 226
Wickelverband 219
Wir-Gefühl 40
Wundverband 218f.
– aseptischer 218
– bei infizierter Wunde 218f.
– Wechsel 219

Y

Yang 179
Yang-Meridiane 179
Yin 179
Yin-Meridiane 179

Z

Zäkalpunkt 176f.
Zander, Gustaf 73
Zander-Apparat 73f.
Zentralverband der Krankengymnasten 105
– – Aufgaben 105
Zeugnisverweigerungsrecht 122
Zinkleimverband 230
Zuwendung zum Patienten 10